春秋公羊傳今註今譯

中華文化復興運動推行委員會(國家文化總會)
國立編譯館中華叢書編審委員會 主編

李宗侗 註譯
葉慶炳 校訂

臺灣商務印書館

永恆的經典，智慧的泉源

馬英九（總統暨文化總會會長）

中國傳統經典是民族智慧與經驗的結晶。在五千年的歷史中，這些典籍經歷戰亂的傷害，飽受文革的摧殘，然而書中蘊含的哲理，不只啟迪世世代代的炎黃子孫，且遠播於東亞及世界各國。如今學習國學經典同在兩岸盛行，並非偶然，反映這些古籍的價值跨越了時空，對二十一世紀兩岸人民，依然發揮積極的引導作用。

古人從小開始的經典教育，對一個孩子建立正確的人生觀，有非常重要的意義。而古文最迷人的地方，正在於它能將博大精深的知識，凝煉為言簡意賅的文字；將複雜的人生經驗，濃縮為一語道破的智慧。而這些修身、齊家、治國、平天下的理念，即使經過千百年的時空變遷，仍能與現代生活相結合。

我念小學二年級的時候，跟著在石門水庫任職的母親住在桃園龍潭。民國四十七年的臺灣，沒有電視可看，也沒有電晶體收音機可聽。晚上沒事，媽媽常常燈下課子，教我念古文。啟蒙的第一課是《左傳》的〈鄭伯克段於鄢〉，其中我記得最牢的一句話，就是鄭莊公對他從小被母親寵壞、長大後又驕縱謀反的弟弟共叔段所作的評語：「多行不義必自斃，子姑待之。」這句話我一直作為自惕與觀人的警語。放在今天的臺灣與世界的時空中，不也是很適用嗎？

上高中後，父親常常以晚清名臣曾國藩的家訓「唯天下至誠能勝天下至偽，唯天下至拙能勝天下至巧」來訓勉我。當初覺得陳義過高，似乎不切實際，但年紀愈大，閱歷愈多，愈覺得有道理。「尚誠尚拙、去偽去巧」的理念，也成為我為人處事的哲學。

民國八十年（一九九一）十二月，聯合國大會通過決議，要求各國全面禁止漁民在海洋使用「流刺網」（driftnet）捕魚，以免因為網目太小，造成大小通吃而使漁源枯竭。讀過《孟子》梁惠王篇的人，一定會覺得這個國際規範似曾相識。這位兩千多年前的亞聖不早就說過「數罟不入洿池，魚鱉不可勝食也」嗎？我不能不承認，孟子的保育觀念，實在非常先進。同樣的，他對齊宣王所說大小諸侯之間交往的原則，也可適用到今天的兩岸關係：「惟仁者為能以大事小……惟智者為能以小事大……以大事小者，樂天者也，以小事大者，畏天者也。樂天者，保天下；畏天者，保其國。」兩岸真能照辦，臺海還會不和平繁榮嗎？

民國九十五年（二〇〇六）十月，臺灣被貪腐的烏雲籠罩，民怨沸騰，當時總統府前廣場群眾豎起兩層樓高的海報標語，上面寫的就是「禮義廉恥」四個大字。二十一世紀臺灣街頭群眾運動的訴求，居然是二千五百多年前春秋時代齊國宰相管仲的名言，這是民主化後的臺灣，人生觀與價值觀的回歸，同時也是古典智慧的再現！

國家文化總會的前身是「中華文化復興運動推行委員會」（文復會），四十多年前曾與國立編譯館、臺灣商務印書館邀集國內多位國學大師共同出版《古籍今註今譯》系列，各界評價甚高，一時洛陽紙貴。如今重新刊印，邀我作序，實不敢當，忝為會長，礙難不從。謹在此分享一些讀經的親身感受，並期待古典文化的智慧，就像在歷史長河中的一盞明燈，繼續照亮中華民族的未來。

在時間的長河中

楊渡
（文化總會祕書長）

時間是殘酷的，因為它會淘洗去所有的肉體與外在，虛華與偽飾。所有的慶典，權柄和武器，都有寂寞、生鏽、消逝的一天。

時間是溫柔的，因為它也留存了文明的光。唐朝沒有了宮殿，卻為我們留下李白和李商隱的詩句。長安的美麗，不是存在於西安，而是存在於詩句裡。

所有的政治風暴都會消逝，所有的權力都會轉移，所有的歷史，都見證著朝代的不斷更迭，才是進步的必然。然而到最後，什麼會留存下來？

文化總會的前身是「文化復興總會」，它是為了因應文化大革命對中國傳統文化的破壞，以「復興中華文化」為宗旨，而設立起來的。為了反制文革，總會特地請當時最好的學者，對四書、詩經、周易、老莊、春秋等進行今註今譯，以推廣典籍閱讀。當時聘請的學者，包括了南懷瑾、屈萬里、林尹、王夢鷗、史次耘、陳鼓應等，堪稱一時之選，連續出版了諸子百家的經典。這工作也持續了好幾年。

文化大革命的風暴過去之後，文復會性質慢慢改變，直到李登輝時代，它變成民間文化團體，舉辦一些文化活動。等到民進黨執政，由於去中國化，這些傳統文化的研究被忽略，束之高閣。然而，歷史多麼反諷，當文革過去，在經濟富裕後的現代大陸，由於缺少思想的指引，人們卻開始重讀古代典籍，而有諸子百家講堂與各種當代閱讀，古書今讀，竟成顯學。當年搞文革的卻已經悄悄的「復興中華文化」了。

反觀臺灣，這些由學養深厚的專家所寫的典籍今註今譯，卻因政治原因未受到重視。現在回頭看經典，細心體會古代的智慧，而不是用政治符號去切割知識典籍，我們才會開始懂得謙卑。歷史這樣長，而我們只是風中的塵埃。一如聖嚴法師所留下的偈：「無事忙中過，空裡有哭笑。」能留下的，只是無形的智慧，美麗的詩句，和千年的夢想。

當政治的風暴過去之後，什麼會留存下來？時間有多殘酷，我不知道。我只知道，中國傳統經典的生命，一定會生存得比政權更遠，更深，更厚。

我只知道，當古老的「禮義廉恥」，成為二十一世紀反貪腐抗議群眾運動的標語時，整個中華文明已經走向另一個階段。那是作為人的價值觀的百劫回歸，那是自信自省的開端。古老的，或許比現代更新、更有力，更象徵著數千年文明的總結。

而我們，只是千年文明裡的小小學生，仍在古老的經籍中，探詢著生命終極的意義，並且，尋找前行的力量。

《古籍今註今譯》總統推薦版序

中華文化精深博大，傳承頌讀，達數千年，源遠流長，影響深遠。當今之世，海內海外，莫不重新體認肯定固有傳統，中華文化歷久彌新、累積智慧的價值，更獲普世推崇。

語言的定義與運用，隨著時代的變動而轉化；古籍的價值與傳承，也須給予新的註釋與解析。商務印書館在先父王雲五先生的主持下，民國一〇年代曾經選譯註解數十種學生國學叢書，流傳至今。

臺灣商務印書館在臺成立六十餘年，繼承上海商務印書館傳統精神，以「宏揚文化、匡輔教育」為己任。五〇年代，王雲五先生自行政院副院長卸任，重新主持臺灣商務印書館，仍以「出版好書，匡輔教育」為宗旨。當時適逢國立編譯館中華叢書編審委員會編成《資治通鑑今註》（李宗侗、夏德儀等校註），委請臺灣商務印書館出版，全書十五冊，千餘萬言，一年之間，全部問世。

王雲五先生認為，「今註資治通鑑，雖較學生國學叢書已進一步，然因若干古籍，文義晦澀，今註之外，能有今譯，則相互為用，今註可明個別意義，今譯更有助於通達大體，寧非更進一步歟？」

因此，他於民國五十七年決定編纂「經部今註今譯」第一集十種，包括：詩經、尚書、周易、周禮、禮記、春秋左氏傳、大學、中庸、論語、孟子，後來又加上老子、莊子，共計十二種，改稱《古籍今註今譯》，參與註譯的學者，均為一時之選。

臺灣商務印書館以純民間企業的出版社，來肩負中華文化古籍的今註今譯工作，確實相當辛苦。中華文化復興運動總會（國家文化總會前身）成立後，一向由總統擔任會長，號召推動文化復興重任，素有成效。六〇年代，王雲五先生承蒙層峰賞識，委以重任，擔任文復會副會長。他乃將古籍今註今譯列入文復會工作計畫，廣邀文史學者碩彥，參與註解經典古籍的行列。文復會與國立編譯館中華叢書編審委員會攜手合作，列出四十二種古籍，除了已出版的第一批十二種是由王雲五先生主編外，文復會與國立編譯館主編的有二十一種，另有八種雖列入出版計畫，卻因各種因素沒有完稿出版。臺灣商務印書館另外約請學者註譯了九種，加上《資治通鑑今註》，共計出版古籍今註今譯四十三種。茲將書名及註譯者姓名臚列如下，以誌其盛：

序號	書名	註譯者	主編	初版時間
1	尚書	屈萬里	王雲五（臺灣商務印書館）	五八年九月
2	詩經	馬持盈	王雲五（臺灣商務印書館）	六〇年七月
3	周易	南懷瑾	王雲五（臺灣商務印書館）	六三年十二月
4	周禮	林尹	王雲五（臺灣商務印書館）	六一年九月
5	禮記	王夢鷗	王雲五（臺灣商務印書館）	七三年一月
6	春秋左氏傳	李宗侗	王雲五（臺灣商務印書館）	六〇年一月
7	大學	宋天正	王雲五（臺灣商務印書館）	六六年二月
8	中庸	宋天正	王雲五（臺灣商務印書館）	六六年二月
9	論語	毛子水	王雲五（臺灣商務印書館）	六四年十月
10	孟子	史次耘	王雲五（臺灣商務印書館）	六二年二月
11	老子	陳鼓應	王雲五（臺灣商務印書館）	五九年五月

12	莊子	陳鼓應	王雲五（臺灣商務印書館）	六四年十二月
13	大戴禮記	高明	文復會、國立編譯館	六四年四月
14	春秋公羊傳	李宗侗	文復會、國立編譯館	六二年五月
15	春秋穀梁傳	薛安勤	臺灣商務印書館	八三年八月
16	韓詩外傳	賴炎元	文復會、國立編譯館	六一年九月
17	孝經	黃得時	文復會、國立編譯館	六一年七月
18	列女傳	張敬	文復會、國立編譯館	八三年六月
19	新序	盧元駿	文復會、國立編譯館	六四年四月
20	說苑	盧元駿	文復會、國立編譯館	六六年二月
21	墨子	李漁叔	文復會、國立編譯館	六三年五月
22	荀子	熊公哲	文復會、國立編譯館	六四年九月
23	韓非子	邵增樺	文復會、國立編譯館	七一年九月
24	管子	李勉	文復會、國立編譯館	七七年七月
25	孫子	魏汝霖	文復會、國立編譯館	六一年八月
26	史記	馬持盈	文復會、國立編譯館	六八年七月
27	商君書	賀凌虛	文復會、國立編譯館	七六年三月
28	太公六韜	徐培根	文復會、國立編譯館	六五年二月
29	黃石公三略	魏汝霖	文復會、國立編譯館	六四年六月
30	司馬法	劉仲平	文復會、國立編譯館	六四年十一月
31	尉繚子	劉仲平	文復會、國立編譯館	六四年十一月
32	吳子	傅紹傑	文復會、國立編譯館	六五年四月
33	唐太宗李衛公問對	曾振	文復會、國立編譯館	六四年九月
34	資治通鑑今註	李宗侗等	國立編譯館	五五年十月
35	春秋繁露	賴炎元	文復會、國立編譯館	七三年五月

36	公孫龍子	陳癸淼	文復會、國立編譯館	七五年一月
37	晏子春秋	王更生	文復會、國立編譯館	七六年八月
38	呂氏春秋	林品石	文復會、國立編譯館	七四年二月
39	黃帝四經	陳鼓應	臺灣商務印書館	八四年六月
40	人物志	陳喬楚	文復會、國立編譯館	八五年十二月
41	近思錄、大學問	古清美	文復會、國立編譯館	八九年九月
42	抱朴子內篇	陳飛龍	文復會、國立編譯館	九〇年一月
43	抱朴子外篇	陳飛龍	文復會、國立編譯館	九一年一月
44	四書（合訂本）	楊亮功等	王雲五（臺灣商務印書館）	六八年四月

已列計畫而未出版：

序號	書名	譯註者	主編	
1	國語	張以仁	文復會、國立編譯館	
2	戰國策	程發軔	文復會、國立編譯館	
3	淮南子	于大成	文復會、國立編譯館	
4	論衡	阮廷焯	文復會、國立編譯館	
5	楚辭	楊向時	文復會、國立編譯館	
6	文心雕龍	余培林	文復會、國立編譯館	
7	說文解字	趙友培	國立編譯館	
8	世說新語	楊向時	國立編譯館	

民國七十年，文復會秘書長陳奇祿先生、國立編譯館與臺灣商務印書館再度合作，將當時已出版的二十九種古籍今註今譯，商請原註譯學者和適當人選重加修訂再版，使整套《古籍今註今譯》更加完

善。

九十八年春，國家文化總會秘書長楊渡先生，約請臺灣商務印書館總編輯方鵬程研商，計議重新編輯出版《古籍今註今譯》，懇請總統會長撰寫序言予以推薦，並繼續約聘學者註譯古籍，協助青年學子與國人閱讀古籍，重新體認固有傳統與智慧，推廣發揚中華文化。

臺灣商務印書館經過詳細規劃後，決定與國家文化總會、國立編譯館再度合作，重新編印《古籍今註今譯》，首批十二冊，以儒家文化四書五經為主，在今年十一月十二日中華文化復興節出版，以後每三個月出版一批，將來並在適當時機推出電子版本，使青年學子與海內外想要了解中華文化的人士，有適當的版本可研讀。二十一世紀必將是中華文化復興的新時代，讓我們共同努力。

臺灣商務印書館董事長 **王學哲** 謹序 民國九十八年九月

重印古籍今註今譯序

古籍蘊藏著古代中國人智慧精華，顯示中華文化根基深厚，亦給予今日中國人以榮譽與自信。然而由於語言文字之演變，今日閱讀古籍者，每苦其晦澀難解，今註今譯為一解決可行之途徑。今註，釋其文，可明個別詞句；今譯，解其義，可通達大體。兩者相互為用，可使古籍易讀易懂，有助於國人對固有文化正確了解，增加其對固有文化之信心，進而注入新的精神，使中華文化成為世界上最受人仰慕之文化。

此一創造性工作，始於民國五十六年本館王故董事長選定經部十種，編纂白話註譯，定名經部今註今譯。嗣因加入子部二種，改稱古籍今註今譯。分別約請專家執筆，由雲老親任主編。

此一工作旋獲得中華文化復興運動推行委員會之贊助，納入工作計畫，大力推行，並將註譯範圍擴大，書目逐年增加。至目前止已約定註譯之古籍四十五種，由文復會與國立編譯館共同主編，而委由本館統一發行。

古籍今註今譯自出版以來，深受社會人士愛好，不數年發行三版、四版，有若干種甚至七版、八版。出版同業亦引起共鳴，紛選古籍，或註或譯，或摘要註譯。迴應如此熱烈，不能不歸王雲老當初創意與文復會大力倡導之功。

已出版之古籍今註今譯，執筆專家雖恭敬將事，求備求全，然為時間所限，或因篇幅眾多，間或難免舛誤；排版誤置，未經校正，亦所不免。本館為對讀者表示負責，決將已出版之二十八種（本館自行約人註譯者十二種，文復會與編譯館共同主編委由本館印行者十六種）全部重新排印。為此與文復會商定，在重印之前由文復會請原註譯人重加校訂，原註譯人如已去世，則另約適當人選擔任。修訂完成，再由本館陸續重新印行。為期儘量減少錯誤，定稿之前再經過審閱，排印之後並加強校對。所有此等改進事項，本館將支出數百萬元費用。本館以一私人出版公司，在此出版業不景氣時期，不惜花費巨資重新排版印行者，實懍於出版者對文化事業所負責任之重大，並希望古籍今註今譯今後得以新的面貌與讀者相見。茲值古籍今註今譯修訂版問世之際，爰綴數語誌其始末。

臺灣商務印書館編審委員會謹識　民國七十年十二月二十四日

編纂古籍今註今譯序

古籍今註今譯，由余歷經嘗試，認為有其必要，特於中華文化復興運動推行委員會成立伊始，研議工作計劃時，余鄭重建議，幸承採納，經於工作計劃中加入此一項目，並交由學術研究出版促進委員會主辦。茲當會中主編之古籍第一種出版有日，特舉述其要旨。

由於語言文字習俗之演變，古代文字原為通俗者，在今日頗多不可解。以故，讀古書者，尤以在具有數千年文化之我國中，往往苦其文義之難通。余為協助現代青年對古書之閱讀，在距今四十餘年前，曾為商務印書館創編學生國學叢書數十種，其凡例如左：

一、中學以上國文功課，重在課外閱讀，自力攻求；教師則為之指導焉耳。惟重篇巨帙，釋解紛繁，得失互見，將使學生披沙而得金，貫散以成統，殊非時力所許；是有需乎經過整理之書篇矣。本館鑒此，遂有學生國學叢書之輯。

一、本叢書所收，均重要著作，略舉大凡；經部如詩、禮、春秋；史部如史、漢、五代；子部如莊、孟、荀、韓，並皆列入；文辭則上溯漢、魏，下迄五代；詩歌則陶、謝、李、杜，均有單本；詞則多採五代、兩宋；曲則擷取元、明大家；傳奇、小說，亦選其英。

一、諸書選輯各篇，以足以表見其書，其作家之思想精神、文學技術者為準；其無關宏旨者，概從刪削。所選之篇類不省節，以免割裂之病。

一、諸書均為分段落，作句讀，以便省覽。

一、諸書均有註釋；古籍異釋紛如，即采其較長者。

一、諸書較為罕見之字，均注音切，並附注音字母，以便諷誦。

一、諸書卷首，均有新序，述作者生平，本書概要。凡所以示學生研究門徑者，不厭其詳。

然而此一叢書，僅各選輯全書之若干片段，猶之嘗其一臠，而未窺全豹。及民國五十三年，余謝政後重主該館，適國立編譯館有今註資治通鑑之編纂，甫出版三冊，以經費及流通兩方面，均有借助於出版家之必要，商之於余，以其係就全書詳註，足以彌補余四十年前編纂學生國學叢書之闕，遂予接受。甫歲餘，而全書十有五冊，千餘萬言，已全部問世矣。

余又以今註資治通鑑，雖較學生國學叢書已進一步，然因若干古籍，文義晦澀，今註以外，能有今譯，則相互為用，今註可明個別意義，今譯更有助於通達大體，寧非更進一步歟？

幾經考慮，乃於五十六年秋決定編纂經部今註今譯第一集十種，其凡例如左：

一、經部今註今譯第一集，暫定十種：

㈠詩經、㈡尚書、㈢周易、㈣周禮、㈤禮記、㈥春秋左氏傳、㈦大學、㈧中庸、㈨論語、㈩孟子

二、今註仿資治通鑑今註體例，除對單字詞語詳加註釋外，地名必註今名，年份兼註公元，衣冠文物莫不詳釋，必要時並附古今比較地圖與衣冠文物圖案。

三、全書白文約五十萬言，今註假定佔白文百分之七十，今譯等於白文百分之一百三十，合計白文連註譯約為一百五十餘萬言。

四、各書按其分量及難易，分別定期於半年內繳清全稿。

五、各書除付稿費外，倘銷數超過二千部者，所有超出之部數，均加送版稅百分之十。

以上經部要籍雖經一一約定專家執筆，惟蹉跎數年，已交稿者僅五種，已出版者僅四種，而每種字數均超過原計劃，有至數倍者，足見所聘專家無不敬恭將事，求備求全，以致遲遲殺青。嗣又加入《老子》、《莊子》二書，其範圍超出經籍以外，遂易稱古籍今註今譯，老子一種亦經出版。

至於文復之學術研究出版促進委員會根據工作計劃，更選定第一期應行今註今譯之古籍約三十種，經史子無不在內，除商務印書館已先後擔任經部十種及子部二種外，餘則徵求各出版家分別擔任。深盼羣起共鳴，一集告成，二集繼之，則於復興中華文化，定有相當貢獻。

惟是洽商結果，共鳴者鮮。文復會谷秘書長岐山先生對此工作極為重視，特就會中所籌少數經費，撥出數十萬元，並得國立編譯館長泛池先生贊助，允任稿費之一部分，統由該委員會分約專家，就此三十種古籍中，除商務印書館已任十二種外，一一得人擔任，計由文復會與國譯館共同負擔者十有七種，由國譯館獨任者一種。於是第一期之三十集古籍，莫不有人負責矣。嗣又經文復會決定，委由商務印書館統一印行。唯盼執筆諸先生於講學研究之餘，儘先撰述，俾一二年內，全部三十種得以陸續出版，則造福於讀書界者誠不淺矣。

文復會副會長兼學術研究出版促進委員會主任委員　王雲五　謹序

民國六十一年四月廿日

「古籍今註今譯」序

中華民國五十五年十一月十二日，國父百年誕辰，中山樓落成。蔣總統發表紀念文，倡導復興中華文化，全國景從。孫科、王雲五、孔德成、于斌諸先生等一千五百人建議，發起我中華文化復興運動，冀使中華文化復興並發揚光大。於是，海內外一致響應。復由政府及各界人士的共同策動，中華文化復興運動推行委員會於民國五十六年七月二十八日，正式成立，恭推　蔣總統任會長，並請孫科、王雲五、陳立夫三先生任副會長，本人擔任秘書長。

文化的內涵極為廣泛，中華文化復興的工作，絕不是中華文化復興運動推行委員會一個機構的努力可以達成的，而是要各機關社團暨海內外每一個國民盡其全力來推動。但中華文化復興運動推行委員會，在整個中華文化復興工作中，負有策劃、協調、鼓勵與倡導的任務。八年多來，中華文化復興運動推行委員會，本著此項原則，在默默中做了許多工作，然而卻很少對外宣傳，因為我們所期望的，不是個人的事功，而是中華文化的光輝日益燦爛，普遍地照耀於全世界。

學術是文化中重要的一環，我國古代的學術名著很多，這些學術名著，蘊藏著中國人智慧與理想的精華，象徵著中華文化的精深與博大，也給予今日的中國人以榮譽和自信心。要復興中華文化，就應該讓今日的中國人能讀到而且讀懂這些學術名著，因此，中華文化復興運動推行委員會，在其推行計畫中，即列有「發動出版家編印今註今譯之古籍」一項，並會請各出版機構對歷代學術名著，作有計畫的整理註譯。但由於此項工作浩大艱巨，一般出版界因限於人力、財力，難肩此重任，王雲五先生為中華文化復興運動推行委員會副會長，並兼任學術研究出版促進委員會主任委員，乃以臺灣商務印書館率先倡導，將尚書、詩經、周易等十二種古籍加以今註今譯。（稿費及印刷費用全由商務印書館自行負擔。）然而，歷代學術名著值得令人閱讀者實多，中華文化復興運動推行委員會，遂再與國立編譯館洽商，共同約請學者專家從事更多種古籍的今註今譯，所需經費由中華文化復興運動推行委員會與國立編譯館中華叢書編審委員會共同負責籌措，承蒙國立編譯館慨允合作，經決定將大戴禮記、公羊、穀梁等二十七種古籍，請學者專家進行註譯，國立編譯館並另負責註譯「說文解字」及「世說新語」兩種。於是前後計畫著手今註今譯的古籍，得達到四十一種之多，並已分別約定註譯者。其書目為：

古籍名稱	註譯者	主編
尚書	屈萬里	王雲五先生（臺灣商務印書館）
詩經	馬持盈	王雲五先生（臺灣商務印書館）
周易	南懷瑾、徐芹庭	王雲五先生（臺灣商務印書館）
周禮	林尹	王雲五先生（臺灣商務印書館）
禮記	王夢鷗	王雲五先生（臺灣商務印書館）
春秋左氏傳	李宗侗	王雲五先生（臺灣商務印書館）
大學	楊亮功	王雲五先生（臺灣商務印書館）
中庸	楊亮功	王雲五先生（臺灣商務印書館）
論語	毛子水	王雲五先生（臺灣商務印書館）

孟子	史次耘	王雲五先生（臺灣商務印書館）
老子	陳鼓應	王雲五先生（臺灣商務印書館）
莊子	陳鼓應	王雲五先生（臺灣商務印書館）
大戴禮記	高明	中華文化復興運動推行委員會、國立編譯館中華叢書編審委員會
公羊傳	李宗侗	中華文化復興運動推行委員會、國立編譯館中華叢書編審委員會
穀梁傳	李宗侗	中華文化復興運動推行委員會、國立編譯館中華叢書編審委員會
韓詩外傳	賴炎元	中華文化復興運動推行委員會、國立編譯館中華叢書編審委員會
孝經	黃得時	中華文化復興運動推行委員會、國立編譯館中華叢書編審委員會
國語	張以仁	中華文化復興運動推行委員會、國立編譯館中華叢書編審委員會
戰國策	程發軔	中華文化復興運動推行委員會、國立編譯館中華叢書編審委員會
列女傳	張敬	中華文化復興運動推行委員會、國立編譯館中華叢書編審委員會
新序	盧元駿	中華文化復興運動推行委員會、國立編譯館中華叢書編審委員會
說苑	盧元駿	中華文化復興運動推行委員會、國立編譯館中華叢書編審委員會
墨子	李漁叔	中華文化復興運動推行委員會、國立編譯館中華叢書編審委員會
荀子	熊公哲	中華文化復興運動推行委員會、國立編譯館中華叢書編審委員會
韓非子	邵增樺	中華文化復興運動推行委員會、國立編譯館中華叢書編審委員會
管子	李勉	中華文化復興運動推行委員會、國立編譯館中華叢書編審委員會
淮南子	于大成	中華文化復興運動推行委員會、國立編譯館中華叢書編審委員會
孫子	魏汝霖	中華文化復興運動推行委員會、國立編譯館中華叢書編審委員會
論衡	阮廷焯	中華文化復興運動推行委員會、國立編譯館中華叢書編審委員會
史記	馬持盈	中華文化復興運動推行委員會、國立編譯館中華叢書編審委員會
楚辭	楊向時	中華文化復興運動推行委員會、國立編譯館中華叢書編審委員會
商君書	賀凌虛、張英琴	中華文化復興運動推行委員會、國立編譯館中華叢書編審委員會
太公六韜	徐培根	中華文化復興運動推行委員會、國立編譯館中華叢書編審委員會

黃石公三略	魏汝霖	中華文化復興運動推行委員會、國立編譯館中華叢書編審委員會
司馬法	劉仲平	中華文化復興運動推行委員會、國立編譯館中華叢書編審委員會
尉繚子	劉仲平	中華文化復興運動推行委員會、國立編譯館中華叢書編審委員會
吳子	傅紹傑	中華文化復興運動推行委員會、國立編譯館中華叢書編審委員會
唐太宗、李衛公問對	曾振	中華文化復興運動推行委員會、國立編譯館中華叢書編審委員會
文心雕龍	余培林	中華文化復興運動推行委員會、國立編譯館中華叢書編審委員會
說文解字	趙友培	國立編譯館中華叢書編審委員會
世說新語	楊向時	國立編譯館中華叢書編審委員會

以上四十一種今註今譯古籍均由臺灣商務印書館肩負出版發行責任。當然，中國歷代學術名著，有待今註今譯者仍多。只是限於財力，一時難以立即進行，希望在這四十一種完成後，再繼續選擇其他古籍名著加以註譯。

古籍今註今譯的目的，在使國人對艱深難解的古籍能夠易讀易懂，因此，註譯均用淺近的語體文，希望國人能藉今註今譯的古籍，而對中國古代學術思想與文化，有正確與深刻的瞭解。

或許有人認為選擇古籍予以註譯，不過是保存固有文化，對其實用價值存有懷疑。但我們認為中華文化復興並非復古復舊，而在創新。任何「新」的思想（尤其是人文與社會科學方面，無不緣於「舊」的思想蛻變演進而來。所謂「溫故而知新」，不僅歷史學者要讀歷史文獻，化學家豈能不讀化學史與前人化學文獻？生物學家豈能不讀生物學史與前人生物學文獻？文學家豈能不讀文學史與古典文獻？讀史與讀前人的著作，正是吸取前人文化所遺留的經驗、智慧與思想，如能藉今註今譯的古籍，讓國人對固有文化有充分而正確的瞭解，增加對固有文化的信心，進而對固有文化注入新的精神，使中華文化成為世界上最受人仰慕的一種文化，那麼，中華文化的復興便可拭目而待，而倡導文化復興運動的目的也就達成了。所以，我們認為選擇古籍予以今註今譯的工作，對復興中華文化而言是正確而有深遠意義的。

今註今譯是一件不容易做的工作，我們所約請的註譯者都是學識豐富而且對其所註譯之書有深入研究的學者，他們從事註譯工作的態度也都相當嚴謹，有時為一字一句之考證、勘誤，參閱與該註譯之古籍有關書典達數十種之多者。其對中華文化負責之精神如此。我們真無限地感謝擔任註譯工作的先生們，為復興文化所作的貢獻。同時我們也感謝王雲五先生的鼎力支持，使這項艱巨的工作得以順利進行。中華文化復興運動推行委員會所屬學術研究出版促進委員會，對於這項工作的策畫、協調、聯繫所竭盡之心力，在整個中華文化復興運動的過程中，也必將留下不可磨滅的紀錄。

谷鳳翔

序於臺北市　民國六十四年八月十九日

「古籍今註今譯」續序

中國文化淵深博大，語其深，則源泉如淵；語其廣，則浩瀚無涯；語其久，則悠久無疆。上探宇宙之奧秘，下窮人事之百端。應乎天理，順乎人情。以天人為一體，以四海為一家。氣象豪邁，體大思精。一切研究發展，以人為中心，以實事求是為精神。不尚虛玄，力求實效。遂自然演成人文文化，為中國文化之可貴特徵。

文化的創造為生活，文化的應用在生活。離開生活就沒有文化。文化是個抽象的名詞，內而存於心，外而發於言，見於行。不知不覺自然流露，自然表現，所以稱之曰「化」。一言一默，一動一靜，無形中都受文化的影響。發於聲則為詩、為歌；見於行則為事；著於文則為典籍書冊，皆出於自然。聲可聞，事可見，但轉瞬消逝不復存。惟有著為典籍書冊者，既可行之遠，又能傳之久。後之人欲於耳目之外，上知古之人、古之事，則惟有求之於典籍，則典籍之於文化傳播，為惟一之憑藉。

中華民族明於理，重於情。人與人之間有相同的好惡，相同的感覺，相同的是非。因此，心與心相通，事與事相關，禍與福相共，甚至願望相求，知識、經驗、閱歷……等等，無一不想彼此相貫通、相交換、或相傳授。這是中國人特別著重的心理要求。大家一樣，這些心理要求，靠聲音、靠行動，都不能行之遠，傳之久。必欲達此目的，只有利用文字，著於典籍書冊了。書冊著成，心理要求達成了，自己的知識，經驗閱歷，乃至於情感、願望，一切藉文字傳出了。生命不朽，精神長存。可貴的中國文化，一代一代的寶貴經驗閱歷，皆可藉此傳播至無限遠，無窮久。因此，我認為中國古書即中國文化之結晶。

在讀者一面講，藉著典籍書冊，可與古人相交通，彼此心心相印，情感交流。最重要者應該說是文化的流傳，教訓的接納，成敗得失的鑒戒，都可由此得到收穫。我們要知道，文化是要積累進步的，不接受前人的經驗和寶貴的知識學問，後人即無法得到積累的進步。一代一代積累下去，文化才有無窮的創造和進步。因此，讀書，讀古人書，讀千錘百鍊而不磨滅的書，遂成青年人不可忽視的要務。

古今文字有演變，文學風格，文字訓詁也有許多改變。讀起來不免事倍功半。近年朝野致力於文化復興、文化建設，讀古書即成最先急務。為了便利閱讀，把一部一部古書用今日的語言，今人的解釋，整理編印起來，稱為今註今譯。

本會故前副會長王雲五先生在其所主持的臺灣商務印書館，首先選定古籍十二種，予以今註今譯。本會學術研究出版促進委員會與教育部國立編譯館中華叢書編審委員會繼續共同辦理古籍今註今譯的工作，註譯的古籍仍委請臺灣商務印書館印行。截至六十四年八月，連同王故前副會長主編註譯的古籍，已進行註譯者四十一種。近八年以來增加古籍今註今譯之書目如下：

古籍名稱	註譯者	主編者
春秋繁露	賴炎元	中華文化復興運動推行委員會、國立編譯館中華叢書編審委員會
潛夫論	劉兆祐	中華文化復興運動推行委員會、國立編譯館中華叢書編審委員會
新書	張蓓蓓	中華文化復興運動推行委員會、國立編譯館中華叢書編審委員會
晏子春秋	王更生	中華文化復興運動推行委員會、國立編譯館中華叢書編審委員會
公孫龍子	陳癸淼	中華文化復興運動推行委員會、國立編譯館中華叢書編審委員會
儀禮	章景明	中華文化復興運動推行委員會、國立編譯館中華叢書編審委員會
逸周書	黃沛榮	中華文化復興運動推行委員會、國立編譯館中華叢書編審委員會
陶庵夢憶	周咸清	中華文化復興運動推行委員會、國立編譯館中華叢書編審委員會
呂氏春秋	林品石	中華文化復興運動推行委員會、國立編譯館中華叢書編審委員會
顏氏家訓	黃得時	中華文化復興運動推行委員會、國立編譯館中華叢書編審委員會
爾雅	高明	中華文化復興運動推行委員會、國立編譯館中華叢書編審委員會
抱朴子	尤信雄	中華文化復興運動推行委員會、國立編譯館中華叢書編審委員會
校讎通義	喬衍琯	中華文化復興運動推行委員會、國立編譯館中華叢書編審委員會
文選	葉程義	中華文化復興運動推行委員會、國立編譯館中華叢書編審委員會
文史通義	黃俊郎	中華文化復興運動推行委員會、國立編譯館中華叢書編審委員會

增編以上十五種，共計已達五十六種。其中出版者二十九種（合計三十五冊），在註譯審查或排印中者二十七種，正分別洽催，希早日出書。此外，並進行約請學者註譯其他古籍。惟古籍整理的工作，極為繁重。因本會人力及財力，均屬有限，故在工作的進行與業務開展上，仍乞海內外學者專家及文化界人士，熱心參與，多多支持，並賜予指教。本會亦當排除萬難，竭誠勉力，以赴事功。

中華文化復興運動推行委員會秘書長 陳奇祿 謹序

民國七十三年元月十七日

自序

春秋公羊傳同春秋穀梁傳，皆是為的解釋春秋而作的。它的用意與左氏春秋不大一樣，我在《左氏春秋今註今譯》的序中已經說過，左氏春秋與孔子所作的春秋，同是始於魯隱公，而終於魯哀公。因為在沒有東遷以前中國的文化史是由東而西遷至酆鎬。當在東遷以後，也就是在西元前七百七十年以後，譬如以詩經而論，祇有雅而沒有各國的國風，祇有雅的詩調。到東遷以後方才有各國國風的詩調，所以以衛武公所作抑的那篇詩，尚是用雅的詩調所作。東遷後，衛有邶、鄘、衛各種的詩調，他們也不再用雅的詩調了，再以各地所出土的銅器而論，東遷以前多半是周王室所用的器物，而東遷以後，全都是各國所出的銅器，不再限於周王室所有的，因此我們可以明白東遷以後中國的文化又由西而東了，所以東方各國皆有了自己的史蹟，這是當然的現象。

清朝姚鼐說，左氏春秋這部書，並不是一個人所作，後人也有附益。所以可以說左氏春秋同孔子春秋是兩部書，因為它同孔子春秋時常有記載相似而事實上數目不一樣的情形。譬如在隱公元年，孔子春秋所記的共七條，這就是後人所謂的經，而左氏春秋，這就是後人所謂的傳就有十三條，這種情形不祇隱公元年如此，其他的各年也都如此。這可以證明它不是同春秋公羊傳及春秋穀梁傳，專為解釋孔子的春秋而作的。因為它本來是兩部書，所以所記載的，每年多少亦有不同。

到了漢朝，在漢書三十六卷楚元王傳，因為劉向、劉歆父子，皆是楚元王的後人，所以在這裏記載著劉歆請立左氏春秋（他祇說請立左傳於學官的問題），以表示左氏春秋也同公羊傳、穀梁傳一樣的為解釋孔子春秋而來的。其實漢朝的學官到了這個時候，已經近於作官的途徑，因為博士可以改作旁的官。就是因為這種原故，劉歆必須將左氏春秋改為春秋左氏傳，以表示它同公羊傳同穀梁傳的地位相同，而博士弟子們，必須爭論說「左氏不傳春秋」以作抵制。到了西晉杜預更分經之年與傳之年相附（見杜預春秋序），遂成現在的體系，杜預並且說「故傳或先經以始事，或後經以終義」，以辨別兩書的不同，而不願意說明它們是兩部書。王雲五先生因為我註釋同翻譯左傳、因此也願意將三傳皆歸我作，其實三傳並不是同樣的事。

高陽　李宗侗　民國六十一年八月

目次

自序
卷一　隱公上　一
卷二　隱公中　八
卷三　隱公下　二三
卷四　桓公上　四三
卷五　桓公下　六二
卷六　莊公一　九二
卷七　莊公二　一一四
卷八　莊公三　一三六
卷九　莊公四　一五八
卷十　僖公上　一八〇
卷十一　僖公中　二〇七
卷十二　僖公下　二四四
卷十三　文公上　二八〇

卷十四　文公下　三一〇
卷十五　宣公上　三三八
卷十六　宣公下　三六六
卷十七　成公上　三九四
卷十八　成公下　四二五
卷十九　襄公上　四五〇
卷二十　襄公中　四七九
卷二十一　襄公下　五〇九
卷二十二　昭公上　五三一
卷二十三　昭公中　五六一
卷二十四　昭公下　五八三
卷二十五　定公上　六一一
卷二十六　定公下　六二六
卷二十七　哀公上　六五四
卷二十八　哀公下　六七八
校訂後記　六八八

卷一　隱公上

隱公元年（公元前七百二十二年）

(一)元年，春王正月。元年者何？君之始年㊀也。春者何？歲之始㊁也。王者孰謂？謂文王㊂也。曷為先言王而後言正月？王正月㊃也。何言乎王正月？大一統㊄也。公何以不言即位㊅？成公意㊆也。何成乎公之意？公將平國㊇而反之桓。曷為反之桓？桓幼而貴，隱長而卑，其為尊卑也微，國人㊈莫知。隱長又賢，諸大夫扳㊉隱而立之。隱於是焉而辭立，則未知桓之將必得立也。且如⑪桓立，則恐諸大夫之不能相幼君也，故凡隱之立為桓立也。隱長又賢，何以不宜立？立適以長不以賢，立子以貴不以長。桓何以貴？母貴也。母貴則子何以貴？子以母貴，母以子貴⑫。

【今註】 ㊀始年：這是頭一年。㊁歲之始：春天是一歲四時的開始。㊂文王：是指著周文王。㊃王正月：因為當時魯國用周正，所以稱他為王正月。㈤大一統：公羊家認為周代的制度是等於大一統，其實他祇是用封建制度的大一統。㈥即位：行即位的典禮。㈦成公意：完成隱公的意志。㈧平國：平治國家。㈨國人：春秋時代，所謂國人，是指著貴族而言，這從很多書裏可以證明。㈩扳：音ㄅㄢ，牽引的意思。㈡且如：就是假設。㈢子以母貴，母以子貴：兒子因為母親貴所以貴。母親因為兒子貴所以貴。譬如成風就因是僖公的母親所以貴重。

按隱公是魯惠公同聲子所生的兒子，名息姑，為魯國第十三世君，諡法「不尸其位曰隱」。魯國初封在今河南省魯山縣，後成王滅武庚踐奄，改封伯禽於山東省曲阜縣，國名仍曰魯不改。

【今譯】「元年春王正月」。「元年」怎麼講？是人君的頭一年。「春」怎麼講？是一年四時的開始。「王」指著什麼人？意思是指著周文王。為什麼先說「王」而後說「正月」呢？這是王的正月。為什麼說「王正月」呢？這是表示大一統的原故。為什麼魯隱公不行即位的典禮呢？這是為的完成隱公的意志。怎麼樣能夠完成公的意志呢？隱公將把魯國治理好了以後，而還給魯桓公。為什麼要還給魯桓公呢？桓公年幼而貴重，隱公年長而卑賤，他們的尊卑中間很微乎其微，魯國的貴族們沒有人能夠明白的。隱公年長而又賢能，諸大夫們牽引著隱公把他立了。假設隱公辭讓不肯立，又不知道桓公將來必定被立嗎？假設桓公立了，又恐怕諸位大夫不能夠輔相幼的君，所以隱公立的時候，就是為的將來桓公可以立。隱公既年長而又賢，為什麼他不能立呢？立嫡子是論年長，不論他賢不賢，立兒子是以貴，而不以年長。桓公為什麼貴，是因為他母親貴。母親貴，子為什麼貴呢？兒子是因為母親貴而貴。母親又是因為兒子貴而貴。

(二)三月，公及邾婁㈠儀父㈡盟於眛㈢。及者何？與也，會及暨皆與也。曷為或言會，或言及，或言暨？會猶最也；及猶汲汲也；暨猶暨暨也。及我欲之㈣，暨不得已也㈤。儀父者何？邾婁之君也。何以名？字也。曷為稱字？褒之也㈥。曷為褒之？為其與公盟也。與公盟者眾矣，曷為獨褒乎此？因其可褒而褒之。此其為可褒奈何？漸進也㈦。眛者何？地期也㈧。

【今註】㈠邾婁：就是邾國。邾人語言有後音，所以叫做邾婁，左傳及穀梁傳沒有婁，祇叫邾。他是曹姓，為祝融八姓的一姓。㈡儀父：是邾君的號。㈢眛：音ㄇㄟˋ。是地名，即蔑，在今山東省泗水縣東南四十五里。㈣及我欲之：及就是我願意。我指著魯國。㈤暨不得已也：暨，就是被逼迫的不得已。㈥褒之也：是褒獎也。㈦漸進也：逐漸的進於德性。㈧地期也：會盟的地點。

【今譯】三月，魯隱公同邾婁儀父在眛的地方盟會。為什麼叫做及？是同他一同，會同暨皆是同他一同。為什麼有時候說會，有時候說及，有時候說暨呢？會等於一般聚會；及等於召集；暨等於隨意。及是我願意，暨就是被迫不得已。儀父是什麼人呢？是邾婁國的君。為什麼叫他的名字？這是他的號。為什麼叫他的號？因為褒獎他的原故。為什麼褒獎他？因為他同隱公盟會。當時同魯隱公盟會的人很多，為什麼對他褒獎呢？因為他可以褒獎，所以就褒獎他。他有什麼可以褒獎呢？這是為的漸進於德性。什麼叫做眛？這是會盟的地方。

㈢夏五月，鄭㈠伯克段于鄢㈡。克之者何？殺之也。殺之則曷為謂之克？大鄭伯之惡也。曷為大鄭伯之惡？母欲立之，己殺之，如㈢勿與而已矣。段者何？鄭伯之弟也。何以不稱弟？當國㈣也。其地何？當國也。齊人殺無知何以不地？在內也。在內雖當國不地也，不當國雖在外亦不地也。

【今註】㈠鄭：在今河南省新鄭縣。最初周宣王封他的弟桓公友於鄭，在今陝西省華縣。後周室亂，桓公的兒子武公，與周平王一齊東遷至新鄭。㈡鄢：在今河南省滎陽縣縣治。㈢如：就是不如，這是齊地方人的話。㈣當國：因為他正在治理國家。

【今譯】夏天五月，鄭伯戰勝了共叔段在鄢這地方。為什麼叫做克呢？就是把他殺了。殺為什麼叫做克呢？這是擴大鄭伯的壞處。為什麼擴大鄭伯的壞處呢？他母親願意把他立為君，而鄭莊公把他殺掉，不如不給他就算了。段是什麼人？是鄭伯的弟弟。為什麼不稱他弟弟？因為他掌國家政權。為什麼寫上地名？因為他掌國家政權。齊國人殺了公孫無知，何以不寫地名？因為在國內。在國內雖然掌政權也不寫地名。不掌政權，雖在國外也不寫地名。

(四)秋七月，天王使宰咺㈠來歸惠公仲子之賵㈡。宰者何？官也。咺者何？名也。曷為以官氏？宰士也㈢。惠公者何？隱之考也。仲子者何？桓之母也。何以不稱夫人？桓未君也。賵者何？喪事有賵。賵者，蓋以馬以乘馬束帛㈣，車馬曰賵㈤，貨財曰賻㈥，衣被曰襚㈦。桓未君則諸侯曷為來賵之？隱為桓立，故以桓母之喪告于諸侯。然則何言爾？成公意也。其言來何？不及事也㈧，其言惠公仲子何？兼之㈨，兼之非禮也。何以不言及仲子，仲子微也。

【今註】㈠咺：音ㄒㄩㄢˇ，他是周天王的宰官。㈡賵：音ㄈㄥˋ，贈死之物，車馬叫賵。㈢宰士也：是天子的上士。㈣蓋以馬以乘馬束帛：這是以騎的馬，加上綑的綢子。㈤車馬曰賵：有車馬叫做賵。㈥貨財曰賻：賻音ㄈㄨˋ，有貨財叫做賻。㈦衣被曰襚：衣衫同被叫做襚。㈧不及事也：趕不上這件事。㈨兼之：兩件事一起做。

【今譯】秋天七月，周天王派了宰咺來歸惠公同仲子的喪物。什麼叫做宰？這是一種官。什麼叫做咺？這是人名。為什麼以官為氏？因為宰是天子的上士。誰是惠公？是隱公的父親。誰是仲子？是桓公的母親。為什麼不稱夫人呢？因為桓公尚沒有立成君。什麼叫做賵？喪事時才有賵。賵是用馬匹加上綑著的綢子，有車有馬叫做賵，有貨財就叫做賻，有衣服被子就叫做襚。桓公沒有立成君，諸侯為什麼來送喪物呢？魯隱公是為著桓公才立的，所以把桓公母親的喪事通知給諸侯。為什麼這樣說？這是為達到隱公的意思。為何說來呢？因為他已經趕不上葬事。他說惠公仲子為什麼呢？這是兩件事一起做，兩件事一起做是不合禮的。為什麼不說同仲子呢？因為仲子地位太低微。

㈤九月，及宋人盟於宿㈠。孰及之？內之微者也。

【今註】㈠宿：在今山東省東平縣東二十里。

【今譯】九月裏，魯國人同宋國人在宿這地方盟會。誰去盟會？是魯國的士人官很低小的。

㈥冬十有二月，祭伯來㈠。祭伯者何？天子之大夫也。何以不稱使？奔也。奔則曷為不言奔？王者無外，言奔則有外之辭也。

【今註】㈠祭伯來：祭音ㄓㄞˋ。

【今譯】冬十二月，祭伯來魯國。祭伯是何人呢？是周天子的大夫。為什麼不說派他來？因為他是逃奔到魯國。既然逃奔，為什麼不說奔呢？王者與天下為一統，無所謂外內，說奔就是有外的意思。

㈦公子益師卒。何以不日？遠也。所見異辭，所聞異辭，所傳聞異辭㈠。

【今註】㈠所見異辭，所聞異辭，所傳聞異辭：這就是所謂公羊分三式的話。所以一式是所見的不同，第二式所聽見的不同，第三式聽見所說的不同。所見者是指著昭定哀的時間。所聞者是指著文宣成襄的時代。所傳聞者是指隱桓莊閔僖的時代。

【今譯】公子益師死了。何以不說那一天？因為距離孔子太遠了。所看見的不同，所聽見也不同，所聽見所說的也不同。

卷二　隱公中

隱公二年（公元前七百二十一年）

㈠二年春，公會戎于潛㈠。

【今註】㈠潛：在今山東省曹縣東南。

【今譯】二年春天，魯隱公在潛這地方與戎相會。

㈡夏五月，莒人入向㈠。入者何？得而不居也。

【今註】㈠向：在今山東省莒縣南七十里。

【今譯】夏天五月，莒人侵入了向國。入是什麼？是得到而不能住在那兒的意思。

㈢無駭㈠帥師入極㈡。無駭者何？展無駭也。何以不氏？貶㈢。曷為貶？疾始滅㈣也。始滅昉㈤於此乎？前此矣。前此則曷為始乎此？託始焉爾㈥。曷為託始焉爾？春秋之始也。此滅也，其言入何？內大惡，諱也。

【今註】㊀無駭：魯國的公子展無駭。㊁極：在今山東省魚臺西方。㊂貶：降低他的地位。㊃疾始滅：怪他開始滅人國家。㊄昉：音ㄈㄤˇ。開始的意思。㊅託始焉爾：假託為開始。

【今譯】魯國的無駭，帥領軍隊開入極國。無駭是什麼人呢？就是展無駭。為什麼不用他的姓氏呢？這是降低他的地位。為什麼要貶呢？因為他開始滅人的國家。開始滅人國家，就開始在這裏嗎？從前已經有過。既然已經有過，為什麼又說開始在此時呢？是假託以此時為開始。為什麼託始在此時呢？這是春秋的開始。這是滅人的國家，為什麼說進入人的國呢？因為這是國家的大壞事，所以給他避諱。

㈣秋八月庚辰，公及戎盟于唐㊀。

【今註】㊀唐：在今山東省魚臺縣東北十二里。一作棠。

【今譯】秋天八月庚辰這天，魯隱公同戎狄在唐這地方會盟。

㈤九月，紀履緰㊀來逆女。紀履緰者何？紀大夫也。何以不稱使，婚禮不稱主人。然則曷稱？稱諸父兄師友。宋公使公孫壽來納幣，則其稱主人何？辭窮㊁也。辭窮者何？無母也。然則紀有母乎？曰有。有則何以不稱母？母不通也㈢。外逆女不書，此何以書？譏。何譏㈣爾？譏始不親迎也。始不親迎昉於此乎？前此矣。前此則曷為始乎此？託始焉爾。曷為託始焉爾？春秋之始也。女曷為或稱女，或稱婦，或稱夫人？女在其國稱女㈤，在塗稱婦㈥，入國稱夫人㈦。

【今註】㈠紀履緰：紀是國名，姜姓，在今山東省壽光縣南二十五里。一稱劇城。履緰是大夫的名字。㈡辭窮：無話可說。㈢母不通也：因為他母親是夫人，所以對外邊不能交通。㈣譏：譏諷。㈤女在其國稱女：女子在她本國叫做女。㈥在塗稱婦：在路上稱為婦。㈦入國稱夫人：到了她嫁的那一國就稱夫人。

【今譯】九月的時候，紀履緰來迎接魯國女子。紀履緰是什麼人呢？是紀國的大夫。為什麼不說被派來呢？在婚禮中，不能夠稱呼主人的名字。那麼稱什麼人呢？就稱他的父親，哥哥或老師，朋友。宋公派公孫壽來納婚幣，為什麼又稱主人呢？因為他無話可說，為什麼無話可說呢？因為他沒有母親。那麼紀君有母親嗎？回答說有。既然有，為什麼不稱他母親呢？因為他的母親不能同外邊交通。普通外國來魯國接女子不寫，這又為什麼寫呢？因為是譏諷。為什麼譏諷呢？因為譏諷他開始不親自迎接，開始不親迎由這裏開始嗎？以前就有了。以前就有為什麼又在這裏開始呢？託始在這次。為什麼託始在這次呢？因為這是春秋的開始。女子為什麼有時稱為女，有時稱為婦，有時稱為夫人呢？因為女子在她的國裏當稱為女，在路上就稱為婦，到了嫁的那國就稱為夫人。

(六)冬十月，伯姬歸于紀。伯姬者何？內女也㈠。其言歸何？婦人謂嫁曰歸㈡。

【今註】㈠內女也：本國的女子。㈡婦人謂嫁曰歸：婦人嫁出去就叫做歸。

【今譯】冬天十月，伯姬嫁給紀國。伯姬是什麼人呢？是魯國的女人。為什麼說歸呢？婦人說嫁就是歸。

(七)紀子伯莒子㈠盟于密㈡。紀子伯者何？無聞焉爾㈢。

【今註】㈠紀子伯莒子：莒是國名，已姓在今山東省莒縣縣治。㈡密：在今山東省邑縣東南。㈢無聞焉爾：沒有聽說過。

【今譯】紀國的子伯同莒國君在密的地方盟會。紀子伯是什麼人呢？公羊氏沒有聽見說過。

(八)十有二月，乙卯，夫人子氏薨。夫人子氏者何？隱公之母也㈠。何以不書葬？成公意也㈡。何成乎公之意？子將不終為君，故母亦不終為夫人也㊂。

【今註】㊀隱公之母也：是隱公的母親。㊁成公意也：這是為的達成隱公的意志。㊂故母亦不終為夫人也：所以他的母親也不能終久做夫人。

【今譯】十有二月乙卯，夫人子氏死了。夫人子氏是誰呢？是隱公的母親。為什麼不寫下葬呢？這為的達成隱公的意志。為什麼能夠達成隱公的意志呢？兒子將終久不做君，所以母親也不能終久做夫人。

(九)鄭人伐衛㊀。

【今註】㊀鄭人伐衛：鄭是國名，在今河南省新鄭縣西北。衛是國名在今河南省淇縣東北。鄭衛皆姬姓。

【今譯】鄭人討伐衛國。

隱公三年（公元前七百二十年）

(一)三年春王二月，己巳，日有食之。何以書？記異也㊀。日食則曷為或日或不日？或言朔或不言朔？曰某月某日朔，日有食之者，食正朔也㊁，其或日或不日，或失之前，或失之後。失之前者，朔在前也㊂。失之後者，朔在後也㊃。

【今註】㊀記異也：這為的記特別奇異的事情。㊁食正朔也：正是初一那天日蝕。㊂朔在前也：真正初一在日蝕以前。㊃朔在後也：真正的初一在日蝕以後。

【今譯】三年春王二月，己巳這天日蝕。為什麼要寫呢？這是為的記載特異的事情。日蝕有時寫日子或不寫日子，或說初一，或不說初一，為什麼呢？譬如某月某日初一有日蝕，因為初一這天正是日蝕，或寫日子，或不寫日子，或者是靠前，或者是靠後，靠前的初一在前，靠後的初一在後。

(二)三月庚戌，天王崩㊀。何以不書葬？天子記崩不記葬，必其時也㊁。諸侯記卒記葬，有天子存，不得必其時也㊂。曷為或言崩或言薨？天子曰崩㊃，諸侯曰薨㊄，大夫曰卒㊅，士曰不祿㊆。

【今註】㊀天王崩：周平王崩逝了。㊁必其時也：因為他最尊貴，所以必定按著時候。㊂不得必其時也：不能一定按著時候。㊃天子曰崩：等於山崩了一樣。㊄諸侯曰薨：等於毀壞一樣。㊅大夫曰卒：卒就是死。㊆士曰不祿：就是不活著。

【今譯】三月庚戌，周平王死了。為什麼不寫行葬禮？天子祇記載死，不記載下葬。因為他是最尊貴，必定按著時候的。諸侯記載死，也記載行葬禮，因為有天王存在，不能夠必定按著時候。為什麼有的說崩有的說薨呢？天子叫做崩，諸侯叫做薨，大夫叫做死，士人叫做不活著。

㈢夏四月辛卯，尹氏卒㈠。尹氏者何？天子之大夫也。其稱尹氏何？貶㈡。曷為貶？譏世卿㈢，世卿非禮也㈣。外大夫不卒㈤，此何以卒？天王崩，諸侯之主也㈥。

【今註】㈠尹氏卒：左傳作君氏，可能就是竹簡上掉了口字，所以公羊變成尹氏。㈡貶：降低他的地位。㈢譏世卿：譏諷他輩輩做卿。㈣世卿非禮也：輩輩做卿是不合於禮的。㈤外大夫不卒：魯國以外的大夫不寫他死。㈥諸侯之主也：因為周平王死了，魯隱公去弔喪，就住在尹氏家裏，所以拿他做主人。

【今譯】夏天四月辛卯，尹氏死了。尹氏是什麼人呢？他是周天子的大夫。為什麼稱他尹氏，而不稱他的名字？是為降低他的地位。為什麼降低他的地位，因為譏諷他輩輩做卿，輩輩做卿是不合禮的。魯國以外的大夫死了，不寫在春秋上，這為什麼寫呢？因為天王死了，魯隱公到京師弔喪以尹氏做主人的原故。

㈣秋，武氏子來求賻㈠。武氏子者何？天子之大夫也。其稱武氏子何？譏。何譏爾？父卒子未命也㈡。何以不稱使？當喪未君也㊂。武氏子來求賻何以書？譏。何譏爾？喪事無求㊃，求賻非禮也，蓋通于下。

【今註】㊀武氏子來求賻：武氏子來求財物。㊁父卒子未命也：他父親已經死了，可是他還沒有接受周天王的任命。㊂當喪未君也：因為天子死了，新君尚未即位稱王。㊃喪事無求：喪事不應該求旁人。

【今譯】秋天，武氏的兒子到魯國來求財物。武氏子是什麼人呢？是周天子的大夫。為什麼稱他為武氏的兒子呢？這是譏諷他。為什麼要譏諷他呢？他父親死了，而他兒子尚沒有得到命令做大夫。為什麼不稱使派呢？這時天子已經死了，新君尚未即位稱王。武氏子來求財物，為什麼寫在春秋上？這是譏諷他。為什麼譏諷他呢？喪事不能對人有所求。求取財物是不合禮的，這道理上下皆同。

㈤八月庚辰，宋公和卒㊀。

【今註】㊀宋公和卒：宋繆公名字叫做和，死了。

【今譯】八月庚辰，宋繆公死了。

㈥冬十有二月，齊侯鄭伯盟于石門㊀。

【今註】㈠石門：在今山東省平陰縣西南。

【今譯】冬天十二月，齊侯同鄭伯在石門這地方盟會。

(七)癸未，葬宋繆公㈠。葬者曷為或日或不日？不及時而日，渴葬也㈡。不及時而不日，慢葬也㈢。過時而日，隱之也㈣。過時而不日，謂之不能葬也㈤。當時而不日，正也㈥。當時而日，危不得葬也㈦。此當時何危爾？宣公㈧謂繆公曰：「以吾愛與夷則不若愛女㈨。以為社稷宗廟主，則與夷不若女㈩，盍終為君矣㈡。」宣公死，繆公立，繆公逐其二子莊公馮與左師勃㈢，曰：「爾為吾子，生毋相見，死毋相哭。」與夷復曰：「先君之所為不與臣國而納國乎君者，以君可以為社稷宗廟主也。今君逐君之二子而將致國乎與夷，此非先君之意也，且使子而可逐，則先君其逐臣矣。」繆公曰：「先君之不爾逐可知矣，吾立乎此攝也㈢，終致國乎與夷。」莊公馮弒與夷。故君子大居正㈣，宋之禍宣公為之也。

【今註】㈠宋繆公：就是宋公和。㈡渴葬也：葬得很快。㈢慢葬也：葬得很慢。㈣隱之也：對他很哀痛的原故。㊄謂之不能葬也：這叫做不能夠下葬。㊅正也：這是正規的。㊆危不得葬也：危險而不得下葬。㊇宣公：是繆公的哥哥。㊈以吾愛與夷則不若愛女：拿我喜愛與夷就不若愛汝。與夷是宣公的兒子，女春秋時音義皆等於汝。㊉以為社稷宗廟主，則與夷不若女：要做社稷宗廟的主人，那麼與夷就不若你。㊁盍終為君矣：你何不做君呢？㊂莊公馮與左師勃：馮音「憑」。莊公名叫馮，左師是官名，宋國的六卿中有左右師，左師名叫勃。㊂吾立乎此攝也：我現在等於攝政。㊃故君子大居正：所以君子最重要的是守正規。

【今譯】　癸未，給宋繆公行葬禮。下葬的時候，為什麼有時候記日子，有時不記呢？不到時候，而春秋上寫了日期，這是急於要下葬。不到時候，而春秋上不寫日期是下葬的很慢。過了時候而寫下日子，這是痛喪賢君。過了時候而不寫日子，這是叫做不能下葬。當著時候而又不寫日期，這很正規的。當時而寫著日期，這是危險不得葬。這時間有什麼危險呢？當時宋宣公對宋繆公說：「比如我喜歡與夷就不如喜歡你，為做社稷宗廟的主人，則與夷不如你，你何不做君呢？」宣公死了，他弟弟繆公就立了，繆公把他兩個兒子莊公馮同左師勃驅逐出國，並且說：「你們是我的兒子，活著不要相見，死了也不要相哭。」與夷回報說：「先君所以不給我國家，而給你國家的原故，以為你可以做社稷宗廟的主人。現在你把你的兩個兒子趕出去，而將把國家給我與夷，這不是先君的意思。假如兒子可以驅逐走，那麼先君也就把我轟走了。」繆公就說：「先君不把你驅走，可以明白他的原意，我現在此等於攝政，將來必定把國家交給與夷。」後來莊公馮弒了與夷。所以君子以守正為大，宋國的禍亂，就是宣公造成的。

隱公四年（公元前七百一十九年）

㈠春王二月莒人伐杞，取牟婁㈠。牟婁者何？杞之邑也。外取邑不書㈡。此何以書？疾始取邑也㈢。

【今註】㈠牟婁：在今山東省諸城縣西十五里。㈡外取邑不書：在魯國以外的地方，取了城，不寫在春秋上。㈢疾始取邑：恨他開始佔領別人的城邑。

【今譯】四年春天二月，莒國人討伐杞國，佔領了牟婁這個城。牟婁是什麼呢？是杞國的城邑。在魯國以外，佔領了城邑，不寫在春秋上。這為什麼寫上呢？因為恨他開始了佔領城邑。

㈡戊申，衛州吁弒其君完㈠。曷為以國氏？當國也㈡。

【今註】㈠衛州吁弒其君完：衛國的公子州吁把他的君桓公完弒掉。㈡當國也：因為州吁是掌衛國的政權。

【今譯】戊申這天，衛國的公子州吁，殺他的君桓公完。為什麼以國為氏呢？因為州吁當了國政。

㈢夏，公及宋公遇于清㊀。遇者何？不期也㊁。一君出，一君要之也㊂。

【今註】㊀公及宋公遇于清：清在衛國，今山東省東阿縣西北十里。㊁不期也：沒有預先約好時間。㊂一君出一君要之也：有一國的君出國，另一國君想碰見他。

【今譯】夏天，魯隱公同宋公相遇在清這地方。什麼叫做遇呢？沒有預先約會好的。一國的君出境，另一國的君要求跟他相見。

㈣宋公、陳侯㊀、蔡人㊁、衛人伐鄭。

【今註】㊀陳侯：陳是國名，嬀姓，在今河南省淮陽縣縣治。㊁蔡人：蔡是國名，姬姓，在今河南省上蔡縣西南十里。

【今譯】宋公同陳侯、蔡人、衛人討伐鄭國。

㈤秋，翬帥師會宋公、陳侯、蔡人、衛人伐鄭。翬者何？公子翬㊀也。何以不稱公子？貶。曷為貶？與弒公也㊁。其與弒公奈何？公子翬諂乎隱公㊂，謂隱公曰：「百姓安子，諸侯說㊃子，盍終為君矣。」隱曰：「吾否，吾使脩塗裘㊄，吾將老焉。」公子翬恐若其言聞乎桓，於是謂桓曰：「吾為子口隱矣㊅。隱曰：『吾不反也㊆。』」桓曰：「然則奈何？」曰：「請作難㊇，弒隱公。」於鍾巫之祭焉弒隱公也㊈。

【今註】㊀公子翬：翬音ㄏㄨㄟ。㊁與弒公也：他參加弒隱公的事。㊂諂乎隱公：巴結隱公。㊃諸侯說：說同悅。㊄吾使脩塗裘：塗裘即菟裘。在今山東省泰安縣東南。㊅吾為子口隱矣：我已經為你打聽過隱公了。㊆吾不反也：我不將政權歸還給他。㊇請作難：請用甲兵造反。㊈於鍾巫之祭焉，弒隱公也：鍾巫即鍾吾，古國名在今江蘇省宿遷縣西北六十里。在鍾巫祭祀時，就把隱公殺掉。

【今譯】秋天，公子翬帥領著軍隊會同宋公、陳侯、蔡人、衛人伐鄭國。翬是什麼人呢？就是公子翬。為什麼不稱公子呢？因為貶低他。為什麼貶低他？因為他參加弒隱公的事情。他怎麼樣參加弒隱公呢？公子翬最初巴結隱公，對隱公說：「百姓們，會對你很安靜，諸侯們也很喜愛你，你為什麼不做君呢？」隱公回答說：「我不做，我派人修塗裘這地方的房子，我將在那裏歸老。」公子翬恐怕這句話被桓公知道，就對桓公說：「我已經替你探聽過了。隱公說：『我不會歸還政權。』」桓公說：「那怎麼辦呢？」公子翬說：「請用軍隊造反，殺了隱公。」於是就在隱公祭祀鍾巫時，把他殺掉。

㈥九月，衛人殺州吁于濮㈠。其稱人何？討賊之辭也。

【今註】㈠濮：在今河北省濮陽河南封邱縣間。

【今譯】九月，衛國人殺了州吁在濮這地方。為什麼要稱人呢？因為是討賊的言辭。

㈦冬十有二月，衛人立晉㈠。晉者何？公子晉也。立者何？立者不宜立也㈡。其稱人何？眾立之之辭也。然則孰立之？石碏立之㈢。石碏立之，則其稱人何？眾之所欲立也㈣。眾雖欲立之，其立之非也。

【今註】㈠衛人立晉：衛國人立了公子晉。㈡立者不宜立：說是立就是不應當立。㈢石碏立之：碏音ㄑㄩㄝˋ。石碏把他立了。㈣眾之所欲立也：這是大家所願意立的。

【今譯】十二月，衛國人立了公子晉為君。晉是什麼人呢？是衛國的公子晉。為什麼說立他？說立他就是不應當立他。為什麼稱為人呢？表示大家立他的意思。但是誰立他呢？石碏立了他。石碏立了他，為什麼還稱為人呢？是大家都想立他。雖然衛國人全想立他，但是立他就不合法。

卷三　隱公下

隱公五年（公元前七百一十八年）

(一)春、公觀魚于棠㈠。何以書？譏。何譏爾？遠也。公曷為遠而觀魚？登來之也㈡。百金之魚公張之㈢。登來之者何？美大之之辭也㈣。棠者何？濟上之邑也㈤。

【今註】㈠公觀魚于棠：棠在今山東省魚臺縣東北十二里。魯隱公到棠這地方去看魚。按左傳作「矢魚于棠」，可見左氏春秋，所記載的較早，初民社會，是用箭來射魚，現在臺灣高山族仍舊保持這種習俗，而公羊的觀魚，這種事情較後。㈡登來之也：登來就是得來，這是齊國人的口語。㈢百金之魚公張之：有百金價值的魚，魯隱公用網來打他，這種說法，也比左氏春秋的矢魚較晚。㈣美大之之辭也：這是說那魚很美大，意在譏隱公與民爭利。㈤濟上之邑也：濟水邊的一個城。

【今譯】春天，魯隱公到棠這地方去看魚。為什麼記在春秋上呢？這是譏諷。為什麼譏諷呢？因為棠距魯國都城很遠。魯隱公為什麼到遠處去看魚呢？是為的得來很貴重的魚。魯隱公用網來獵取價值百金的魚，為什麼說得來呢？這是說魚既美且大。棠是什麼地方呢？是在濟水邊的一個城。

㈡夏四月，葬衛桓公㈠。

【今註】㈠葬衛桓公：就是給衛侯完行葬禮。

【今譯】夏天四月，給衛桓公行葬禮。

㈢秋、衛師入盛㈠。曷為或言率師或不言率師？將尊師眾稱某率師㈡；將尊師少稱將㈢；將卑師眾稱師㈣；將卑師少稱人㈤。君將不言率師，書其重者也㈥。

【今註】㈠盛：左傳作成。在今山東省寧陽縣東北九十里。㈡將尊師眾稱某率師：將很尊貴，軍隊很多，就稱他為某人率師。㈢將尊師少稱將：將的地位尊貴軍隊少稱將。㈣將卑師眾稱師：將若卑下軍隊多，就稱為師。㈤將卑師少稱人：將的地位卑下，軍隊又少就稱人。㈥君將不言率師，書其重者也：君自已領軍，不說他率師，因為只寫重要的事件。

【今譯】秋天，衛國軍隊入盛國。為什麼有時說率領軍隊，有時又不講率領軍隊呢？假設將領地位尊貴，軍隊很多，就說某人率師。假設將地位尊，軍隊少，就稱為將。假設將地位低，軍隊多就稱為師。將地位低軍隊又少就稱人。君自已率領軍隊，不說他率領軍隊，因為只寫重要的事件。

(四)九月，考仲子之宮㈠。考宮者何？考猶入室也，始祭仲子也㈡。桓未君則曷為祭仲子？隱為桓立㈢，故為桓祭其母也。然則何言爾？成公意也㈣。初獻六羽㈤。初者何？始也。六羽者何？舞也㈥。初獻六羽何以書？譏。何譏爾？譏始僭諸公也㈦。六羽之為僭奈何？天子八佾㈧，諸公六㈨，諸侯四⑩。諸公者何？諸侯者何？天子三公稱公，王者之後稱公，其餘大國稱侯，小國稱伯，子、男。天子三公者何？天子之相也⑪。天子之相則何以三？自陝而東者，周公主之⑫，自陝而西者召公主之⑬，一相處乎內，始僭諸公昉於此乎？前此矣。前此則曷為始乎？此僭諸公猶可言也，僭天子不可言也。

【今註】㈠考仲子之宮：完成仲子的廟。㈡考猶入室也，始祭仲子也：考等於入了廟，開始祭祀仲子。㈢隱為桓立：隱公的即位是為的桓公的原因。㈣成公意也：為達成隱公的原意。㈤初獻六羽：初次貢獻六羽的舞。㈥舞也：這是一種舞蹈。㈦譏始僭諸公也：譏諷他開始仿效公的地位。㈧天子八佾：佾，列也。天子是八列為舞。八八共六十四人。㈨諸公六：六人成一列，六六三十六人。⑩諸侯四：四人為一列，四四十六人。⑪天子之相也：天子的宰相。⑫自陝而東者周公主之：由陝縣往東由周公管理。㊂自陝而西者召公主之：由陝縣往西由召公管理。

【今譯】　九月，築成仲子的廟。什麼叫做築成廟呢？築成等於進入她的廟，這是開始祭祀仲子。桓公沒立成君，為什麼還祭祀仲子呢？隱公的即位是為的桓公而立的，所以他為桓公而祭祀他的母親。為什麼如此說呢？這是為達成隱公的意志。初次奉獻六羽的祭舞。什麼叫做初呢？這是開始。什麼叫做六羽？這是一種舞蹈。初次貢獻六羽，為什麼記載在春秋上呢？這是譏諷。為什麼譏諷？譏諷他開始仿效公的地位。六羽的舞，這是僭上，為什麼僭上呢？天子是八佾，諸公是六佾，諸侯是四佾。什麼叫做諸公呢？什麼叫做諸侯呢？天子三公叫做公，王者的後人叫做公，其餘的大國叫做侯，小國叫伯，子或男。天子三公是什麼呢？是天子的宰相。天子的宰相何以有三個呢？自陝縣以東由周公主持，陝縣以西由召公主持，另外一相在裏面。開始自比諸公，開始在這時候嗎？已經在前面了，既然在前面，為什麼又在此時開始呢？這次自比諸公還可以說，自比天子是不可以說的。

㈤邾婁人、鄭人，伐宋㈠。

【今註】　㈠邾婁人、鄭人，伐宋：邾婁是國名，在今山東省鄒縣。鄭是國名，在今河南省新鄭縣西北。宋也是國名在今河南省商邱縣南。

【今譯】　邾婁人同鄭人討伐宋國。

㈥螟㈠。何以書？記災也㈡。

【今註】㈠螟：蝗蟲。㈡記災也：為的記災異。

【今譯】魯國有蝗蟲。為什麼寫在春秋上呢？是為的記災異。

㈦冬十有二月辛巳公子彄卒㈠。

【今註】㈠公子彄（音ㄎㄡ）卒：公子彄死了。

【今譯】冬天十二月辛巳這天，公子彄死了。

㈧宋人伐鄭，圍長葛㈠。邑不言圍，此其言圍何？彊也㈡。

【今註】㈠長葛：在今河南省長葛縣北十二里。㈡彊也：因為很有彊力，所以圍得很久。

【今譯】宋人討伐鄭國，圍了長葛這個城。照例邑不說圍，這為什麼說圍呢？因為長葛很強大。

隱公六年（公元前七百一十七年）

㈠春，鄭人來輸平㈠。輸平者何？輸平猶墮成也㈡。何言乎墮成？敗其成也㈢。曰「吾成敗矣㈣」。吾與鄭人未有成也。吾與鄭人則曷為未有成？狐壤之戰，隱公獲焉㈤。然則何以不言戰？諱獲也㈥。

【今註】㈠輸平：取消他的和約。㈡輸平猶墮成也：取消和約等於廢掉和約。㈢敗其成也：把和約毀掉了。㈣吾成敗矣：我的和約毀了。㈤狐壤之戰，隱公獲焉：狐壤在今河南省禹縣東南四十里。狐壤那次戰役，魯隱公被逮著了。㈥諱獲也：諱言被逮著。

【今譯】春天，鄭國人來取消和約。什麼叫做取消和約呢？取消和約等於說毀掉和約。怎樣叫做毀掉和約呢？把和約毀掉。魯國人說：「我們的和約毀掉」，我跟鄭國人沒有了和約。我跟鄭國人為什麼沒有了和約呢？狐壤那次的戰役，魯隱公被逮著了。然則為什麼不說打仗？因為諱言被逮著。

㈡夏五月辛酉，公會齊侯盟于艾㈠。秋七月。此無事何以書？春秋雖無事，首時過則書㈡。首時過則何以書？春秋編年，四時具然後為年㈢。

【今註】㈠艾：在今山東省萊蕪縣東南。㈡首時過則書：四時的頭一個月過了，就應該寫。㈢四時具然後為年：四時全都完備了，就成為年。

【今譯】夏天五月辛酉，魯隱公同齊侯在艾的地方盟會。秋天七月。這月沒事情，為什麼寫在春秋上呢？春秋之例，雖然沒有事情，四季的頭一個月過去了，就寫在春秋上。為什麼四季頭一個月過去就寫上呢？因為春秋是編年的，四時全完備就成為一年。

㈢冬，宋人取長葛。外取邑不書，此何以書？久也㈠。

【今註】㈠久也：因為經過的時間很久。五年冬圍長葛，至今已一年。

【今譯】冬天，宋國人佔據了長葛。從國外所取的城邑不寫在春秋上，這次為什麼寫呢？因為經過的時間很長久。

隱公七年（公元前七百一十六年）

㈠春王三月，叔姬歸于紀㈠。滕侯卒㈡。何以不名？微國也㈢。微國則其稱侯何？不嫌也㈣。春秋貴賤不嫌同號㈤。美惡不嫌同辭㈥。

【今註】㈠叔姬歸于紀：紀在今山東省壽興縣南二十五里。叔姬是魯伯姬的妹妹，所以也就給她姊姊做媵，照道理女子由八歲起就可以備數目，十五歲才跟著嫡姊去，二十歲才真正事奉君子。㈡滕侯卒：滕在今山東省滕縣西南十四里姬姓。㈢微國也：小的國家。㈣不嫌也：不因為大小而有分別。㈤春秋貴賤不嫌同號：照春秋的道理說，貴重的君同低賤的君不嫌同一個稱號。㈥美惡不嫌同辭：好的人同壞的人，不怕用同一個文辭。

【今譯】　春天三月，叔姬到了歲數，嫁給紀國。滕侯死了，為什不稱他的名字？因為他的國家很微小。國家既然微小，但是為什麼也稱他侯呢？因為對於稱呼沒有分別。春秋的體例，貴君同賤君，不怕同一個稱號。好人同壞人，也不嫌用同一個文辭。

㈡夏城中丘㈠。中丘者何？內之邑也㈡。城中丘何以書？以重書也㈢。

【今註】　㈠中丘：在今山東省臨沂縣東北五十里。㈡內之邑也：是魯國的一個城邑。㈢以重書也：因為這個工作很重大，所以特別寫在春秋上。

【今譯】　夏天修中丘這個城。中丘這個城在什麼地方？是魯國境內的一個城邑。修中丘城為什麼寫在春秋上呢？因為工作很重大所以寫上。

㈢齊侯使其弟年來聘㈠。其稱弟何？母弟稱弟，母兄稱兄㈡。

【今註】　㈠齊侯使其弟年來聘：齊侯派他弟弟名字叫年的來魯國聘問。㈡母弟稱弟母兄稱兄：同母的弟弟就稱為弟。同母的哥哥就稱為兄。

【今譯】齊侯派他弟弟名字叫年的來魯國聘問。為什麼稱弟呢？同母的弟弟就稱弟，同母的哥哥就稱兄。

㈣秋，公伐邾婁㈠。

【今註】㈠公伐邾婁：魯隱公討伐邾婁國。

【今譯】秋天，魯隱公討伐邾婁國。

㈤冬，天王使凡伯來聘㈠，戎伐凡伯于楚丘以歸㈡。凡伯者何？天子之大夫也。此聘也，其言伐之何？執之也㈢。執之則其言伐之何？大之也㈣。曷為大之？不與夷狄之執中國也㈤。其地何？大之也㈥。

【今註】㈠天王使凡伯來聘：周天王派凡伯來魯國聘問。㈡戎伐凡伯于楚丘以歸：楚丘在今山東省曹縣東南四十里。戎狄在楚丘這地方討伐凡伯，逮住凡伯回去了。㈢執之也：把他逮起來。㈣大之也：尊大他的意思。㈤不與夷狄之執中國也：不贊成夷狄逮走中國人。㈥大之也：也是尊大的關係。

【今譯】冬天，周天王派了凡伯來魯國聘問，戎人在楚丘這地方討伐凡伯，把他逮了回去。凡伯是什麼人呢？是天子的大夫。這是聘問，為什麼說伐他呢？是把他逮起來。把他逮起來，為什麼說伐他呢？是尊大凡伯。為什麼尊大他呢？不贊成夷狄人逮起中國人來。為什麼記著地名呢？這也是為的尊大他。

隱公八年（公元前七百一十五年）

㈠春，宋公、衛侯遇于垂㈠。

【今註】㈠宋公、衛侯遇于垂：垂在今山東省菏澤縣北二十里。所謂遇是不約好就見面。

【今譯】春天，宋公同衛侯在垂這地方碰見。

㈡三月鄭伯使宛來歸邴㈠。宛者何？鄭之微者也。邴者何？鄭湯沐之邑也㈡。天子有事于泰山㈢，諸侯皆從。泰山之下，諸侯皆有湯沐之邑焉㈣。庚寅，我入邴㈤。其言入何？難也。其日何？難也㈥。其言我何？言我者非獨我也，齊亦欲之㈦。

【今註】㈠鄭伯使宛來歸邴（音ㄅㄧㄥˇ）：邴左傳作祊，在今山東省費縣西北二十里。鄭伯派了名叫宛這人來交給魯國邴這地方。㈡鄭湯沐之邑也：這是鄭國休息的地方。㈢天子有事于泰山：泰山是五嶽之一，在魯國同齊國中間。㈣諸侯皆有湯沐之邑焉：每個諸侯全有休息的地方。㈤我入邴：

我們進入邴這地方。㈥難也：很困難。㈦言我者非獨我也，齊亦欲之：說我就是意思不只魯國，因為齊國也很想要這地方。

【今譯】三月，鄭伯派宛來送邴這地方給魯國。宛是什麼人呢？鄭國一個地位卑微的人。邴是什麼地方呢？是鄭國休息的地方。天子每回祭泰山的時候，諸侯全都隨從著。泰山的底下，諸侯全有休息的地方。庚寅這天，魯國進入邴這個城。為什麼說入呢？因為是困難。為什麼說入的日子呢？也是因為困難。為什麼說我？說我就是不衹我魯國，因為齊國也想得到這個地方。

㈢夏六月己亥，蔡侯考父卒㈠。

【今註】㈠蔡侯考父卒：蔡侯考父死了。

【今譯】夏天六月己亥，蔡侯考父死了。

㈣辛亥，宿男卒㈠。

【今註】㈠宿男卒：宿男死了。宿在今山東省東平縣東二十里，風姓。對於公羊傳的註，須分兩種的看法，第一種是公羊及他的門徒的看法。第二種是何休的看法。譬如何休說春秋王魯以隱公為始受命王。其實這真是胡說，孔子作春秋所說春王正月，這個王是指著所用的周曆，譬如晉國就用夏曆，當時春秋各國有用周曆，有用夏曆，也有用商曆，就如宋國即用商曆。公羊傳自已說是大一統，這話也是不對，因為曆法就不是大一統。

【今譯】辛亥這天，宿國的君宿男死了。

(五)秋七月庚午，宋公、齊侯、衛侯盟于瓦屋㈠。

【今註】㈠瓦屋：在今河南省溫縣西北三十里。

【今譯】秋天七月庚午這天，宋公、齊侯、衛侯在瓦屋這地方會盟。

(六)八月葬蔡宣公。卒何以名而葬不名？卒從正㈠，而葬從主人㈡。卒何以日而葬不日？卒赴而葬不告㈢。

【今註】㈠卒從正：死的時間，因為要告訴天子，君前必須要稱名字。㈡葬從主人：下葬之時，就用他國的自己稱呼，所以叫蔡宣公。這句話也真是胡說，謚號必須在人死以後才有，所以葬的時候，方能用謚號，這是自然的道理。㈢卒赴而葬不告：因為死的時候，必定赴告天子，而葬的時候不須報告天子。

【今譯】八月，給蔡宣公行葬禮。死的時候何以用名字，而下葬不用名字呢？因為死的時候赴告天子，所以用名字，而下葬時用謚號，用他國自己的稱呼。死了為什麼用日子，而葬不寫他日子，因為死的時候要報告天子，而葬禮不報告天子。

(七)九月辛卯，公及莒人盟于包來㈠。公曷為與微者盟？稱人則從不疑也㈡。

【今註】㈠包來：左傳作浮來，在今山東省沂水縣西北八十里。一說在莒縣西北三十里。㈡稱人則從不疑也：稱人就是有很多隨從的人，使人不會疑惑。

【今譯】九月辛卯這天，魯隱公同莒國人在包來這地方盟會。隱公為什麼跟沒職位的人盟會呢？稱人就隨從著很多人，人家不會疑惑。

(八)螟㈠。

【今註】㈠螟：蝗蟲。

【今譯】魯國有螟蟲。

(九)冬十有二月，無駭卒㈠。此展無駭也。何以不氏？疾始滅也，故終其身不氏㈡。

【今註】㈠無駭卒：展無駭死了。㈡疾始滅也，故終其身不氏：因怪他開始滅人國家，所以終他一生不稱他的氏。

【今譯】冬天十二月，無駭死了。這就是展無駭，為什麼不稱他的氏？因怪他開始滅人國家，所以終他一生不稱他的氏。

隱公九年（公元前七百一十四年）

㈠春，天王使南季來聘㊀。

【今註】㊀天王使南季來聘：周天子派周大夫南季來聘問。

【今譯】九年春天，周天子派周大夫南季來魯國聘問。

㈡三月癸酉，大雨震電㊀。何以書？記異也㊁。何異爾？不時也㊂。

【今註】㊀大雨震電：下大雨又打大雷。㊁記異也：這是記載怪異的事情。㊂不時也：因為他不按時候。因為這時是周的三月等於夏正的正月，不應該打雷，所以說不按時。

【今譯】三月癸酉，大雨又加上打雷帶閃電。為什麼寫在春秋上呢？這是記載怪事情。這為什麼怪異？因這時是周的三月等於夏正的正月，不應該打雷，所以說不按時候。

㈢庚辰，大雨雪㈠。何以書？記異也㈡。何異爾？俶甚也㈢。

【今註】㈠大雨雪：下很大的雪。㈡記異也：這也是記載怪事情。㈢俶（音ㄔㄨˋ）甚也：王引之曰：「今案俶甚厚也，始怒也，始怒甚，猶大甚也。蓋師說以為平地七尺雪者，盛陰之氣也。盛陰之氣大怒，此桓將怒而弒隱公之象。引之謹案：俶訓為始，不訓為怒。雪非雷電之屬。亦不像人之怒也。俶甚者，厚甚也。平地七尺雪，厚莫甚於此矣。故曰俶甚也。如此之厚者，世所罕見，故謂之異也。」

【今譯】庚辰這天下大雪。為什麼寫在春秋上呢？因為是記載怪異的事情。有什麼怪異呢？這是積雪厚得太深的原故。

㈣俠卒㈠。俠者何？吾大夫之未命者也㈡。

【今註】㈠俠卒：俠是一個魯國大夫，死了。㈡吾大夫之未命者也：魯國大夫尚未接到隱公任職命令。

【今譯】魯國一個大夫名叫俠的死了。這個大夫俠是什麼人呢？是魯國大夫還沒有接到隱公任職命令的人。

㈤夏，城郎㈠。

【今註】㊀郎：在今山東省曲阜縣西。

【今譯】夏天，修築郎這個城。

㈥秋七月㊀。

【今註】㊀秋七月：這是照例，因為七月是秋天的頭一個月所以寫上。

【今譯】秋天七月。

㈦冬，公會齊侯於邴。

【今譯】冬天，魯隱公同齊侯在邴這地方相會。

隱公十年（公元前七百一十三年）

㈠春王二月，公會齊侯、鄭伯于中丘㊀。

【今註】㊀中丘：在今山東省臨沂縣東北五十里。

【今譯】春王二月，隱公同齊侯鄭伯在中丘這地方相會。

㈡夏，翬帥師會齊人鄭人伐宋㈠。此公子翬也。何以不稱公子？貶。曷為貶？隱之罪人也㈡。故終隱之篇貶也㈢。

【今註】㈠翬帥師會齊人鄭人伐宋：翬帥領著軍隊會同齊人鄭人討伐宋國。㈡隱之罪人也：因為他是弒魯隱公的罪人。㈢故終隱之篇貶也：所以在隱公這一代全把他貶了。

【今譯】夏天，公子翬帥領軍隊會同齊人鄭人討伐宋國。這是公子翬啊，為什麼不稱公子？因為貶低他的地位。為什麼貶低他的地位呢？他是魯隱公的罪人。在魯隱公這一代全把他貶低了。

㈢六月壬戌，公敗宋師于菅㈠。辛未取郜㈡，辛巳取防㈢。取邑不日，此何以日？一月而再取也㈣。何言乎一月而再取？甚之也㈤。內大惡諱，此其言甚之何？春秋錄內而略外，於外大惡書，小惡不書㈥，於內大惡諱，小惡書㈦。

【今註】㈠菅：在今山東省金鄉縣西南。（菅：音ㄐㄧㄢ）㈡郜：這是南郜，在今山東省城武縣東南八十里。（郜：音ㄍㄠˋ）㈢防：在今山東省金鄉縣西南六十里。㈣一月而再取也：一個月拿了好幾個城。㈤甚之也：表示魯國很喜歡打仗。㈥於外大惡書，小惡不書：對於外國事情，大惡就寫在春秋上，小惡就不寫。㈦內大惡諱，小惡書：對於魯國自己的事情，大壞事就避諱，小壞事就寫上。

【今譯】六月壬戌這天，魯隱公打敗了宋國軍隊在菅這地方。辛未這天，取了郜這地方。辛巳佔據了防這地方。取邑按道理不寫那個日子，這次何以寫日子？因為一個月裏取了兩個城。為什麼說一個月取了兩個城呢？言魯國很喜歡打仗。國內有大壞事，全都避諱，這次為什麼說很喜歡打仗？春秋書裏，記載魯國內裏的事，而很簡略記載外國的事。對於外國人壞事寫上，小壞事不寫上，對於國內大壞事就避諱，小壞事寫上。

(四)秋，宋人、衛人入鄭。

【今譯】秋天，宋國人同衛國人侵入鄭國。

(五)宋人、蔡人、衛人伐載㈠，鄭伯伐取之。其言伐取之何？易也㈡。其易奈何？因其力也㈢。因誰之力？因宋人、蔡人、衛人之力也㈣。

【今註】㈠載：左氏春秋作戴，在今河南省考城縣東南五里。㈡易也：因為很容易。㈢因其力也：因為乘著旁人的力量。㈣因宋人、蔡人、衛人之力也：利用宋國人、蔡國人、衛國人正討伐載的力量。

【今譯】宋國人、蔡國人、衛國人討伐載國，鄭伯藉這機會佔領他。為什麼說佔領他？因為容易。怎麼樣的容易呢？是仗著旁人的力量。因為誰的力量呢？乘著宋國人、蔡國人、衛國人的力量。

(六)冬十月壬午，齊人鄭人入盛㈠。

【今註】㈠盛：左傳作郕。在今山東省濮興南六十里。

【今譯】冬天十月壬午，齊國人、鄭國人侵入盛國。

隱公十有一年（公元前七百一十二年）

(一)春，滕侯薛侯來朝㈠。其言朝何？諸侯來曰朝㈡。大夫來曰聘㈢。其兼言之何㈣？微國也。

【今註】㈠滕侯薛侯來朝：滕是國名在今山東省滕縣西南十四里。薛是國名任姓，今山東省滕縣南四十四里。㈡諸侯來曰朝：諸侯來到魯國就叫做朝。㈢大夫來曰聘：各國大夫到魯國來叫做聘。㈣其兼言之何？這句話是根據桓公七年夏天穀伯鄧侯來朝而說的。㈤微國也：這全是小國。

【今譯】十一年春天，滕侯同薛侯來魯國朝見。為什麼說朝呢？旁國的諸侯來魯國叫做朝，各國大夫來叫做聘。有時候兼說兩國來朝呢？因為這全是小國。

(二)夏五月，公會鄭伯于祁黎㈠。

【今註】㈠祁黎：左傳作時來，在今河南省廣武縣東南。按左傳是孔壁古文，公羊是師弟相傳，左傳更近於真相。

【今譯】夏天五月，魯隱公同鄭伯在祁黎這地方會盟。

(三)秋七月壬午，公及齊侯，鄭伯入許㈠。

【今註】㈠許：是國名，姜姓，今河南省許昌縣東。

【今譯】秋天七月壬午，魯隱公會同齊侯及鄭伯侵入許國。

(四)冬十有一月壬辰，公薨㈠。何以不書葬？隱之也㈡。何隱爾？弒也㈢。弒則何以不書葬㈣？春秋君弒，賊不討，不書葬，以為無臣子也㈤。子沈子㈥曰：「君弒㈦臣不討賊，非臣也。子不復讎，非子也㈧。」葬，生者之事也。春秋君弒，賊不討，不書葬，以為不繫乎臣子也㈨。公薨何以不地？不忍言也㈩。隱何以無正月？隱將讓乎桓，故不有其正月也⑪。

【今註】㈠公薨：隱公死了。㈡隱之也：有所隱痛。㈢弒也：為桓公所弒。㈣弒則何以不書葬：弒為什麼不寫上葬。㈤春秋君弒，賊不討，不書葬，以為無臣子也：春秋君被弒不討賊就不寫上葬，因為是等於沒有臣子一樣。㈦子沈子：公羊派的一位老師。㈦君弒，臣不討賊，非臣也：君要被弒，臣也不討賊，等於沒有臣。㈧子不復讎，非子也：子不報仇，就不是兒子。㈨以為不繫乎臣子也：以為沒有連繫臣子。㈩不忍言也：不忍說。㈡隱將讓乎桓，故不有其正月也：隱公將讓位給桓公，所以他沒有正月。

【今譯】 冬天十一月壬辰這天，隱公死了。為什麼不寫行葬禮呢？因為有隱痛的原故。有何隱痛呢？因為是被魯桓公所弒。弒為什麼不寫行葬禮？春秋的筆法，君被弒，若不討賊，就不寫上行葬禮，以為等於沒有臣子。公羊的一位先師子沈子說：「君要是被弒，臣下不討賊，那就是沒有臣。子不報仇，就不是兒子。」行葬禮是活著人的事情。春秋之義，君被弒，而賊不被討，就不寫行葬禮，因為與臣子沒有連繫。魯隱公死，為什麼不寫在什麼地方？因為不忍心說明。隱公何以沒有正月呢？因為隱公將把地位讓給桓公，所以沒有正月。

卷四　桓公上

桓公元年（公元前七百一十一年）

㈠春王正月，公即位㊀。繼弒君不言即位㊁。此其言即位何？如其意也㊂。

【今註】㊀公即位：魯桓公行即位典禮。㊁繼弒君不言即位：繼承弒君之位不應當說行即位典禮。㊂如其意也：達到他所希望的意思。

【今譯】桓公元年春王正月，魯桓公行即位典禮。照例繼承被弒君王之位不講即位，而此地何以說即位呢？這是為的滿足桓公的意志。

㈡三月，公會鄭伯于垂㊀。

【今註】㊀垂：在今山東省菏澤縣北二十里，即犬邱一地兩名。

【今譯】三月，魯桓公同鄭伯在垂這地方相會。

(三)鄭伯以璧假許田㊀。其言以璧假之何？易之也㊁。易之則其言假之何？為恭也㊂。曷為為恭㊃？有天子存，則諸侯不得專地也㊄。許田者何？魯朝宿之邑也㊅。諸侯時朝乎天子，天子之郊，諸侯皆有朝宿之邑焉㊆。此魯朝宿之邑也，則曷為謂之許田？諱取周田也㊇。諱取周田則曷為謂之許田？繫之許也㊈。曷為繫之許？近許也㊉。此邑也，其稱田何？田多邑少稱田⑪，邑多田少稱邑⑫。

【今註】㊀鄭伯以璧假許田：鄭伯拿玉璧來借用許田。㊁易之也：交換。㊂為恭也：為的是恭敬，表示暫時借用的意思。㊃曷為為恭：為什麼要恭敬。㊄諸侯不得專地也：諸侯不能專有一塊土地。㊅魯朝宿之邑也：魯國上朝住宿的地方。㊆天子之郊，諸侯皆有朝宿之邑：天子的郊外，諸侯們各自有上朝住宿的地方。㊇諱取周田也：避諱說拿了周的田地。㊈繫之許也：把它繫到許國。㊉近許也：因為他近於許國。⑪田多邑少稱田：田地多，城池少，就稱為田。⑫邑多田少稱邑：城池多，田地少，就稱為邑。

【今譯】鄭伯拿玉璧來借用近於許國的田地。他說拿玉璧來借用，為什麼呢？因為是來交換。交換為什麼說借用呢？為的是恭敬。為什麼要恭敬？因為有天子存在，諸侯不能夠專有一個地方。什麼叫做許田呢？這是魯國上朝住宿的地方。諸侯有時到天子那裏上朝，天子的郊外，諸侯全有上朝住宿的地方。這是魯上朝住宿的地方，為什麼叫他許田呢？為的避諱拿周的田地。既然避諱拿周的田地，又為什麼叫他做許田呢？因為把這塊田地繫到許國。為什麼繫到許國呢？因為他近於許國。這是一個城邑，為什麼稱他為田呢？田地要多，而城邑少，就稱為田；城邑要多而田地少，就稱為邑。

(四)夏四月丁未，公及鄭伯盟于越㊀。

【今註】㊀越：在今山東省菏澤縣近垂。

【今譯】夏天四月丁未，魯桓公同鄭伯在越這地方會盟。

(五)秋大水㊀。何以書？記災也㊁。

【今註】㊀秋大水：秋天大水。㊁記災也：記上大災害。

【今譯】秋天魯國有大水。為什麼寫在春秋上呢？因為這是表示大災害。

(六)冬十月㊀。

【今註】㊀冬十月：因為十月是冬天的頭一個月，所以寫在春秋上。

【今譯】冬天的頭一個月十月。

桓公二年（公元前七百一十年）

㈠二年春王正月，戊申，宋督弒其君與夷及其大夫孔父㈠。及何者？累也㈡。弒君多矣，舍此無累者乎？曰：「有仇牧，荀息，皆累也㈢。」舍仇牧荀息無累者乎？曰：「有」。有則此何以書？賢也㈣。何賢乎孔父？孔父可謂義形於色矣㈤。其義形於色奈何？督將弒殤公，孔父生而存則殤公不可得而弒也㈥，故於是先攻孔父之家㈦。殤公知孔父死，己必死，趨而救之。皆死焉㈧。孔父正色而立於朝㈨，則人莫敢過而致難於其君者㈩，孔父可謂義形於色矣。

【今註】㈠宋督弒其君與夷，及其大夫孔父：宋國的華父督弒他君殤公與夷同宋國大夫孔父。㈡累也：據何休說累是從君而死，這句話是齊國的語言。㈢有仇牧荀息皆累也：仇牧也是宋國的事情，見魯莊公十二年，荀息是晉國人，見魯僖公十年，這全是從君而死的。㈣賢也：因為說他是有賢德的人。㈤孔父可謂義形於色矣：孔父可說他的義氣表現在他的臉上。㈥孔父生而存則殤公不可得而弒也：孔父假設活著，殤公就不能被弒。㈦故於是先攻孔父之家：所以華父督就先攻打孔父的家。㈧趨而救之皆死焉：於是趕緊去救他，就全死了。㈨孔父正色而立於朝：孔父正顏色而立在他的朝上。⑩則人莫敢過而致難於其君者：就沒有人敢過去對於他的君致禍難。

【今譯】二年春王正月，戊申這天，宋國華父督弒了他的君與夷同宋國的大夫孔父，全殺掉了。什麼叫做及呢？這是累及的。弒君的事很多，除此以外就沒有累及的嗎？回答說：「有的。仇牧同荀息，全是累及的人。」除了仇牧，及荀息就沒有累及的嗎？回答說：「有。」既然有為什麼把孔父寫在春秋上呢？因為他是賢臣。為什麼說孔父是賢臣呢？孔父可以說義氣表現在顏色上。他怎麼樣把義氣表現在顏色上呢？華父督將弒宋殤公，孔父要活著，殤公就不能被弒，於是就先攻打孔父的家。殤公知道孔父要死了，自己必定要死，就趕緊跑去救孔父，兩個人全死了。孔父正色立到朝廷上，沒有人敢過去對他的君造成禍難，孔父可以說義氣表現在面色上。

㈡滕子來朝㊀。

【今註】㊀滕子來朝：滕子來魯國朝見。

【今譯】滕子來魯國朝見。

㈢三月，公會齊侯、陳侯、鄭伯于稷，以成宋亂㊀。內大惡諱，此其目言之何？遠也㊁。所見異辭，所聞異辭，所傳聞異辭㊂。隱亦遠矣，曷為為隱諱㊃？隱賢而桓賤也㊄。

【今註】㈠公會齊侯、陳侯、鄭伯于稷，以成宋亂：稷在今河南省商邱縣。以成宋亂就是以平定宋亂。㈡此其目言之何？遠也：這親自看見，而為什麼說呢？因為是很遠。㈢所見異辭，所聞異辭，所傳聞異辭：所看見的不同，所聽見的不同，而聽見旁人說的也不同。㈣隱亦遠矣，曷為為隱諱：魯隱公也很遠了，為什麼給他隱諱。㈤隱賢而桓賤也：隱公很賢能而桓公很低賤。

【今譯】三月，魯桓公會同齊侯、陳侯、鄭伯在稷這地方會盟，為的是平定宋國的亂事。國內大壞事就隱諱，這為什麼看見就記載？因為事情很遠了。所看見的記載不同，所聽見記載也不同，聽見旁人說的記載又不同。魯隱公已很遠了，為什麼給他隱諱？因為隱公很賢能而桓公很低賤。

⑷夏四月，取郜大鼎于宋㈠。此取之宋，其謂之郜鼎何？器從名㈡，地從主人㈢。器何以從名？地何以從主人？器之與人非有即爾㈣。宋始以不義取之，故謂之郜鼎㈤。至乎地之與人則不然。俄而可以為其有矣㈥。然則為取可以為其有乎㈦？曰：「否」。何者？若楚王之妻媦，無時焉可也㈧。戊申，納于大廟㈨。何以書？譏。何譏爾？遂亂受賂納于大廟，非禮也㈩。

【今註】㈠取郜大鼎于宋：把郜國的大鼎從宋國拿來。㈡器從名：用器就從他原主所定的名稱。㈢地從主人：地是從所屬主人的稱呼。㈣器之與人非有即爾：王引之說：「器之與人，非有即爾。

何注曰：即，就也。若曰取彼器與此人異國物，凡人取異國物，非就有。取之者皆持以歸為有。引之謹案：據注，則傳文當作非即有爾。傳作非有即爾。故注云，凡人取異國物，非就有也。下文，至乎地之與人，則不然。注曰，凡取地皆就有之與器異也。言足以見器之與人非即有矣。疏出非有即爾四字而解之曰。謂非有就而有之爾，則所據本已誤作有即。」器物同人不是一樣。㈤故謂之郜鼎：所以稱為郜國的鼎。㈥俄而可以為其有矣：過了些時就可以變成自己所有。㈦然則為取可以為其有乎：然則是否一切所有拿來後也就可以為他所有嗎？㈧若楚王之妻媦，無時焉可也：譬如楚王的妻妹，這是永久性的，沒有時間性的。㈨納于大廟：擱在魯國太廟裏。㈩遂亂受賂納于大廟，非禮也：乘宋國的亂事，受了賄賂，陳列在大廟裏，這不是合禮的。

【今譯】 夏天四月，從宋國把郜國的大鼎拿來。這是從宋國拿來，為什麼叫做郜鼎呢？器物從原主所定的名字，地就從所屬主人的稱呼。器為什麼從著原名？地方為什麼從著主人呢？器同人不是一樣。宋從前以不合義的手段拿了郜鼎，所以人都稱為郜鼎。至於地從人就不同。經過不久的時間，就可以為他所有。然則是否一切所有拿來以後就可以為他所有嗎？回答說：「不是。」為什麼呢？譬如楚王的妻妹就沒有時間性的。戊申這天，把郜鼎擺到魯國的太廟。為什麼寫在春秋上呢？這是譏諷。為什麼譏諷呢？因為宋國的亂事，受了賄賂，擺到太廟裏，這是不合於禮的。

㈤秋七月，紀侯來朝㈠。

【今註】㊀紀侯來朝：紀侯到魯國來朝見。

【今譯】秋天七月，紀侯到魯國來朝見。

㈥蔡侯鄭伯會于鄧㊀。離不言會，此其言會何？蓋鄧與會爾㊁。

【今註】㊀鄧：在今河南省郾城縣東南三十五里。㊁蓋鄧與會爾：因為鄧也參加開會。

【今譯】蔡侯同鄭伯在鄧國開會。二人的離會不說開會，這次為什麼說開會呢？因為鄧國也參加開會了。

㈦九月入杞㊀。

【今註】㊀杞：姒姓，在今山東省安邱縣東北三十里。

【今譯】九月，魯國侵入杞國。

㈧公及戎盟于唐㊀。

【今註】㊀唐：在今山東省魚臺縣東北十二裏。

【今譯】魯桓公同戎狄在唐這地方會盟。

(九)冬，公至自唐㊀。

【今註】㊀公至自唐：魯桓公從唐這地方回來。

【今譯】冬天，魯桓公從唐這地方回來。

桓公三年（公元前七百零九年）

(一)三年春正月，公會齊侯于嬴㊀。

【今註】㊀嬴：在今山東省萊蕪縣西北四十里。

【今譯】三年春王正月，魯桓公同齊侯在嬴這地方相會。

(二)夏齊侯、衛侯胥命于蒲㊀。胥命者何？相命也㊁。何言乎相命？近正也㊂。此其為近正奈何？古者不盟，結言而退㊃。

【今註】㊀蒲：在今河北省長垣縣西南。㊁相命也：是互相以命令來盟誓。不必歃血來盟。㊂近正也：這近乎古代人的辦法。㊃古者不盟，結言而退：古者不要歃血盟誓，拿一句話就算數了。

【今譯】夏天，齊侯同衛侯在蒲這地方互相的命令。什麼叫做互相的命令？就是以言語為盟誓。什麼叫做以言語為盟誓呢？這是近於古代的辦法。為什麼說近於古代呢？古代不盟誓，說一句話就算數了。

㈢六月，公會紀侯于盛㊀。

【今註】㊀盛：在今山東省濮縣南六十里。

【今譯】六月，魯桓公同紀侯在盛這地方相會。

㈣秋七月壬辰朔，日有食之既㊀。既者何？盡也㊁。

【今註】㊀日有食之既：太陽完全被吃了。㊁盡也：完全被吃。

【今譯】秋天七月壬辰初一這天，太陽完全被吃了，所謂既者是怎麼講呢？就是完全被吃了。

㈤公子翬如齊逆女㊀。

【今註】㊀公子翬如齊逆女：公子翬到齊國迎接齊國的女子。

【今譯】公子翬到齊國迎接齊國的女子。

㈥九月，齊侯送姜氏于讙㊀。何以書？譏。何譏爾？諸侯越竟送女，非禮也㊁。此入國矣㊂，何以不稱夫人㊃？自我言齊㊄，父母之於子，雖為鄰國夫人，猶曰吾姜氏㊅。

【今註】㊀齊侯送姜氏于讙：讙在今山東省肥城縣西南。齊僖公送女文姜到讙這地方。㊁諸侯越竟送女，非禮也：諸侯出了他的國境送他的女兒，這是不合於禮的。㊂此入國矣：這已經入了魯國。㊃何以不稱夫人：為什麼不稱她做夫人呢？㊄自我言齊：以我的地位來說齊國。㊅猶曰吾姜氏：仍舊說我國的姜氏。

【今譯】九月，齊僖公送他的女兒文姜到讙這地方，為什麼寫到春秋上呢？這是為的譏諷。為什麼譏諷呢？諸侯出了國境去送他的女兒這是不合於禮的。這已經進入魯國，為什麼不稱她為夫人呢？拿我的地位來說齊國，父母對於女兒，雖然已經做為鄰國的夫人，仍舊稱為我國的姜氏。

(七)公會齊侯于讙，夫人姜氏至自齊㊀。翬何以不致？得見乎公矣㊁。

【今註】㊀夫人姜氏至自齊：夫人姜氏從齊國來。㊁得見乎公矣：因為她早已見過魯桓公。

【今譯】魯桓公同齊僖公在讙這地方見面。夫人文姜從齊國來到。公子翬為什麼不致夫人呢？因為她早已見過魯桓公了。

(八)冬，齊侯使其弟年來聘㊀。

【今註】㊀齊侯使其弟年來聘：齊侯派他的兄弟年到魯國來聘問。

【今譯】冬天，齊僖公派他弟弟名字叫年的來魯國聘問。

(九)有年㊀。有年何以書?以喜書也㊁。大有年何以書?亦以喜書也㊂。此其曰有年何?僅有年也㊃。彼其曰大有年何?大豐年也㊄。僅有年亦足以當喜乎?恃有年也㊅。

【今註】㊀有年:豐收。㊁以喜書也:因為有喜事,所以寫在春秋上。㊂亦以喜書也:也是因為有喜事,所以寫在春秋上。㊃僅有年也:僅僅有點豐收。㊄大豐年也:五穀全都有為大豐收。㊅恃有年也:仗著有豐收的關係。

【今譯】有豐收。有豐收為什麼寫到春秋上呢?這是為喜事寫的。大豐收為什麼寫到春秋上?也是為的喜事而寫上。這種說豐收,有什麼用意呢?僅僅的有豐收。那種說大豐收又為什麼?五穀全豐收的關係。僅僅有豐收,還可以算喜事嗎?仗著豐收的關係。

桓公四年(公元前七百零八年)

(一)春正月,公狩于郎㊀。狩者何?田狩也㊁。春曰苗㊂,秋曰蒐㊃,冬曰狩㊄。常事不書,此何以書?譏。何譏爾?遠也㊅。諸侯曷為必田狩?一曰乾豆㊆,二曰賓客㊇,三曰充君之庖㊈。

【今註】㊀公狩于郎:郎在今山東省魚臺縣東北九十里。㊁田狩也:這是打獵的總名。㊂春曰苗:

春天打獵叫做苗。㊃秋曰蒐：秋天打獵叫做蒐。㊄冬曰狩：冬天打獵叫做狩。㊅遠也：因為地方太遠。㊆一曰乾豆：何休解釋為將割下來的肉放在祭器中曬乾。豆是祭器。㊇二曰賓客：第二種打獵所得的是為的來招待賓客。㊈三曰充君之庖：第三種是補充國君的庖廚。

【今譯】　四年春正月，魯桓公到郎這地方打獵。什麼叫做狩呢？是到田地去打獵。春天打獵叫做苗，秋天打獵叫做蒐，冬天叫做狩。平常的事情不寫到春秋上，這次為什麼寫到春秋上？這是表示譏諷。為什麼表示譏諷呢？因為郎這地方很遠。諸侯為什麼必須要打獵呢？第一種打獵是叫做乾豆，供宗廟祭祀用。第二種是用做招待賓客。第三種是將所得的補充國君的庖廚。

(二)夏，天王使宰渠伯糾來聘㊀。宰渠伯糾者何？天子之大夫也。其稱宰渠伯糾何㊁？下大夫也㊂。

【今註】　㊀天王使宰渠伯糾來聘：周天王派宰的官名叫渠伯糾的來魯國聘問。㊁其稱宰渠伯糾何：為什麼稱宰渠伯糾呢？㊂下大夫也：因為他的地位是下大夫。

【今譯】　夏天，周天王派宰渠伯糾到魯國來聘問。宰渠伯糾是什麼人呢？是天子的大夫。為什麼稱他為宰渠伯糾呢？因為他是下大夫。

桓公五年（公元前七百零七年）

㈠春正月甲戌己丑，陳侯鮑卒㈠。曷為以二日？卒之怴也㈡。甲戌之日亡，己丑之日死而得，君子疑焉㈢，故以二日卒之也㈣。

【今註】㈠甲戌己丑陳侯鮑卒：甲戌同己丑這兩天陳侯鮑死了。㈡卒之怴也：怴音ㄒㄩˋ，是狂的意思，齊人的語言。㈢甲戌之日亡，己丑之日死而得，君子疑焉：因為是甲戌那天已經不活著，到了己丑這天方才完全死了，所以君子很疑惑。㈣故以二日卒之也：所以寫他兩天死。

【今譯】五年春天正月，甲戌己丑這兩天，陳侯鮑死。為什麼說他這兩天死呢？因為死得昏狂。甲戌這天他就已經不活著，己丑這天才完全死，君子因此對此很疑惑，所以寫上這兩天死的。

㈡夏，齊侯鄭伯如紀㈠。外相如不書，此何以書？離不言會㈡也。

【今註】㈠紀：在今山東省壽光縣南二十五里。㈡離不言會：紀國不參加，齊侯鄭伯二人離會不說是開會。

【今譯】夏天，齊侯同鄭伯到紀國去。在魯國以外來往不寫在春秋上。這為什麼寫呢？因為二人的離會不說開會。

㈢天王使仍叔之子來聘㈠。仍叔之子者何？天子之大夫也㈡。其稱仍叔之子何？譏。何譏爾？譏父老子代從政也㊂。

【今註】㊀天王使仍叔之子來聘：天王派了仍叔的兒子來魯國聘問。㊁天子之大夫也：他是天子的大夫。㊂譏父老子代從政也：譏諷他父親老了，兒子代理父親辦理政治。

【今譯】天王派仍叔的兒子來魯國聘問。仍叔的兒子是誰呢？是天子的大夫。為什麼稱仍叔的兒子呢？這是譏諷。為什麼譏諷？因為父親老了，兒子替代辦理政治的原故。

㈣葬陳桓公㊀。

【今註】㊀葬陳桓公：給陳桓公行葬禮。

【今譯】給陳桓公行葬禮。

㈤城祝丘㊀。

【今註】㊀祝丘：在今山東省臨沂縣東南五十里。

【今譯】魯國修理祝丘這個城。

㈥秋，蔡人、衛人、陳人從王伐鄭㊀。其言從王伐鄭何？正也㊁。

【今註】㊀從王伐鄭：隨從著周王討伐鄭國。㊁正也：這很合於正道。

【今譯】秋天，蔡人、衛人同陳人跟隨周王討伐鄭國。為什麼說隨從著周王討伐鄭國呢？隨從著周王是很合於正道的。

(七)大雩㊀。大雩者何？旱祭也㊁。然則何以不言旱？言雩則旱見㊂，言旱則雩不見㊃。何以書？記災也㊄。

【今註】㊀大雩：行求雨的典禮。㊁旱祭也：因為是旱災的祭祀。㊂言雩則旱見：說行祭禮旱災就知道。㊃言旱則雩不見：說旱災就不知道有祭禮。㊄記災也：記載災害。

【今譯】魯國行求雨的典禮。什麼是求雨的典禮呢？是旱災的祭祀。那為什麼不說旱災呢？因為說求雨的典禮，就可知道是旱災，說旱災就不知道有祭禮。為什麼寫在春秋上呢？為的記載災害。

(八)螺㊀。何以書？記災也㊁。

【今註】㊀螺：音ㄓㄨㄥ。有蝗蟲。㊁記災也：記載災害。

【今譯】魯國有蝗蟲。為什麼寫在春秋上？這是記載災害的原故。

(九)冬，州公如曹㊀。外相如不書，此何以書？過我也㊁。

【今註】㈠州公如曹：州在今山東省安邱縣東北三十里。曹在今山東省定陶縣西北四裏。㈡過我也：經過魯國。

【今譯】州公到曹國去。在魯國以外來往不寫在春秋上，這為什麼寫呢？因為他經過魯國。

桓公六年（公元前七百零六年）

㈠春正月，寔來㈠。寔來者何？猶曰是人來也㈡。孰謂？謂州公也㈢。曷為謂之寔來？慢之也㈣。曷為慢之？化我也㈤。

【今註】㈠寔來：州公到魯國來。㈡猶曰是人來也：等於說這個人來了。㈢謂州公也：就指著州公而說。㈣慢之也：對他不客氣。㈤化我也：路過這裏不行禮叫做化，這是齊國人的語言。

【今譯】六年春天正月，州公來到魯國。什麼叫做寔來呢？等於說這個人來了。這指著誰呢？指著州公而說的。為什麼稱做寔來？這是不客氣的對待他。為什麼對他不客氣？因為他路過這裏不行禮。

㈡夏四月，公會紀侯于成㈠。

【今註】㈠成：在今山東省寧陽縣東北九十里。

【今譯】夏天四月，魯桓公同紀侯在成這地方相會。

(三)秋八月壬午，大閱㈠。大閱者何？簡車徒也㈡。何以書？蓋以罕書也㈢。蔡人殺陳佗㈣。陳佗者何？陳君也㈤。陳君則曷為謂之陳佗？絕也㈥。曷為絕之？賤也㈦。其賤奈何？外淫也㈧。惡乎淫？淫于蔡，蔡人殺之㈨。

【今註】㈠大閱：大檢閱軍隊。㈡簡車徒也：簡閱兵車使可供使用。㈢蓋以罕書也：因為少見所以寫到春秋上。㈣蔡人殺陳佗：蔡人把陳佗殺掉。㈤陳君也：陳國的君。㈥絕也：他的國家當絕。㈦賤也：他卑賤。㈧外淫也：到外國去淫亂。㈨淫于蔡，蔡人殺之：他到蔡國去淫亂，蔡國人把他殺掉。

【今譯】秋天八月壬午，魯國大檢閱軍隊。什麼叫做大檢閱軍隊呢？是為的訓練軍隊。為什麼寫在春秋上？因為少見所以寫上。蔡人把陳佗殺掉。陳佗是誰？是陳君。陳君為什麼稱陳佗？因他的國家當跟著他滅絕。為什麼滅絕？他太賤。為什麼賤呢？他到外國去淫亂。怎麼樣淫亂呢？他到蔡國去淫亂，所以蔡國人把他殺掉。

(四)九月、丁卯、子同生㈠。子同生者孰謂？謂莊公也㈡。何言乎子同生？喜有正也㈢。未有言喜有正者，此其言喜有正何？久

無正也㊃。子公羊子㊄曰：「其諸以病桓與㊅？」

【今註】㊀子同生：桓公的兒子名叫同的出生了。㊁謂莊公也：指著魯莊公。㊂喜有正也：喜的是國家有了正嗣統位的君。㊃久無正也：久已沒有嗣位的君了。㊄子公羊子：先師公羊子。㊅其諸以病桓與：這是在說桓公不是正嗣而行篡弒的禍害。

【今譯】九月丁卯這天，桓公的兒子名叫同的出生了。這指著誰呢？這是指著魯莊公說的。為什麼說子同生呢？因為喜歡魯國有正式的適嗣。從前沒有說過喜歡有正嗣的事情，這次為什麼說喜歡有正嗣呢？因為很久沒有正嗣了。先師公羊子說：「這是在說桓公不是止嗣而行篡弒的禍害。」

㈤冬紀侯來朝。

【今譯】冬天紀侯到魯國來朝聘。

卷五　桓公下

桓公七年（公元前七百零五年）

㈠春二月己亥，焚咸丘㊀。焚之者何？樵之也㊁。樵之者何？以火攻也㊂。何言乎以火攻？疾始以火攻也㊃。咸丘者何？邾婁之邑也。曷為不繫乎邾婁？國之也㊄。曷為國之？君存焉爾㊅。

【今註】㊀咸丘：在今山東省鉅野縣東。㊁樵之也：把他看成木材。樵之是齊國的話。㊂以火攻也：這是用火來攻打他。㊃疾始以火攻也：責怪他開始用火攻。㊄國之也：把他看成一個國。㊅君存焉爾：他的君仍舊存在。

【今譯】七年春天二月己亥這天，把咸丘這城邑燒了。什麼叫做把他燒了呢？把他看做木材。什麼叫做看成木材？用火攻擊他。為什麼說用火攻？因為責怪他開始用火攻。咸丘又是什麼地方呢？是邾婁的一個城。為什麼不說他是邾婁國呢？因為是把咸丘當一個國。為什麼把他當一個國呢？因為邾婁的君存在在咸丘。

㈡夏，穀伯綏來朝㈠。鄧侯吾離來朝㈡。皆何以名？失地之君也㈢。其稱侯朝何？貴者無後，待之以初也㈣。

【今註】㈠穀伯綏來朝：穀伯叫綏的到魯國來朝見。㈡鄧侯吾離來朝：鄧侯名叫吾離的也來魯國朝見。㈢失地之君也：丟掉土地以後的君。㈣貴者無後，待之以初也：貴重的人雖無後人，仍然以當初的爵位來對待他。

【今譯】夏天，穀伯名叫綏的來魯國朝見。鄧侯君名叫吾離也來魯國朝見。為什麼全叫他名字呢？因為他們是失掉了土地的君。為什麼稱侯而說他朝見呢？貴重的人雖是沒有後人，也應當拿當初的爵位來對待他。

桓公八年（公元前七百零四年）

㈠春正月己卯烝㈠。烝者何？冬祭也，春曰祠㈡。夏曰礿㈢。秋曰嘗㈣。冬曰烝㈤。常事不書，此何以書？譏。何譏爾？譏亟也㈥。亟則黷，黷則不敬㈦。君子之祭也，敬而不黷㈧。疏則怠，怠則忘㈨。士不及茲四者，則冬不裘，夏不葛㈩。

【今註】㈠烝：烝音ㄓㄥ，冬天的祭祀㈡春曰祠：春天的祭祀叫做祠。㈢夏曰礿：礿音ㄩㄝˋ。夏天的祭祀叫做礿。㈣秋曰嘗：秋天的祭祀叫做嘗。㈤冬曰烝：冬天的祭祀叫做烝。㈥譏亟也：譏諷屢次的祭祀。㈦亟則黷，黷則不敬：屢次的祭祀就顯著怠慢，怠慢就不恭敬了。㈧敬而不黷：恭敬而不怠慢。㈨疏則怠，怠則忘：疏忽就懈怠，懈怠就忘了祭祀。㈩冬不裘，夏不葛：冬天不穿皮襖，夏天不穿葛布。

【今譯】　八年春天正月己卯這天，祭祀祖先。什麼叫做烝呢？這是一種冬天的祭祀。春天的祭祀叫做祠，夏天的祭祀叫做礿，秋天的祭祀叫做嘗，冬天的祭祀叫做烝。一般平常的事不寫在春秋上，這為什麼寫呢？這是譏諷他。為什麼譏諷他呢？譏諷他屢次的祭祀。屢次的祭祀就顯得怠慢，怠慢了就不恭敬。君子的祭祀，是恭敬而不怠慢的。疏忽了就懈怠，懈怠就忘了祭祀。士人要趕不上這四種祭祀，就冬天不穿皮襖，夏天不要穿葛布的衣裳。

㈡天王使家父㈠來聘。

【今註】㈠家父：周天子的中大夫。

【今譯】　周天王派家父到魯國來聘問。

㈢夏五月丁丑，烝㈠。何以書？譏亟也㈡。

【今註】㈠烝：烝祭。㈡譏亟也：譏諷他屢次的祭祀。

【今譯】夏天五月丁丑這天又來烝祭。為什麼寫在春秋上呢？因為譏諷他屢次的祭祀。

㈣秋，伐邾婁。

【今譯】秋天，魯國討伐邾婁。

㈤冬十月雨雪㊀。何以書？記異也。何異爾？不時也㊁。

【今註】㊀雨雪：下雪。㊁不時也：不按時候。這時是周正的十月等於夏正的八月，何休以為陰氣太盛的原故。

【今譯】冬天十月，下雪。為什麼寫在春秋上？記載怪異的事。這有什麼奇怪呢？因為不按時候。

㈥祭公來，遂逆王后于紀㊀。祭公者何？天子之三公也㊁。何以不稱使？婚禮不稱主人㊂。遂者何？生事也㊃。大夫無遂事，此其言遂何？成使乎我也㊄。其成使乎我奈何？使我為媒，可則因用是往逆矣㊅。女在其國稱女，此其稱王后何？王者無外，其辭成矣㊆。

【今註】㊀紀：在今山東省壽光縣南二十五里。㊁天子之三公也：據何休注，天子有三公、九卿、二十七大夫、八十一元士，一共二百二十個官。㊂婚禮不稱主人：照婚禮的規矩不能稱主人是誰。㊃生事也：這就造成新事情。㊄成使乎我也：造成派他到魯國來。㊅使我為媒，可則因用是往逆矣：叫我做媒人，事成了就可派祭公去迎接。㊆王者無外，其辭成矣：王者沒有外人，而且他的婚事已經成功了。

【今譯】祭公來了，就到紀國迎接周王的后。誰是祭公呢？是天子的三公。何以不稱使臣呢？照婚禮的規矩不稱主人是誰。什麼叫做遂？就因此造成新的事情。大夫沒有稱遂的，這裏為什麼稱遂呢？因為他派到魯國來。為什麼派到魯國來呢？使魯國做媒人，魯國若是成功，就派祭公到紀國去迎接。女子在她國裏稱女，這為什麼稱王后呢？王者沒有外人，而且他的婚事已經成功。

桓公九年（公元前七百零三年）

(一)春，紀季姜歸于京師㊀。其辭成矣，則其稱紀季姜何？自我言，紀父母之於子，雖為天王后，猶曰吾季姜㊁。京師者何？天子之居也㊂。京者何？大也㊃。師者何？眾也㊄。天子之居，必以眾大之辭言之㊅。

【今註】㊀紀季姜歸于京師：紀季姜嫁到京師去。㊁猶曰吾季姜：還叫我的季姜。㊂天子之居也：

天子所住的地方。㈣大也：表示他大的意思。㈤眾也：表示人多。㈥必以眾大之辭言之：必定以眾大的名稱來說。

【今譯】九年春天，紀國的季姜嫁到京師。她的婚禮已經成功，為什麼仍舊稱她紀季姜？從我來說，紀國的父母對他女兒，雖然成了王后，仍舊說我的季姜。京師是什麼？是天子所住的地方。京怎麼講呢？表示大的意思。師又怎麼講？表示眾多的意思。天子居住的地方，必定用眾大的言詞來表明。

㈡夏四月。

【今譯】夏天四月。

㈢秋七月。

【今譯】秋天七月。

㈣冬，曹伯使其世子射姑來朝㈠。諸侯來曰朝，此世子也其言朝何？春秋有譏父老子代從政者，則未知其在齊與曹與㈡？

【今註】㈠射姑來朝：射音「亦」。㈡則未知其在齊與曹與：說不清這是指著在齊國，還是曹國。在襄公九年也講過齊世子光參加伐鄭的事情。

【今譯】冬天，曹伯派他的世子射姑到魯國朝見。諸侯到旁國叫做朝，這是一位世子，為什麼言朝呢？春秋有譏諷父親老了，兒子代行政事，但是不知道這是指著在齊國還是在曹國。

桓公十年（公元前七百零二年）

(一)春王正月庚申，曹伯終生卒㊀。

【今註】㊀曹伯終生卒：曹伯名叫終生的死了。

【今譯】十年春天正月庚申這天，曹伯終生死了。

(二)夏五月，葬曹桓公㊀。

【今註】㊀葬曹桓公：給曹桓公行葬禮。

【今譯】夏天五月，給曹桓公行葬禮。

(三)秋，公會衛侯于桃丘㊀，弗遇㊁。會者何？期辭也㊂。其言弗遇何？公不見要也㊃。

【今註】㊀桃丘：在今山東省東阿縣西南五十里。㊁弗遇：沒有碰見。㊂期辭也：預先約會。㊃公不見要也：衛侯不願意同桓公見面。

【今譯】秋天，魯桓公同衛侯在桃丘相會，但沒有碰見。會是什麼？是預先約好時間。為什麼說沒有碰見？因為衛侯不想同桓公見面。

㈣冬十有二月丙午，齊侯、衛侯、鄭伯來戰于郎㊀。郎者何？吾近邑也㊁。吾近邑則其言來戰于郎何？近也㊂。惡乎近？近乎圍也㊃。此偏戰也，何以不言師敗績㊄？內不言戰，言戰乃敗矣㊅。

【今註】㊀郎：在今山東省魚臺縣東北九十里。㊁吾近邑也：離都城很近的城池。㊂近也：因為很近。㊃近乎圍也：近於被包圍了。㊄此偏戰也，何以不言師敗績：偏戰，何休注：「偏，一面也。結日定地，各據一面，鳴鼓而戰，不相詐。」為什麼不說全師全崩潰呢？㊅內不言戰，言戰乃敗矣：在魯國裏頭不說打仗，說打仗就是失敗。

【今譯】冬天十二月丙午這天，齊侯、衛侯同鄭伯來到魯國在郎這地方打仗。郎是什麼？是離我們都城很近的一個城。我們的近邑為什麼說他來到魯國在郎這地方打仗呢？因為是很近。怎麼樣近法？近於被包圍了。這是全體的戰爭，為什麼不說全崩潰呢？因為在魯國裏頭不能說打仗，說打仗就是失敗了。

桓公十有一年（公元前七百零一年）

㈠春正月，齊人、衛人、鄭人盟于惡曹㊀。

【今註】㊀惡曹：在今河南省延津縣東南。

【今譯】十一年春天正月，齊國人、衛國人同鄭國人在惡曹這地方會盟。

㈡夏五月癸未，鄭伯寤生卒㊀。

【今註】㊀鄭伯寤生卒：鄭伯寤生死了。

【今譯】夏天五月，癸未這天，鄭莊公名叫寤生死了。

㈢秋七月，葬鄭莊公㊀。九月，宋人執鄭祭仲㊁。祭仲者何？鄭相也㊂。何以不名？賢也㊃。何賢乎祭仲？以為知權也㊄。其為知權奈何？古者鄭國處于留㊅。先鄭伯有善于鄶公者，通乎夫人，以取其國，而遷鄭焉㊆，而野留㊇。莊公死已葬，祭仲將往省于留，塗出于宋，宋人執之㊈。謂之曰：「為我出忽而立突㊉。」祭仲不從其言，則君必死國必亡㊁。從其言，則君可以生易死，國可以存易亡㈢。少遼緩之，則突可故出，而忽可故反，是不可得則病，然後有鄭國㈢。古人之有權者，祭仲之權是也㈣。權者何？權者反於經，然後有善者也㈤。權之所設，舍死亡無所設㈥。行權有道，自貶損以行權㈦，不害人以行權㈧。殺人以自生，亡人以自存，君子不為也㈨。

【今註】㈠葬鄭莊公：給鄭莊公行葬禮。㈡宋人執鄭祭仲：宋人逮捕了鄭國的祭仲。㈢鄭相也：是鄭國的宰相。這句話可以證明公羊傳的寫作是在戰國以後，因為宰相兩字開始於戰國，這種更可以證明他比左氏春秋晚得多。㈣賢也：因為以他為賢能。㈤以為知權也：以為他懂得權宜。㈥留：在今江蘇省沛縣東南五十里。㈦先鄭伯有善于鄶公者，通乎夫人，以取其國而遷鄭焉：鄭伯同鄶公夫人私通，而拿到鄶的國家，就把鄭國遷到此地。按鄭國初封本來是在陝西，這見於國語鄭語。㈧而野留：而把留這地方變成邊鄙。㈨塗出于宋，宋人執之：路過宋國，宋人把他逮起。這時宋國的君是宋莊公。㈩為我出忽而立突：你把忽轟出去而立突。因為突是宋國的外甥。㈡君必死，國必亡：鄭國的君必定要死，國家必定滅亡。㈢則君可以生易死，國可以存易亡：君就可以拿活著來換死，國就可以拿生存來換滅亡。㈢少遼緩之，則突可以故出，而忽可故反，是不可得則病，然後有鄭國：假設稍微緩和一點，那麼突就可因為理由出國，而忽也可以因為理由回國，若不這樣做，就發生了毛病，這樣做才能保有鄭國。㊃古人之有權者，祭仲之權是也：古時有權宜之計的人，就是祭仲這種。㊄權者反於經，然後有善者也：權是與經常相反，但是有時比經常還好。㊅權之所設，舍死亡無所設：權宜的運作，除了挽救死亡就不得運作。㊆自貶損以行權：自己貶損自己以行權宜。㊇不害人以行權：不傷害旁人以行權宜。㊈殺人以自生，亡人以自存，君子不為也：把人害了以自生存，這是君子不做的事。

【今譯】 秋天七月，給鄭莊公行葬禮。九月，宋人把鄭國祭仲逮起來。誰是祭仲？他是鄭國的宰相。為何不稱名字？因為說他有賢能。為何說祭仲有賢能呢？因為他懂得權宜。為什麼說他懂權宜？古時候鄭國本在留這地方。有一位鄭伯同鄶公的夫人要好，就因此拿到鄶國，把鄭國遷到這裏，而把留變成邊野地。莊公死以後，已經下葬了，祭仲將到留去視察，路過宋國，宋人把他逮著，對他說：「為我把忽驅逐出去，而立突。」祭仲當時若不聽他的話，那麼鄭國的君必定死，國家必定亡。聽了他的話，鄭國君可以拿活著來交換死，鄭國也可以拿存在來交換滅亡。假設慢慢的來辦，突可以藉理由出國，忽可以藉理由回去。要是不這樣做，就不能夠成功，這樣做才能保有鄭國。古人所謂知權宜的，就是祭仲這種。什麼叫做權宜呢？它是反於經常的，然而有時更好。權宜的運作，只有在挽救死亡時才運作。行權有方法：自己貶損自己以行權，不害旁人以行權。殺了旁人為自己活著，使旁人死，為自己生存，這是君子不做的事。

㈣突歸于鄭㈠。突何以名？挈乎祭仲也㈡。其言歸何？順祭仲也㈢。

【今註】㈠突歸於鄭：鄭國的公子突回到鄭國去了。㈡挈乎祭仲也：挈，音ㄑㄧㄝˋ，祭仲提挈的原故。㈢順祭仲也：聽從祭仲的計策。

【今譯】鄭國的公子突歸到鄭國。突何以叫他名字？因為他是祭仲提挈的。為什麼說他回國呢？因為他聽從祭仲的計策。

㈤鄭忽出奔衛㈠。忽何以名？春秋伯子男一也，辭無所貶㈡。

【今註】㈠鄭忽出奔衛：鄭國的公子忽逃奔到衛國去。㈡辭無所貶：無有貶辭。

【今譯】鄭國的公子忽逃到衛國。忽為什麼叫他名字？春秋的筆法伯子男相等，文辭上無所貶損。

㈥柔會宋公、陳侯、蔡叔盟于折㈠。柔者何？吾大夫之未命者也㈡。

【今註】㈠折：地闕疑在宋境。㈡吾大夫之未命者也：是魯國大夫尚沒受到君命的。

【今譯】柔會同宋公、陳侯、蔡叔，在折這地方盟會。柔是什麼人？是魯國的大夫，他尚沒有受到君命。

(七)公會宋公于夫童㈠。

【今註】㈠夫童：即夫鐘在今山東省寧陽縣西北。

【今譯】魯桓公與宋公在夫童這地方相會。

(八)冬十有二月，公會宋公於闞㈠。

【今註】㈠闞：音ㄎㄢˋ。在今山東省汶上縣西南三十五里。

【今譯】冬天十二月，魯桓公同宋公在闞相會。

桓公十有二年（公元前七百年）

(一)春正月㈠。

【今註】㈠春正月：春秋就是沒有事情，也必須寫每季的第一個月份。

【今譯】桓公十二年春天正月。

(二)夏六月壬寅，公會紀侯莒子盟于毆蛇㈠。

【今註】㈠毆蛇：左傳作曲池，在今山東省曲阜縣東北四十里。

【今譯】夏天六月壬寅這天，魯桓公會同紀侯，莒子在毆蛇這地方會盟。

㈢秋七月丁亥，公會宋公燕人盟于穀丘㈠。

【今註】㈠穀丘：在今山東省曹縣東三十里。

【今譯】秋天七月丁亥這天，魯桓公同宋公，燕人在穀丘這地方會盟。

㈣八月壬辰，陳侯躍卒㈠。

【今註】㈠陳侯躍卒：陳侯躍死了。

【今譯】八月壬辰，陳侯躍死了。

㈤公會宋公于郯㈠。

【今註】㈠郯：在今山東省郯城縣西南一百里。

【今譯】魯桓公同宋公在郯這地方相會。

㈥冬十有一月，公會宋公于龜㈠。

【今註】㈠龜：在今河南省睢縣縣境。

【今譯】冬天十一月，魯桓公同宋公在龜這地方相會。

(七)丙戌公會鄭伯盟于武父㊀。

【今註】㊀武父：在今河北省宗明縣西北。

【今譯】丙戌這天，魯桓公同鄭伯在武父這地方盟會。

(八)丙戌，衛侯晉卒㊀。

【今註】㊀衛侯晉卒：衛侯名叫晉死了。

【今譯】丙戌這天，衛侯晉死了。

(九)十有二月，及鄭師伐宋㊀。丁未，戰于宋㊁。戰不言伐，此其言伐何？辟嫌也㊂。惡乎嫌？嫌與鄭人戰也㊃。此偏戰也，何以不言師敗績？內不言戰，言戰乃敗矣㊄。

【今註】㊀及鄭師伐宋：魯國同鄭國的軍隊討伐宋國。㊁戰于宋：在宋都城打仗。這個宋指著宋都城而言。㊂辟嫌也：躲避嫌疑。㊃嫌與鄭人戰也：躲避跟鄭人打仗的關係。㊄內不言戰，言戰乃敗矣：在魯國內裏就不說打仗，說打仗就是打敗仗。

【今譯】十二月，魯國同鄭國軍隊討伐宋國。丁未這天在宋國都城打仗。每次打仗不先說討伐，這次為什麼先說討伐呢？為的躲避嫌疑。有什麼嫌疑？跟鄭國人打仗。這是全面戰爭，為什麼不說軍隊大崩潰？在魯國內部不說打仗，一說打仗就是已經敗了。

桓公十有三年（公元前六百九十九年）

(一)春二月，公會紀侯鄭伯㈠。己巳，及齊侯，宋公，衛侯，燕人戰，齊師，宋師，衛師，燕師敗績。曷為後日？恃外也㈡。其恃外奈何？得紀侯鄭伯然後能為日也㈢。內不言戰，此其言戰何？從外也㈣。曷為從外？恃外故從外也㈤。何以不地？近也㈥。惡乎近？近乎圍㈦。郎亦近矣，郎何以地？郎猶可以地也㈧。

【今註】㈠公會紀侯，鄭伯：魯桓公會合紀侯及鄭伯。㈡恃外也：依仗著外邊的力量。㈢然後能為日也：然後才能確定打仗的日子。㈣從外也：隨從外邊諸侯打仗的關係。㈤恃外故從外也：仗著外面的力量所以聽從外邊打仗的日期。㈥近也：離得很近。㈦近乎圍：已經接近被圍。㈧郎猶可以地也：郎尚可以指出這個地名。

【今譯】十三年春天二月，魯桓公先會紀侯同鄭伯。己巳這天，方同齊侯，宋公，衛侯，燕人打仗。齊國，宋國，衛國，燕國，他們四國的軍隊全被打敗。為什麼把日子寫在後面？因為魯國仗著外國的力量。他怎樣仗著外國的力量？先會合紀侯鄭伯然後才能確定打仗的日期。在魯國內部不說打仗，這為什麼說打仗呢？因為追隨著外國諸侯。為什麼追隨外國諸侯呢？因為自己仗著外國的力量所以必須聽從外國諸侯。為什麼不說地名？因為太近。怎樣近法？接近被圍了。郎這地方已經很近了，郎為什麼說這地名呢？郎仍舊可以寫出地名。

(二)三月，葬衛宣公㊀。

【今註】㊀葬衛宣公：給衛宣公行葬禮。

【今譯】三月，給衛宣公行葬禮。

(三)夏，大水㊀。

【今註】㊀大水：魯國大水災。

【今譯】夏天，魯國有大水。

(四)秋七月㊀。

【今註】㊀秋七月：每季必記一個月的定例。

【今譯】秋天七月。

(五)冬十月㊀。

【今註】㊀冬十月：見(四)的今註。

【今譯】冬天十月。

桓公十有四年（公元前六百九十八年）

(一)春正月，公會鄭伯于曹㊀。

【今註】㊀曹：在今山東省定陶縣西北四里。

【今譯】十四年春天正月，魯桓公同鄭伯在曹這地方相會。

(二)無冰㊀。何以書？記異也㊁。

【今註】㊀無冰：這時照周正是正月等於夏正的十一月，正應當有冰的時候。㊁記異也：記載奇怪的事情。

【今譯】沒有冰。為什麼寫在春秋上？為的是很特別的現象。

(三)夏五㈠。鄭伯使其弟語來盟㈡。夏五者何？無聞焉爾㈢。

【今註】㈠夏五：實在說起來，這是竹簡上掉了月字應當說夏五月，並沒什麼奇怪。㈡鄭伯使其弟語來盟：鄭伯派他弟弟名字叫語的來魯國盟會。㈢無聞焉爾：沒有聽見說過。

【今譯】夏五，鄭伯派他弟弟叫語的來魯盟會，什麼叫做夏五呢？我們也沒聽說過。

(四)秋八月壬申，御廩災㈠。御廩者何？粢盛委之所藏也㈡。御廩災何以書？記災也。

【今註】㈠御廩災：廩音ㄌㄧㄣˇ。存糧食的地方發生天災。火自出燒之曰災。㈡粢盛委之所藏：粢盛就是糧食。委，積也。祭宗廟糧食所存的地方。

【今譯】秋天八月壬申這天，御廩發生天災。什麼叫做御廩呢？這是祭宗廟糧食所存的地方。御廩災為什麼寫在春秋上？因為記載災異。

(五)乙亥嘗㈠。常事不書，此何以書？譏。何譏爾？譏嘗也。曰：「猶嘗乎？」御廩災不如勿嘗而已矣㈡。

【今註】㈠嘗：秋天祭祀宗廟。㈡御廩災不如勿嘗而已矣：御廩已經發生天災，不如不祭祀宗廟就好了。

【今譯】秋天乙亥這天祭祀宗廟。普通的事不寫，這件事為什麼寫在春秋上？為的是譏諷。為什麼譏諷呢？是譏諷秋天祭祀宗廟。就問他：「尚須秋天祭祀宗廟嗎？」御廩已受天災，不如不祭祀吧！

㈥冬十有二月丁巳，齊侯祿父卒㈠。

【今註】㈠齊侯祿父卒：齊侯名叫做祿父的死了。

【今譯】冬天十二月丁巳這天，齊侯祿父死了。

㈦宋人以齊人，衛人，蔡人，陳人伐鄭。以者何？行其意也㈠。

【今註】㈠行其意也：能夠行他自己的意志。

【今譯】宋人用齊人、衛人、蔡人及陳人的軍隊討伐鄭國。什麼叫做以？宋國用四國之師行自己的意志。

桓公十有五年（公元前六百九十七年）

㈠春二月，天王使家父來求車㈠。何以書？譏。何譏爾？王者無求，求車非禮也㈡。

【今註】㈠天王使家父來求車：周天王派周大夫叫家父的來魯國要求車。㈡王者無求，求車非禮也：王者對諸侯沒有要求，求車也是不合禮的。

【今譯】十五年春天二月，周天王派大夫家父來魯國求取車輛。為什麼寫在春秋上？是譏諷他。何以譏諷？王者對諸侯沒有要求，求車是不合於禮的。

㈡三月乙未，天王崩㈠。

【今註】㈠天王崩：周桓王死了。

【今譯】三月乙未這天，周桓王死了。

㈢夏四月己巳，葬齊僖公㈠。

【今註】㈠葬齊僖公：給齊僖公行葬禮。

【今譯】夏天四月己巳這天，給齊僖公行葬禮。

㈣五月，鄭伯突出奔蔡。突何以名？奪正也㊀。

【今註】㊀奪正也：這是奪得正嗣的君位。

【今譯】五月，鄭伯突逃到蔡國去。突為什麼叫他名字呢？因為他奪到正嗣的君位。

㈤鄭世子忽復歸于鄭㊀。其稱世子何？復正也㊁。曷為或言歸或言復歸㊂？復歸者，出惡歸無惡㊃。復入者，出無惡，入有惡㊄。入者，出入惡㊅。歸者，出入無惡㊆。

【今註】㊀鄭世子忽復歸於鄭：鄭國的世子忽又回到鄭國都城。㊁復正也：恢復他的政權。㊂曷為或言歸或言復歸：為什麼有時候說回來，有時候說再回來？㊃復歸者，出惡歸無惡：所謂復歸，就是出去的時候不好，回來時沒有不好。㊄復入者，出無惡，入有惡：若用復入的字樣，就是出去沒有壞事，回來有壞事。㊅入者，出入惡：入者字樣時，表示出來、回去都有壞事。㊆歸者，出入無惡：歸者，表示出來、回去都沒有壞事。

【今譯】鄭國世子忽，又回到鄭國都城。這次為什麼稱他做世子呢？因為他又恢復他的政權。為什麼有時說回來，有時說再回來？用復歸是表示出去時有不好，回來時沒有不好了。用復入的字樣，是說出去時沒有壞事，回來有壞事。用入的字樣，表示出入全有壞事。用歸的字樣，表示出入全沒有壞事。

㈥許叔入于許㊀。

【今註】㊀許：在今河南省許昌縣東三十里。

【今譯】許君的弟弟許叔回到許國去了。

㈦公會齊侯于鄗㊀。

【今註】㊀鄗：左傳作艾，在今山東省萊蕪縣東南。

【今譯】魯桓公同齊侯在鄗這地方相會。

㈧邾婁人，牟人，葛人㊀來朝。皆何以稱人？夷狄之也㊁。

【今註】㊀邾婁人，牟人，葛人：邾婁人即邾國曹姓在今山東省鄒縣，後改號鄒。牟在今山東省萊蕪縣東二十里。葛在今河南省寧陵縣北十五里。㊁夷狄之也：把他看成跟夷狄一樣。

【今譯】邾婁人，牟人，葛人到魯國來朝見。為什麼稱人？把他看成跟夷狄一樣。

㈨秋九月，鄭伯突入于櫟㊀。櫟者何？鄭之邑㊁。曷為不言入于鄭？末言爾㊂。曷為末言爾？祭仲亡矣㊃。然則曷為不言忽之出奔？言忽為君之微也㈤，祭仲存則存矣，祭仲亡則亡矣。

【今註】㈠櫟：在今河南省禹縣。㈡鄭之邑：鄭國的都城。㈢末言爾：沒有話可說。㈣祭仲亡矣：恐怕祭仲死了。㈤言忽為君之微也：意思說忽的政權很微弱。

【今譯】秋天九月，鄭伯突進到櫟這地方。什麼叫做櫟？是鄭國的都城。為什麼不說進入鄭國都城？因為沒話可說。為什麼沒話可說？因為恐怕祭仲要死了。為什麼不說忽逃奔到外國去呢？意思說忽的政權很微弱。祭仲若存在，忽就存在。祭仲不存在，忽也就不存在。

㈩冬十有一月，公會齊侯、宋公、衛侯、陳侯于袲㈠，伐鄭。

【今註】㈠袲：左傳作衺。在今安徽省宿縣西。

【今譯】冬天十一月，魯桓公同齊侯、宋公、衛侯及陳侯在袲這地方會合，為的討伐鄭國。

桓公十有六年（公元前六百九十六年）

㈠春正月，公會宋公、蔡侯、衛侯于曹㈠。

【今註】㈠曹：在今山東省定陶縣西北四里。

【今譯】十六年春天正月，魯桓公同宋公、蔡侯、衛侯在曹這地方相會。

㈡夏四月，公會宋公、衛侯、陳侯、蔡侯伐鄭。

【今譯】夏天四月，魯桓公會同宋公、衛侯、陳侯及蔡侯討伐鄭國。

㈢秋七月，公至自伐鄭㊀。

【今註】㊀公至自伐鄭：魯桓公從討伐鄭國回來。

【今譯】秋天七月，魯桓公從討伐鄭國回來。

㈣冬，城向㊀。

【今註】㊀向：在今山東省臨沂縣西南一百二十里。

【今譯】冬天，魯國修理向城。

㈤十有一月，衛侯朔出奔齊㊀。衛侯朔何以名？絕㊁。曷為絕之？得罪于天子也㊂。其得罪于天子，奈何？見使守衛朔，而不能使衛小眾，越在岱陰齊㊃，屬負茲㊄，舍不即罪爾㊅。

【今註】㊀衛侯朔出奔齊：衛侯朔逃到齊國去了。㊁絕：斷絕關係。㊂得罪于天子也：得罪了周天子。㈣見使守衛朔，而不能使衛小眾，越在岱陰齊：周天王派他到衛國看守，並且上廟告朔，而他不能使小部分軍隊服從，逃到泰山的北邊齊國。㈤屬負茲：接著稱病。㈥舍不即罪爾：天子不給他加罪。

【今譯】十一月，衛侯朔逃到齊國去。衛侯朔為什麼稱他名字？跟他斷絕關係。為什麼跟他斷絕關係？因為他得罪周天子。為什麼得罪周天子？因為周天子派他到衛國看守，主持宗廟告朔，他不能使小部分軍隊服從，而逃到泰山的北邊齊國，接著稱病，所以周天王也不加罪給他。

桓公十有七年（公元前六百九十五年）

㈠春正月丙辰，公會齊侯、紀侯盟于黃㈠。

【今註】㈠黃：在今山東省鄒平縣東南。

【今譯】十七年春天正月丙辰這天，魯桓公會同齊侯、紀侯在黃這地方會盟。

㈡二月丙午，公及邾婁儀父盟于趡㈠。

【今註】㈠趡：在今山東省泗水縣鄒縣間。

【今譯】二月丙午，魯桓公同邾婁儀父在趡這地方會盟。

㈢五月丙午，及齊師戰于奚㊀。

【今註】㊀奚：今山東省滕縣南。

【今譯】五月丙午，同齊國軍隊在奚這地方打仗。

㈣六月丁丑，蔡侯封人卒㊀。

【今註】㊀蔡侯封人卒：蔡侯名字叫做封人死了。

【今譯】六月丁丑這天，蔡桓侯死了。

㈤秋八月，蔡季自陳歸于蔡㊀。

【今註】㊀蔡季自陳歸于蔡：蔡侯封人的弟弟從陳國回到蔡國。封人沒有兒子，所以封人死了以後，蔡季應當立為君。

【今譯】秋天八月，蔡季從陳國回到蔡國。

㈥癸巳，葬蔡桓侯。

【今譯】癸巳這天，給蔡桓侯行葬禮。

(七)及宋人、衛人伐邾婁㊀。

【今註】㊀邾婁：在今山東省鄒縣。

【今譯】魯國同宋國人及衛國人討伐邾婁人。

(八)冬十月朔，日有食之㊀。

【今註】㊀日有食之：有日蝕。

【今譯】冬天十月初一，魯國有日蝕。

桓公十有八年（公元前六百九十四年）

(一)春王正月，公會齊侯于濼㊀。公與夫人姜氏遂如齊㊁。公何以不言及夫人？夫人外也㊂。夫人外者何？內辭也㊃，其實夫人外公也㊄。

【今註】㊀濼：音ㄌㄨㄛˋ。水名。在今山東省歷城縣西南。㊁公與夫人姜氏遂如齊：根據鄂本公下加與字。㊂夫人外也：意思說夫人已經為公所絕。㊃內辭也：因為國家的原故，這是為桓公隱諱的說法。㊄其實夫人外公也：實在說起來是夫人與桓公斷絕的。

【今譯】十八年春天正月，魯桓公同齊襄王在濼這地方相會。魯桓公同他夫人姜氏遂一同到齊國去。為什麼不說及夫人呢？因為夫人已經被桓公斷絕了。為什麼夫人被桓公斷絕呢？因為國家原故，為桓公隱諱，其實是夫人同桓公斷絕了。

㈡夏四月丙子，公薨于齊㊀。丁酉，公之喪至自齊㊁。

【今註】㊀公薨于齊：魯桓公死在齊國。史記年表：公與夫人如齊。齊侯通焉，使彭生殺公於車上。㊁公之喪至自齊：魯桓公的喪事從齊國回到魯國。

【今譯】夏四月丙子這天，魯桓公死在齊國。丁酉這天，魯桓公的喪事從齊國回到魯國。

㈢秋七月㊀。

【今註】㊀秋七月：秋季頭一個月必寫。

【今譯】秋天七月。

㈣冬十有二月己丑，葬我君桓公㊀。賊未討何以書葬？讎在外也㊁。讎在外則何以書葬？君子辭也㊂。

【今註】㊀葬我君桓公：給魯國的君桓公行葬禮。㊁讎在外也：讎人在外國。㊂君子辭也：這是君子所說的話。

【今譯】 冬天十二月己丑這天，給魯桓公舉行葬禮。賊人沒有討伐，怎麼能寫行葬禮呢？因為仇人在國外。仇人在國外，為什麼寫行葬禮呢？這是君子所用的言辭。

卷六

莊公一

莊公元年（公元前六百九十三年）

㈠元年春王正月。公何以不言即位？春秋君弒子不言即位。君弒則子何以不言即位？隱之也㈠。孰隱？隱子也㈡。

【今註】㈠隱之也：為此悲痛。㈡隱子也：兒子為此悲痛。

【今譯】元年春王正月。為什麼不寫他即位典禮？春秋的義例，君若被害，他的兒子就不寫即位。為什麼君被害，他兒子就不寫即位呢？這是為此悲痛。是誰悲痛呢？是兒子為此悲痛。

㈡三月，夫人孫于齊㈠。孫者何？孫猶孫也㈡。內諱奔謂之孫㈢。夫人固在齊矣，其言孫于齊何？念母也㈣。正月以存君，念母以首事㈤。夫人何以不稱姜氏？貶。曷為貶？與弒公也㈥。其與弒公奈何？夫人譖㈦公於齊侯：「公曰：同非吾子，齊侯之子也㈧。」齊侯怒與之飲酒㈨。於其出焉，使公子彭生送之㈩。

於其乘焉，搚幹而殺之㈡。念母者所善也㈢。則曷為於其念母焉貶？不與念母也㈢。

【今註】㈠夫人孫于齊：夫人逃到齊國去。㈡孫猶孫也：孫等於逃奔。㈢內諱奔謂之孫：為魯國的事避諱說逃奔，所以叫做孫。㈣念母也：莊公想念他的母親。㈤正月以存君，念母以首事：說正月為表示君的存在，說他念母親以開始這年最初的事情。㈥與弒公也：因為夫人參加了弒桓公的事情。㈦譖：說他的壞話。㈧同非吾子，齊侯之子也：同不是我的兒子，是齊侯的兒子，這是文姜的譖言。㈨齊侯怒與之飲酒：齊侯生氣了，同魯桓公喝酒。㈩於其出焉，使公子彭生送之：到他出去的時候，派公子彭生去送他。㈡於其乘焉，搚幹而殺之：搚音ㄌㄚ。等到他上車，拉他的幹骨，把他殺掉。㈢念母者所善也：思念母親是件好事。㈢不與念母也：不贊成他思念母親。

【今譯】三月，夫人逃到齊國去。什麼叫做孫呢？孫等於逃走。為魯國的事避諱說逃奔，就叫做孫。夫人本來在齊國，為什麼說她逃到齊國呢？因為莊公想念母親的關係。寫上正月以表示君的存在，思念母親以表示事的開始。夫人為什麼不稱姜氏呢？這也是貶。為什麼貶呢？她參加了弒桓公的原故。她是怎樣參加殺桓公呢？夫人對齊襄公說魯桓公的壞話：「他說：同不是我的兒子，是齊侯的兒子。」齊侯聽了這話很惱怒，就同魯桓公喝酒，等他出去時，叫公子彭生送他，等到他上車後，彭生就拉魯桓公的骨幹，把他殺掉。念母是件好事，為什麼用他念母時貶他呢？因為不贊成莊公思念這樣的母親。

㈢夏，單伯逆王姬㈠。單伯者何？吾大夫之命乎天子者也㈡。何以不稱使？天子召而使之也㈢。逆之者何？使我主之也㈣。曷為使我主之？天子嫁女乎諸侯必使諸侯同姓者主之㈤。諸侯嫁女于大夫，必使大夫同姓者主之㈥。

【今註】㈠單伯逆王姬：單音善。單伯去迎接周王的女兒王姬。㈡吾大夫之命乎天子者也：他是魯國的大夫而受到天子的任命。㈢天子召而使之也：天子叫他去的。㈣使我主之也：這是派我來主婚。㈤天子嫁女乎諸侯，必使諸侯同姓者主之：天子嫁女兒給諸侯，必定要使同姓的諸侯來做主婚者。㈥諸侯嫁女于大夫，必使大夫同姓者主之：諸侯嫁女給大夫，必使大夫同姓的做主婚人。

【今譯】夏天，單伯去迎接王姬。單伯是什麼人？是魯國的大夫，他受到天子的任命，為什麼不稱使呢？因為是天子叫他去的。逆是什麼呢？這是派我來主婚。為什麼派我主婚呢？天子嫁女兒給諸侯，必定使同姓的諸侯做主婚者，諸侯嫁女兒給大夫，必定使同姓的大夫做主婚人。

㈣秋，築王姬之館于外㈠。何以書？譏。何譏爾？築之禮也，于外非禮也㈡。于外何以非禮？築于外非禮也㈢。其築之何以禮？主王姬者必為之改築㈣。主王姬者則曷為必為之改築？於路寢則不可㈤。小寢則嫌㈥。羣公子之舍則以卑矣㈦。其道必為之改築者也㈧。

【今註】㈠築王姬之館于外：給王姬築一個住的地方，在宮以外。㈡築之禮也，于外非禮也：修築館舍是合禮的，修到宮以外是不合禮的。㈢築于外非禮也：修到宮外，這是不合禮的。㈣主王姬者必為之改築：主持王姬的婚禮的國家，必須給她重修一所住處。㈤於路寢則不可：在諸侯的正寢就不可以。㈥小寢則嫌：小寢又嫌離得太近。㈦羣公子之舍則以卑矣：女公子的住處就嫌太卑下。㈧其道必為之改築者也：所以論道理必須給她改修一所。

【今譯】秋天，修建王姬的館舍在魯莊公的宮外。為什麼寫在春秋上？這是表示譏諷。為什麼表示譏諷？修住處這是合禮的，但是在魯莊公宮外是不合禮的。為什麼在魯莊公的宮外就不合禮呢？築在魯莊公的宮外是不合禮。為什麼修建住所是合於禮呢？主持王姬婚禮的國家，必須給她蓋新住所。主持王姬的婚禮者，為什麼必須給她蓋住所呢？在魯莊公的正寢就不可以，在小寢住又嫌太近，女公子的住處似乎太卑下了，按道理必給她改修一所。

㈤冬十月乙亥，陳侯林卒㈠。

【今註】㈠陳侯林卒：陳侯名叫林死了。

【今譯】冬天十月乙亥這天，陳侯名字叫林的死了。

(六)王使榮叔來錫桓公命㈠。錫者何？賜也㈡。命者何？加我服也㈢。其言桓公何？追命也㈣。

【今註】㈠王使榮叔來錫桓公命：王派榮叔來錫桓公的命服。㈡賜也：賞賜。㈢加我服也：增加桓公的衣服。㈣追命也：這是死後追加的命服。

【今譯】周王派榮叔來賞賜魯桓公的命服。錫是什麼呢？就是賞賜。命是什麼呢？就是加桓公的衣服。為什麼說桓公呢？這是追加的命服。

(七)王姬歸于齊㈠。何以書？我主之也㈡。

【今註】㈠王姬歸于齊：王姬嫁到齊國。㈡我主之也：我主持婚禮。

【今譯】王姬嫁到齊國。為什麼寫在春秋上？因為由魯國主持婚禮的原故。

(八)齊師遷紀郱，鄑，郚㈠。遷之者何？取之也㈡。取之則曷為不言取之也？為襄公諱也㈢。外取邑不書，此何以書？大之也㈣。何大爾？自是始滅也㈤。

【今註】㊀紀郱，鄑，郚：郱、鄑、郚是紀國的三個邑。郱在今山東省臨朐縣東南。鄑在今山東省昌邑縣西北三十里。郚在今山東省泗水縣東南。㊁取之也：把它佔據了。㊂為襄公諱也：為齊襄公避諱。㊃大之也：擴大的原故。㊄自是始滅也：從此齊國就開始滅掉紀國。

【今譯】齊國軍隊把紀國的郱，鄑，郚三個城遷走了。什麼叫做遷走呢？把它佔領了。佔領為什麼不說佔領呢？這是為齊襄公避諱。國外佔領城邑不寫在春秋上，這為什麼寫呢？是擴大。為什麼擴大呢？因為從此就開始滅了紀國。

莊公二年（公元前六百九十二年）

㈠春王二月，葬陳莊公。

【今譯】二年春天二月，給陳莊公行葬禮。

㈡夏，公子慶父帥師伐餘丘㊀。於餘丘者何？邾婁之邑也。曷為不繫乎邾婁？國之也㊁。曷為國之？君存焉爾㊂。

【今註】㊀餘丘：在今山東省鄒縣東北境。㊁國之：把它看成一個國。㊂君存焉爾：邾婁的君住在那裏。

【今譯】夏天，公子慶父帥領著軍隊討伐餘丘這個地方。餘丘是什麼？是邾婁的城。為什麼不歸屬邾婁呢？因為把它等於看成一國。為什麼把它看成一國呢？因為邾婁的君住在那裏。

㈢秋七月，齊王姬卒㈠。外夫人不卒㈡，此何以卒？錄焉爾㈢。曷為錄焉爾？我主之也㈣。

【今註】㈠齊王姬卒：齊國的王姬死了。㈡外夫人不卒：國外夫人死了不寫上。㈢錄焉爾：為的記錄。㈣我主之也：因為我是她主婚的國家。

【今譯】秋天七月，齊國的王姬死了。國外夫人死了不寫在春秋上，這為什麼寫上呢？因為這是記錄。為什麼要記錄呢？因為是我國主持她的婚事。

㈣冬十有二月，夫人姜氏會齊侯于郜㈠。

【今註】㈠郜：在今山西省離石縣西。

【今譯】冬天十二月，夫人姜氏同齊侯在郜這地方會見。

㈤乙酉，宋公馮卒㈠。

【今註】㈠宋公馮卒：馮音憑。

【今譯】乙酉這天，宋公馮死了。

莊公三年（公元前六百九十一年）

㈠春王正月，溺會齊師伐衛㈠。溺者何？吾大夫之未命者也㈡。

【今註】㈠溺會齊師伐衛：魯大夫名字叫溺的會同齊國軍隊討伐衛國。㈡吾大夫之未命者也：這是魯國大夫，還沒有受到魯莊公的任命。

【今譯】三年春天正月，魯國大夫名叫溺的，率領魯國軍隊會同齊國軍隊討伐衛國。溺是什麼人？是魯國的大夫，還沒有受到魯莊公的任命。

㈡夏四月，葬宋莊公。

【今譯】夏天四月，給宋莊公行葬禮。

㈢五月，葬桓王㈠。此未有言崩者何以書葬？蓋改葬也㈡。

【今註】㈠葬桓王：給桓王再行葬禮。㈡蓋改葬也：大概是改葬。

【今譯】五月，葬周桓王。為什麼沒有說死就寫下葬呢？大概是改葬。

㈣秋，紀季以酅入于齊㈠。紀季者何？紀侯之弟也㈡。何以不名？賢也㈢。何賢乎紀季？服罪也㈣。其服罪奈何？魯子㈤曰：「請後五廟以存姑姊妹㈥。」

【今註】㈠紀季以酅入于齊：酅在今山東省東阿縣西南。紀侯的弟弟紀季把酅這地方歸到齊國。㈡紀侯之弟也：紀侯的弟弟。㈢賢也：因為他很賢能。㈣服罪也：對齊國服了紀國的罪。㈤魯子：公羊先師的一個。㈥請後五廟以存姑姊妹：請立紀國的五個宗廟以保存他的諸姑姊妹。

【今譯】秋天，紀季把酅這個城歸到齊國。誰叫紀季呢？是紀侯的弟弟。為什麼不稱名字？因為他賢能。為什麼說紀季賢能呢？因為他對齊國服了紀國的罪。他服罪怎麼樣辦法呢？公羊的先師魯子說：「請立紀國的五個宗廟，以保存紀國的諸姑姊妹。」

㈤冬，公次于郎㈠。其言次于郎何？刺欲救紀而後不能也㈡。

【今註】㈠郎：在今山東省曲阜縣西。㈡刺欲救紀而後不能也：譏諷魯莊公想著救紀國，後來終究不能成功。

【今譯】冬天，魯莊公率領軍隊在郎這地方住著。為什麼說魯莊公率領軍隊住在郎這地方呢？是譏諷他想著救紀國，而後來終究沒有成功。

莊公四年（公元前六百九十年）

㈠春王二月，夫人姜氏饗齊侯于祝丘㊀。

【今註】㊀祝丘：在今山東省臨沂縣東南五十里。

【今譯】四年春天二月，夫人姜氏在祝丘這地方饗宴齊襄公。

㈡三月，紀伯姬卒㊀。

【今註】㊀紀伯姬卒：紀伯姬死了。

【今譯】三月，紀伯姬死了。

㈢夏，齊侯，陳侯，鄭伯遇于垂㊀。

【今註】㊀垂：在今山東省菏澤縣北二十里。

【今譯】夏天，齊侯同陳侯及鄭伯在垂這地方遇見。

㈣紀侯大去其國㊀。大去者何？滅也。孰滅之？齊滅之。曷為不言齊滅之？為襄公諱也。春秋為賢者諱㊁。何賢乎襄公？復讎也㈢。何讎爾？遠祖也㈣。哀公亨乎周，紀侯譖之㈤。以襄公之為於此焉者，事祖禰之心盡矣㈥。盡者何？襄公將復讎乎紀，卜之曰：「師喪分焉㈦」。「寡人死之㈧。」不為不吉也。遠祖者幾世乎？九世矣㈨，九世猶可以復讎乎？雖百世可也㈩。家亦可乎？曰：「不可」。國何以可？國君一體也⑪。先君之恥，猶今君之恥也。今君之恥，猶先君之恥也。國君何以為一體？國君以國為體，諸侯世⑫，故國君為一體也。今紀無罪，此非怒與⑬？曰：「非也」。古者有明天子，則紀侯必誅，必無紀者⑭。紀侯之不誅，至今有紀者，猶無明天子也⑮。古者諸侯必有會聚之事，相朝聘之道，號辭必稱先君以相接，然則齊紀無說焉⑯，不可以並立乎天下⑰。故將去紀侯者，不得不去紀也⑱，有明天子則襄公得為若行乎？曰：「不得也⑲。」不得則襄公曷為為之，上無天子，下無方伯，緣恩疾者可也⑳。

【今註】㈠紀侯大去其國：紀侯完全離開他的國家。㈡春秋為賢者諱：春秋是為賢者避諱。㈢復讎也：這是報仇。㈣遠祖也：齊國的遠代祖先。㈤齊哀公亨周乎，紀侯譖之：哀公被周氏所煮殺，是由於紀侯對周氏說齊哀公的壞話。㈥事祖禰之心盡矣：事奉祖宗的心完全盡了。㈦師喪分焉：軍隊有一半毀掉。分，半也。㈧寡人死之：我也死戰到底。㈨九世：襄公離哀公已經九代了。㈩雖百世可也：就是一百代也可以。⑪國君一體也：國同君等於一體。⑫諸侯世：諸侯是輩輩做諸侯的。⑬此非怒與：王念孫曰：「遷怒但謂之怒，則文義不明，何注非也。怒之言弩，太過之謂也，方言：凡人語而過東齊謂之劍，或謂之弩，弩猶怒也。」⑭古者有明天子，則紀侯必誅，必無紀者：古時候有賢明的天子存在，紀侯必定被天子所殺，就沒有紀國存在。⑮猶無明天子也：就是因為沒有賢明的天子。⑯號辭必稱先君以相接，然則齊紀無說焉：說話必定稱先君怎麼樣，以便相連接，然而齊國同紀國，見面就沒有高興的時候。⑰不可以並立乎天下：所以他們就不能夠並立在天下間。⑱不得不去紀也：所以不能不滅掉紀國。⑲不得也：不能夠這樣辦。⑳上無天子，下無方伯，緣恩疾者可也：現在上面等於沒有天子，下邊等於沒有方伯，祇好忍著痛來做這個事。

【今譯】紀侯完全離開他的國家。為什麼說完全呢？因為他國被滅了。誰把他滅了？齊國把他滅了。為什麼不說齊國把他滅了？是為齊襄公避諱。春秋是為賢者避諱。為什麼說齊襄公賢呢？因為他是為了報仇。他有什麼仇呢？是齊國遠祖的仇。因為紀侯對周天子說齊哀公的壞話，周天子就把齊哀公在周都城烹煮了。齊襄公做了滅掉紀國的事，為的把對遠祖的心盡了。怎麼樣盡呢？齊襄公預備對紀國報仇，就先占卜。卜辭說：「軍隊要毀掉一半。」齊襄公回答說：「我願為復仇戰死。」並不以為不吉祥。遠祖有幾輩呢？九世了。九世還能復仇嗎？就是一百輩也可以。大夫家也可以嗎？回答說：「不可以。」國家為什麼可以？因為國同君等於一體。先君的恥辱，等於現在的君的恥辱一樣，現在君的恥辱，也等於先君的恥辱一樣。國同君為什麼是一體呢？國君以國家為體，諸侯世傳，所以國同君是一體。現在紀侯沒有罪，這是不是太過分呢？回答說：「不是。」古時有賢明的天子，則紀侯必被天子所殺，因此也就沒有紀國。紀侯不被殺，至今有紀國，就是因為沒有賢明的天子。古代的諸侯必常有會聚的事情，互相朝見聘問的道理，說話必稱先君，以相連接，可是現在齊國同紀國，見面就不高興，不能夠並存於天地間。所以去掉紀侯的原因，就是為的滅掉紀國，有賢明的天子存在，則齊襄公可以這樣辦嗎？回答說：「不能夠。」不能夠，那齊襄公為什麼那樣做呢？因上邊等於沒有天子，下邊等於沒有方伯，齊襄公祇好忍著痛這樣做。

(五)六月乙丑，齊侯葬紀伯姬㈠。外夫人不書葬，此何以書？隱之也㈡。何隱爾？其國亡矣，徒葬於齊爾㈢。此復讎也，曷為葬之？滅其可滅，葬其可葬㈣。此其為可葬奈何？復讎者非將殺之，逐之也㈤。以為雖遇紀侯之殯，亦將葬之也㈥。

【今註】㈠齊侯葬紀伯姬：齊侯給紀伯姬行葬禮。㈡隱之也：這是悲痛的事。㈢徒葬於齊爾：沒有臣子追隨就葬在齊國。㈣滅其可滅，葬其可葬：應該滅的就滅掉他，應該葬的就把他葬掉。㈤復讎者非將殺之，逐之也：復讎不是為了把他殺掉，驅逐走而已。㈥以為雖遇紀侯之殯，亦將葬之也：即使遇到紀侯出殯，也要給她行葬禮。

【今譯】六月乙丑這天，齊侯給紀伯姬行葬禮。外國的夫人行葬禮不寫在春秋上，這為什麼寫在春秋上呢？因為是悲痛的事。有什麼悲痛呢？紀國已經亡了，沒有臣子追隨她，就葬在齊國。這是報讎為什麼給她行葬禮？滅應當滅的，葬應當葬的。她有什麼應當葬的？復仇的人不是想把人全殺掉，驅逐走而已。即使遇到紀侯出殯，也將給她行葬禮。

㈥秋七月㈠。

【今註】㈠秋七月：秋季的頭一個月，春秋照例要寫上。

【今譯】秋天七月。

㈦冬，公及齊人狩于郜㈠。公曷為與微者狩？齊侯也。齊侯則其稱人何？諱與讎狩也㈡。前此者有事矣㈢，後此者有事矣㈣，則曷為獨於此焉譏？於讎者將壹譏而已㈤，故擇其重者而譏焉，莫重乎其與讎狩也㈥。於讎者則曷為將壹譏而已？讎者無時焉可與通，通則為大譏不可勝譏㈦，故將壹譏而已，其餘從

同同㈧。

【今註】㈠郜：在今山東省城武縣東南二十里。㈡諱與讎狩也：避諱跟仇人一起打獵。㈢前此者有事矣：指著溺率魯國軍隊同齊國軍隊伐衛國。見莊公三年。㈣後此者有事矣：魯國軍隊同齊國軍隊圍盛。見莊公八年。㈤於讎者將壹譏而已：對仇人祇是一次譏諷就夠了。㈥莫重乎其與讎狩也：最嚴重的事就是同仇人一同打獵。㈦讎者無時焉可與通，通則為大譏不可勝譏：跟仇人隨時可以相通，每次相通，就變成大的譏諷。㈧其餘從同同：其餘不必譏諷就看成一樣。

【今譯】冬天，魯莊公同齊人到郜這地方打獵。莊公為什麼跟微者打獵呢？實在是齊襄公。齊侯為什麼稱齊人呢？避諱同仇人打獵。這種事在此以前已經有過了，在此以後也已經有過了，為什麼祇在這兒特別譏諷呢？對仇人祇將一次譏諷就好了，所以選擇重大的來譏諷，因為最重大的是跟仇人一起打獵。對於仇人為什麼一次譏諷就好了？仇人不論什麼時候都可以跟魯莊公相通，通就變成大的譏諷，太多了不可以每次譏諷，祇好一次譏諷就算了，其餘的事情就照這個例子變成同例。

莊公五年（公元前六百八十九年）

㈠春王正月。

【今譯】春王正月。

㈡夏，夫人姜氏如齊師㊀。

【今註】㊀夫人姜氏如齊師：夫人姜氏到齊國軍隊去。

【今譯】夏天，夫人姜氏到齊國軍隊去。

㈢秋，倪黎來來朝㊀。倪者何？小邾婁也㊁。小邾婁則曷為謂之倪？未能以其名通也㊂。黎來者何？名也㊃。其名何？微國也㊄。

【今註】㊀倪黎來來朝：小邾婁的國君名叫黎來的來魯國朝見。㊁小邾婁也：小邾婁國。㊂未能以其名通也：尚沒能得到附庸的地位，所以不能拿小邾婁的名稱來通達魯國。㊃名也：是他的名字。㊄微國也：微小的國家。

【今譯】秋天，小邾婁的國君叫黎來，來魯國朝見。倪是什麼呢？就是小邾婁。既然是小邾婁為什麼又稱他為倪呢？因為他尚沒能得到附庸的地位，所以不能以名稱直接通達魯國。黎來是什麼呢？是他的名字。為什麼稱他的名不稱他的國呢？因為他是一個很小的國家。

㈣冬，公會齊人，宋人，陳人，蔡人伐衛。此伐衛何？納朔也㊀。曷為不言納衛侯朔？辟王也㊁。

【今註】㈠納朔也：為的納衛侯朔回國。㈡辟王也：躲避周王的兵力。

【今譯】冬天魯莊公會同齊國人，宋國人，陳國人，蔡國人討伐衛國。這次為什麼討伐衛國？為的納衛侯朔回國。為什麼不說納衛侯朔呢？因為躲避周王的兵力。

莊公六年（公元前六百八十八年）

㈠春王三月，王人子突救衛㈠。王人者何？微者也㈡。子突者何？貴也㈢。貴則其稱人何？繫諸人也㈣。曷為繫諸人？王人耳㈤。

【今註】㈠王人子突救衛：周王的人子突救衛國。㈡微者也：是一個地位不高的人。㈢貴也：尊貴他。㈣繫諸人也：同王人連在一塊。㈤王人耳：是周王的人。

【今譯】六年春天三月，周王的人叫子突的率領軍隊來救衛國。什麼是王人呢？是地位不高的人。子突是什麼呢？是為的尊貴他。尊貴他為什麼又稱他做王人呢？為的把他同王人連在一塊。為什麼把他同王人連在一塊呢？祇是周王的人而已。

㈡夏六月，衛侯朔入于衛㈠。衛侯朔何以名？絕㈡。曷為絕之？

犯命也㊂。其言入何？篡辭也㊃。

【今註】㊀衛侯朔入于衛：衛侯朔進到衛國都城。㊁絕：和他斷絕關係。㊂犯命也：因為他干犯周天子的命令。㊃篡辭也：因為等於篡了位的意思。

【今譯】夏天六月，衛侯朔入到衛國都城。衛侯朔為什麼稱他的名字呢？表示和他斷絕關係。為什麼和他斷絕關係？因為他干犯了周天子的命令。為什麼說他入到都城呢？因為等於說他篡位一樣。

㈢秋，公至自伐衛。曷為或言致會？或言致伐？得意致會㊀，不得意致伐㊁。衛侯朔入于衛，何以致伐？不敢勝天子也㊂。

【今註】㊀得意致會：要是所伐的國已經服從，用兵的國得意，就稱從會盟回來。㊁不得意致伐：要是所伐的國還不服，用兵的國不得意，就稱討伐他。㊂不敢勝天子也：不敢說勝了周天子的兵力。這是同去年所說的躲避周王的兵力一樣。

【今譯】秋天，魯莊公從討伐衛國回來。為什麼有時說會盟回來？有時說討伐回來。要是所伐的國家服從，用兵的國家得意了，就說從會盟回來。要是所伐的國家仍舊不服，用兵的國家不得意，就說討伐回來。衛侯朔進入衛國都城，為什麼說討伐他呢？因為不敢勝周天子的兵力。

㈣螟㈠。

【今註】㈠螟：音ㄇㄧㄥˊ。害莊稼的昆蟲。

【今譯】魯國發生害莊稼昆蟲的災害。

㈤冬，齊人來歸衛寶㈠。此衛寶也，則齊人曷為來歸之？衛人歸之也㈡。衛人歸之，則其稱齊人何？讓乎我也㈢。其讓乎我奈何？齊侯曰：「此非寡人之力，魯侯之力也㈣！」

【今註】㈠齊人來歸衛寶：齊國人送來衛國的寶物。㈡衛人歸之也：實在是衛國人送來。㈢讓乎我也：因為把討伐衛國的功勞歸讓給魯國。㈣此非寡人之力，魯侯之力也：這不是我的力量，是魯侯的力量。

【今譯】冬天，齊國人送來衛國的寶物。這是衛國的寶物，為什麼說齊人送來？實在說是衛國人送來。既然衛國送來，為什麼說齊人呢？因為他讓功勞給魯國。他怎麼樣讓給魯國？齊侯說：「這不是我個人的力量，是魯侯的力量！」

莊公七年（公元前六百八十七年）

㈠春，夫人姜氏會齊侯于防㊀。

【今註】㊀防：在今山東省費縣東北六十里。

【今譯】七年春天，夫人姜氏在防這地方與齊襄公相會。

㈡夏四月辛卯夜，恒星不見，夜中星霣如雨㊀。恒星者何？列星也㊁。列星不見則何以知？夜之中星反也㊂。如雨者何？如雨者非雨也㊃。非雨則曷為謂之如雨？不修春秋㊄曰：「雨星不及地尺而復㊅。」君子修之曰：「星霣如雨㊆。」何以書？記異也㊇。

【今註】㊀恒星不見，夜中星霣如雨：霣音ㄩㄣˊ。常見的星星見不著，夜裏星星降落的跟下雨一樣。㊁列星也：常見的星。㊂夜之中星反也：到半夜裏星星還回來。㊃如雨者非雨也：如雨者表示不是下雨。㊄不修春秋：魯國史官舊的記載，不是孔子所修的春秋。㊅雨星不及地尺而復：星星跟下雨一樣掉到地下，離地一尺又回上去了。㊆星霣如雨：星星掉下來跟下雨一樣。㊇記異也：這是記載怪異。

【今譯】夏天四月辛卯夜裏，常見的星星沒有看見，夜裏星星落下來的跟下雨一樣。恒星是什麼呢？

是常見的星星。常見的星星不見了，怎麼能知道呢？在夜裏星星又回來了。什麼叫做如雨呢？如雨者表示不是下雨。既然不是下雨為什麼說如雨呢？魯國的舊史記說：「星星降落下來，離地不一尺又回上去了。」君子改修他說：「星星落得跟下雨一樣。」為什麼寫在春秋上呢？這是記載怪異。

㈢秋，大水㊀。

【今註】㊀大水：魯國大水成災。

【今譯】秋天，魯國發生大水成災。

㈣無麥苗㊀。無苗則曷為先言無麥而後言無苗？一災不書，待無麥然後書無苗㊁。何以書？記災也㊂。

【今註】㊀無麥苗：沒有麥子的苗。㊁一災不書，待無麥然後書無苗：一個災害不寫上，等到沒有麥的時候，然後寫上沒有苗的原故。㊂記災也：為的記載災害。

【今譯】沒有麥苗。沒有苗為什麼先說沒有麥，然後才說沒有苗？因為一件災害不寫到春秋上，等到沒有麥然後才寫上沒有苗。為什麼寫在春秋上？為的記載災害。

㈤冬，夫人姜氏會齊侯于穀㊀。

【今註】㊀穀：在今山東省東阿縣縣治。

【今譯】冬天，夫人姜氏與齊侯在穀這地方相會。

卷七　莊公二

莊公八年（公元前六百八十六年）

(一)春王正月，師次于郎，以俟陳人，蔡人。次不言俟，此其言俟何？託不得已也㈠。甲午祠兵㈡。祠兵者何？出曰祠兵㈢，入曰振旅，其禮一也，皆習戰也㈣。何言乎祠兵？為久也㈤。曷為為久？吾將以甲午之日，然後祠兵於是㈥。

【今註】㈠託不得已也：假託是沒有辦法。㈡甲午祠兵：甲午這天祭祀軍器。㈢出曰祠兵：派兵出去就叫祭祀兵器。㈣入曰振旅，其禮一也，皆習戰也：打仗回來叫做振旅，（旅也是軍隊）。這種禮節全都相同，全是為的練習戰爭。㈤為久也：為的長久練習的原因。㈥吾將以甲午之日，然後祠兵於是：將由甲午那天起，然後一直在郎祭祀兵器。

【今譯】八年春王正月，魯國軍隊駐在郎這地方，以等候陳人，蔡人軍隊。每次停留不說等待，這次為什麼說等待？假託是沒有辦法。甲午這天祭祀兵器。什麼叫做祭祀兵器？出兵的時候就叫做祭祀兵器，軍隊回來叫做振旅，禮節相同，全是為的練習打仗。為什麼說祭祀兵器呢？為的是長久練習。

為什麼為的長久？魯國將以甲午那天起，然後一直在郎祭祀兵器。

(二)夏，師及齊師圍成㈠，成降于齊師。成者何？盛也㈡。盛則曷為謂之成？諱滅同姓也㈢。曷為不言降吾師？辟之也㈣。

【今註】㈠成：在今山東省寧陽縣東北九十里。㈡盛也：就是盛國。㈢諱滅同姓也：諱言滅同姓的國家。㈣辟之也：避開滅同姓。

【今譯】夏天，魯國軍隊同齊國軍隊圍了成這國，成對齊國軍隊投降。什麼叫做成呢？成就是盛國。盛國為什麼叫做成國呢？諱言滅同姓的國家。為什麼不說對魯國軍隊投降呢？避開滅同姓的原因。

(三)秋，師還㈠。還者何？善辭也㈡。此滅同姓何善爾？病之也㈢。曰：「師病矣㈣。」曷為病之？非師之罪也㈤。

【今註】㈠師還：魯國軍隊回來。㈡善辭也：好聽的話。㈢病之也：用來慰勞軍隊疲累。㈣師病矣：軍隊累了。㈤非師之罪也：這也不是軍隊的錯誤。

【今譯】秋天，魯國軍隊回來了。所謂回來怎麼講？是一種好聽的話。這是滅同姓有什麼好話可說呢？用來慰勞軍隊疲累，說：「軍隊累了。」為什麼累了？這不是軍隊的錯誤。

㈣冬十有一月癸未，齊無知弒其君諸兒㈠。

【今註】㈠諸兒：是齊襄公，他的父親齊禧公的同母弟弟夷仲年生了一個兒子叫做公孫無知。

【今譯】冬天十一月癸未這天，齊國公孫無知殺了他的君齊襄公諸兒。

莊公九年（公元前六百八十五年）

㈠春，齊人殺無知㈠。

【今註】㈠齊人殺無知：齊國人把公孫無知殺掉。

【今譯】九年春天，齊國人殺了公孫無知。

㈡公及齊大夫盟于暨㈠。公曷為與大夫盟？齊無君也㈡。然則何以不名？為其諱與大夫盟也，使若眾然㈢。

【今註】㈠暨：左傳作蔇。在今山東省嶧縣東北八十里。㈡齊無君也：因為齊國沒有君。㈢使若眾然：稱齊大夫，就好像是很多大夫。

【今譯】魯莊公同齊大夫在暨這地方盟會。魯莊公為什麼跟齊大夫盟會呢？因為齊國沒有君。那麼為什麼不稱齊大夫的名字呢？為的是避諱跟大夫盟會，好像是很多的大夫一樣。

(三)夏，公伐齊納糾㊀。納者何？入辭也㊁。其言伐之何？伐而言納者，猶不能納也㊂。糾者何？公子糾也㊃。何以不稱公子？君前臣名也㊄。齊小白入于齊㊅。曷為以國氏？當國也㊆。其言入何？簒辭也㊇。

【今註】㊀公伐齊納糾：莊公討伐齊國，想著使公子糾能進入齊國。㊁入辭也：意思想叫他進入齊國都城。㊂伐而言納者，猶不能納也：討伐而說使他回國，等於不能使他回國。㊃公子糾也：就是公子糾，齊僖公的兒子。㊄君前臣名也：因為是在魯君的前面，他的地位等於臣子，所以稱他的名字。㊅齊小白入于齊：齊國的小白進入齊國都城，他也是齊僖公的兒子。㊆當國也：當政權。㊇簒辭也：這是簒位的意思。

【今譯】夏天魯莊公討伐齊國，為的是把公子糾送到齊國去。什麼叫做納呢？意思說使他進到齊國都城。為什麼說討伐齊呢？伐而又說納的時候，等於不能夠納。什麼叫做糾呢？就是公子糾。為什麼不稱公子呢？因為在魯君的前面，他等於臣子一樣，所以稱他的名字。齊國的小白進入齊國都城。為什麼拿齊國做他的氏呢？因為他當政權。為什麼說他入齊國都城呢？意思等於他簒位。

(四)秋，七月丁酉，葬齊襄公。

【今譯】 秋天七月丁酉這天，給齊襄公行葬禮。

(五)八月庚申，及齊師戰于乾時㊀，我師敗績。內不言敗，此其言敗何？伐敗也㊁。曷為伐敗？復讎也㊂。此復讎乎大國，曷為使微者？公也㊃。公則曷為不言公？不與公復讎也㊄。曷為不與公復讎？復讎者在下也㊅。

【今註】 ㊀乾時：在今山東省博興縣南。 ㊁伐敗也：自己誇大功勞而致於打敗仗。 ㊂復讎也：這是報仇。 ㊃公也：就是魯莊公。 ㊄不與公復讎也：不贊成魯莊公報仇。 ㊅復讎者在下也：因為復仇的人應該在下位。

【今譯】 八月庚申，魯國軍隊同齊國軍隊在乾時打仗，魯國軍隊敗績。在國內不說打敗，這為什麼說打敗呢？因為這是誇大功勞，以致於打敗，所以叫做伐敗。為什麼伐敗呢？因為是想著報仇。這對大國報仇，為什麼使沒有地位的人？其實是莊公自己。既是莊公自己為什麼不說莊公呢？因為不贊成莊公自己報仇。為什麼不贊成莊公自己報仇？報仇的人應該在底下的位子。

(六)九月，齊人取子糾殺之㊀。其取之何？內辭也，脅我使我殺之也㊁。其稱子糾何？貴也㊂。其貴奈何？宜為君者也㊃。

【今註】㈠齊人取子糾殺之：齊人拿了公子糾殺掉他。㈡脅我使我殺之也：威脅魯國，使我魯國把他殺掉。㈢貴也：尊貴他。㈣宜為君者也：他應當做齊國的君。

【今譯】九月，齊國人拿了公子糾，把他殺掉。什麼叫做取？這是對內的話。是齊國威脅魯國，使魯國把他殺掉。為什麼稱子糾呢？因為尊貴他。為什麼尊貴他呢？因為他應該做齊國的君。

(七)冬浚洙㈠。洙者何？水也㈡。浚之者何？深之也㈢。曷為深之？畏齊也㈣。曷為畏齊也？辭殺子糾也㈤。

【今註】㈠浚洙：挖深洙水。㈡水也：這是水名。㈢深之也：加深河流。㈣畏齊也：畏懼齊國。㈤辭殺子糾也：因為不殺子糾，怕齊人不高興。

【今譯】冬天，加深洙水的水道。什麼叫做洙呢？是洙水。浚是什麼呢？把他加深。為什麼加深呢？因為怕齊的原故。為什麼怕齊國呢？因為魯國先不殺子糾，怕齊國不高興。

莊公十年（公元前六百八十四年）

(一)春王正月，公敗齊師于長勺㈠。

【今註】㈠長勺：在今山東省曲阜縣北。

【今譯】十年春王正月，魯莊公在長勺這地方打敗齊國軍隊。

(二)二月，公侵宋。曷為或言侵，或言伐？觕者曰侵㈠，精者曰伐㈡。戰不言伐㈢，圍不言戰㈣，入不言圍㈤，滅不言入㈥，書其重者也㈦。

【今註】㈠觕者曰侵：觕是麤，用意粗疏的戰爭叫侵。㈡精者曰伐：設計精密的戰爭叫伐。㈢戰不言伐：合兵血刃叫戰，戰就不講伐。㈣圍不言戰：用兵守城叫圍，圍就不說戰。㈤入不言圍：得而不居叫入，入就不講圍城。㈥滅不言入：取人之國叫滅，滅就不講進入。㈦書其重者也：這全是選擇重要的事來寫在春秋上。

【今譯】二月，魯莊公侵略宋國。為什麼有時說侵，或有時說伐呢？粗疏的戰爭叫侵略，精密的戰爭叫做伐，作戰就不說伐，圍城就不說作戰，攻入那國都，就不說圍城，滅人的國家，就不說攻入。這全是把重要的事寫在春秋上。

(三)三月，宋人遷宿㈠。遷之者何？不通也㈡，以地還之也㈢。子沈子㈣曰：「不通者，蓋因而臣之也㈤。」

【今註】㈠宿：在今江蘇省宿遷縣。㈡不通也：因為宿同四面的交通全斷絕。㈢以地還之也：拿土地四面把宿圍繞。㊃子沈子：公羊氏的先師之一。㊄不通者，蓋因而臣之也：所謂不通者，就因此把宿變成宋國的臣屬。

【今譯】　三月，宋國人把宿國遷到旁處去了。什麼叫做遷？因為使宿跟四面的交通斷絕，也就是四面地方全都佔據了，環繞著宿國都城。先師子沈子說：「使他不通者，就因此使宿國變成宋國的臣屬。」

㈣夏六月，齊師，宋師次于郎。公敗宋師乘丘㊀。其言次于郎何？伐也㊁。伐則其言次何？齊與伐而不與戰，故言伐也㊂。我能敗之，故言次也㊃。

【今註】　㊀乘丘：在今山東省滋陽縣西北三十五里。㊁伐也：因為齊國同宋國軍隊全討伐魯國。㊂齊與伐而不與戰，故言伐：齊國祇加入討伐魯國，而事實上沒有參加打仗，所以祇說討伐。㊃故言次也：所以說屯駐在郎這地方。

【今譯】　夏天六月，齊國軍隊同宋國軍隊駐在郎這地方。魯莊公在乘丘這地方打敗宋國軍隊。為什麼說屯駐在郎這地方？因為他們全要討伐魯國。討伐又說屯駐為什麼呢？因為齊國祇參加討伐，而不參加打仗，所以祇說討伐。魯國打敗他們，所以說屯駐在郎這地方。

(五)秋九月，荊敗蔡師于莘㈠，以蔡侯獻舞歸㈡。荊者何？州名也㈢。州不若國，國不若氏，氏不若人，人不若名，名不若字，字不若子㈣。蔡侯獻舞何以名？絕㈤。曷為絕之？獲也㈥。曷為不言其獲？不與夷狄之獲中國也㈦。

【今註】㈠荊敗蔡師于莘：莘在今河南省汝南縣。荊就是楚國，在魯僖公以前，春秋全稱他為荊。楚國在莘這地方把蔡國軍隊打敗。㈡以蔡侯獻舞歸：把蔡侯名叫獻舞逮回去了。㈢州名也：九州的名稱之一。九州就是冀兗青徐楊荊豫梁雍。㈣州不若國，國不若氏，氏不若人，人不若名，名不若字，字不若子：稱為荊州就不如稱為楚國。稱楚國就不如稱潞氏甲氏。稱潞氏甲氏不如稱楚人。稱楚人不如稱介葛盧。稱介葛盧不如稱邾婁儀父。稱邾婁儀父不如稱邾婁子。㈤絕：跟他斷絕關係。㈥獲：為楚人所獲得。㈦不與夷狄之獲中國：不贊成夷狄逮著中國人。

【今譯】秋天九月，荊在莘這地方打敗蔡國軍隊，把蔡侯名字叫獻舞的逮走了。什麼叫做荊？是九州的名稱之一。論起稱呼來，稱州不如稱國，國就不如氏，氏就不如某國人，某國人不如他的名字，名不如他的號，號還不如爵位。蔡侯獻舞為什麼用他的名字？因為跟他斷絕關係。為什麼跟他斷絕關係？因為他被楚人逮著。為什麼不說他被逮著呢？因為不贊成夷狄逮著中國人。

㈥冬十月，齊師滅譚，譚子奔莒㈠。何以不言出？國已滅矣，無所出也㈡。

【今註】㈠齊師滅譚，譚子奔莒：譚在今山東省歷城縣東七十五里。莒，在今山東省莒縣縣治。㈡國已滅矣，無所出也：國家已經被滅了，無所謂出奔。

【今譯】冬天十月，齊國軍隊滅了譚國，譚國的君逃到莒國。為什麼不說出奔？譚國已經被滅，無所謂出奔了。

莊公十有一年（公元前六百八十三年）

㈠春王正月。

【今譯】十一年春天正月。

㈡夏五月戊寅，公敗宋師于鄑㈠。

【今註】㈠鄑：音ㄗ，在今山東省金鄉縣東北。

【今譯】夏天五月戊寅這天，魯莊公在鄑這地方打敗了宋國軍隊。

㈢秋，宋大水㈠。何以書？記災也㈡。外災不書，此何以書？及我也㈢。

【今註】㈠宋大水：宋國大水災。㈡記災也：記載災害。㈢及我也：連到魯國也有水災。

【今譯】秋天，宋國大水災。為什麼寫在春秋上？為的記載災害。外國災害不寫在春秋上，這裏為什麼寫呢？因為災害連到魯國。

㈣冬，王姬歸于齊㈠。何以書？過我也㈡。

【今註】㈠王姬歸于齊：王姬嫁到齊國。㈡過我也：經過魯國。

【今譯】冬天，周王姬嫁給齊國。為什麼寫在春秋上？因為她經過魯國。

莊公十有二年（公元前六百八十二年）

㈠春王三月，紀叔姬歸于酅㈠。其言歸于酅何？隱之也㈡。何隱爾？其國亡矣，徒歸于叔爾也㈢。

【今註】㈠酅：在今山東省臨淄縣東九十里。㈡隱之也：為她悲痛。㈢徒歸于叔爾：祇是嫁給紀侯的弟弟而已。他弟弟就是紀季。

【今譯】十二年，春王三月，紀叔姬嫁到酅這地方。為什麼說嫁到酅？為她悲痛。為什麼悲痛呢？國已滅亡祇是嫁給季侯的弟弟紀季而已。

(二)夏四月。

【今譯】夏天四月。

(三)秋八月甲午，宋萬弒其君接及其大夫仇牧㈠。及者何？累也㈡。弒君多矣，舍此無累者乎㈢？孔父荀息皆累也㈣。舍孔父荀息無累者乎？曰：「有㈤。」有則此何以書？賢也。何賢乎仇牧？仇牧可謂不畏彊禦矣㈥。其不畏彊禦奈何？萬嘗與莊公戰㈦，獲乎莊公。莊公歸，散舍諸宮中，數月然後歸之㈧。歸反為大夫於宋㈨。與閔公博，婦人皆在側㈩。萬曰：「甚矣，魯侯之淑，魯侯之美也⑪！天下諸侯宜為君者，唯魯侯爾⑫！」閔公矜此婦人，妒其言⑬，顧曰：「此虜也！爾虜焉故⑭，魯侯之美惡乎至？」萬怒搏閔公，絕其脰⑮。仇牧聞君弒，趨而至，遇之于門，手劍而叱之⑯。萬臂摋仇牧，碎其首，齒著乎門闔⑰。仇牧可謂不畏彊禦矣⑱。

【今註】㈠宋萬弒其君接及其大夫仇牧：宋萬殺了他的君接及其大夫仇牧。㈡累也：連累。㈢舍此無累者乎：除此以外就沒有連累的嗎？㈣孔父荀息皆累也：桓公二年的孔父，同僖公十年的荀息皆是連累的。㈤有：也有。㈥仇牧可謂不畏彊禦矣：仇牧可以說是不怕強而有力的人。㈦萬嘗與莊公戰：宋萬在乘丘之役時，曾經跟魯莊公打仗。㈧莊公歸，散舍諸宮中，數月然後歸之：魯莊公回到國裏，把他放了，叫他住在魯國的宮中，呆了幾個月後，仍舊叫他回到宋國。㈨歸反為大夫於宋：回到宋國後，他本來是士，反升成大夫。㈩與閔公博婦人皆在側：他跟宋閔公博戲，很多女人全在旁邊。⑪魯侯之淑，魯侯之美也：魯侯真好，並且魯侯也很美。⑫天下諸侯宜為君者，唯魯侯爾：天下諸侯應當做君的祇有魯侯。⑬閔公矜此婦人，妒其言：閔公因為這批婦人聽見此話，就很忌妒他所說的。⑭爾虜焉故：你當然要稱讚魯侯。⑮絕其脰：就把他的頭頸給扭斷了。脰就是頸子。⑯手持劍而叱之：手裏拿著寶劍就罵他。⑰萬臂摋仇牧，碎其首，齒著乎門闔：王引之說：臂短不可以擊人，作辟者是也，辟椎擊也。爾雅辟拊心也。郭璞曰謂椎胷也。是辟有椎擊之義，辟之言批也。左傳說此事曰：遇仇牧于門批而殺之。玉篇引作抛。說文：抛反手擊也。批辟聲之轉耳。摋當為殺。辟殺仇牧者，批殺仇牧也。左傳曰遇仇牧於門，搉而殺之。此云，萬辟殺仇牧。其義一也。齒著乎門闔即牙齒碰到門上。⑱仇牧可謂不畏彊禦矣：仇牧可以說是不怕強而有力的人了。

【今譯】秋天八月甲午，宋萬殺他的君接同大夫仇牧。什麼叫做及呢？這是連累了。殺君常有，除此以外就沒有連累嗎？孔父同荀息全是被連累了。除掉孔父同荀息就沒有連累嗎？回答說：「也有。」既然有為什麼衹這次寫在春秋上呢？因為他賢能。為什麼說仇牧賢能呢？仇牧可說是不怕強而有力的人。他怎麼樣不怕強而有力的人呢？宋萬曾跟魯莊公打仗，被魯莊公所捕獲，莊公把他帶回魯國，並把他放開，使他住在宮中，幾個月的工夫，然後使他回宋國。他本來是士的階級，回到宋國反升成了大夫。他同宋閔公博戲，很多婦人全在旁邊。宋萬說：「魯侯真是好，魯侯也甚美！天下諸侯能夠做君的，衹有魯侯而已。」閔公因為這批婦人聽見這話，就很忌妒他所說的。就對婦人們說：「這是被魯侯所虜的人，他當然恭維魯侯，魯侯的好怎能到這樣呢？」宋萬發了脾氣，就跟宋閔公打架，把他的脖子扭斷。仇牧聽見宋君被殺趕緊跑去，遇見宋萬在門口，手拿著寶劍罵宋萬。宋萬就劈殺仇牧，把他的腦也打碎了，牙齒碰到門上。仇牧可以說不怕強而有力的人了。

(四)冬十月，宋萬出奔陳㈠。

【今註】㈠宋萬出奔陳：宋萬逃到陳國。

【今譯】冬天十月，宋萬逃到陳國去。

莊公十有三年（公元前六百八十一年）

㈠春，齊侯，宋人，陳人，蔡人，邾婁人會于北杏㊀。

【今註】㊀北杏：在今山東省東阿縣。

【今譯】十三年春天，齊侯同宋人，陳人，蔡人，邾婁人在北杏這地方會盟。

㈡夏六月，齊人滅遂㊀。

【今註】㊀遂：在今山東省肥城縣南四十里。

【今譯】夏天六月，齊國人滅了遂國，因為遂國不到北杏會盟的原故。

㈢秋七月。

【今譯】秋天七月。

㈣冬，公會齊侯盟于柯㊀。何以不日？易也㊁。其易奈何？桓之盟不日，其會不致，信之也㊂。其不日何以始乎此？莊公將會乎桓，曹子進曰：「君之意何如㊃？」莊公曰：「寡人之生則不若死矣㊄。」曹子曰：「然則君請當其君，臣請當其臣㊅。」

莊公曰：「諾。」於是會乎桓。莊公升壇㈦，曹子手劍而從之㈧。管子㈨進曰：「君何求乎㈩？」曹子曰：「城壞壓竟，君不圖與㈡？」管子曰：「然則君將何求㈢？」曹子曰：「願請汶陽之田㈢。」管子顧曰：「君許諾㈣。」桓公曰：「諾。」曹子請盟，桓公下與之盟。已盟，曹子摽劍而去之㈤。要盟可犯，而桓公不欺㈥。曹子可讎，而桓公不怨㈦。桓公之信著乎天下，自柯之盟始焉㈧。

【今註】㈠柯：在今山東省東阿縣西二十五里。㈡易也：容易。㈢桓之盟不日，其會不致，信之也：桓公盟會不寫日子，也不特別表示，因為對他很信服。㈣君之意何如：君是指著魯莊公。說是你的意思怎麼樣？㈤寡人之生則不若死矣：我的活著不如死了。㈥然則君請當其君，臣請當其臣：當等於敵對。你就敵對他的君，我就敵對他的臣。㈦莊公升壇：魯莊公登到壇的上邊。㈧曹子手劍而從之：曹劌拿著寶劍追隨著魯莊公。㈨管子：就是管仲。㈩君何求乎：你又有什麼要求呢？㈡城壞壓竟，君不圖與：魯國的城池壞了，大軍壓到魯國的邊境，齊君不該計算魯國太過分吧。㈢然則君將何求：然則你將有什麼要求呢？㈢願請汶陽之田：希望把汶陽的田地還給魯國。㈣君許諾：你可以答應他了。㈤曹子摽劍而去之：曹劌把寶劍擱到地下就離開那裏。㈥要盟可犯，而桓公不欺：

要脅而成的盟誓，可以違反，而齊桓公不願意欺騙。㈦曹子可讎，而桓公不怨：曹劌的作為可以為敵人，而齊桓公不怨恨。㈧桓公之信著乎天下，自柯之盟始焉：齊桓公的信用為天下所信，自從柯的盟誓開始。

【今譯】冬天，魯莊公同齊桓公在柯這地方盟誓。為什麼不寫日期？因為很容易。怎麼樣容易呢？齊桓公的盟會不寫日子，也不特別表示，因為很信服他。這不寫日子，為什麼開始於這時呢？魯莊公將跟齊桓公開會，曹劌就去說：「你的意見怎麼樣呢？」魯莊公說：「我的活著就不如死了。」曹劌說：「然則你就去抵抗齊國的君，我去抵抗齊國的臣。」莊公說：「好吧！」於是就同齊桓公開會。莊公登到壇上，曹劌手拿著寶劍隨著他。管仲往前進說：「魯君有什麼要求嗎？」曹劌說：「魯國的城池壞了，大軍壓到魯國邊境上，你齊君不該圖謀魯國太甚吧！」管仲說：「那麼你將有什麼要求呢？」曹劌說：「希望把汶陽的田地還給魯國。」管仲對齊桓公說：「你可以答應他。」齊桓公說：「就是吧！」曹劌請求盟誓，齊桓公下來同他盟誓。既然盟誓以後，曹劌把寶劍擱到地下離開了。要脅的盟誓，可以翻毀，而齊桓公不願意欺騙。曹劌的作為可以當仇人，而齊桓公不恨他，桓公的信用，開始傳播到天下，自柯這次盟誓開始。

莊公十有四年（公元前六百八十年）

㈠春，齊人，陳人，曹人伐宋。

【今譯】十四年春天，齊國人，陳國人同曹國人討伐宋國。

㈡夏，單伯會伐宋㈠。其言會伐宋何？後會也㈡。

【今註】㈠單伯會伐宋：單伯參加討伐宋國。㈡後會也：因為他到得很晚。

【今譯】夏天，周大夫單伯參加討伐宋國。為什麼說他參加討伐宋國呢？因為他來得很晚。

㈢秋七月荊入蔡。

【今譯】秋天七月，楚國進入蔡國。

㈣冬，單伯會齊侯，宋公，衛侯，鄭伯于鄄㈠。

【今註】㈠鄄：在今山東省濮縣東二十里。

【今譯】冬天，周大夫單伯會合齊侯，宋公，衛侯，鄭伯在鄄這裏。

莊公十有五年（公元前六百七十九年）

㈠春，齊侯，宋公，陳侯，衛侯，鄭伯會于鄄㊀。

【今註】㊀鄄：在今山東省濮縣東二十里。

【今譯】十五年春天，齊侯同宋公，陳侯，衛侯，鄭伯在鄄這地方開會。

㈡夏，夫人姜氏如齊。

【今譯】夏天，夫人姜氏到齊國去。

㈢秋，宋人，齊人，邾婁人伐兒㊀。

【今註】㊀兒：在今江蘇省豐沛縣間，左傳作郳。

【今譯】秋天，宋國人，齊國人，同邾婁人討伐兒國。

㈣鄭人侵宋。

【今譯】鄭國人侵略宋國。

㈤冬十月。

【今譯】冬天十月。

莊公十有六年（公元前六百七十八年）

㈠春王正月。

【今譯】十六年春天正月。

㈡夏，宋人，齊人，衛人伐鄭。

【今譯】夏天，宋國人，齊國人，衛國人討伐鄭國。

㈢冬十有二月，公會齊侯，宋公，陳侯，衛侯，鄭伯，許男，曹伯，滑伯，滕子同盟于幽㈠。同盟者何？同欲也㈡。

【今註】㈠幽：在今河南省考城縣。㈡同欲也：同一種意見。

【今譯】冬天十月，魯莊公會同齊侯，宋公，陳侯，衛侯，鄭伯，許男，曹伯，滑伯，滕子，在幽這地方同盟。同盟是什麼？同一種意見。

㈣邾婁子克卒㈠。

【今註】㈠邾婁子克卒：邾婁的君名叫克死了。

【今譯】邾婁君克死了。

莊公十有七年（公元前六百七十七年）

㈠春，齊人執鄭瞻㈠。鄭瞻者何？鄭之微者也㈡。此鄭之微者，何言乎齊人執之？書甚佞也㈢。

【今註】㈠鄭瞻：鄭國的人名叫瞻。㈡鄭之微者也：鄭國的一個地位低微的人。㈢書甚佞也：表示他是很奸佞的人。

【今譯】十七年春天，齊國人逮捕了鄭瞻。鄭瞻是什麼人？是鄭國一個地位低微的人。這是鄭國低微的人，為什麼說齊國人逮捕他呢？表示他是很奸佞的人。

㈡夏，齊人瀸于遂㈠。瀸者何？瀸積也，眾殺戍者也㈡。

【今註】㈠齊人瀸于遂：齊國人被瀸滅在遂國。㈡瀸積也，眾殺戍者也：瀸是擱在一塊殺掉。大家把齊國的戍兵一起殺掉。

【今譯】夏天，齊國人被殲滅在遂國。什麼叫殲？是擱在一塊一起殺掉，遂國眾人把齊國戍兵一起殺掉。

(三)秋，鄭瞻自齊逃來(一)。何以書？書甚佞也(二)。曰：「佞人來矣，佞人來矣(三)。」

【今註】(一)鄭瞻自齊逃來：鄭瞻從齊國逃到魯國來。(二)書甚佞也：記載這是很奸佞的人。(三)佞人來矣，佞人來矣：奸佞人來了，奸佞人來了。

【今譯】秋天，鄭瞻從齊國逃到魯國來。為什麼寫在春秋上？為的記載奸佞的人，就說：「奸佞的人來了，奸佞的人來了。」

(四)冬多麋(一)。何以書，記異也。

【今註】(一)麋：音ㄇㄧˊ，近似鹿一類的動物。何休說麋等於迷惑，因為魯國為鄭瞻所迷惑。

【今譯】冬天魯國麋來的很多。為什麼寫在春秋上？這是記載災異。

卷八　莊公三

莊公十有八年（公元前六百七十六年）

㈠春王三月，日有食之㊀。

【今註】㊀日有食之：有日蝕。

【今譯】十八年春天三月，魯國有日蝕。

㈡夏，公追戎于濟西㊀。此未有言伐者，其言追何？大其為中國追也㊁。此未有伐中國者，則其言為中國追何？大其未至而豫禦之也㊂。其言于濟西何？大之也㊃。

【今註】㊀濟西：在今山東省菏澤縣東南。㊁大其為中國追也：因為這是誇獎為全中國追逐戎人。㊂大其未至而豫禦之也：誇獎他在戎沒來以前就能防禦他。㊃大之也：這是誇獎他。

【今譯】夏天，魯莊公追戎狄一直到濟水的西邊。這為什麼不言討伐，而說追呢？為的誇獎為全中國追逐戎人。為什麼沒有說戎人討伐中國，而祇說他為中國追逐戎人呢？這是為的誇獎戎人沒來以前已經防備了。為什麼說一直到濟水的西邊呢？為了誇獎他。

(三)秋有蜮㊀。何以書？記異也。

【今註】㊀蜮：音ㄩˋ，短狐，古相傳能含沙射人。

【今譯】秋天，魯國有蜮，為什麼寫在春秋上？為的記載災異。

(四)冬十月。

【今譯】冬天十月。

莊公十有九年（公元前六百七十五年）

(一)春王正月。

【今譯】十九年春天正月。

(二)夏四月。

【今譯】夏天四月。

(三)秋，公子結媵陳人之婦于鄄，遂及齊侯，宋公盟。媵者何？諸侯娶一國，則二國往媵之，以姪娣從㈠。姪者何？兄之子也。娣者何？女弟也㈡。諸侯壹聘九女，諸侯不再娶㈢。媵不書，此何以書？為其有遂事書㈣。大夫無遂事，此其言遂何？聘禮，大夫受命不受辭，出竟有可以安社稷利國家者，則專之可也㈤。

【今註】㈠諸侯娶一國，則二國往媵之，以姪娣從：諸侯每娶一國的女子，則二國給他作媵，三國各以姪同娣隨著。㈡女弟也：原脫女字，據王念孫說補上女字。㈢諸侯壹聘九女，諸侯不再娶：諸侯聘女子時，一次聘九個人。諸侯的夫人死後，不再娶。㈣為其有遂事書：為公子結參加齊宋之盟而書。㈤聘禮，大夫受命不受辭，出竟有可以安社稷利國家者，則專之可也：聘問的禮，大夫受聘問的命令，而不受聘問的文辭。出了邊境以後，凡是可以安定社稷於國家有利的，不必再請示政府，可以專行。

【今譯】秋天，魯國公子結送女給陳人的婦人做媵到鄄這地方，他就同齊侯及宋公盟會。什麼叫做媵呢？諸侯娶一國的女子，兩國則派了女子去媵，三國各以姪同女弟隨從。什麼叫做姪呢？是哥哥的女兒。什麼叫做娣呢？就是女弟。諸侯壹次聘女凡九個人，諸侯的夫人死後不再娶。平常的媵不寫，這裏為什麼寫呢？為公子結參加齊宋之盟而書。公子結沒有完成送媵的事，怎麼說完成了呢？照聘禮說，大夫受聘問的命令，而不受聘問的文辭。出了國家以後，凡是可以安定社稷，對國家有利的，他可以專行。

㈣夫人姜氏如莒。

【今譯】夫人姜氏到莒國去。

㈤冬，齊人、宋人、陳人伐我西鄙㊀。

【今註】㊀西鄙：西邊的邊境。

【今譯】冬天，齊人、宋人、陳人討伐魯國西邊的邊境。

莊公二十年（公元前六百七十四年）

㈠春王二月，夫人姜氏如莒㊀。

【今註】㊀夫人姜氏如莒：夫人姜氏到莒國去。

【今譯】二十年春天二月，夫人姜氏到莒國去。

㈡夏，齊大災㊀。大災者何？大瘠也㊁。大瘠者何？痢也㊂。何以書？記災也㊃。外災不書，此何以書？及我也㊄。

【今註】㊀齊大災：齊國大災害。㊁大瘠也：瘠是病，齊地的方言。㊂痢也：瘟疫。㊃記災也：這是為的記載災害。㊄及我也：因為連到了魯國。

【今譯】夏天，齊國發生大災害。什麼是大災呢？就是大病。什麼叫做大病呢？就是一種瘟疫。這是為的記載災害。國外的災害不寫，這為什麼寫？因為連及魯國。

㈢秋七月。

【今譯】秋天七月。

㈣冬，齊人伐戎㊀。

【今註】㊀齊人伐戎：齊國人討伐戎人。

【今譯】冬天，齊國人討伐戎人。

莊公二十有一年（公元前六百七十三年）

㈠春王正月㈠。

【今註】㈠春王正月：照例所寫，四時必定要註明。

【今譯】二十一年春天正月。

㈡夏五月辛酉，鄭伯突卒㈠。

【今註】㈠鄭伯突卒：鄭厲公名叫突死了。

【今譯】夏天五月辛酉這天，鄭厲公死了。

㈢秋七月戊戌，夫人姜氏薨㈠。

【今註】㈠夫人姜氏薨：夫人姜氏死了。

【今譯】夏天七月戊戌這天，夫人姜氏死了。

㈣冬十有二月，葬鄭厲公㈠。

【今註】㈠葬鄭厲公：給鄭厲公行葬禮。

【今譯】冬天十二月，給鄭厲公行葬禮。

莊公二十有二年（公元前六百七十二年）

㈠春王正月，肆大省㊀。肆者何？跌也㊁。大省者何？災省也㊂。肆大省何以書？譏。何譏爾？譏始忌省也㊃。

【今註】㊀肆大省：為有災害而大減省。㊁跌也：這是減的過度。㊂災省也：為災害而節省。㊃譏始忌省也：譏諷他開了在夫人忌日減省之例。

【今譯】二十二年春天正月，為有災害而大減省。什麼叫做肆呢？減省過度。什麼叫做大減省呢？為災害而減省。大減省為什麼寫在春秋上？這是譏諷。為什麼譏諷呢？譏諷他開了在夫人忌日減省之例。

㈡癸丑，葬我小君文姜㊀。文姜者何？莊公之母也㊁。

【今註】㊀葬我小君文姜：給夫人姜氏行葬禮。㊁莊公之母也：她是莊公的母親。

【今譯】癸丑這天，給夫人姜氏行葬禮。文姜是什麼人呢？是莊公的母親。

㈢陳人殺其公子禦寇㊀。

【今註】㊀公子禦寇：陳君的兒子。

【今譯】陳國人殺了他們君的兒子公子禦寇。

四秋七月丙申，及齊高傒盟于防㈠。齊高傒者何？貴大夫也㈡。曷為就吾微者而盟？公也㈢。公則曷為不言公？諱與大夫盟也㈣。

【今註】㈠防：在今山東省費縣東北六十里。㈡貴大夫也：他是貴重的齊國大夫。㈢公也：魯莊公。㈣諱與大夫盟也：諱言與大夫盟會。

【今譯】秋天七月丙申這天，魯莊公同齊大夫高傒在防這地方盟會。誰是齊高傒呢？是齊國的貴大夫。為什麼同我們微賤的人盟會呢？實在就是同魯莊公。既然是魯莊公，為什麼不說魯莊公呢？因為諱言同齊大夫盟會。

五冬，公如齊納幣㈠。納幣不書，此何以書？譏。何譏爾？親納幣非禮也㈡。

【今註】㈠公如齊納幣：魯莊公到齊國訂婚。㈡親納幣非禮也：親自納幣是不合理的。

【今譯】冬天，魯莊公到齊國訂婚。普通納幣不寫在春秋上，這為什麼寫在春秋呢？因為譏諷。為什麼譏諷呢？親自納幣是不合理的。

莊公二十有三年（公元前六百七十一年）

㈠春，公至自齊。桓公之盟不日，其會不致，信之也㈠。此之桓國何以致？危之也㈡。何危爾？公一陳佗也㈢。

【今註】㈠其會不致，信之也：關於開會不特別表示，因為信任他。㈡危之也：因為有危險。㈢公一陳佗也：魯莊公跟陳佗一樣外淫。

【今譯】二十三年春天，魯莊公從齊國回來。齊桓公盟誓不寫日子，開會也不特別表示，因為很相信他。這次齊桓公開會為何特別表示？因為覺得很危險。為什麼說他危險呢？因為魯莊公跟陳佗一樣外淫。

㈡祭叔來聘。

【今註】㈠祭叔來聘：周大夫祭叔來魯國聘問。

【今譯】周大夫祭叔來魯國聘問。

㈢夏，公如齊觀社㈠。何以書？譏。何譏爾？諸侯越竟觀社非禮也㈡。公至自齊。

【今註】㈠公如齊觀社：魯莊公到齊國看祭社神。㈡諸侯越竟觀社非禮也：諸侯越過自己邊境去看社神這是不合禮的。

【今譯】夏天，魯莊公到齊國去看祭社神。為什麼寫在春秋上？這是譏諷他。為什麼譏諷？諸侯越過邊境去看祭社神，這是不合於禮的。魯莊公從齊國回來。

㈣荊人來聘。荊人何以稱人？始能聘也㈠。

【今註】㈠始能聘也：開始能夠聘問旁的國。

【今譯】荊人來聘問魯國。荊為什麼稱人？開始能夠聘問旁國。

㈤公及齊侯遇於穀㈠。

【今註】㈠穀：在今山東省東阿縣縣治。

【今譯】魯莊公同齊侯在穀這地方相遇。

㈥蕭叔朝公㈠。其言朝公何？公在外也㈡。

【今註】㈠蕭叔朝公：蕭是國名。在今江蘇省蕭縣北十里。蕭叔到魯國來朝見。㈡公在外也：魯莊公正在外邊，不能在魯國祖廟中接見他。

【今譯】蕭叔到魯國來朝見。為什麼說朝見公呢？因為魯莊公正在外國。

(七)秋，丹桓宮楹㈠何以書？譏。何譏爾？丹桓宮楹非禮也㈡。

【今註】㈠丹桓宮楹：把桓公廟的柱子漆成紅顏色。㈡丹桓宮楹非禮也：把桓公廟的柱子漆成紅顏色，這不合於禮。

【今譯】秋天，把桓公廟的柱子漆成紅顏色。為什麼寫在春秋上？表示譏諷。為什麼表示譏諷？因為把桓公廟的柱子漆成紅顏色是不合於禮的。

(八)冬十有一月，曹伯射姑卒㈠。

【今註】㈠曹伯射姑卒：射音「亦」，曹伯射姑死了。

【今譯】冬天十一月，曹伯名叫射姑死了。

(九)十有二月甲寅，公會齊侯盟于扈㈠。桓之盟不日，此何以日？危之也㈡。何危爾？我貳也㈢。魯子㈣曰：「我貳者，非彼然，我然也㈤。」

【今註】㈠扈：在今河南省原武縣西北。㈡危之也：因為很危險。㈢我貳也：莊公有貳心。㈣魯子：公羊先師之一。㊄我貳者，非彼然，我然也：我有貳心者，不是齊國如此，而是魯國如此。

【今譯】十二月甲寅這天，魯莊公同齊侯在扈這地方盟會。齊桓公的盟會普通不講日期，這次何以講日期？因為有危險。有什麼危險？因為我有貳心。公羊先師魯子說：「我貳者，不是齊國如此，而是魯國如此。」

莊公二十有四年（公元前六百七十年）

㈠春王三月，刻桓公桷㊀。何以書？譏㊁。何譏爾？刻桓公桷非禮也㊂。

【今註】㊀刻桓公桷：刻桓公廟屋角的斜枋。㊁譏：譏刺。㊂刻桓公桷非禮也：刻桓公廟屋角的斜枋是不合於禮的。

【今譯】二十四年春天三月，刻桓公廟屋角的斜枋。為什麼寫在春秋上？這是譏刺。為什麼譏刺？因為刻桓公廟角的斜枋是不合於禮的。

㈡葬，曹莊公㊀。

【今註】㊀葬曹莊公：給曹莊公行葬禮。

【今譯】 給曹莊公行葬禮。

㈢夏，公如齊逆女㈠。何以書？親迎禮也㈡。

【今註】 ㈠公如齊逆女：魯莊公到齊國迎接夫人。㈡親迎禮也：他自己親自迎接很合於禮。

【今譯】 夏天，魯莊公到齊國去迎接夫人。為什麼寫在春秋上？因為他親自去迎接是合於禮的。

㈣秋，公至自齊㈠。八月丁丑，夫人姜氏入㈡。其言入何？難也㈢。其言日何？難也。其難奈何？夫人不僂不可使入，與公有所約，然後入㈣。戊寅，大夫宗婦覿用幣㈤。宗婦者何？大夫之妻也㈥。覿者何？見也㈦。用者何？用者不宜用也㈧。見用幣非禮也㈨。然則曷用？棗栗云乎，腶脩云乎㈩。

【今註】 ㈠公至自齊：魯莊公從齊國回來。㈡夫人姜氏入：夫人姜氏到魯國都城。㈢難也：很困難。㈣夫人不僂不可使入，與公有所約，然後入：夫人沒有疾病，不可以叫她進魯國都城，她跟莊公有遠媵妾的約言，然後才能進來。㈤大夫宗婦覿用幣：覿音狄，大夫同他夫人進見用布幣。㈥大夫之妻也：大夫的夫人。㈦見也：就是見面。㈧用者不宜用也：用者就是不應當用。㈨見用幣非禮也：見面用布幣這是不合於禮的。㈩棗栗云乎，腶脩云乎：就是棗同栗子可以，肉做的食物也可以。

【今譯】秋天，魯莊公從齊國回來。八月丁丑，夫人姜氏進到魯國都城。為什麼說她進到魯國都城？因為困難。為什麼說她那天來的呢？也是因為困難。有什麼困難呢？夫人沒病，就不可以叫她進來，因為她同魯莊公有遠媵妾的約言，然後方能進入魯國都城。戊寅這天，大夫同他的夫人見了她，用布幣行禮。宗婦是什麼呢？是大夫的妻子。覿是什麼？是見面。用是什麼？是不應當用的。見面用布幣這是不合禮的。那麼用什麼呢？應當用棗同栗子或者肉脯。

(五)大水㈠。

【今註】㈠大水：魯國大水災。

【今譯】魯國發生大水災。

(六)冬，戎侵曹，曹羈出奔陳㈠。曹羈者何？曹大夫也㈡。曹無大夫，此何以書？賢也㈢。何賢乎曹羈？戎將侵曹，曹羈諫曰：「戎眾以無義㈣，君請勿自敵也㈤。」曹伯曰：「不可。」三諫不從，遂去之，故君子以為得君臣之義也㈥。

【今註】㈠曹羈出奔陳：曹羈逃奔到陳國。㈡曹大夫也：是曹國的大夫。㈢賢也：賢能。㈣戎眾以無義：戎人眾多而不講義氣。㈤君請勿自敵：你不要自己率領軍隊去抵抗。㈥君子以為得君臣之義也：君子以為他的作為很合於君臣的道理。

【今譯】冬天，戎人侵伐曹國，曹羈逃到陳國去。誰是曹羈？他是曹國的大夫。曹國沒有大夫，這為什麼寫上呢？因為他很賢能。曹羈有什麼賢能呢？戎人將侵略曹國，曹羈諫說：「戎人眾多不講義氣，你君不要自己抵抗。」曹伯說：「這不可以。」諫諍了三次，曹伯不聽從，他就離開了曹國。所以君子以為他的作為很合於君臣的道理。

(七)赤歸于曹郭公㈠。赤者何？曹無赤者，蓋郭公也㈡。郭公者何？失地之君也㈢。

【今註】㈠赤歸于曹郭公：這全是春秋的斷簡，後人不能明白，就加以各種的解釋。㈡曹無赤者，蓋郭公也：曹國並沒有赤，大概就是郭公。㈢失地之君也：這是丟了地的君。

【今譯】赤回到曹郭公。赤是什麼人？曹國並沒有赤，大概就是郭公。郭公又是誰呢？是一位失了地的君。

莊公二十有五年（公元前六百六十九年）

㈠春，陳侯使女叔來聘㊀。

【今註】㊀陳侯使女叔來聘：陳侯派女叔到魯國來聘問。女音汝。

【今譯】二十五年春天，陳侯派陳大夫女叔來魯國聘問。

㈡夏五月癸丑，衛侯朔卒㊀。

【今註】㊀衛侯朔卒：衛侯名叫朔的死了。

【今譯】夏天四月癸丑這天，衛侯朔死了。

㈢六月辛未朔，日有食之，鼓用牲于社㊀。日食則曷為鼓用牲于社？求乎陰之道也㊁，以朱絲營社，或曰脅之，或曰為闇，恐人犯之，故營之㊂。

【今註】㊀鼓用牲于社：敲著鼓，用牛羊去祭社神。㊁求乎陰之道也：這是責求社神助陽抑陰的道理。㊂以朱絲營社，或曰脅之，或曰為闇，恐人犯之，故營之：拿朱絲來營造社神廟，或者說是威脅他，或者說是把他變得黑暗一點，恐怕人侵犯他，所以把他圍繞著。

【今譯】六月辛未初一這天，魯國有日蝕，敲鼓用牛羊祭祀社神。日蝕在天上，為什麼敲鼓用牛羊來祭祀社神呢？是責求社神助陽抑陰的道理。用朱絲來圍繞著社神廟，有人說是威脅他，有人說是把他變得黑暗，恐怕有人侵犯，所以把他圍繞著。

㈣伯姬歸于杞㊀。

【今註】㊀伯姬歸于杞：魯國的伯姬嫁給杞國去。

【今譯】魯國的伯姬嫁到杞國。

㈤秋，大水，鼓用牲于社于門㊀。其言于社于門何？于社禮也，于門非禮也。

【今註】㊀鼓用牲于社于門：敲鼓用牛羊祭祀社神，也祭祀門神。

【今譯】秋天，魯國發生大水災。敲鼓用牛羊祭祀社神也祭祀門神。為什麼說祭祀社神也祭祀門神呢？祭祀社神是合於禮的，祭祀門神不合於禮。

㈥冬，公子友如陳㊀。

【今註】㊀公子友如陳：魯國公子友到陳國去。

【今譯】冬天，魯國的公子友到陳國去。

莊公二十有六年（公元前六百六十八年）

㈠公伐戎㊀。

【今註】㊀公伐戎：魯莊公討伐戎人。

【今譯】二十六年魯莊公討伐戎人。

㈡夏，公至自伐戎。

【今譯】夏天，魯莊公從討伐戎人回來。

㈢曹殺其大夫㊀。何以不名？眾也㊁。曷為眾殺之？不死于曹君者也㊂。君死乎位曰滅㊃，曷為不言其滅？為曹羈諱也㊄。此蓋戰也，何以不言戰？為曹羈諱也。

【今註】㊀曹殺其大夫：曹國人殺了他們的大夫。㊁眾也：因為人很多。㊂不死于曹君者也：因為曹君跟敵人打仗，曹君戰死，而他們不肯戰死。㊃君死乎位曰滅：君若死在位上，才叫做滅國。如昭公二十三年說鬍子髡沈子楹滅就是。㊄為曹羈諱也：為曹大夫曹羈避諱。

【今譯】曹國殺他的大夫們。為什麼不說名字呢？因為很多。為什麼把這麼一堆人殺掉呢？因為曹君跟戎人打仗死了，而大夫們不肯死的原故。君要死在位子上叫做滅國，為什麼不說滅呢？這是為曹羈避諱。這是真正打仗，何以不說打仗呢？也是為曹羈避諱。

㈣秋，公會宋人，齊人，伐徐㊀。

【今註】㊀徐：在今安徽省泗縣北八十里。

【今譯】秋天，魯莊公會同宋人、齊人討伐徐國。

㈤冬十有二月癸亥朔，日有食之㊀。

【今註】㊀日有食之：魯國有日蝕。

【今譯】冬天十二月癸亥初一，魯國有日蝕。

莊公二十有七年（公元前六百六十七年）

㈠春，公會杞伯姬于洮㊀。

【今註】㊀洮：在今山東省濮縣西南五十里。

【今譯】二十七年春天，魯莊公同杞伯姬在洮這地方相會。

㈡夏六月，公會齊侯，宋公，陳侯，鄭伯同盟于幽㈠。

【今註】㈠幽：在今河南省考城縣。

【今譯】夏天六月，魯莊公同齊侯，宋公，陳侯，鄭伯在幽這地方會盟。

㈢秋，公子友如陳葬原仲㈠。原仲者何？陳大夫也。大夫不書葬，此何以書？通乎季子之私行也㈡。何通乎季子之私行？辟內難也㈢。君子辟內難而不辟外難㈣。內難者何？公子慶父，公子牙，公子友皆莊公之母弟也㈤。公子慶父，公子牙通乎夫人㈥，以脅公㈦。季子起而治之，則不得與于國政㈧，坐而視之則親親㈨。因不忍見也，故於是復請至于陳而葬原仲也。

【今註】㈠公子友如陳葬原仲：公子友是莊公的弟弟，他到陳國去，為的原仲的下葬。㈡通乎季子之私行也：這是關於公子友私人的行動。㈢辟內難也：為了躲避內裏的禍難。㈣君子辟內難，而不辟外難：君子躲避國內的難，而不躲避國外的難。㈤公子慶父，公子牙，公子友皆莊公之母弟也：公子慶父同公子牙同公子友全是莊公的弟弟。㈥公子慶父，公子牙通乎夫人：公子慶父同公子牙與魯莊公的夫人私通。㈦以脅公：以威脅莊公。㈧季子起而治之，則不得與於國政：公子友要起來處理這件事，他就不能參加魯國的政權。㈨坐而視之則親親：坐在那裏看著不管，則可以維持兄弟親情。

【今譯】秋天，公子季友到陳國去，為的陳大夫原仲的葬禮。誰是原仲呢？是陳國的大夫。大夫的葬禮不寫在春秋上，這為什麼寫呢？這是關於公子季友的私人行動。為什麼說是公子友的私人行動呢？他為了躲避魯國內裏的禍難，君子躲避國內的禍難，而不躲避國外的禍難。魯國內有什麼禍難？因為公子慶父，公子牙，同公子友都是魯莊公的弟弟。公子慶父同公子牙與莊公的夫人私通，以威脅魯莊公。公子季友要起來治理這件事，他就不能參加國家的政權，要坐在那裏來看著不管，則可以維持兄弟親情。因為不忍看見這禍難，就請求到陳國去給原仲行葬禮。

㈣冬，杞伯姬來。其言來何？直來曰來㈠，大歸曰來歸㈡。

【今註】㈠直來曰來：沒有事情來，就叫做來。㈡大歸曰來歸：大歸就是被夫家所離，就叫做來歸。

【今譯】冬天，魯國的女兒伯姬回到魯國來。為什麼說來？沒事情來就叫做來，要是被夫家所廢棄就叫做來歸。

㈤莒慶來逆叔姬㈠。莒慶者何？莒大夫也。莒無大夫，此何以書？譏。何譏爾？大夫越竟逆女，非禮也。

【今註】㈠莒慶來逆叔姬：莒國的大夫名叫慶，來魯國迎接魯國女兒叔姬。

【今譯】　莒國的大夫名叫慶到魯國來迎接魯國的女兒叔姬。莒慶是什麼人？是莒國的大夫。莒國沒有大夫，這為什麼寫上？這是譏諷。為什麼譏諷？大夫不以政事為重，出了自己國家的邊境去迎接他自己的夫人，這不是合於禮的。

㈥杞伯來朝㈠。

【今註】　㈠杞伯來朝：杞伯到魯國來朝見。

【今譯】　杞伯到魯國來朝見。

㈦公會齊侯于城濮㈠。

【今註】　㈠城濮：在今山東省濮縣東南七十里。

【今譯】　魯莊公同齊侯在城濮這地方開會。

卷九　莊公四

莊公二十有八年（公元前六百六十六年）

㈠春王三月甲寅，齊人伐衛㊀。衛人及齊人戰，衛人敗績㊁。伐不日，此何以日？至之日也㊂。戰不言伐，此其言伐何？至之日也。春秋伐者為客㊃，伐者為主㊄故使衛主之也㊅。曷為使衛主之？衛未有罪爾㊆。敗者稱師㊇，衛何以不稱師？未得乎師也㊈。

【今註】㊀齊人伐衛：齊人討伐衛國。㊁衛人敗績：衛國人打敗仗。㊂至之日也：就是到的那天就打起來。㊃春秋伐者為客：春秋討伐旁人的是客人。㊄伐者為主：被伐人是主人。㊅故使衛主之也：所以拿衛國軍隊做主人。㊆衛未有罪爾：衛國並沒有罪。㊇敗者稱師：打敗的稱師。㊈未得乎師也：因為他還沒有擺成陣勢。

【今譯】二十八年春天三月甲寅這天，齊國人討伐衛國。衛國軍隊同齊國人打仗，衛國軍隊全崩潰了。討伐不寫日子，這為什麼寫日子？因為軍隊到那天就打起來了。打仗不說討伐，這為什麼說討伐？也是到那天就打起來了。春秋討伐旁人的叫做客，被討伐的叫做主，所以使衛國軍隊做主人。為什麼使衛國軍隊做主人呢？因為衛國軍隊沒有罪過。敗者稱師，衛為什麼不稱師呢？因為他還沒有擺成陣勢就敗了。

㈡夏四月丁未，邾婁子瑣卒㊀。

【今註】㊀邾婁子瑣卒：邾婁的君名叫瑣死了。

【今譯】夏天四月丁未這天，邾婁的君瑣死了。

㈢秋，荊伐鄭㊀。公會齊人，宋人，邾婁人救鄭㊁。

【今註】㊀荊伐鄭：荊人討伐鄭國。㊁公會齊人宋人，邾婁人救鄭：魯莊公會同齊國人，宋國人，及邾婁人去救鄭國。

【今譯】秋天，荊人討伐鄭國。魯莊公會同齊國人，宋國人以及邾婁人去救鄭國。

㈣冬，築微㊀。大無麥禾㊁。冬既見無麥禾矣，曷為先言築微而後言無麥禾？諱，以凶年造邑也㊂。

【今註】㊀築微：微在今山西省潞城縣東北十五里。㊁大無麥禾：甚沒有麥禾。㊂諱以凶年造邑也：諱言拿凶災的年來營造城邑。

【今譯】　冬天，建築微這個城邑。甚沒有麥禾。冬天既然已經知道沒有麥禾，為什麼先說建築微這個城，而後說沒有麥禾呢？諱言拿凶災的年來建築城邑。

(五)臧孫辰告糴于齊㈠。告糴者何？請糴也㈡。何以不稱使？以為臧孫辰之私行也㈢。曷為以臧孫辰之私行？君子之為國也，必有三年之委㈣。一年不熟告糴譏也㈤。

【今註】　㈠臧孫辰告糴于齊：糴音ㄉㄧˊ，臧孫辰到齊國去買穀。㈡請糴也：就是買穀。㈢以為臧孫辰之私行也：這是以為臧孫辰私人的行動。㈣君子之為國也，必有三年之委：君子為國家，必定有三年的儲蓄。㈤一年不熟告糴譏也：一年穀子不熟就去買，這是譏刺。

【今譯】　臧孫辰到齊國去買穀子。告糴是什麼，請求買穀。何以不說派他去？這是當作臧孫辰私人的行動，為什麼當作臧孫辰私人的行動？君子為國家，必須有三年的儲蓄，一年穀子不熟，就去買穀子，這是譏諷。

莊公二十有九年（公元前六百六十五年）

(一)春，新延廄㊀。新延廄者何？修舊也㊁。脩舊不書，此何以書？譏。何譏爾？凶年不修㊂。

【今註】㊀新延廄：廄音ㄐㄧㄡˋ。新修理馬舍。㊁修舊也：把舊的修好。㊂凶年不修：因為遇到凶年不應該修理。

【今譯】二十九年春天，重新修理公宮的馬房。什麼叫做新修馬房呢？是把舊的修理好。普通修理舊的不寫在春秋上，這為什麼寫呢？因為譏諷。為什麼譏諷呢？因為凶災的年不應該動工程。

(二)夏，鄭人侵許㊀。

【今註】㊀鄭人侵許：鄭人侵略許國。

【今譯】夏天，鄭國人侵略許國。

(三)秋，有蜚㊀。何以書？記異也㊁。

【今註】㊀蜚：音ㄈㄟˇ。害蟲名，體輕如蚊，食稻花。㊁記異也：記載災異。何休說因為魯國夫人有臭惡之行，所以發生這種災害。

【今譯】秋天，有蜚發生災害。為什麼寫在春秋上呢？這是記載災異。

㈣冬十有二月，紀叔姬卒㊀。

【今註】㊀紀叔姬卒：魯莊公的女兒嫁給紀國的，死了。

【今譯】冬天十二月，紀叔姬死了。

㈤城諸及防㊀。

【今註】㊀城諸及防：諸，在今山東省諸城縣西南三十里。防，在今山東省費縣東北六十里，一稱東防。

【今譯】修築諸同防這兩個城邑。

莊公三十年（公元前六百六十四年）

㈠春王正月㊀。

【今註】㊀春王正月：照例寫上春天的頭一個月。

【今譯】三十年春天正月。

㈡夏，師次于成㊀。

【今註】㊀成：在今山東省寧陽縣東北九十里近淄水。

【今譯】夏天，魯國軍隊在成這地方停駐。

(三)秋七月，齊人降鄣㊀。鄣者何？紀之遺邑也㊁。降之者何？取之也㊂。取之則曷為不言取之？為桓公諱也㊃。外取邑不書，此何以書？盡也㊄。

【今註】㊀鄣：在今山東省東平縣東六十里。㊁紀之遺邑也：這是紀國剩下的城邑。㊂取之也：是把他佔領了。㊃為桓公諱也：這是為齊桓公避諱。㊄盡也：紀國的城邑全都完了。

【今譯】秋天七月，齊人把鄣這地方佔據了。什麼叫做鄣呢？是紀國剩下的城邑。什麼做降呢？就是把他佔領了。佔領為什麼不說佔領呢？這是為齊桓公避諱。魯國以外佔領城邑不寫在春秋上，這為什麼寫呢？因為紀國的城邑已經全部完了。

(四)八月癸亥，葬紀叔姬㊀。外夫人不書葬，此何以書？隱之也㊁。何隱爾？其國亡矣，徒葬乎叔爾㊂。

【今註】㊀葬紀叔姬：給紀叔姬行葬禮。㊁隱之也：為她悲痛。㊂其國亡矣，徒葬乎叔爾：他的國已經亡了，衹是為葬叔姬而已，並沒有很多紀國的臣子。

【今譯】 八月癸亥，給紀叔姬行葬禮。國外的夫人不寫行葬禮，這為什麼寫呢？為她悲痛。何必悲痛呢？紀國已經亡了，祇是為的給叔姬行葬禮，並沒有很多紀國的臣子。

㈤九月庚午朔，日有食之，鼓用牲于社㊀。

【今註】 ㊀日有食之，鼓用牲于社：魯國有日蝕，敲鼓並用牛羊祭祀社神。

【今譯】 九月庚午初一，魯國有日蝕，敲鼓用牛羊祭社神。

㈥冬，公及齊侯遇于魯濟㊀。

【今註】 ㊀魯濟：在今山東省東平縣縣治。

【今譯】 冬天，魯莊公同齊侯在魯濟這地方相遇。

㈦齊人伐山戎㊀。此齊侯也，其稱人何？貶。曷為貶？子司馬子㊁曰：「蓋以操之為已蹙矣㊂。」此蓋戰也，何以不言戰？春秋敵者言戰，桓公之與戎狄，驅之爾㊃。

【今註】 ㊀齊人伐山戎：齊國人討伐山戎。㊁子司馬子：是公羊氏先師之一。㊂蓋以操之為已蹙矣：這是逼迫得太過分了。㊃春秋敵者言戰，桓公之與戎狄，驅之爾：春秋對敵人方才說打仗，齊桓公對戎狄，祇是把他驅逐出中國而已。

【今譯】 齊國人討伐山戎。這是齊侯，為什麼稱齊人呢？這是把他貶了？為什麼把他貶了。公羊先師子司馬子說：「這是逼迫得太過分了。」這是打仗，何以不說打仗呢？春秋對敵人方才說打仗，齊桓公對戎狄，祇是把他驅逐出中國以外而已。

莊公三十有一年（公元前六百六十三年）

㈠春築臺于郎㊀。何以書？譏。何譏爾？臨民之所漱浣也㊁。

【今註】 ㊀郎：在今山東省曲阜縣西。㊁臨民之漱浣也：漱音ㄙㄡˋ。浣音ㄏㄨㄢˇ。接近人民用來清洗的泉。

【今譯】 春，在郎這地方築臺。為什麼寫在春秋上？表示譏刺。為什麼譏刺呢？因為接近人民用來清洗的泉。

㈡夏四月，薛伯卒㊀。

【今註】 ㊀薛伯卒：薛伯死了。

【今譯】 夏天四月，薛伯死了。

(三)築臺于薛㈠。何以書?譏。何譏爾?遠也㈡。

【今註】㈠薛:在今山東省滕縣南四十四里。㈡遠也:因為太遠。

【今譯】在薛這地方築臺。為什麼寫在春秋上?表示譏刺。為什麼譏刺?因為太遠了。

(四)六月,齊侯來獻戎捷㈠。齊大國也,曷為親來獻戎捷?威我也㈡。其威我奈何?旗獲而過我也㈢。

【今註】㈠齊侯來獻戎捷:齊侯來魯國獻他對山戎打勝仗的戰利品。㈡威我也:為的嚇魯國。㈢旗獲而過我也:拿他得到的山戎旗子給魯國看。

【今譯】六月,齊侯來魯國獻他對山戎打勝的戰利品。齊是大國,為什麼自己來獻戰利品?這是為的使魯國害怕。他怎麼樣使魯國害怕呢?是把他得到的山戎旗幟給魯國人觀看。

(五)秋,築臺于秦㈠。何以書?譏。何譏爾?臨國也㈡。

【今註】㈠秦:在今山東省范縣東南十里。㈡臨國也:臨近宗廟社稷。

【今譯】秋天,在秦這地方修築臺。為什麼寫在春秋上?這是譏諷。為什麼譏諷?因為臨近宗廟社稷。

(六)冬，不雨㈠，何以書？記異也㈡。

【今註】㈠冬不雨：冬天不下雨。㈡記異也：記載災異。何休說不下雨也是公子慶父，同公子牙專政的關係，築三臺也是他們專政的關係。

【今譯】冬天不下雨。為什麼寫在春秋上？這是記載災異。

莊公三十有二年（公元前六百六十二年）

(一)春，城小穀㈠。

【今註】㈠小穀：在今山東省曲阜縣西北。

【今譯】三十二年春天，修築小穀這個城。

(二)夏，宋公、齊侯遇于梁丘㈠。

【今註】㈠梁丘：在今山東省城武縣東北三十里。

【今譯】夏天，宋公同齊侯在梁丘這地方相遇。

(三)秋七月癸巳，公子牙卒。何以不稱弟？殺也㈠。殺則曷為不言刺㈡？為季子諱殺也㈢，曷為為季子諱殺？季子之遏惡也㈣，不以為國獄㈤，緣季子之心而為之諱㈥。季子之遏惡奈何？莊公病將死，以病召季子㈦，季子至而授之以國政㈧，曰：「寡人即不起此病，吾將焉致乎魯國㈨。」季子曰：「般也存，君何憂焉㈩？」公曰：「庸得若是乎⑪？牙謂我曰：『魯一生一及，君已知之矣⑫。慶父也存。』」季子曰：「夫何敢？是將為亂乎？夫何敢⑬？」俄而牙弒械成⑭。季子和藥而飲之曰：「公子從吾言而飲此，則必可以無為天下戮笑，必有後乎魯國⑮。不從吾言而不飲此，則必為天下戮笑，必無後乎魯國⑯。」於是從其言而飲之，飲之無傫氏，至乎王堤而死⑰。公子牙今將爾⑱。辭曷為與親弒者同？君親無將，將而誅焉⑲，然則善之與？曰：「然。」殺世子母弟直稱君者，甚之也⑳。季子殺母兄何善爾？誅不得辟兄，君臣之義也㉑。然則曷為不直誅？而酖之？行誅乎兄，隱而逃之，使託若以疾死，然親親之道也㉒。

【今註】㊀殺也：把他殺了。㊁殺則曷為不言刺：因為在僖公二十八年公子買戍衛不卒戍刺之，魯國自己殺內大臣說刺不說殺，所以有這個問題發生。㊂為季子諱殺也：為季子的關係，所以避諱說殺。㊃季子之遏惡也：季子的阻止壞事。㊄不以為國獄：不拿他做為國家的刑獄。㊅緣季子之心而為之諱：根據季子的心事而給他避諱。㊆莊公病將死，以病召季子：莊公病就要死了，以病重叫季子從陳國回來。㊇季子至而授之以國政：季子來到就交給他國家的政權。㊈吾將焉致乎魯國：我將把魯國政權給誰呢？㊉般也存君何憂焉：子般仍舊存在，你何必憂愁呢？㊁庸得若是乎：能夠這樣子嗎？㊂魯一生一及君已知之矣：魯國素來是一生一及，生是傳給兒子，及是傳給兄弟，你已經知道了。㊂夫何敢，是將為亂乎，夫何敢：他怎麼敢這樣，這是將要作亂了，他敢這樣嗎？㊃俄而牙弒械成：不久公子牙用來弒君的兵械已經準備完成。㊄公子從吾言而飲此，則必可以無為天下戮笑，必有後乎魯國：你要是聽我的話而喝了這杯水，你可以不會被天下恥笑，必在魯國有後人傳下去。㊅則必為天戮笑，必無後乎魯國：必定被天下所恥笑，也不能有後代在魯國。㊆飲之無傫氏，至乎王堤而死：就在無傫氏家中喝了這水，走到王堤就死了。㊇公子牙今將爾：公子牙本想殺害無傫氏。㊈君親無將，將而誅焉：君同親戚不要做將領，做將領就會被殺。㊉殺世子母弟，直稱君者，甚之也：殺世子的母弟，直稱君殺的，這是太過分了。㊁誅不得辟兄，君臣之義也：有罪當殺，不能避開哥哥，這是臣事君的道理。㊂而酖之，行誅乎兄，隱而逃之，使託若以疾死，然親親之道也：把他拿毒藥害了，實在是殺了哥哥，可是不說，好像是病死一樣，這是親親的道理。

【今譯】秋天七月癸巳，公子牙死了。為什麼不稱弟弟呢？因為把他殺了。殺為什麼不說刺呢？這是為季子避諱殺的關係。為什麼為季子避諱說殺呢？季子的阻止惡事情，不拿他變成國家的刑獄。根據季子的心，而為他避諱。季子怎麼樣能阻止惡事情？莊公病得將死，以病得厲害，從陳國叫季子回來。季子到了以後，就交給他魯國的政權。並且說：「寡人對於這個病將不能好了。我將魯國政權交給誰呢？」季子說：「子般仍舊存在，你何必憂愁呢？」莊公說：「能這樣嗎？叔牙對我說：『魯國的規矩，是君位一次傳兒子，另一次是傳兄弟，你已經知道了。慶父現在尚生存。』」季子說：「他怎麼敢呢？這豈不是造反了，他怎麼敢呢？」不久叔牙已經準備好弒君。季子就給他藥喝，並且說：「你要聽我的話，而喝了這杯，就可以不為天下所恥矣，必定有後代傳在魯國，要不聽我的話，而不喝，你必定為天下所恥矣，必定沒有後代傳在魯國。」於是叔牙就聽了他的話喝了，在大夫無傈氏家中喝了，走到王堤就死了。公子牙本想殺害無傈氏。所用的文辭，為什麼與他親殺的相同？因為是君同親戚不要率兵，率兵恐怕就被殺。然則說季子很好嗎？回答說：「對了。」殺世子的母弟直稱君殺的，太過分了。季子殺了母兄有什麼值得稱讚呢？哥哥有罪，該殺就殺，這是臣事君的道理。然則為什麼不直接殺他呢？而使他喝毒藥？這是殺掉哥哥而不明說，好像是他自己病死，這是親親的道理。

㈣八月癸亥，公薨于路寢。路寢者何？正寢也㈠。

【今註】㈠正寢也：就是寢室。

【今譯】八月癸亥這天，魯莊公死在路寢。路寢是什麼？就是寢室。

(五)冬十月乙未，子般卒。子卒云子卒，此其稱子般卒何？君存稱世子㈠。君薨稱子某㈡。既葬稱子㈢，踰年稱公㈣。子般卒，何以不書葬？未踰年之君也㈤。有子則廟㈥，廟則書葬㈦。無子不廟，不廟則不書葬。

【今註】㈠君存稱世子：君存在就稱世子。㈡君薨稱子某：君死了以後就稱某一個兒子。㈢既葬稱子：既然下葬就稱子而不稱名字。㈣踰年稱公：過了一年就稱公。㈤未踰年之君也：沒有過一年的君。㈥有子則廟：有兒子就給他立廟。㈦廟則書葬：立了廟就寫行葬禮。

【今譯】冬天十月乙未這天，莊公的兒子子般死了。平常祇說子卒，這為什麼稱子般死了？君存在就稱世子，君死了就稱某一個兒子，既然下葬以後，就稱子，過了一年就稱公。子般死了，為什麼不寫行葬禮？因為他是沒有過一年的君。有兒子，他兒子就立廟，立廟就寫上行葬禮。沒有兒子就不給他立廟，不立廟就不寫行葬禮。

(六)公子慶父如齊。

【今譯】公子慶父到齊國去。

(七)狄伐邢㈠。

【今註】㈠邢：在今河北省邢臺縣西南。

【今譯】狄人討伐邢國。

閔公元年（公元前六百六十一年）

(一)春王正月。公何以不言即位？繼弒君不言即位㈠。孰繼？繼子般也㈡。孰弒子般？慶父也。殺公子牙，今將爾，季子不免㈢，慶父弒君，何以不誅？將而不免遏惡也，既而不可及，因獄有所歸，不探其情而誅焉，親親之道也㈣。惡乎歸獄？歸獄僕人鄧扈樂㈤。曷為歸獄僕人鄧扈樂？莊公存之時，樂曾淫于宮中，子般執而鞭之㈥。莊公死，慶父謂樂曰：「般之辱爾，國人莫不知，盍弒之矣㈦？」使弒子般。然後誅鄧扈樂而歸獄焉，季子至而不變也㈧。

【今註】㈠繼弒君不言即位：繼承弒君，就不稱即位。㈡繼子般也：就是繼承子般。㈢季子不免：季子也將不能免於被害。㈣將而不免遏惡也，既而不可及，因獄有所歸，不探其情而誅焉，親親之道也：當將帥，不免要阻止惡事，後來想到力不可及，因為這個官司可以擱到僕人身上，不詳細研究案情就殺了僕人，這是親親的道理。㈤歸獄僕人鄧扈樂：把官司歸到僕人鄧扈樂身上。㈥樂曾淫于宮中，子般執而鞭之：鄧扈樂曾在宮中淫亂，子般把他逮著用鞭子抽。㈦般之辱爾，國人莫不知，盍弒之矣：子般打你，國人沒有不知道，你何不殺他呢？㈧季子至而不變也：季子來了而沒有方法改變這個獄。

【今譯】元年春王正月。為什麼不說他行即位典禮呢？因為繼承前面被殺的君，就不說行即位典禮。繼承誰呢？是繼承子般。誰殺了子般呢？就是公子慶父。先是殺了公子牙，現在又如此，恐怕季子也不免於被殺。慶父殺了子般，為什麼不殺慶父呢？他做將帥就不免要阻止惡事，後來想到力不可及，這個官司可以歸罪於僕人，不詳查案情就殺了僕人，這是親親的道理。怎麼樣這獄有所歸？把這獄歸到鄧扈樂身上。怎麼樣把這獄歸到鄧扈樂身上？莊公活著時，扈樂曾在宮中淫亂，子般把他逮起來，用鞭子抽他。莊公死了，慶父對扈樂說：「子般打你，國人沒有不知道的，你何不把他殺了。」就使他殺了子般。然後殺了鄧扈樂，而把這官司歸結了案。季子來了，雖知道不可能是扈樂獨自弒君，也沒有辦法變更。

㈡齊人救邢㈠。

【今註】㈠齊人救邢：齊國人去救邢國。

【今譯】 齊國人去救邢國。

㈢夏六月辛酉，葬我君莊公㊀。

【今註】 ㊀葬我君莊公：給魯莊公行葬禮。

【今譯】 夏天六月辛酉，給我君莊公行葬禮。

㈣秋八月，公及齊侯盟于洛姑㊀。

【今註】 ㊀洛姑：在今山東省東平縣平陰縣界。

【今譯】 秋天八月，魯閔公同齊侯在洛姑這地方會盟。

㈤季子來歸㊀。其稱季子何？賢也㊁。其言來歸何？喜之也㊂。

【今註】 ㊀季子來歸：季子回到國來。㊁賢也：尊敬他很賢能。㊂喜之也：喜歡他回來。

【今譯】 季子回來了。為什麼稱季子？因為尊重他賢能。為什麼說他回來呢？因為喜歡他回來。

㈥冬，齊仲孫來㊀。齊仲孫者何？公子慶父也㊁。公子慶父則曷為謂之齊仲孫？繫之齊也㊂。曷為繫之齊？外之也㊃。曷為外之？春秋為尊者諱㊄，為親者諱㊅，為賢者諱㊆，子女子㊇曰：「以春秋為春秋，齊無仲孫，其諸吾仲孫與㊈？」

【今註】㊀齊仲孫來：齊國仲孫來魯國。㊁公子慶父也：就是公子慶父。㊂繫之齊也：因他曾逃到齊國，所以把他歸屬齊國。㊃外之也：把他擱到魯國以外。㊄春秋為尊者諱：春秋是為尊者避諱。譬如閔公被人所殺就不講。㊅為親者諱：譬如季子為親親而避諱。㊆為賢者諱：因為季子有毒叔牙不殺慶父的賢能。㊇子女子：公羊先師之一。女音汝。㊈齊無仲孫，其諸吾仲孫與：齊國沒有仲孫，恐怕就是我們的仲孫。

【今譯】冬天齊國仲孫來。齊國仲孫是什麼人？就是公子慶父。公子慶父為什麼叫做齊仲孫呢？他曾逃到齊國，所以把他跟齊國連繫了。為什麼跟齊國連繫呢？是把擱到魯國以外。為什麼把他擱到魯國以外？春秋是為尊者避諱，為親者避諱，也為賢者避諱。公羊先師子女子說：「以春秋為史書來說，齊國並沒有仲孫這個姓，恐怕就是我們仲孫吧！」

閔公二年（公元前六百六十年）

㈠春王正月，齊人遷陽㊀。

【今註】㊀陽：在今山東省沂水縣南。

【今譯】 二年春王正月，齊國人把陽國遷走。

(二)夏五月乙酉，吉禘于莊公㈠。其言吉何？言吉者，未可以吉也㈡。曷為未可以吉？未三年也㈢。三年矣，曷為謂之未三年？三年之喪，實以二十五月㈣。其言于莊公何？未可以稱宮廟也㈤。曷為未可以稱宮廟？在三年之中矣㈥。吉禘于莊公何以書？譏。何譏爾？譏始不三年也㈦。

【今註】 ㈠吉禘于莊公：在莊公神主前做吉禘的典禮。㈡言吉者未可以吉也：說吉就是不可以用吉祭。㈢未三年也：因為還沒有到三年。㈣三年之喪，實以二十五月：三年的喪期，實在說是二十五個月。時莊公死才二十二個月。㈤未可以稱宮廟也：因為沒有到時間，所以不能稱為莊公的廟。㈥在三年之中也：因為在三年之中。㈦譏始不三年也：譏諷他開了不到三年就祭祀的先例。

【今譯】 夏天五月乙酉這天，在莊公的神主前用吉禘的祭祀。為什麼說吉呢？說吉就表示不可用吉祭。為什麼不可以用吉祭？因為沒還沒有到三年。已經到了三年了，為什麼還說不到三年。因為照理來說三年的喪事，實在是二十五個月。他說在莊公的神主前面是為什麼呢？因為尚不能說莊公的廟。為什麼不能稱莊公的廟呢？因為在三年之中，仍不能稱廟，吉祭莊公的神位為什麼寫在春秋上？這是譏諷。為什麼譏諷呢？譏諷他開了不到三年就吉祭的先例。

㈢秋八月辛丑，公薨㊀。公薨何以不地？隱之也㊁。何隱爾？弒也㊂。孰弒之？慶父也㊃。殺公子牙，今將爾，季子不免。慶父弒二君何以不誅？將而不免遏惡也㊄。既而不可及，緩追逸賊㊅，親親之道也。九月，夫人姜氏孫于邾婁㊆。公子慶父出奔莒㊇。

【今註】㊀公薨：魯閔公死了。㊁隱之也：這是悲痛這事情。㊂弒也：被旁人所殺。㊃慶父也：就是公子慶父。㊄將而不免遏惡也：當將帥不免要阻止壞事。㊅既而不可及，緩追逸賊：後來知道趕不上，就慢慢的追放了賊。㊆夫人姜氏孫于邾婁：夫人姜氏就逃到邾婁去。㊇公子慶父出奔莒：公子慶父也逃到莒國去。

【今譯】秋天八月辛丑這天，閔公死了。死為什麼不說地點？因為悲痛這件事。為什麼悲痛？因為他被下邊人所殺。是誰殺他呢？就是公子慶父。殺了公子牙，現在又如此，季子也不能免。公子慶父殺了二個君，為什麼不殺他？做了將不免要阻止壞事，後來看趕不上，祇好慢慢的追放了賊，這是親親的道理。九月，夫人姜氏逃到邾婁國去了，公子慶父也逃奔到莒國。

㈣冬，齊高子來盟㊀。高子者為何？齊大夫也。何以不稱使？我無君也㈡。然則何以不名？喜之也㈢。何喜爾？正我也㈣。其正我奈何？莊公死，子般弒，閔公弒，此三君死，曠年無君㈤，設以齊取魯，曾不興師徒，以言而已矣㈥。桓公使高子將南陽之甲㈦，立僖公而城魯，或曰自鹿門至于爭門者是也㈧，或曰自爭門至于吏門者是也㈨，魯人至今以為美談曰：「猶望高子也㈩。」

【今註】㈠齊高子來盟：齊國的高子來魯國盟會。㈡我無君也：這時閔公被弒，僖公未立，所以說我沒有君。㈢喜之也：喜歡他。㈣正我也：對我有幫助。㈤曠年無君：連年沒有君。㈥設以齊取魯，曾不興師徒，以言而已矣：假設齊國想侵佔魯國，不必興師動眾，說一句話就成了。㈦桓公使高子將南陽之甲：齊桓公叫高子率領南陽的軍隊。㈧或曰自鹿門至于爭門者是也：有的說從鹿門到了爭門就是。㈨或曰自爭門至于吏門者是也：有的說從爭門到吏門就是。㈩猶望高子也：還希望高子再來。

【今譯】冬天，齊國高子到了魯國來盟會。誰是高子呢？就是齊國大夫。為什麼不說派他來呢？因為魯國沒有君存在。那麼為什麼不稱名字？因為很歡喜他。為什麼歡喜他？因為他對魯國有幫助。他對魯國有什麼幫助呢？莊公死了，子般被人所弒，閔公又被弒，一連三個君全死了，連年沒有君，假設齊國要侵佔魯國，他不必興起軍隊，一句話就成功了。齊桓公派高子率領南陽的軍隊來立魯僖公而城魯國的都城，或者說從鹿門到爭門就是，或者說，從爭門到吏門就是，魯國人到今還以為美談說：「還希望高子來。」

(五)十有二月，狄入衞㊀。

【今註】㊀狄入衞：狄人攻進衞國。

【今譯】十有二月，狄人攻進衞國。

(六)鄭棄其師㊀。鄭棄其師者何？惡其將也㊁。鄭伯惡高克，使之將逐而不納，棄師之道也㊂。

【今註】㊀鄭棄其師：鄭國拋棄他的軍隊。㊁惡其將也：因為恨他的將領。㊂鄭伯惡高克，使之將逐而不納，棄師之道也：鄭伯很恨高克，使他率領軍隊去救衞國，然後驅逐他而不使他回國，這就是拋棄軍隊的道理。

【今譯】鄭國拋棄他軍隊。鄭國為什麼拋棄軍隊？因為恨他的將領。鄭伯恨高克，使他率領軍隊去救衞國然後驅逐他，而不使他回國，這就是拋棄軍隊的道理。

卷十　僖公上

僖公元年（公元前六百五十九年）

(一)春王正月，公何以不言即位㊀？繼弒君，子不言即位㊁。此非子也，其稱子何？臣子一例也㊂。

【今註】㊀公何以不言即位：為什麼不說僖公即位。㊁繼弒君，子不言即位：繼承被弒的君，兒子不言即位。㊂臣子一例也：臣同子是一樣的。何休注：僖公者，閔公庶兄。

【今譯】元年春王正月，僖公為什麼不說即位呢？繼承被弒的君，兒子不說即位。這不是兒子，為什麼稱他兒子呢？因為臣同子是一樣的。

(二)齊師，宋師，曹師次于聶北㊀，救邢㊁。救邢，救不言次，此其言次何？不及事也㊂。不及事者何？邢已亡矣㊃。孰亡之？蓋狄滅之㊄。曷為不言狄滅之？為桓公諱也㊅。曷為桓公諱？上無天子，下無方伯，天下諸侯有相滅亡者，桓公不能救，則桓公恥之㈦。曷為先言次而後言救？君也㈧。君則其稱師何？不與諸侯專封也㈨。曷為不與？實與，而文不與㈩。文曷為不與？諸侯之義不得專封也㈪。諸侯之義不得專封，則其曰實與之何？上無天子，下無方伯，天下諸侯有相滅亡者，力能救之，則救之可也㈫。

【今註】㈠聶北：在今河北省清豐縣北十里。㈡邢：在今河北省邢臺縣西南。㈢不及事也：趕不上事情。㈣邢已亡矣：因為邢國已經亡了。㈤蓋狄滅之：就是狄人把他滅了。㈥為桓公諱也：為的給齊桓公避諱。㈦桓公不能救，則桓公恥之：齊桓公不能去救，齊桓公就甚以為羞恥。㈧君也：這是因為他是君的關係。㈨不與諸侯專封也：不准許諸侯專封疆。㈩實與，而文不與：實在是准許，而文字上不能說准許。㈪諸侯之義不得專封也：諸侯的本義是不能夠專管封疆。㈫力能救之，則救之可也：力量能夠救他，就可以去救他。

【今譯】齊國軍隊同宋國軍隊，及曹國軍隊駐在聶北這地方，去救邢國。每回救邢國不說駐在那裏，這次為什麼說駐在那裏？因為趕不上事情。為什麼不說趕不上事情？因為邢國亡了。誰把邢國亡了？就是狄人把他滅了。為什麼不說狄人把他滅了？這是為齊桓公避諱的原故。為什麼為齊桓公避諱呢？因為上邊沒有賢明天子，下面沒有有力方伯，天下諸侯有互相滅亡的，齊桓公不能去救，則齊桓公以為羞恥。為什麼先說駐到那裏，然後說救呢？因為齊桓公是君。君為什麼說是軍隊呢？因為是不許諸侯專封疆。為什麼不准許呢？實在是准許，而文字上不能講准許。文字上為什麼不能說准許呢？諸侯的本義，不能夠專封。諸侯的本義，既然不能專封，為什麼又說實在准許呢？因為上邊沒有賢明天子，下方沒有有力方伯，天下諸侯有互相滅亡的，力量能去救他，就可以去救他。

㈢夏六月，邢遷于陳儀㈠。遷者何？其意也㈡。遷之者何？非其意也㈢。

【今註】㈠陳儀：左傳作夷儀。在今山東省聊城縣西南十二里。㈡其意也：是他用意如此，他怕狄人的軍隊，所以必須遷開。㈢非其意也：不是他的原意。

【今譯】夏天六月，邢國遷到陳儀這地方。說遷者是什麼？是他真正的用意，因為他怕狄人的軍隊。說把他遷又是什麼呢？這不是他的原意。

㈣齊師，宋師，曹師城邢㈠。此一事也，曷為復言齊師，宋師，曹師㈡。不復言師，則無以知其為一事也㈢。

【今註】㈠齊師，宋師，曹師城邢：齊國軍隊同宋國軍隊、曹國軍隊修建邢國都城。㈡曷為復言齊師，宋師，曹師：為什麼重複說齊國軍隊，宋國軍隊，曹國軍隊呢？㈢不復言師，則無以知其為一事也：要不重複說各國軍隊，就不知道這是一件事。

【今譯】　齊國軍隊同宋國軍隊，曹國軍隊修建邢國都城，這同一件事，為什麼重複說齊國軍隊同宋國軍隊和曹國軍隊呢？因為若不重複說各國軍隊，就不知道這是同一件事。

㈤秋七月戊辰，夫人姜氏薨于夷，齊人以歸㊀。夷者何？齊地也㊁。齊地則其言齊人以歸何？夫人薨于夷，則齊人以歸㊂。夫人薨于夷，則齊人曷為以歸？桓公召而縊殺之㊃。

【今註】　㊀夫人姜氏薨于夷，齊人以歸：夫人姜氏死在夷這地方，齊人把她送回魯國。㊁齊地也：夷是齊國的地方，在今山東省費縣西。㊂夫人薨于夷，則齊人以歸：夫人死在夷，齊人把她送回魯國。㊃桓公召而縊殺之：桓公叫她回齊國，就把她縊死了。因為她害死了魯閔公的原故。

【今譯】　秋七月戊辰，夫人姜氏死在夷這個地方，齊人把她送回魯國。什麼叫做夷呢？是齊國地方。齊國地方，為什麼說齊人把她送回魯國呢？夫人死在夷這地方，齊人就送回魯國。夫人死在夷這地方，為什麼齊人把她送回魯國呢？因為齊桓公叫她回去，把她縊死了。

㈥楚人伐鄭㊀。

【今註】　㊀楚人伐鄭：楚國人討伐鄭國。

【今譯】楚國人討伐鄭國。

(七)八月，公會齊侯，宋公，鄭伯，曹伯，邾婁人于杅㊀。

【今註】㊀杅：左傳作檉，在今河南省淮陽縣西南。

【今譯】八月，魯僖公同齊侯，宋公，鄭伯，曹伯，邾婁人在杅這地方相會。

(八)九月，公敗邾婁師于纓㊀。冬十月壬午，公子友帥師敗莒師于犁㊁，獲莒拏。莒拏者何？莒大夫也。莒無大夫，此何以書？大季子之獲也㊂。何大乎季子之獲？季子治內難以正，禦外難以正㊃。其禦外難以正奈何？公子慶父弒閔公，走而之莒，莒人逐之，將由乎齊，齊人不納，卻反舍于汶水之上，使公子奚斯入請㊄。季子曰：「公子不可以入，入則殺矣㊅。」奚斯不忍反命于慶父，自南涘，北面而哭㊆。慶父聞之曰：「嘻！此奚斯之聲也，諾已㊇。」曰：「吾不得入矣。」於是抗輈經而死㊈。莒人聞之曰：「吾已得子之賊矣。」以求賂乎魯㊉。魯人不與，為是興師而伐魯，季子待之以偏戰㊀㊀。

【今註】㊀纓：左傳作偃，在今山東省費縣南。㊁犁：在今山東省範縣。㊂大季子之獲也：誇大季子的獲得。㊃季子治內難以正，禦外難以正：季子治內難用正法，意思說他阻止慶父回國。禦外難也用正法。㊄使公子奚斯入請：派公子奚斯來魯國商請，使他回國。㊅公子不可以入，入則殺矣：公子不可以回國，回國就被殺。㊆自南涘北面而哭：在水的南邊，面朝北哭。㊇諾已：就是吧。㊈於是抗輈經而死：輈，音舟，於是利用小車的轅吊死了。㊉吾已得子之賊矣，以求賂乎魯：我已得到你們的賊了，以此要求魯國的賄賂。㊁季子待之以偏戰：季子對付莒人，以偏戰跟他打。

【今譯】九月，魯僖公敗邾婁軍隊在纓這地方。冬十月壬午這天，公子友率領軍隊在犁這地方，打敗莒國軍隊，得到了莒挐。莒挐是什麼人？是莒國大夫。莒沒有大夫，這為什麼寫下來？為的誇大季子的擒獲敵人。為什麼誇大季子的擒獲敵人呢？季子治理內難用正法，對付外難也用正法。他怎麼樣對付外難也用正法呢？公子慶父弒了閔公，逃到莒國去，莒人驅逐他，想逃到齊國，齊人也不接受他，就回到魯國，住在汶水這上邊，派公子奚斯到魯國商請。季子回答說：「公子不可以回魯國，如回到魯國，必定被殺掉。」奚斯不忍去告訴慶父，在水的南面，衝著北面而哭。慶父聽見了說：「這不就是奚斯的聲音，是吧！」自己說：「我沒法回魯國去了。」於是在小車轅上吊死了。莒國人聽見了說：「我們已經得到你們的賊了。」以此要求魯國賄賂。魯國人不肯給，他們就用軍隊討伐魯國，季子就用偏戰對付他。

(九)十有二月丁巳，夫人氏之喪至自齊㊀。夫人何以不稱姜氏？貶。曷為貶？與弒公也。然則曷為不於弒焉貶？貶必於重者，莫重乎其以喪至也㊁。

【今註】㊀夫人氏之喪至自齊：夫人氏的喪從齊國來。㊁貶必於重者，莫重乎其以喪至：貶必定在最重要的地方，沒有比喪來時更重要的了。

【今譯】十二月丁巳這天，夫人氏的喪從齊國回來。夫人為什麼不稱姜氏？因為貶。為什麼貶？因為他參加弒閔公，然則為什麼不在弒閔公時就貶呢？貶必在最重要的地方，沒有比喪來時更重要的了。

僖公二年（公元前六百五十八年）

(一)春王正月，城楚丘㊀。孰城？城衛也㊁。曷為不言城衛？滅也㊂。孰滅之？蓋狄滅之㊃。曷為不言狄滅之？為桓公諱也㊄。曷為為桓公諱？上無天子，下無方伯，天下諸侯有相滅亡者，桓公不能救，則桓公恥之也㊅。然則孰城之？桓公城之㊆。曷為不言桓公城之？不與諸侯專封也㊇。曷為不與？實與而文不與㊈。文曷為不與？諸侯之義，不得專封㊉。諸侯之義，不得專封，則其曰實與之何？上無天子，下無方伯，天下諸侯有相滅亡者，力能救之，則救之可也㈩。

【今註】㈠楚丘：在今河南省滑縣東六十里。㈡城衛也：修衛國的城。㈢滅也：衛國被滅了。㈣蓋狄滅之：大約是狄國把他滅了。㈤為桓公諱也：給齊桓公避諱。㈥桓公不能救，則桓公恥之：齊桓公沒有方法來救，則桓公以為羞恥。㈦桓公城之：齊桓公來給他修城。㈧不與諸侯專封也：不准許諸侯專封疆。㈨實與而文不與：實在是准許，但是文字上不准許。㈩諸侯之義，不得專封：諸侯的道理，不能專封國家。㈩力能救之，則救之可也：力量能救他，則可以救他。

【今譯】二年春王正月，修建楚丘的城。誰修建呢？這是給衛國修城。為什麼不說給衛國修城？因為衛國被滅了。是誰把他滅了？大概是狄國把他滅了。為什麼不說狄人把他滅了呢？這是為齊桓公避諱。為什麼為齊桓公避諱呢？上邊沒有天子，下邊沒有方伯，天下諸侯有互相滅亡的，齊桓公不能救他，則齊桓公以為羞恥。然則誰給他修城呢？這也是齊桓公。為什麼不說齊桓公給他修城呢？因為不准許諸侯專封疆。為什麼不准許？實在是准他，而文字裏不能說。文字裏為什麼不能說？因諸侯的道理，不能專封。既然諸侯的道理不能專封，為什麼又說准他呢？因為上無賢明天子，下無有力方伯，天下諸侯有互相滅亡的，如果力量能救的，則救他可以。

(二)夏五月辛巳，葬我小君哀姜㈠。哀姜者何？莊公之夫人也。

【今註】㈠葬我小君哀姜：給魯莊公的夫人哀姜行葬禮。

【今譯】夏天五月辛巳，給我小君哀姜行葬禮。哀姜是什麼人呢？就是魯莊公的夫人。

(三)虞師，晉師滅夏陽㈠。虞微國也，曷為序乎大國之上㈡？使虞首惡也㈢。曷為使虞首惡？虞受賂，假滅國者道以取亡焉㈣。其受賂奈何？獻公朝諸大夫而問焉，曰：「寡人夜者寢而不寐，其意也何㈤？」諸大夫有進對者曰：「寢不安與其諸侍御有不在側者與？」獻公不應。荀息進曰：「虞郭見與㈥？」獻公揖而進之，遂與之入而謀曰：「吾欲攻郭，則虞救之，攻虞則郭救之，如之何？願與子慮之㈦。」荀息對曰：「君若用臣之謀，則今日取郭，而明日取虞爾，君何憂焉？」獻公曰：「然則奈何？」荀息曰：「請以屈產之乘，與垂棘之白璧㈧往，必可得也。則寶出之內藏，藏之外府㈨，馬出之內廏，繫之外廏爾，君何喪焉㈩？」獻公曰：「諾。雖然宮之奇存焉如之何

㈡？」荀息曰：「宮之奇知則知矣。雖然虞公貪而好寶，見寶必不從其言，請終以往㈢。」於是終以往，虞公見寶許諾。宮之奇果諫：「記曰：『脣亡則齒寒。』虞郭之相救，非相為賜㈢，則晉今日取郭，而明日虞從而亡爾，君請勿許也。」虞公不從其言，終假之道以取郭，還四年，反取虞。虞公抱寶牽馬而至㈣。荀息見曰：「臣之謀何如？」獻公曰：「子之謀則已行矣，寶則吾寶也，雖然吾馬之齒亦已長矣㈤。」蓋戲之也。夏陽者何？郭之邑也。曷為不繫于郭？國之也，曷為國之？君存焉爾。

【今註】㈠夏陽：左傳作「下陽」。一統志說：「在今山西省平陸縣東北二十里。」㈡曷為序乎大國之上：為什麼列在大國的晉國上邊？㈢使虞首惡也：使虞國做為首的惡人。㈣假滅國者道以取亡焉：借給晉國道路，結果虞國自己滅亡。㈤夜者寢而不寐其意也何：我夜裏臥在床上，而不能睡著，這是什麼意思？㈥虞郭見與：是不是虞國同郭國，你心裏想著呢？㈦願與子慮之：想跟你一同來考慮。㈧請以屈產之乘，與垂棘之白璧：請用屈產這地方出產的馬跟垂棘所出產的白玉所做的璧。屈產，一統志說：「今山西省石樓縣東南四，有屈產水，一名龍泉水。」垂棘在今山西省潞城縣南二十里。㈨寶出之內藏，藏之外府：這寶貝等於由內藏裏出來，而藏到外府中。㈩馬出之內廄，繫之外廄爾，君何喪焉：馬等於出了內裏的馬房，拴到外邊的馬房，你有什麼損失呢？㈠雖然宮之奇存焉如之何：但是宮之奇仍舊存在，怎麼辦呢？宮之奇是虞國的賢大夫。㈡虞公貪而好寶，見寶必從其言，請終以往：虞公很貪心，而喜歡寶物，看見寶物必不聽宮之奇的話，請仍舊將貨物送去。㈢脣亡則齒寒，虞郭之相救，非相為賜：嘴脣若沒有了，牙齒就會感覺寒冷，虞郭的互相救援，不是誰幫了誰。㈣虞公抱寶牽馬而至：虞公抱著白璧，牽著馬來到晉國。㈤雖然吾馬之齒亦已長矣：但是我的馬也已經老邁了。

【今譯】虞國軍隊，晉國軍隊滅了夏陽。虞是小國，為什麼把他擺到大國的晉國上邊？因為表示虞國是頭一個壞的國家。為什麼使虞國是頭一個壞的國家呢？因為虞國受了晉國的賄賂，借道給晉國，結果虞國自己亡國。他怎麼受的賄賂呢？晉獻公在朝上問很多的大夫們說：「我昨天夜裏睡在床上，睡不著覺，怎麼回事呢？」大夫們中有一個往前進，回答說：「睡得不安，是不是有的妃嬪們不在旁邊呢？」獻公聽了不回答。荀息往前進說：「是不是你心全在虞同郭呢？」獻公就同他作揖，請他進來，跟他商量說：「我想攻郭國，則虞國去救他，我想攻虞國，則郭國去救他，怎麼辦呢？願同你一起商量，商量。」荀息回答說：「你要用我的計謀，我能夠今天佔據郭國，而明天佔據虞國，你何必發愁呢？」獻公說：「那怎麼辦呢？」荀息說：「請拿屈產地方所產的名馬，同垂棘這地方所產的白璧，到虞國去，必有效果。則白璧等於由內藏裏出來，藏到外府中。馬等於由內裏馬房出來，拴到外邊馬房中。你有什麼損失呢？」晉獻公說：「好吧！但是宮之奇仍舊存在，怎麼辦呢？」荀息說：「宮之奇智慧是很智慧的，但是虞公貪心而好寶物，見了寶物必不會聽他的話，我們還是送寶物到虞國去吧！」後來終究送寶物去。虞公看見寶物答應了。宮之奇果然諫諍說：「記載上說：『嘴脣沒有了，牙齒就感覺寒冷』。虞國同郭國相救不是誰幫助誰，否則晉國今天佔據了郭國，明天虞國也就跟著完了，你請不要答應他吧？」虞公不聽他的話，終究借給晉國道路，就把郭國佔領了。晉國回來四年，又佔領了虞國。虞公抱著白璧，牽著馬來了。荀息看見了說：「我的計謀怎麼樣？」晉獻公說：「白璧仍舊是我的白璧，但是我的馬也已經老邁了。」這話是戲言的。什麼叫做夏陽？郭國的邑。為什麼不寫上郭國呢？因為把他當成一國。為什麼把他當成一國？因為國君住在那裏。

(四)秋九月，齊侯、宋公、江人、黃人盟于貫澤㊀。江人、黃人者何？遠國之辭也。遠國至矣，則中國曷為獨言齊宋至爾？大國言齊宋，遠國言江黃，則以其餘為莫敢不至也。

【今註】㊀貫澤：左傳作「貫」。在今山東省曹縣西十里。

【今譯】秋天九月，齊侯、宋公同江人、黃人盟會於貫澤。江人、黃人是什麼？他們是遠國的意思。遠國來了，則中國為什麼獨說齊國、宋國來了？大國說齊國、宋國，遠國說江人、黃人，那麼其餘國家沒有敢不來的。

(五)冬十月，不雨㈠。何以書？記異也㈡。

【今註】㈠不雨：魯國不下雨。㈡記異也：記載災異。

【今譯】冬天十月，魯國不下雨。為什麼寫在春秋上？這是為的記載災異。

(六)楚人侵鄭㈠。

【今註】㈠楚人侵鄭：楚國人侵略鄭國。

【今譯】楚國人侵略鄭國。

僖公三年（公元前六百五十七年）

(一)春王正月，不雨㈠。

【今註】㈠不雨：魯國不下雨。

【今譯】春王正月，魯國不下雨。

(二)夏四月，不雨㈠。何以書？記異也㈡。

【今註】㈠不雨：魯國不下雨。㈡記異也：這是為的記載災異。

【今譯】夏天四月，魯國不下雨。為什麼寫在春秋上？這是為的記載災異。

㈢徐人取舒㊀。其言取之何？易也㊁。

【今註】㊀舒：在今安徽省舒城縣縣境。㊁易也：很容易。

【今譯】徐國人佔領了舒國。為什麼說取呢？意思表示很容易就佔領了。

㈣六月，雨㊀。其言六月雨何？上雨而不甚也㊁。

【今註】㊀六月雨：六月魯國下雨。㊁上雨而不甚也：上天下雨而不過量。

【今譯】六月下雨。為什麼說六月下雨呢？因為上天下雨而不過量。

㈤秋，齊侯、宋公、江人、黃人會于陽穀㊀。此大會也，曷為末言爾？桓公曰：「無障穀㊁。無貯粟㊂。無易樹子㊃。無以妾為妻㊄。」

【今註】㊀陽穀：在今山東省陽穀縣東北五十里。㊁無障穀：不要斷了河流，使旁的國不能用水。㊂無貯粟：不要存著穀子。㊃無易樹子：不要把應當立的兒子換掉。㊄無以妾為妻：不要把妾變成妻。

【今譯】秋天，齊侯同宋公、江人及黃人在陽穀開會。這是一個大會，為什麼只說會不說盟誓呢？齊桓公說：「不要斷了河流，使旁人不能利用。不要存著穀子。不要把應當立的兒子換掉。不要把妾變成妻。」

㈥冬，公子友如齊莅盟㊀。莅盟者何？往盟乎彼也㊁。其言來盟者何？來盟于我也㊂。

【今註】㊀公子友如齊莅盟：公子友到齊國去盟會。㊁往盟乎彼也：去到他那國盟會。㊂來盟于我也：來到我們國裏盟會。

【今譯】冬天，公子友到齊國去盟會。什麼叫做到齊國盟會呢？是到他那國去盟會。有時候說來盟是什麼呢？是來到我們國裏盟會。

㈦楚人伐鄭㊀。

【今註】㊀楚人伐鄭：楚國人討伐鄭國。

【今譯】楚國人討伐鄭國。

僖公四年（公元前六百五十六年）

㈠春王正月，公會齊侯、宋公、陳侯、衛侯、鄭伯、許男、曹伯侵蔡，蔡潰㊀。潰者何？下叛上也。國曰潰，邑曰叛㊁。遂伐楚，次于陘㊂。其言次于陘何？有俟也㊃。孰俟？俟屈完也㊄。

【今註】㊀蔡潰：蔡國軍隊混亂就失敗了。㊁國曰潰，邑曰叛：一國要整個混亂就叫做潰。一個城邑潰亂了，就叫做反叛。㊂陘：在今河南省郾城縣西南。㊃有俟也：有所等待。㊄俟屈完也：等著楚國大夫屈完。

【今譯】春王正月，魯僖公會合齊侯、宋公、陳侯、鄭伯、許男、曹伯侵略蔡國，蔡國軍隊潰亂了。什麼叫做潰呢？就是下邊軍隊反叛了上邊。全國性的就叫做潰，假設是一城就叫做叛。於是各國軍隊就討伐楚國，駐在陘這地方。說駐在陘這地方，是為了什麼？是為了等待。等待誰呢？等著楚國大夫屈完。

㈡夏，許男新臣卒㊀。

【今註】㊀許男新臣卒：許男新臣死在軍隊裏。

【今譯】夏天，許男名叫新臣的死了。

(三)楚屈完來盟于師，盟于召陵㊀。屈完者何？楚大夫也㊁。何以不稱使？尊屈完也㊂。曷為尊屈完？以當桓公也㊃。其言盟于師盟于召陵何？師在召陵也㊄。師在召陵，則曷為再言盟？喜服楚也㊅。何言乎喜服楚？楚有王者則後服，無王者則先叛㊆。夷狄也，而亟病中國，南夷與北狄交㊇。中國不絕若綫，桓公救中國，而攘夷狄，卒怗荊，以此為王者之事也㊈。其言來何？與桓為主也㊉。前此者有事矣，後此者有事矣，則曷為獨於此焉？與桓公為主序績也⑪。

【今註】㊀召陵：在今河南省郾城縣東四十五里。㊁楚大夫也：是楚國大夫。㊂尊屈完也：尊重屈完的原故。㊃以當桓公也：為的尊重桓公。㊄師在召陵也：軍隊在召陵。㊅喜服楚也：喜歡使楚國服從。㊆楚有王者則後服，無王者則先叛：楚國見中原有王者才服從。沒有王者就頭一個反叛。㊇南夷與北狄交：南夷跟北狄互相連絡。南夷指楚國，北狄指狄國正在滅邢、衛兩國。㊈中國不絕若綫，桓公救中國，而攘夷狄，卒怗荊，以此為王者之事也：怗音ㄓㄢ。中國的危亡跟一條線一樣很容易斷絕，齊桓公救中國，而攘卻夷狄，末了服了荊楚，以為這是王者的事情。㊉與桓為主也：推舉齊桓公做天下霸主。⑪與桓公為主序績也：推舉齊桓公為霸主，這是累積了很多次的功勞。

【今譯】　楚大夫屈完來軍隊盟會。也就是來召陵盟會，屈完是什麼人呢？他是楚國的一位大夫，為什麼不說派他呢？因為這是為的尊重屈完。為什麼尊重屈完呢？等於尊重齊桓公。為什麼說盟於師又說盟於召陵呢？因為軍隊就在召陵。軍隊既然在召陵，為什麼兩次說盟誓呢？因為喜歡使楚國服從。為什麼說喜歡楚國服從呢？楚國見中原有王者才服從，要沒有王者，就頭一個反叛。他們全是夷狄，常常欺略中國。南方的夷和北方的狄，互相聯合，而中國的危亡就跟線一樣容易斷。齊桓公救中國而攘卻夷狄，末了使楚國服從，這等於是王者的事情。為什麼說來呢？推舉齊桓公為霸主。從前有過這樣的事，後來也有這樣的事，為什麼獨在此推舉桓公為霸主，這是說他累積很多次功勞的原故。

㈣齊人執陳袁濤塗㈠。濤塗之罪何？辟軍之道也㈡。其辟軍之道奈何？濤塗謂桓公曰：「君既服南夷矣，何不還師濱海而東，服東夷且歸㈢。」桓公曰：「諾。」於是還師濱海而東，大陷于沛澤之中。顧而執濤塗㈣。執者曷為或稱侯？或稱人？稱侯而執者，伯討也㈤。稱人而執者，非伯討也。此執有罪，何以不得為伯討？古者周公東征則西國怨，西征則東國怨㈥。桓公假塗于陳而伐楚，則陳人不欲其反由己者，師不正故也㈦。不修其師而執濤塗，古人之討，則不然也㈧。

【今註】㈠陳袁濤塗：陳大夫袁濤塗。㈡辟軍之道也：躲避軍隊應該走的道路。㈢君既服南夷矣，何不還師濱海而東，服東夷且歸：你既然已經使楚國服從，你何不在軍隊回去時，順著海向東邊走，使東夷服了就回齊國。㈣於是還師濱海而東，大陷于沛澤之中，顧而執濤塗：於是還師時，順著海往東走，就深深陷入長著草的大湖中，回頭就把袁濤塗逮起來了。㈤伯討也：這是霸主的討伐。㈥古者周公東征則西國怨，西征則東國怨：古時周公往東邊征討時，則西邊的國家怨望，往西邊征討時，則東邊的國家怨望。這句話是根據詩經「周公東征，四國是皇」而來的。㈦師不正故也：軍隊不規矩的原故。㈧古人之討，則不然也：古人的討伐，就不跟這個一樣。

【今譯】齊國人逮了陳大夫袁濤塗。濤塗的罪狀是什麼呢？因為他躲避軍隊應該走的道路。他怎樣躲避軍隊的道路呢？濤塗對齊桓公說：「你既然使南夷的楚國服從了，何不將軍隊回去時，順著海向東邊走，使東夷服從了，才回去。」齊桓公說：「好吧！」就順著海向東邊走，就深深陷入長著草的大湖中，回頭就把袁濤塗逮起來。逮人的時候，為什麼有時稱侯？有時稱人呢？稱侯逮人時，是表示霸主來逮人。稱人逮人時，表示不是霸主來逮人。這是逮有罪的，為什麼不表示是霸主逮人呢？古時周公往東邊征伐，則西邊國家怨望，往西邊征伐時，則東方的國家怨望。齊桓公借道陳國去討伐楚國，則陳國人不願意他回來再經過陳國，因為齊國軍隊不規矩的原故。不整頓自己的軍隊，而把袁濤塗逮起來，古人的討伐就不如此。

(五)秋，及江人、黃人伐陳㊀。

【今註】㊀及江人、黃人伐陳：魯僖公同江人、黃人討伐陳國。

【今譯】秋天，魯僖公同江人、黃人討伐陳國。

(六)八月，公自至伐楚㊀。楚已服矣，何以致伐楚？叛盟也㊁。

【今註】㊀公自至伐楚：魯僖公從伐楚國回來。㊁叛盟也：因為楚國違反了盟誓。

【今譯】八月，魯僖公從伐楚國回來。楚國已經服從了，為什麼還說伐楚？因為他違反了盟誓。

(七)葬許繆公㊀。

【今註】㊀葬許繆公：給許繆公行葬禮。

【今譯】給許繆公行葬禮。

(八)冬十有二月，公孫慈㊀帥師會齊人、宋人、衛人、鄭人、許人、曹人侵陳。

【今註】㊀公孫慈：左傳作公孫茲。是魯大夫。

【今譯】冬天十二月，魯大夫公孫慈帥領著軍隊同齊人、宋人、衛人、鄭人、許人、曹人侵伐陳國。

僖公五年（公元前六百五十五年）

㈠春，晉侯殺其世子申生㊀。曷為直稱晉侯以殺？殺世子母弟，直稱君者，甚之也㊁。

【今註】㊀晉侯殺其世子申生：晉獻公殺了他的太子申生。㊁殺世子母弟，直稱君者，甚之也：殺世子同母弟，直說是君殺的，這是很壞的說法。

【今譯】春天，晉獻公殺了世子申生。為什麼直說晉獻公殺的？因為殺世子同母弟，直說是君殺的，這是表示很壞的意思。

㈡杞伯姬來朝其子㊀。其言來朝其子何？內辭也㊁，與其子俱來朝也㊂。

【今註】㊀杞伯姬來朝其子：杞伯姬來魯國上朝，帶著她的兒子。㊁內辭也：這是一種對內說的話。㊂與其子俱來朝也：跟他兒子一同來魯國朝見。

【今譯】杞伯姬來魯國朝見，帶著她的兒子。為什麼說來朝見帶著她兒子呢？這是對內的一種說法，表示同她兒子一同來朝見。

㈢夏，公孫慈如牟㊀。

【今註】㊀牟：在今山東省萊蕪縣東二十里。

【今譯】夏天，公孫慈到牟這地方去。

㈣公及齊侯、宋公、陳侯、衛侯、鄭伯、許男、曹伯會王世子于首戴㊀。曷為殊會王世子？世子貴也，世子猶世世子也㊁。

【今註】㊀首戴：左傳作首止。在今河南省睢縣東南。㊁世子猶世世子也：世子等於輩輩尊他為世子。

【今譯】魯僖公同齊侯、宋公、陳侯、衛侯、鄭伯、許男、曹伯會見王世子在首戴這地方。為什麼專會王世子呢？世子是很尊貴的人，世子等於輩輩尊他為世子。

㈤秋八月，諸侯盟于首戴。諸侯何以不序？一事而再見者，前目而後凡也㊀。鄭伯逃歸不盟㊁。其言逃歸不盟者何？不可使盟也㊂。不可使盟，則其言逃歸何？魯子㊃曰：「蓋不以寡犯眾也㊄。」

【今註】㈠一事而再見者，前目而後凡也：一事再見的時候，等於前面是序目，而後面是凡例。㈡鄭伯逃歸不盟：鄭伯逃回去不參加盟誓。㈢不可使盟也：不能使他參加盟誓。㈣魯子：公羊先師之一。㈤蓋不以寡犯眾：不能夠以一個人得罪了眾人。

【今譯】秋天八月，諸侯在首戴盟誓。為什麼不說次序呢？因為一件事再見時，前面等於序目，後面等於凡例。鄭伯逃回去不參加盟誓。為什麼說他逃回去不參加盟誓呢？因為不能使他參加盟誓。不能使他參加盟誓，為什麼說他逃回去呢？魯子說：「因為不能夠以一個人得罪了大家的原故。」

㈥楚人滅弦㈠。弦子奔黃㈡。

【今註】㈠弦：在今河南省潢川縣西南。㈡黃：在今河南省潢川縣西十二里。

【今譯】楚國人滅了弦國，弦子逃奔到黃國。

㈦九月戊申朔，日有食之㈠。

【今註】㈠日有食之：魯國有日蝕。

【今譯】九月戊申初一，魯國有日蝕。

㈧冬，晉人執虞公。虞已滅矣，其言執之何？不與滅也㈠。曷為不與滅？滅者亡國之善辭也，滅者上下之同力者也㈡。

【今註】㈠不與滅也：不贊成說他被滅。㈡滅者亡國之善辭，滅者上下之同力者也：滅是亡國好聽的話，滅也是上下一心共死的話。

【今譯】冬天，晉國人逮捕了虞公。虞國已經滅了，為什麼說逮捕呢？不贊成說他被滅了。為什麼不贊成說他被滅了？滅是亡國好聽的話，滅也是上下一心共死的話。

僖公六年（公元前六百五十四年）

㈠春王正月㈠。

【今註】㈠春王正月：這是四季必須寫頭一個月的原故。

【今譯】春王正月。

㈡夏，公會齊侯、宋公、陳侯、衛侯、曹伯伐鄭，圍新城㈠。邑不言圍，此其言圍何？彊也㈡。

【今註】㈠新城：在今河南省密縣東南三十里。㈡彊也：因為很霸彊。

【今譯】夏天，魯僖公會合齊侯、宋公、陳侯、衛侯、曹伯一同討伐鄭國，圍了新城這地方。通常城邑不說包圍，這裏為什麼說包圍？是指齊桓公霸彊而無義。

㈢秋，楚人圍許，諸侯遂救許㊀。

【今註】㊀許：在今河南省許昌縣東三十里。

【今譯】秋天，楚國人圍了許這地方，諸侯就去救許。

㈣冬，公至自伐鄭㊀。

【今註】㊀公至自伐鄭：魯僖公從討伐鄭國回來。

【今譯】冬天，魯僖公從討伐鄭國回來。

僖公七年（公元前六百五十三年）

㈠春，齊人伐鄭㊀。

【今註】㊀齊人伐鄭：齊國人討伐鄭國。

【今譯】春天，齊國人討伐鄭國。

㈡夏，小邾婁子來朝㊀。

【今註】㊀小邾婁子來朝：小邾君名叫婁子來魯國朝見。

【今譯】夏天，小邾婁子到魯國來朝見。

㈢鄭殺其大夫申侯㊀。其稱國以殺何？稱國以殺者，君殺大夫之辭也㊁。

【今註】㊀鄭殺其大夫申侯：鄭國把他們的大夫叫申侯的殺掉。㊁稱國以殺者，君殺大夫之辭也：稱國家來殺他，是表示國君把他的大夫殺了的言辭。

【今譯】鄭國君把他的大夫申侯殺掉。為什麼稱國家來殺他呢？稱國家來殺他，是表示國君殺他大夫的言辭。

㈣秋七月，公會齊侯、宋公、陳世子款、鄭世子華盟于甯毋㊀。

【今註】㊀甯毋：左傳作甯母，在今山東省魚臺縣東二十里。

【今譯】秋天七月，魯僖公會同齊侯、宋公、陳世子款、鄭世子華在甯毋這地方盟誓。

㈤曹伯般卒㈠。

【今註】㈠曹伯般卒：曹昭公名叫般死了。

【今譯】曹昭公死了。

㈥公子友如齊㈠。

【今註】㈠公子友如齊：魯國公子友到齊國去。

【今譯】公子友到齊國去。

㈦冬，葬曹昭公㈠。

【今註】㈠葬曹昭公：給曹昭公行葬禮。

【今譯】冬天，給曹昭公行葬禮。

卷十一　僖公中

僖公八年（公元前六百五十二年）

(一)春王正月，公會王人、齊侯、宋公、衛侯、許男、曹伯、陳世子款、鄭世子華盟于洮㊀。王人者何？微者也㊁。曷為序乎諸侯之上？先王命也㊂。鄭伯乞盟㊃。乞盟者何？處其所而請與也㊄。其處其所而請與奈何？蓋酌之也㊅。

【今註】㊀洮：在今山東省濮縣西南五十里。㊁微者也：不是高位子的人。㊂先王命也：因為把王擱到前面。㊃鄭伯乞盟：鄭伯要求加入會盟。按左氏穀梁無鄭世子華故下鄭伯乞盟，此蓋因注言甯毋之盟陳鄭遣世子而誤衍。㊄處其所而請與也：在鄭國都城要求參加會盟。㊅蓋酌之也：大概由諸侯們商酌怎麼辦。據何休說鄭伯欲與楚，不肯自來盟，處其國遣使挹取其血。

【今譯】　春王正月，魯僖公會同王人、齊侯、宋公、衛侯、許男、曹伯、陳世子款、鄭世子華在洮這地方盟會。什能叫王人呢？指周國官位不高的人。為什麼把他序列在諸侯的上面？因為把王擱在先。鄭伯要求加入會盟。什麼叫做要求加入會盟？住在國都裏，而要求參加會盟。住在國都裏而要求參加會盟怎麼樣呢？這大概是讓諸侯們討論商量決定吧。

㈡夏，狄伐晉。

【今譯】 夏天，北狄討伐晉國。

㈢秋七月，禘于太廟，用致夫人㊀。用者何？用者不宜用也。致者何？致者不宜致也。禘用致夫人，非禮也㊁。夫人何以不稱姜氏？貶㊂。曷為貶？譏以妾為妻也㊃。其言以妾為妻奈何？蓋脅于齊媵女之先至者也㊄。

【今註】 ㊀禘於太廟，用致夫人：在魯國太廟中行禘禮，為的是把夫人送到太廟裏。㊁禘用致夫人，非禮也：在太廟也禘禮，而為的致夫人於太廟，這是不合禮的。㊂貶：為的貶低。㊃譏以妾為妻：譏諷他把妾改為妻。㊄蓋脅于齊媵女之先至者也：蓋僖公被齊國所威脅，她本來是媵女，卻先來了。

【今譯】 秋天七月，在太廟行禘禮，為的是使夫人能夠進入太廟。為什麼說用呢？因為說用就是不應當用。什麼叫做致呢？說致也就是不宜致。禘祭要使夫人進廟，這是不合禮的。夫人為什麼不稱姜氏呢？是為的貶低。為什麼貶低呢？這是譏諷她以妾為妻。為什麼說她以妾為妻呢？因為僖公被齊國所威脅，她本來是媵女，卻先來了。

(四)冬十有二月丁未，天王崩㈠。

【今註】㈠天王崩：周惠王死了。

【今譯】冬天十二月丁未這天，周惠王死了。

僖公九年（公元前六百五十一年）

(一)春王三月丁丑，宋公禦說卒㈠。何以不書葬？為襄公諱也㈡。夏，公會宰周公、齊侯、宋子、衛侯、鄭伯、許男、曹伯于葵丘㈢。宰周公者何？天子之為政者㈣。

【今註】㈠宋公禦說卒：宋公名叫禦說死了。㈡為襄公諱也：為正在葵丘開會的兒子襄公隱諱。㈢葵丘：在今河南省考城縣東三十里有盟臺。㈣天子之為政者也：天子掌政權的卿士。

【今譯】春王三月丁丑這天，宋公禦說死了。為什麼不寫葬禮呢？為正在葵丘開會的兒子襄公隱諱。夏天，魯僖公同周天子宰周公、齊侯、宋子、衛侯、鄭伯、許男、曹伯在葵丘這地方開會。宰周公是什麼人呢？是周天子掌政權的卿士。

(二)秋七月乙酉，伯姬卒㈠。此未適人何以卒？許嫁矣㈡。婦人許嫁字而笄之，死則以成人之喪治之㈢。

【今註】㈠伯姬卒：魯國的伯姬死了。㈡許嫁矣：已經跟旁人訂過婚了。㈢婦人許嫁字而笄之，死則以成人之喪治之：婦人訂了婚以後，不用名而改用號，並且給她戴上簪子。死了就跟成人一樣行喪禮。

【今譯】秋天七月乙酉這天，魯國的伯姬死了。她沒嫁人，為什麼春秋上寫她死呢？她已經訂婚了。女子訂了婚以後，就不稱名而稱她號，並且給她帶上簪子。若死了以後，就跟成人一樣行喪禮。

(三)九月戊辰，諸侯盟于葵丘。桓之盟不日，此何以日？危之也㈠。何危爾？貫澤之會，桓公有憂中國之心，不召而至者江人、黃人也㈡，葵丘之會，桓公震而矜之，叛者九國㈢。震之者何？猶曰振振然㈣。矜之者何？猶曰莫若我也㈤。

【今註】㈠危之也：以為齊桓公有危險。㈡桓公有憂中國之心，不召而至者江人、黃人也：齊桓公有憂慮中國的心思，沒有叫而自己來的，就有遠處的江人同黃人。㈢桓公震而矜之，叛者九國：齊桓公自以為不得了，沒有再比我好的，結果反叛的有九國那麼多。㈣猶曰振振然：等於說自己不得了。㊄猶曰莫若我：等於說沒有比我好的。

【今譯】九月戊辰這天，諸侯在葵丘盟會。齊桓公每回盟會，春秋上不寫日子，這次為什麼寫日子呢？以為齊桓公的地位很危險了。有什麼危險呢？貫澤的會盟，齊桓公有憂慮中國的心思，不叫而自己來的有遠處的江人同黃人。葵丘這次會盟，齊桓公自以為不得了，沒有再比我好的，於是反叛不服的，有九國那麼多。什麼叫做震呢？等於說自己不得了。什麼叫做矜之呢？等於說沒有再比我好的了。

㈣甲戌，晉侯詭諸卒㈠。

【今註】㈠晉侯詭諸卒：晉獻公名叫詭諸死了。

【今譯】甲戌這天，晉獻公死了。

㈤冬，晉里克弒其君之子奚齊㈠。此未踰年之君，其言弒其君之子奚齊何？殺未踰年君之號也㈡。

【今註】㈠晉里克弒其君之子奚齊：晉大夫里克殺了他的君的兒子奚齊。㈡殺未踰年君之號也：這是殺未滿一年的君的說法。

【今譯】冬天，晉國大夫里克殺了他的君的兒子名叫奚齊的。這是立了沒滿一年的君，為什麼說殺了他的君的兒子奚齊呢？這是殺未滿一年的君的說法。

僖公十年（公元前六百五十年）

㈠春王正月，公如齊㊀。

【今註】㊀公如齊：魯僖公到齊國去。

【今譯】春王正月，魯僖公到齊國去。

㈡狄滅溫㊀。

【今註】㊀溫：在今河南省溫縣西南三十里。

【今譯】狄人滅了溫國。

㈢溫子奔衛㊀。

【今註】㊀溫子奔衛：溫國的君逃到衛國。

【今譯】溫子逃奔到衛國。

㈣晉里克弒其君卓子及其大夫荀息㊀。及者何？累也㊁。弒君多矣，舍此無累者乎？曰：「有孔父仇牧皆累也㊂。」舍孔父仇牧無累者乎？曰：「有。」有則此何以書？賢也㊃。何賢乎荀息？荀息可謂不食其言矣㊄。其不食其言奈何？奚齊卓子者，驪姬之子也，荀息傅焉㊅。驪姬者，國色也㊆。獻公愛之甚，欲立其子，於是殺世子申生。申生者，里克傅之㊇。獻公病將死，謂荀息曰：「士何如則可謂之信矣㊈？」荀息對曰：「使死者反生，生者不愧乎其言，則可謂信矣。」獻公死，奚齊立。里克謂荀息曰：「君殺正而立不正，廢長而立幼，如之何？願與子慮之㊉。」荀息曰：「君嘗訊臣矣⑪，臣對曰：『使死者反生，生者不愧乎其言，則可謂信矣。』」里克知其不可與謀，退弒奚齊⑫。荀息立卓子，里克弒卓子，荀息死之。荀息可謂不食其言矣⑬。

【今註】㊀晉里克弒其君卓子及其大夫荀息：晉國大夫里克把他的君卓子同他大夫荀息殺掉。㊁累也：連累。㊂孔父仇牧皆累也：宋國的孔父、仇牧皆是連累的。㊃賢也：很賢能。㊄荀息可謂不食其言矣：荀息可說是不違背他所說的話。㊅奚齊卓子者，驪姬之子也，荀息傅焉：奚齊、卓子全是驪姬的兒子，荀息做他們的師傅。㊆國色也：她的美麗是一國最特殊的。㊇中生者，里克傅之：

中生的師父是里克。㊈士何如則可謂之信矣：一個士人怎麼樣就可以說他是信實。㊉願與子慮之：願跟你再商量。㈡君嘗訊臣矣：君曾問我。㈢里克知其不可與謀，退弒奚齊：里克知道他沒法商量，回去就把奚齊殺了。㈢荀息立卓子，里克弒卓子，荀息死之，荀息可謂不食其言矣：荀息立了卓子，里克就弒了卓子，荀息就自殺了，荀息可說是不違背他所說的話。

【今譯】 晉國大夫里克殺他的君卓子，並連他的大夫荀息。什麼叫做及呢？這是連累。弒君的很多，除此以外就沒有連累嗎？回答說：「有，宋國的孔父同仇牧皆是連累的。」舍了孔父同仇牧就沒有連累的嗎？回答說：「有。」那麼這種為什麼寫在春秋上？因為荀息很賢能。為什麼說荀息賢能呢？荀息可說是不違背他所說的話。他怎麼樣不違背他的話？奚齊同卓子，皆是驪姬的兒子，荀息做他們的老師。驪姬是晉國最美麗的女子。晉獻公很喜歡她，很想立她的兒子。因此就殺了晉世子申生。申生的老師是里克。獻公病了很厲害將死，對荀息說：「士人怎麼樣就可說是信實。」荀息回答說：「使死的又活了，活著的人對他所說的話沒有羞愧，就可以說是信實。」獻公死了，奚齊就立了。里克就對荀息說：「君殺了應該立的，而立了不應該立的。廢了年長的而立了年幼的，這怎麼辦呢？願意跟你再商量一下。」荀息說：「君曾問過我。我回答說：『使死者再活了，活的人對他所說的話沒有羞愧，就可以說是信實。』」里克知道同他沒法商量，退下去就殺了奚齊。荀息就立了卓子，里克又殺了卓子，荀息就自殺死了。荀息可以說是不違背他所說的話了。

㈤夏，齊侯、許男伐北戎㈠。

【今註】㈠齊侯，許男伐北戎：齊桓公同許男討伐北戎。

【今譯】夏，齊桓公同許男討伐北戎。

㈥晉殺其大夫里克。里克弒二君，則曷為不以討賊之辭言之？惠公之大夫也㈠。然則孰立惠公？里克也。里克弒奚齊、卓子，逆惠公而入㈡。里克立惠公，則惠公曷為殺之？惠公曰：「爾既殺夫二孺子矣，又將圖寡人，為爾君者，不亦病乎㈢？」於是殺之。然則曷為不言惠公之入？晉之不言出入者踊為文公諱也㈣。齊小白入于齊，則曷為不為桓公諱？桓公之享國也長，美見乎天下，故不為之諱本惡也㈤。文公之享國也短，美未見乎天下，故為之諱本惡也㈥。

【今註】㈠惠公之大夫也：他是晉惠公的大夫。㈡里克弒奚齊、卓子，逆惠公而入：里克殺了奚齊同卓子，迎接惠公進晉都城。㈢爾既殺夫二孺子矣，又將圖寡人，為爾君者，不亦病乎：你既然殺了那兩個小孩子（指奚齊同卓子而言），又將算及我，做你的君，不是很困難嗎？㈣踊為文公諱也：

踊是預先，齊國人所說的話如此。預先為晉文公避諱。㈤桓公之享國也長，美見乎天下，故不為之諱本惡也：齊桓公在位很久，他的德性為天下所共知，所以不給他避諱他本來的惡事。㈥文公之享國也短，美未見乎天下，故為之諱本惡也：晉文公在位的時間短，他的德性不為天下所共知，所以為他避諱本來的惡事。

【今譯】晉國殺了他大夫里克。里克殺了晉國兩個君，為什麼不用討賊的話來說呢？因為他是惠公的大夫。那麼誰立了惠公呢？就是里克。里克殺了奚齊同卓子，迎接惠公到晉都城。那麼里克既然立了惠公，惠公為什麼把他殺掉呢？惠公說：「你既然殺了那二個小孩，又將圖謀我，做你的君，豈不甚為困難嗎？」就把他殺了。為什麼不說惠公進入都城呢？晉國不說出奔，或者回來，這是預先為晉文公避諱。齊桓公回到齊國都城，為什麼不為齊桓公避諱呢？齊桓公在位的時間很長，天下人都知道他的德性，所以不為他避諱他的惡事。晉文公在位的時間很短，他的德性不為天下人所共知，所以給他避諱他的惡事。

㈦秋七月㈠。

【今註】㈠秋七月：這也是四季頭一個月必記。以後這類不再註了。

【今譯】秋天七月。

(八)冬，大雨雹㈠。何以書？記異也㈡。

【今註】㈠大雨雹：大下雹子。㈡記異也：這是記載災異。

【今譯】冬天，大下雹子。為什麼寫在春秋上？這是為的記載災異。

僖公十有一年（公元前六百四十九年）

(一)春，晉殺其大夫丕鄭父㈠。

【今註】㈠丕鄭父：左傳作丕鄭，無父字。

【今譯】十一年春天，晉惠公殺了他的大夫丕鄭父。

(二)夏，公及夫人姜氏會齊侯于陽穀㈠。

【今註】㈠公及夫人姜氏會齊侯于陽穀：魯僖公同他的夫人姜氏到陽穀去會見齊桓公。陽穀是齊地，在今山東省陽穀縣東北五十里。

【今譯】夏天，魯僖公同他的夫人姜氏往齊國陽穀這地方與齊桓公會見。

(三)秋八月大雩㈠。

【今註】㊀大雩：求雨的典禮。

【今譯】秋八月魯國舉行求雨的典禮。

㈣冬，楚人伐黃㊀。

【今註】㊀黃：嬴姓國，在今河南省潢川縣西十二里。

【今譯】冬天，楚國討伐黃國。

僖公十有二年（公元前六百四十八年）

㈠春王三月庚午，日有食之㊀。

【今註】㊀日有食之：魯國有日蝕。

【今譯】十二年三月庚午這天，魯國有日蝕。

㈡夏，楚人滅黃㊀。

【今註】㊀楚人滅黃：楚國把黃國滅了。

【今譯】夏天，楚國滅了河南的黃國。

㈢秋七月㊀。

【今註】㊀秋七月：這亦是四季的首月必寫上的例子。

【今譯】秋天七月。

㈣冬十有二月丁丑，陳侯處臼卒㊀。

【今註】㊀陳侯處臼卒：這就是陳宣公，左氏作「杵臼」，左氏是孔壁古文相傳，當較公羊氏的師弟口傳為近真，左氏較得之。

【今譯】十二月丁丑那天，陳侯處臼死了。

僖公十有三年（公元前六百四十七年）

㈠春，狄侵衛㊀。

【今註】㊀狄侵衛：狄國侵略衛國。

【今譯】春天，狄國侵略衛國。

㈡夏四月，葬陳宣公㊀。

【今註】㈠葬陳宣公：給陳宣公行葬禮。

【今譯】夏天四月，給陳宣公行葬禮。

㈢公會齊侯、宋公、陳侯、衛侯、鄭伯、許男、曹伯于鹹㈠。

【今註】㈠鹹：在今河北省濮陽縣東南六十里。

【今譯】魯僖公同齊侯、宋公、陳侯、衛侯、鄭伯、許男、曹伯在鹹這地方開會。

㈣秋九月，大雩㈠。

【今註】㈠大雩：行求雨的典禮。

【今譯】秋天九月，魯國行求雨的典禮。

㈤冬，公子友如齊㈠。

【今註】㈠公子友如齊：魯莊公的弟弟公子友到齊國去。

【今譯】冬天，魯國公子友到齊國去。

僖公十有四年（公元前六百四十六年）

(一)春，諸侯城緣陵㈠。孰城之？城杞也㈡。曷為城杞？滅也㈢。孰滅之？蓋徐、莒脅之㈣。曷為不言徐莒脅之？為桓公諱也㈤。曷為為桓公諱？上無天子，下無方伯，天下諸侯有相滅亡者，桓公不能救，則桓公恥之也㈥。然則孰城之？桓公城之㈦。曷為不言桓公城之？不與諸侯專封也㈧。曷為不與？實與而文不與㈨。文曷為不與？諸侯之義不得專封也㈩。諸侯之義不得專封，則其曰實與之何？上無天子，下無方伯，天下諸侯有相滅亡者，力能救之，則救之可也。

【今註】㈠緣陵：在今山東省昌樂縣東南七十里。㈡城杞也：這是給杞國修的城。㈢滅也：被人滅了。㈣蓋徐莒脅之：是因為徐國同莒國威脅他。㈤為桓公諱也：這是為齊桓公避諱。㈥上無天子，下無方伯，天下諸侯有相滅亡者，桓公不能救，則桓公恥之也：上邊沒有賢明的天子，下邊沒有強有力的方伯，諸侯有互相滅亡的，齊桓公不能救他，那麼齊桓公認為羞恥。㈦桓公城之：齊桓公給他修城。㈧不與諸侯專封也：不贊許諸侯專封疆。㈨實與而文不與：實在是贊成而文字上不贊成。㈩諸侯之義不得專封也：諸侯的義理不能專封旁的國。

【今譯】春天，諸侯們修了緣陵的城。為誰修的呢？這是為杞國修城。為什麼為杞國修城呢？因為他被滅了。誰滅他呢？因為是徐國同莒國威脅他。為什麼不說徐國同莒國威脅他呢？這是為齊桓公避諱。為什麼為齊桓公避諱呢？因為上邊沒有賢明的天子，下邊沒有有力的方伯，天下諸侯有互相滅亡的，齊桓公不能救他，齊桓公就以為羞恥。那麼誰修的城呢？實在是齊桓公修的。為什麼不說齊桓公修的？不贊成諸侯專封另一國。為什麼不贊成呢？實在是贊成而文字裏不能說贊成。文字裏為什麼不贊成呢？諸侯的義理不能專封，諸侯的義理既然不得專封，為什麼又說實在是贊成呢？上邊沒有賢明的天子，下邊沒有強力的方伯，天子諸侯有互相滅亡的，力量能夠救的，就去救他也可以。

㈡夏六月，季姬及鄫子遇于防㊀，使鄫㊁子來朝。鄫子曷為使乎季姬來朝？內辭也㊂。非使來朝，使來請己也㊃。

【今註】㊀防：在今山東省曲阜縣東二十里。㊁鄫：在今山東省嶧縣東八十里，即鄫城。㊂內辭也：魯國對內的文辭。㊃使來請己也：使鄫子來魯國請求娶季姬為他的夫人。

【今譯】夏天六月，魯國的季姬同鄫國君在魯國防這地方相遇見，勸鄫君來魯國朝見。鄫君為什麼聽季姬的話來朝見？這是魯國對內的文辭。不是來朝見，是來請求娶季姬為他的夫人。

㈢秋八月辛卯，沙鹿㊀崩。沙鹿者何？河上之邑也㊁。此邑也，其言崩何？襲邑也㊂。沙鹿崩何以書？記異也。外異不書，此何以書？為天下記異也㈣。

【今註】㈠沙鹿：在今河北省大名縣東四十五里。㈡河上之邑也：黃河邊上的一個城邑。㈢襲邑也：陷入地中去了。㈣為天下記異也：這是為天下記載災異的事。

【今譯】秋八月辛卯這天，沙鹿陷下去了。什麼是沙鹿呢？它是黃河邊上的一個城邑。這是一個城邑為什麼說是崩呢？因為陷入地中去了。沙鹿崩為什麼寫在春秋上？這是記載災異。國外的災異不寫，這裏為什麼寫？這是為天下記載災異的原故。

㈣狄侵鄭。

【今譯】狄人侵略鄭國。

㈤冬，蔡侯肹卒㈠。

【今註】㈠蔡侯肹卒：蔡侯名叫肹（音ㄑㄧˋ）的死了。

【今譯】冬天，蔡侯肹死了。

僖公十有五年（公元前六百四十五年）

㈠春王正月，公如齊㊀。

【今註】㊀公如齊：魯僖公到齊國去。

【今譯】春王正月，魯僖公到齊國去。

㈡楚人伐徐㊀。

【今註】㊀楚人伐徐：楚國人討伐徐國。

【今譯】楚國人討伐徐國。

㈢三月，公會齊侯、宋公、陳侯、衛侯、鄭伯、許男、曹伯盟于牡丘㊀，遂次于匡㊁。

【今註】㊀牡丘：在今山東省茌平縣東北十里。㊁匡：在今山東省魚臺縣南十五里。

【今譯】三月，魯僖公同齊侯、宋公、陳侯、衛侯、鄭伯、許男、曹伯在牡丘這地方會盟，軍隊駐在匡這地方。

㈣公孫敖帥師及諸侯之大夫救徐㊀。

【今註】㈠徐：在今安徽省泗縣北八十里。

【今譯】魯大夫公孫敖帥領軍隊同諸侯的大夫去救徐國。

㈤夏五月，日有食之㈠。

【今註】㈠日有食之：何休說：是後秦獲晉侯，齊桓公卒，楚執宋公，霸道衰中國微弱之應。

【今譯】夏天五月，魯國有日蝕。

㈥秋七月，齊師、曹師伐厲㈠。

【今註】㈠厲：在今湖北省隨縣北四十里，在厲山下。

【今譯】秋天七月，齊國軍隊同曹國軍隊討伐厲國。

㈦八月螺㈠。

【今註】㈠螺：蝗蟲。

【今譯】八月魯國有蝗蟲的災害。

㈧九月，公至自會。桓公之會不致，此何以致？久也㈠。

【今註】㈠久也：時間很長久。

【今譯】九月，魯僖公從開會回來。齊桓公屢次開會全不特別表明，這為什麼特別表明呢？因為從三月開會到現在，已經很長久了。

㈨季姬歸于鄫㈠。

【今註】㈠季姬歸于鄫：季姬嫁到鄫國。

【今譯】季姬嫁到鄫國。

㈩己卯晦，震夷伯之廟㈠。晦者何？冥也㈡。震之者何？雷電擊夷伯之廟者也㈢。夷伯者曷為者也？季氏之孚也㈣。季氏之孚則微者，其稱夷伯何？大之也㈤。曷為大之？天戒之，故大之也㈥。何以書？記異也㈦。

【今註】㈠震夷伯之廟：雷劈了夷伯祖先的廟。㈡冥也：天暗不見陽光。㈢雷電擊夷伯之廟者也：雷同電擊壞了夷伯的祖廟。㈣季氏之孚也：是季孫氏信用的人。㈤大之也：尊大他。㈥天戒之，故大之也：天為的告戒季孫氏，所以尊大他。㈦記異也：這是記載災異。

【今譯】九月己卯三十這天，雷劈了夷伯的祖廟。什麼叫做晦呢？就是天很暗看不到太陽。什麼叫做震呢？就是雷同電把夷伯的祖廟擊壞了。夷伯是什麼人呢？是季孫氏信用的人。季孫信用的人，必是職位不高的人，為什麼稱他夷伯呢？是尊大他。為什麼尊大他呢？上天特為告戒季孫氏，所以尊大他。為什麼寫在春秋上呢？這是為的記載災異。

㈩冬，宋人伐曹㊀。

【今註】㊀曹：在今山東省定陶縣西北四里。

【今譯】冬天，宋國人討伐曹國。

㈩㈠楚人敗徐于婁林㊀。

【今註】㊀婁林：在今安徽省亳縣東南七十里。

【今譯】楚人在婁林這地方打敗徐國。

㈩㈡十有一月壬戌，晉侯及秦伯戰于韓㊀，獲晉侯。此偏戰也，何以不言師敗績？君獲不言師敗績也㊁。

【今註】㊀韓：在今陝西省韓城縣南十八里。㊁君獲不言師敗績也：因為晉君被逮獲，所以不說軍隊完全崩潰。

【今譯】十一月壬戌這天，晉侯同秦伯在韓這地方打仗，晉侯被逮起來。這是兩國間的打仗，為什麼不說晉國軍隊崩潰了？晉君被逮著了，所以不說晉國軍隊崩潰了。

僖公十有六年（公元前六百四十四年）

㈠春王正月戊申朔，霣石于宋五㊀。是月，六鷁退飛過宋都㊁。曷為先言霣而後言石？霣石記聞，聞其磌然，視之則石，察之則五㊂。是月者何？僅逮是月也㊃。何以不日？晦日也㊄。晦則何以不言晦？春秋不書晦也㊅。朔有事則書，晦雖有事不書㊆。曷為先言六而後言鷁？六鷁退飛記見也，視之則六，察之則鷁，徐而察之則退飛㊇。五石六鷁何以書？記異也㊈。外異不書，此何以書？為王者之後記異也㊉。

【今註】㊀霣石于宋五：掉了石頭五塊在宋國都城。㊁六鷁退飛過宋都：六隻水鳥退著飛，過了宋國都城。㊂霣石記聞，聞其磌然，視之則石，察之則五：掉了石頭是記載聽見的，聽見掉下的聲音，去看是石頭，細數是五個。㊃僅逮是月也：僅僅在這個月裏發生的事。㊄晦日也：月底。㊅春秋不書晦也：春秋不寫晦日。㊆朔有事則書，晦雖有事不書：初一有事就寫，晦日有事也不寫。㊇六鷁退飛，記見也，視之則六，察之則鷁，徐而察之則退飛：六隻水鳥退著飛，是看見的。先看見六隻，細看就是水鳥，再慢慢的細看，就是退著飛。㊈記異也：記載怪異。㊉為王者之後記異也：因為宋是商的後人，所以為他記載怪異。

【今譯】　春王正月戊申初一這天，宋國都城掉下五塊石頭。在這個月裏，六隻水鳥退著飛過宋國都城。為什麼先說掉下，而後說石頭呢？掉下石頭，是記載所聽見的事，先聽見聲音響亮，去看是石頭，細數它是五塊。為什麼說這個月呢？這是僅僅一個月中的事。為什麼不說日子呢？因為這是月底。晦日為什麼不說晦呢？因為春秋的體例不寫晦日。初一有事必定寫上，要是晦日有事情也不寫在春秋上。為什麼先說六，而後說水鳥呢？六隻水鳥退著飛，這是記載看見的事。先看見是六隻，細看就是水鳥，再細看就是退著飛。五塊石頭，六隻水鳥為什麼寫在春秋上？這是記載怪異。外國的怪異不寫在春秋上，這次為什麼寫呢？因為宋國是商的後人，所以為他記載怪異。

㈡三月壬申，公子季友卒㊀。其稱季友何？賢也。

【今註】　㊀公子季友卒：公子季友是魯莊公的弟弟死了。

【今譯】　三月壬申這天，公子季友死了。為什麼稱他季友呢？因為他很賢能。

㈢夏四月丙申，鄫季姬卒㊀。

【今註】㊀鄫季姬卒：魯國嫁給鄫國的季姬死了。

【今譯】夏天四月丙申，鄫國的季姬死了。

(四)秋七月甲子，公孫慈卒㊀。

【今註】㊀公孫慈卒：公子牙的兒子死了。

【今譯】秋七月甲子這天，公孫慈死了。

(五)冬十有二月，公會齊侯、宋公、陳侯、衛侯、鄭伯、許男、邢侯、曹伯于淮㊀。

【今註】㊀淮：在今安徽省盱眙縣。

【今譯】冬天十二月，魯僖公同齊侯、宋公、陳侯、衛侯、鄭伯、許男、邢侯、曹伯在淮這地方相會。

僖公十有七年（公元前六百四十三年）

(一)春，齊人、徐人伐英氏㊀。

【今註】㊀英氏：在今安徽省六安縣西近英山縣。

【今譯】春天，齊國人同徐國人討伐英氏國。

(二)夏，滅項㈠。孰滅之？齊滅之㈡。曷為不言齊滅之？為桓公諱也。春秋為賢者諱㈢。此滅人之國何賢爾？君子之惡惡也疾始㈣，善善也樂終㈤。桓公嘗有繼絕存亡之功㈥，故君子為之諱也。

【今註】㈠項：古國，在今河南省項城縣東北六十里。㈡齊滅之：為齊國所滅。㈢春秋為賢者諱也：春秋這部書是為賢能的人而避諱。㈣君子之惡惡也疾始：君子凡對於壞事，痛恨第一個做壞事的人。㈤善善也樂終：對於好事，喜歡一直做到底。㈥桓公嘗有繼絕存亡之功：齊桓公對於魯國有立僖公的功勞。對於邢國、衛國滅亡而有保存的功勞。

【今譯】夏天，滅了項。誰滅了？是齊國滅了他。為什麼不說齊國把他滅了？這是為齊桓公避諱。春秋這部書是為賢者避諱。這是滅人的國家，有什麼賢呢？君子的恨壞事，痛恨第一個做壞事的人，對好事，喜歡一直做到底。齊桓公對魯國有立僖公繼絕的功勞。對邢國、衛國有亡而復存的功勞。所以君子為他避諱。

(三)秋，夫人姜氏會齊于卞㈠。

【今註】㈠卞：在今山東省泗水縣東五十里。

【今譯】秋天，夫人姜氏在卞這地方跟齊桓公會見。

㈣九月，公至自會。

【今譯】九月，魯僖公從開會回來。

㈤十有二月，乙亥，齊侯小白卒㈠。

【今註】㈠齊侯小白卒：齊桓公死了。

【今譯】十二月乙亥這天，齊桓公死了。

僖公十有八年（公元前六百四十二年）

㈠春王正月，宋公會曹伯、衛人、邾婁人伐齊。

【今譯】春王正月，宋公會同曹伯、衛人及邾婁人討伐齊國。

㈡夏，師救齊。

【今譯】夏天，魯國軍隊去救齊國。

(三)五月戊寅，宋師及齊師戰于甗㊀，齊師敗績。戰不言伐，此其言伐何？宋公與伐而不與戰㊁，故言伐。春秋伐者為客，伐者為主㊂。曷為不使齊主之？與襄公之征齊也㊃。曷為與襄公之征齊？桓公死，豎刁、易牙爭權不葬，為是故伐之也㊄。

【今註】㊀甗：在今山東省歷城縣。㊁宋公與伐而不與戰：宋襄公自己參加討伐而不參加作戰。㊂春秋伐者為客，伐者為主：春秋書中，伐人的是客，被伐的是主。㊃與襄公之征齊也：贊成宋襄公征伐齊國。㊄桓公死，豎刁、易牙爭權不葬，為是故伐之也：齊桓公死了以後，豎刁同易牙爭政權，齊桓公不得下葬，因為這原故宋襄公討伐他。（豎彫阮科本誤作豎刁經據唐詩經改成。）

【今譯】五月戊寅這天，宋國軍隊同齊國軍隊在甗這地方作戰，齊國軍隊崩潰了。每次作戰不說伐，這為什麼說伐呢？宋襄公參加了伐而不參加作戰，所以說伐。春秋書中伐人的是客，被伐的是主。為什麼不使齊國做主呢？因為贊成宋襄公的征伐齊國。為什麼贊成宋襄公征伐齊國呢？因為桓公死了以後，豎刁同易牙兩個人爭政權，使齊桓公不得下葬，因為這原故，宋襄公討伐齊國。

(四)狄救齊。

【今譯】狄人救齊國。

(五)秋八月丁亥，葬齊桓公。

【今譯】秋八月丁亥這天，給齊桓公行葬禮。

(六)冬，邢人、狄人伐衛。

【今譯】冬天，邢國人同狄人討伐衛國。

僖公十有九年（公元前六百四十一年）

(一)春王三月，宋人執滕子嬰齊㊀。

【今註】㊀宋人執滕子嬰齊：宋國人把滕子嬰齊逮著了。

【今譯】春王三月，宋國人把滕子嬰齊逮著了。

(二)夏六月，宋人、曹人、邾婁人盟于曹南㊀。鄫子會于邾婁㊁。其言會盟何？後會也㊂。己酉，邾婁人執鄫子用之㊃。惡乎用之？用之社也㊄。其用之社奈何？蓋叩其鼻以血社也㊅。

【今註】㊀曹南：在今山東省定陶縣南。㊁邾婁：在今山東省鄒縣。㊂後會也：來得很晚。㊃邾婁人執鄫子用之：邾婁人把鄫子逮起來，用他來祭祀。㊄用之社也：用他來祭祀社神。㊅蓋叩其鼻以血社也：敲他的鼻子，把鼻血染到社神牌位上。

【今譯】夏天六月，宋人同曹人、邾婁人在曹南這地方會盟。鄫子到邾婁去開會。為什麼說會盟呢？因為他到得很晚。己酉這天，邾婁人把鄫子逮起來，用他來祭祀。怎麼樣用他呢？用他來祭社神。怎麼樣用他來祭社神呢？把他的鼻子碰出血來，用鼻血染到社神牌位上。

㈢秋，宋人圍曹。

【今譯】秋天，宋國人圍了曹國。

㈣衛人伐邢㊀。

【今註】㊀邢：在今河北省邢臺縣西南。

【今譯】衛國人討伐邢國。

㈤冬，公會陳人、蔡人、楚人、鄭人盟于齊。

【今譯】冬天，魯僖公同陳國人、蔡國人、楚國人、鄭國人在齊國會盟。

㈥梁㈠亡。此未有伐者，其言梁亡何？自亡也㈡。其自亡奈何？魚爛而亡也㈢。

【今註】㈠梁：在今陝西省韓城縣南二十二里。㈡自亡也：自己滅亡了。㈢魚爛而亡也：跟魚爛一樣從裏面潰爛而自己亡了。何休說：「梁君隆刑峻法，一家犯罪四家坐之，一國之中無不被刑者，百姓一旦相率俱去，狀若魚爛，魚爛從內發，故云爾。」

【今譯】梁國滅亡了。這沒有人討伐他，為什麼說亡了？他自己滅亡的。他怎麼樣自己亡呢？跟魚一樣從裏面潰爛而自己滅亡了。

僖公二十年（公元前六百四十年）

㈠春，新作南門㈠。何以書？譏。何譏爾？門有古常也㈡。

【今註】㈠新作南門：新作魯國都城的南門。㈡門有古常也：門有古代常有的制度。

【今譯】春天，新作都城的南門。為什麼寫在春秋上？這是譏諷。為什麼譏諷？因為門有古代常有的制度。

㈡夏，郜子來朝㈠。郜子者何？失地之君也㈡。何以不名？兄弟辭也㊂。

【今註】㈠郜子來朝：郜子來魯國朝見。㈡失地之君也：他是丟掉土地的君。㈢兄弟辭也：兄弟的國所以用這種文辭。

【今譯】夏天，郜子來魯國朝見。誰是郜子呢？他是丟掉土地的君。為什麼不稱名字？因為他的始封的君同周公全是文王的兒子，所以用這種文辭。

㈢五月乙巳，西宮災㈠。西宮者何？小寢也㈡。小寢則曷為謂之西宮？有西宮則有東宮矣㈢。魯子㈣曰：「以有西宮，亦知諸侯之有三宮也㈤。」西宮災何以書？記異也㈥。

【今註】㈠西宮災：西宮發生火災。㈡小寢也：是一種小寢不是正寢。㈢有西宮則有東宮矣：有了西宮就必定有東宮。㈣魯子：公羊先師之一。㈤以有西宮，亦知諸侯之有三宮也：因為有西宮，所以知道諸侯必定有三宮。㈥記異也：記載災異。

【今譯】五月乙巳這天，西宮發生火災。什麼是西宮？是小寢。是小寢為什麼叫西宮？有了西宮就有東宮。公羊先師魯子說：「因為有西宮，所以知道諸侯必定有三宮。」西宮發生了火災，為什麼寫在春秋上？為的記載災異。

㈣鄭人入滑㈠。

【今註】㈠滑：姬姓國，在今河南偃師縣南二十里。

【今譯】鄭國人侵入滑國。

㈤秋，齊人、狄人盟于邢。

【今譯】秋天，齊國人同狄人在邢國會盟。

㈥冬，楚人伐隨㈠。

【今註】㈠隨：在今湖北省隨縣縣治。

【今譯】冬天，楚國人討伐隨國。因為他背叛楚國。

僖公二十有一年（公元前六百三十九年）

㈠春，狄侵衛。

【今譯】春天，北狄侵犯衛國。

㈡宋人、齊人、楚人盟于鹿上㊀。

【今註】㊀鹿上：宋地。在今安徽省太和縣西。

【今譯】宋國人同齊國人、楚國人在鹿上這地方會盟。

㈢夏，大旱㊀。何以書？記災也㊁。

【今註】㊀大旱：魯國大旱災。㊁記災也：記載災異。何休說：「新作南門之所生。」

【今譯】夏天，魯國大旱災。為什麼寫在春秋上？這是記載災異。

㈣秋，宋公、楚子、陳侯、蔡侯、鄭伯、許男、曹伯會于霍㊀，執宋公以伐宋。孰執之？楚子執之。曷為不言楚子執之？不與夷狄之執中國也㊁。

【今註】㊀霍：國名，在今山西省霍縣西十六里。侗按霍在此西去宋過遠，左氏春秋作盂，宋地，在今河南省睢縣是也。㊁不與夷狄之執中國也：不贊成夷狄逮起中國人。

【今譯】秋天，宋襄公同楚子、陳侯、蔡侯、鄭伯、許男、曹伯在霍這地方盟會，就把宋襄公逮起來，討伐宋國都城。誰逮起宋襄公？是楚子把他逮起來。為什麼不說楚子把他逮起來？因為不贊成夷狄逮起中國人。

(五)冬，公伐邾婁。

【今譯】冬天，魯僖公討伐邾婁。

(六)楚人使宜申來獻捷㈠。此楚子也，其稱人何？貶。曷為貶？為執宋公貶㈡。曷為為執宋公貶？宋公與楚子期以乘車之會㈢，公子目夷㈣諫曰：「楚夷國也，彊而無義，請君以兵車之會往㈤。」宋公曰：「不可。吾與之約以乘車之會，自我為之，自我墮之，曰不可㈥。」終以乘車之會往，楚人果伏兵車，執宋公以伐宋。宋公謂公子目夷曰：「子歸守國矣，國子之國也㈦。吾不從子之言以至乎此㈧。」公子目夷復曰：「君雖不言國，國固臣之國也㈨。」於是歸設守械而守國。楚人謂宋人曰：「子不與我國，吾將殺子君矣㈩。」宋人應之曰：「吾賴社稷之神靈，吾國已有君矣㈡。」楚人知雖殺宋公猶不得宋國，於是釋宋公。宋公釋乎執走之衛㈢。公子目夷復曰：「國為君守之，君曷為不入㊂？」然後逆襄公歸。惡乎捷？捷乎宋㊃。曷為不言捷乎宋？為襄公諱也。此圍辭也，曷為不言其圍？為公子目夷諱也㊄。

【今註】㊀楚人使宜申來獻捷：楚人派鬬宜申來獻他打勝宋國的戰利品。㊁為執宋公貶：因為他逮起宋襄公，所以把他貶損。㊂宋公與楚子期以乘車之會：宋襄公在鹿上會盟時跟楚約好不帶著兵車。㊃公子目夷：是宋襄公的弟弟。㊄楚夷國也，彊而無義，請君以兵車之會往：楚國是夷狄的國家，有力量而不講義氣，請你帶著兵車去開會。㊅自我為之，自我墮之，曰不可：我自己說好了，又自己取消這是不可以的。㊆子歸守國矣，國子之國也：你就回去守國，這個國家是你的國家。㊇吾不從子之言以至此乎：我不聽從你的話，所以到了如此地步。㊈君雖不言國，國固臣之國矣：你就是不提起國家來，國家本來是我的國家。㊉子不與我國，吾將殺子君也：你不把你的國都給了我，我就將你國君殺掉。㊁吾賴社稷之神靈，吾國已有君矣：我仰賴社稷的神靈，吾國已經有君了。㊂宋公釋乎執走之衛：宋襄公已經被釋放，就走到衛國去。㊂國為君守之，君曷為不入：我為你守著國都，你為什麼不進來。㊃捷乎宋：戰勝了宋國。㊄為公子目夷諱也：這是為公子目夷來避諱。

【今譯】楚國人派鬬宜申來魯國獻他的戰勝品。這是楚子，為什麼稱他人呢？這是把他貶低了。為什麼把他貶低了？因為他將宋襄公逮起來，所以貶低了。為什麼逮著宋襄公就把他貶低呢？宋襄公跟楚成王約好不用兵車，拿普通的車開會。他的弟弟公子目夷諫諍說：「楚國是個蠻夷的國家，有力量而沒有信義，請你用兵車去開會。」宋襄公說：「不可以。我跟他約好了，用乘車去開會，這是我說的，而我又毀約，這是不可以的。」末了，宋襄公坐乘車去開會，楚國人果然埋伏了兵車，把宋襄公逮起來，並且用兵討伐宋國都城。宋襄公對公子目夷說：「你就回去看守國家，宋國是你的。我不聽你的話，所以落到這般地步。」公子目夷回答說：「你雖然不提到國家，國家本來是我的。」他說了話就回去，設守備的器械守國。楚人對宋人說：「你若不把宋國給我，我就殺掉你的君。」宋人回答說：「我們仰賴社稷的神靈，我們的國家已經有了君了。」楚國人知道就是把宋襄公殺了，也不能得到宋國，就把宋襄公放了。宋襄公被放了，就走到衛國去。公子目夷派人告訴他說：「我是為你守著宋國，你為什麼不回來呢？」就把襄公迎回來了。怎麼樣說戰勝呢？戰勝了宋國。為什麼不說戰勝了宋國呢？這是為襄公避諱。這是包圍宋國都城，為什麼不說圍呢？是為公子目夷避諱。

(七)十有二月癸丑，公會諸侯盟于薄㈠。

【今註】㈠薄：宋地，在今河南省商邱縣西北。

【今譯】十二月癸丑這天，魯僖公會同諸侯在薄這地方會盟。

(八)釋宋公㈠。執未有言釋之者，此其言釋之何？公與為爾也㈡。

公與為爾奈何？公與議爾也㊂。

【今註】㊀釋宋公：釋放了宋襄公。㊁公與為爾也：魯僖公參加這件事。㊂公與議爾也：魯僖公也參加討論。

【今譯】釋放宋襄公。逮捕沒有說釋放，這為什麼說釋放呢？因為魯僖公參加這件事。魯僖公怎樣參加這件事，因為他參加討論的原故。

卷十二　僖公下

僖公二十有二年（公元前六百三十八年）

㈠春，公伐邾婁取須朐㊀。

【今註】㊀須朐：國名，左傳作須句。在今山東省東平縣東北。

【今譯】春天，魯僖公討伐邾婁國，佔領了須朐國。

㈡夏，宋公、衞侯、許男、滕子伐鄭。

【今譯】夏天，宋襄公同衞侯、許男、滕子討伐鄭國。

㈢秋八月丁未，及邾婁人戰于升陘㊀。

【今註】㊀升陘：魯地，在今山東省曲阜縣西南二十里。

【今譯】秋天八月丁未這天，魯國向邾婁人在升陘這地方打仗。

(四)冬十有一月己巳朔，宋公及楚人戰于泓（一），宋師敗績。偏戰者日爾，此其言朔何？春秋辭繁而不殺者正也（二）。何正爾？宋公與楚人期戰于泓之陽（三）。楚人濟泓而來。有司（四）復曰：「請迨其未畢濟而擊之。」宋公曰：「不可。吾聞之也，君子不厄人，吾雖喪國之餘，寡人不忍行也（五）。」既濟未畢陳，有司復曰：「請迨其未畢陳而擊之（六）。」宋公曰：「不可。吾聞之也，君子不鼓不成列（七）。」已陳，然後襄公鼓之，宋師大敗。故君子大其不鼓不成列，臨大事而不忘大禮，有君而無臣，以為雖文王之戰，亦不過此也（八）。

【今註】（一）泓：宋地，在今河南省柘縣北三十里。（二）春秋辭繁而不殺者正也：春秋文辭繁多而不減省的，這合於正道。（三）泓之陽：在泓水的北邊。（四）有司：是官吏。（五）君子不厄人，吾雖喪國之餘，寡人不忍行也：君子不乘人危險，我雖然是商朝亡國的後人，我不忍做這種事。喪國之餘正等於左氏春秋所說亡國之餘，因為他是商朝的後人。何休說：「我雖前幾為楚所喪，所以得其餘民以為國，喻褊弱。」此說非。（六）請迨其未畢陳而擊之：請等著他沒完全擺好陣式就打他。（七）君子不鼓不成列：鼓是進兵的聲音。君子不進兵攻擊未擺陣的軍隊。（八）以為雖文王之戰，亦不過此也：以為雖是周文王的戰爭，也不過如此。

【今譯】冬天十一月己巳初一這天，宋襄公同楚人在泓水這地方打仗，宋國軍隊大崩潰。每回打仗就記下日子，這為什麼還說初一呢？春秋這書文辭繁多而不減省是合於正道的。怎麼樣合於正道？宋襄公同楚人訂好了在泓水的北邊打仗，楚人渡過泓水來，宋國的官吏說：「請乘他沒完全渡過來就打他。」宋襄公說：「不可以。我聽見說過，君子不乘人的危險。我雖是商朝亡國的後人，也不忍如此做。」等到楚國人已經渡過河，而尚沒有擺成陣式。宋國官吏又說：「請等著他沒擺成陣式就打他。」宋襄公說：「不可以。我聽見說，君子不進兵攻擊未擺陣的軍隊。」等著楚國已經擺好陣，然後宋襄公敲鼓進兵，宋國軍隊大敗。所以君子很贊成他的不攻擊不擺成陣式的軍隊，遇見大事而不忘了大禮。可惜有襄公這樣的君，卻沒有好的臣子輔佐，所以失敗了。以為就是周文王的戰爭，也不過如此。

僖公二十有三年（公元前六百三十七年）

㈠春，齊侯伐宋圍緡邑㊀。不言圍，此其言圍何？疾重故也㊁。

【今註】㊀緡邑：宋地，在今山東省金鄉縣東北二十里。㊁疾重故也：說齊國太不仁慈的原故。

【今譯】二十三年春天，齊侯伐宋國，圍了緡這地方。普通不說圍，此為什麼說圍呢？因為齊國太不仁慈了。

㈡夏五月庚寅，宋公慈父卒㊀。何以不書葬？盈乎諱也㊁。

【今註】㊀宋公慈父卒：宋襄公死了。㊁盈乎諱也：很多事要避諱。

【今譯】夏五月庚寅這天，宋襄公死了。為什麼不寫葬呢？因為他該避諱的很多了。

㈢秋，楚人伐陳。

【今譯】秋天，楚國人討伐陳國。

㈣冬十有一月，杞子卒㊀。

【今註】㊀杞子卒：杞國的君死了。

【今譯】冬天十一月，杞國的君死了。

僖公二十有四年（公元前六百三十六年）

㈠春王正月。

【今譯】春王正月。

㈡夏，狄伐鄭。

【今譯】夏天，狄人討伐鄭國。

㈢秋七月。

【今譯】秋天七月。

㈣冬，天王出居鄭㊀。王者無外，此其言出何？不能乎母也㊁。魯子曰：「是王也，不能乎母者，其諸此之謂與㊂。」

【今註】㊀天王出居於鄭：周天王到鄭國去住。㊁不能乎母也：不能事奉他母親。㊂是王也，不能乎母者，其諸此之謂與：這個王，不能事奉他母親，就是說這個周王嗎？

【今譯】冬天，周天王到鄭國去住。王者沒有外邊，這為什麼說他出去呢？因為他不能事奉他母親。公羊先師魯子說：「這個王，不能事奉他母親，就是說這個周王嗎？」

㈤晉侯夷吾卒㊀。

【今註】㊀晉侯夷吾卒：晉侯名叫夷吾死了。

【今譯】晉侯夷吾死了。

僖公二十有五年（公元前六百三十五年）

㈠春王正月丙午，衛侯燬滅邢㊀。衛侯燬何以名？絕㊁。曷為絕之？滅同姓也㊂。

【今註】㊀衛侯燬滅邢：衛侯燬把邢國滅掉。㊁絕：斷絕。㊂滅同姓也：滅了同姓的國家。邢同衛全是姬姓國。

【今譯】二十五年春天正月丙午這天，衛侯燬滅了邢國。衛侯燬為什麼寫他的名字呢？因為跟他斷絕關係。為什麼跟他斷絕關係呢？因為他滅了同是姬姓的國家。

㈡夏四月癸酉，衛侯燬卒㊀。

【今註】㊀衛侯燬卒：衛侯燬死了。

【今譯】夏天四月癸酉這天，衛侯燬死了。

㈢宋蕩伯姬來逆婦㊀。宋蕩伯姬者何？蕩氏之母也㊁。其言來逆婦何？兄弟辭也㊂。其稱婦何？有姑之辭也㊃。

【今註】㊀宋蕩伯姬來逆婦：宋國的蕩伯姬來迎接他的兒媳婦。㊁蕩氏之母也：蕩氏的母親。蕩氏是宋國大夫。㊂兄弟辭也：兄弟國家的言辭。㊃有姑之辭也：有婆婆的言辭。

【今譯】宋國蕩伯姬來迎接她的兒媳婦。宋國蕩伯姬是誰呢？是宋國大夫蕩氏的母親。她說來迎接兒媳婦怎麼講呢？這是兄弟國家的言辭。為什麼稱婦？有婆婆的言辭。

㈣宋殺其大夫㊀。何以不名？宋三世無大夫，三世內娶也㊁。

【今註】㊀宋殺其大夫：宋國殺他的大夫。㊁宋三世無大夫，三世內娶也：宋國三代沒有大夫，因為三代全是在內娶的夫人。

【今譯】宋國殺他大夫。為什麼不說名字？宋國三代沒有大夫，因為三代全是在國內娶的夫人。

㈤秋，楚人圍陳，納頓子于頓㊀。何以不言遂？兩之也㊁。

【今註】㊀頓：國名，在今河南省商水縣東南。㊁兩之也：這是兩件事。

【今譯】秋天，楚人圍了陳國都城，把頓子送回頓國。為什麼不說遂呢？因為這是兩件事。

㈥葬衛文公㊀。

【今註】㊀葬衛文公：給衛侯燬行葬禮。

【今譯】給衛侯燬行葬禮。

㈦冬十有二月癸亥，公會衛子、莒慶盟于洮㊀。

【今註】㊀洮：魯地。在今山東省泗水縣，即桃墟。

【今譯】冬天十二月癸亥這天，魯僖公同衛子、莒慶在洮這地方會盟。

僖公二十有六年（公元前六百三十四年）

㈠春王正月己未，公會莒子、衛甯遬，盟于向㊀。

【今註】㊀向：魯地，在今山東省臨沂縣西南一百二十里。

【今譯】春王正月己未這天，魯僖公同莒子，衛大夫甯遬，在向這地方盟會。

㈡齊人侵我西鄙。公追齊師至嶲㊀，弗及。其言至嶲弗及何？侈也㊁。

【今註】㈠巂：左傳作酅。齊地，在今山東省東阿縣西南。㈡侈也：誇大的話。

【今譯】齊國人侵略魯國西方邊境。魯僖公追齊國軍隊到巂這地方，沒能趕上。為什麼說到了巂這地方沒能趕上呢？這是誇大的話。

㈢夏，齊人伐我北鄙㈠。

【今註】㈠齊人伐我北鄙：齊國人討伐魯國北邊。

【今譯】夏天，齊國人討伐魯國北方邊境。

㈣衛人伐齊。

【今譯】衛國人討伐齊國。

㈤公子遂如楚乞師㈠。乞師者何？卑辭也㈡。曷為以外內同若辭？重師也㈢。曷為重師？師出不正反，戰不正勝也㈣。

【今註】㈠公子遂如楚乞師：魯大夫公子遂到楚國要求軍隊幫助。㈡卑辭也：這是卑下的言辭。㈢重師也：尊重軍隊的生命。㈣師出不正反，戰不正勝也：軍隊出去不一定能回來，作戰也不一定戰勝。

【今譯】公子遂到楚國去要求軍隊幫助。什麼叫做乞師呢？這是卑下的言辭。為什麼對內對外全以同樣的言辭？這是尊重軍隊的生命。為什麼尊重軍隊的生命呢？軍隊出去不一定能回來，作戰也不一定戰勝。

(六)秋，楚人滅隗㈠，以隗子歸。

【今註】㈠隗：左傳作夔。楚之同姓國，在今四川省巫山縣南。

【今譯】秋天，楚人把隗國滅了，把隗子逮著回到楚國。

(七)冬，楚人伐宋圍緍㈠。邑不言圍，此其言圍何？刺道用師也㈡。

【今註】㈠緍：宋地，在今山東省金鄉縣東北二十里。㈡刺道用師也：譏刺楚人路上調用魯國乞來的軍隊。

【今譯】冬天，楚國人伐宋國圍了緍這城。城邑不說用圍，這兒為什麼說用圍呢？譏刺楚人路上調用魯國乞來的軍隊。

(八)公以楚師伐齊取穀㈠。公至自伐齊。此已取穀矣，何以致伐？未得乎取穀也㈡。曷為未得乎取穀？曰：「患之起，必自此始也㈢。」

【今註】㈠穀：齊地，在今山東省阿縣縣治亦稱於穀。㈡未得乎取穀也：得到穀這地方未可以得意。㈢患之起，必自此始也：憂患的起來，必自這兒開始。因為恰好齊孝公死了，而晉文公又有城濮的戰爭，否則楚人力強，魯國必被他併吞。所以魯國的憂患可以終止。公羊所說不甚對。

【今譯】魯僖公用楚國軍隊討伐齊國，佔了穀這地方。後來魯僖公從伐齊回來。這已經佔據穀這地方，為什麼還說伐齊呢？因為佔據穀這地方未曾得意。為什麼佔據穀這地方魯國未曾得意呢？回答說：「魯國憂患的開始，必從這兒來。」

僖公二十有七年（公元前六百三十三年）

㈠春，杞子來朝。

【今譯】春天，杞國君到魯國來朝見。

㈡夏六月庚寅，齊侯昭卒㈠。

【今註】㈠齊侯昭卒：齊孝公名叫昭死了。

【今譯】夏天六月庚寅這天，齊孝公死了。

㈢秋八月乙未，葬齊孝公㊀。

【今註】㊀葬齊孝公：給齊孝公行葬禮。

【今譯】秋八月乙未這天，給齊孝公行葬禮。

㈣乙巳，公子遂帥師入杞。

【今譯】乙巳這天，公子遂率領軍隊侵入杞國。

㈤冬，楚人、陳侯、蔡侯、鄭伯、許男圍宋。此楚子也，其稱人何？貶。曷為貶？為執宋公貶，故終僖之篇貶也㊀。

【今註】㊀故終僖之篇貶也：春秋書中僖公的時代，全貶低楚子。

【今譯】冬天，楚人、陳侯、蔡侯、鄭伯、許男包圍了宋國。這是楚子，為什麼稱人呢？為的貶低。為什麼貶低呢？因為楚子逮捕了宋公所以貶低，因而在僖公的時代全貶低楚子。

㈥十有二月甲戌，公會諸侯盟于宋。

【今譯】十二月甲戌這天，魯僖公同諸侯們在宋國會盟。

僖公二十有八年（公元前六百三十二年）

㈠春，晉侯侵曹，晉侯伐衛。曷為再言晉侯？非兩之也㈠。然則何以不言遂？未侵曹也㈡。未侵曹則其言侵曹何？致其意也㈢。其意侵曹。則曷為伐衛？晉侯將侵曹，假塗于衛，衛曰不可得，則固將伐之也㈣。

【今註】㈠非兩之也：這不是兩件事。㈡未侵曹也：沒侵略曹國。㈢致其意也：表示他的用意。㈣衛曰不可得，則固將伐之也：衛國說不可以假道，就討伐衛國。

【今譯】春天，晉侯侵略曹國，晉侯討伐衛國。為什麼再說晉侯呢？因為這不是兩件事。那麼為什麼不說遂呢？因晉國沒有侵略曹國。沒有侵略曹國，為什麼說侵略曹國呢？表示他的用意。他的用意是侵略曹國。為什麼說討伐衛國呢？晉侯將侵略曹國，假道於衛國，衛國說不可以，就這樣討伐他。

㈡公子買戍衛，不卒戍刺之㈠。不卒戍者何？不卒戍者，內辭也，不可使往也㈡。不可使往則其言戍衛何？遂公意也㈢。刺之者何？殺之也㈣。殺之則曷為謂之刺之？內諱殺大夫謂之刺之也㈤。

【今註】㊀不卒戍刺之：沒能戍守到底，就殺了他。㊁不可使往也：不可以派他去。㊂遂公意也：符合魯僖公的意思。㊃殺之也：就把他殺了。㊄內諱殺大夫謂之刺之也：對內避諱殺大夫所以稱做刺他。

【今譯】公子買戍守衛國，沒能戍守到底，就殺了他。什麼叫做沒有戍守到底呢？這是對內的言辭，不可以叫他去。不可以叫他去，為什麼又說派他戍守衛國呢？為的符合魯僖公的意思。什麼叫做刺之呢？就是把他殺了。殺了為什麼叫做刺之？對內避諱殺大夫，就稱為刺之。

㈢楚人救衛㊀。

【今註】㊀楚人救衛：楚國人救衛國。

【今譯】楚國人救衛國。

㈣三月丙午，晉侯入曹，執曹伯，畀宋人㊀。畀者何？與也㊁。其言畀宋人何？與使聽之也㊂。曹伯之罪何？甚惡也㊃。其甚惡奈何？不可以一罪言也㊄。

【今註】㊀畀宋人：畀音比，給宋國人。㊁與也：給的意思。㊂與使聽之也：給他使聽其曲直，治曹伯的罪。㊃甚惡也：他很壞。㊄不可以一罪言也：不可以拿一件罪來說。

【今譯】三月丙午這天，晉侯進入曹國都城，把曹伯逮起來給了宋國人。什麼叫做畀呢？就是給他。他說給宋人怎麼樣呢？給他使他能聽曹伯的曲直，治曹伯的罪。曹伯的罪怎麼樣呢？很壞。怎麼樣很壞呢？不可以拿一件罪來說。

㈤夏四月己巳，晉侯、齊師、宋師、秦師及楚人戰于城濮㈠，楚師敗績。此大戰也，曷為使微者？子玉得臣也㈡。子玉得臣則其稱人何？貶。曷為貶？大夫不敵君也㈢。

【今註】㈠城濮：衛地，在今山東省濮縣東南七十里。㈡子玉得臣也：楚國令尹號叫子玉。㈢大夫不敵君也：大夫不能夠抵擋國君。

【今譯】夏天四月己巳這天，晉文公同齊國軍隊、宋國軍隊、秦國軍隊跟楚人在城濮這地方打仗，楚國軍隊大崩潰。這是一個大戰，為什麼派一個小官來呢？實在這就是楚國令尹得臣號叫子玉的。子玉得臣為什麼稱人呢？這是貶。為什麼貶呢？因為大夫不能夠敵擋國君。

㈥楚殺其大夫得臣。

【今譯】楚國把得臣殺了。

(七)衛侯出奔楚。

【今譯】衛侯逃奔到楚國去。

(八)五月癸丑，公會晉侯、齊侯、宋公、蔡侯、鄭伯、衛子、莒子盟于踐土㈠。陳侯如會。其言如會何？後會也㈡。

【今註】㈠踐土：在今河南省廣武縣西北十五里。㈡後會也：到得很晚。

【今譯】五月癸丑這天，魯僖公會晉文公同齊侯、宋公、蔡侯、鄭伯、衛子、莒子在踐土這地方盟會。陳侯也到會。為什麼說他也到會呢？因為他去得遲了。

(九)公朝于王所㈠。曷為不言公如京師？天子在是也㈡。天子在是，則曷為不言天子在是？不與致天子也㈢。

【今註】㈠公朝于王所：魯僖公到周王的所在地上朝。㈡天子在是也：因為周天子在這裏。㈢不與致天子也：不贊成叫天子來。何休注：時晉文公年老，恐霸功不成，故上白天子曰：「諸侯不可卒致，願王居踐土。」下謂諸侯曰：「天子在是，不可不朝。」迫使正君臣，明王法。

【今譯】魯僖公到王所在地上朝。為什麼不說到京師上朝呢？因為周天子在這裏。天子在這裏，為什麼不說天子在這裏呢？不贊成叫天子來。

㈩六月，衛侯鄭自楚復歸于衛㊀。

【今註】㊀衛侯鄭自楚復歸于衛：衛侯名叫鄭自楚國又回到衛國。

【今譯】六月，衛侯鄭從楚國又回到衛國。

㈯衛元咺出奔晉。

【今譯】衛國大夫元咺逃奔到晉國去。

㈰陳侯款卒。

【今譯】陳侯名叫款死了。

㈱秋，杞伯姬來㊀。

【今註】㊀杞伯姬來：杞國伯姬來魯國。

【今譯】秋天，杞國伯姬來魯國。

㈣公子遂如齊。

【今譯】公子遂到齊國去。

㈤冬，公會晉侯、齊侯、宋公、蔡侯、鄭伯、陳子、莒子、邾婁子、秦人于溫㈠。

【今註】㈠溫：周地，在今河南省溫縣西南三十里。

【今譯】冬天，魯僖公會見晉侯、齊侯、宋公、蔡侯、鄭伯、陳子、莒子、邾婁子、秦人在溫這地方。

㈥天王狩于河陽㈠。狩不書，此何以書？不與再致天子也㈡。魯子曰：「溫近而踐土遠也㈢。」

【今註】㈠河陽：在今河南省孟縣西三十里。㈡不與再致天子也：不贊成再叫天子來。㈢溫近而踐土遠也：溫這地方離得近，踐土離得遠。

【今譯】天王到河陽去巡狩。普通巡狩不寫在春秋上，這次為什麼寫在春秋上？不贊成再叫天子來。公羊先師魯子說：「溫較近，而踐土離得遠。」

(七)壬申，公朝于王所㊀。其日何？錄乎內也㊁。

【今註】㊀公朝于王所：魯僖公到王所在地去上朝。㊁錄乎內也：這是內裏所記載的。

【今譯】壬申這天，魯僖公到王所在地去上朝。為什麼寫日期呢？這是魯國內裏所記載的。

(八)晉人執衛侯歸之于京師。歸之于者何？歸于者何？歸之于者罪已定矣㊀，歸于者罪未定也㊁。罪未定，則何以得為伯討？歸之于者，執之于天子之側者也，罪定不定，已可知矣㊂。歸于者，非執之于天子之側者也，罪定不定，未可知也。衛侯之罪何？殺叔武也㊃。何以不書？為叔武諱也。春秋為賢者諱。何賢乎叔武？讓國也㊄。其讓國奈何？文公逐衛侯而立叔武㊅，叔武辭立而他人立㊆，則恐衛侯之不得反也㊇，故於是己立，然後為踐土之會治反衛侯㊈。衛侯得反曰：「叔武篡我。」元咺爭之曰：「叔武無罪㊉。」終殺叔武，元咺走而出。此晉侯也，其稱人何？貶。曷為貶？衛之禍，文公為之也㊁。文公為之奈何？文公逐衛侯而立叔武，使人兄弟相疑，放乎殺母弟者，文公為之也㊂。

【今註】㈠歸之于者罪已定矣：歸之于的就是罪狀已經定了。㈡歸于者罪未定也：歸于的罪狀未定。㈢歸之于者，執之于天子之側者也，罪定不定，已可知矣：歸之于的，是把他逮捕到天子旁邊，罪狀定不定，已經知道。㈣殺叔武也：殺了叔武。㈤讓國也：讓了國家。㈥文公逐衛侯而立叔武：晉文公驅逐了衛侯，而立了叔武。㈦叔武辭立而他人立：叔武辭了不肯立，而旁人立了。㈧則恐衛侯之不得反也：就恐怕衛侯不得回來。㈨然後為踐土之會治反衛侯：叔武參加踐土之盟方能交涉使衛侯回國。㈩叔武無罪：叔武沒有罪狀。㈡衛之禍，文公為之也：衛國的禍亂是晉文公造成的。㊂放乎殺母弟者，文公為之也：造成殺母弟的是晉文公造成的。

【今譯】晉人逮著了衛侯，把他送到京師去。所謂歸之于者怎麼講？歸于者又怎麼講？歸之于的罪狀已定了，歸于的罪狀未定。罪狀未定，怎麼能叫做霸主討伐？歸之于的，是把他逮捕到天子旁邊，罪狀定不定，已經可以知道。歸于者不是逮捕到天子的旁邊，罪狀定不定，還不知道。衛侯是什麼罪狀呢？就是殺了他弟弟叔武。為什麼不寫在春秋上呢？這是為叔武避諱的原故。春秋這本書是為賢者避諱的。為什麼說叔武賢呢？因為他讓了國家。他怎麼樣的讓了國家？晉文公驅逐衛侯，而立叔武，叔武辭了不肯立，而旁人立了，又恐怕衛侯不能返回衛國，所以叔武就自己立了，然後參加踐土的盟會，方能交涉使衛侯回國。衛侯回國以後就說：「叔武篡了我的侯位。」大夫元咺爭論說：「叔武沒有罪。」終究把叔武殺了，元咺就逃走了。這是晉文公，為什麼稱他人呢？是貶低他。為什麼貶低他？衛國的禍亂，是晉文公所造成的。晉文公如何造成的呢？晉文公驅逐衛侯而立了叔武，使人家兄弟互相猜疑，造成了殺母弟的，是晉文公造成的。

㈩衛元咺自晉復歸于衛。自者何？有力焉者也㈠。此執其君，其言自何？為叔武爭也㈡。

【今註】㈠有力焉者也：是他有力量。（晉國幫他忙）。㈡為叔武爭也：為叔武的無罪爭辯。

【今譯】衛國元咺從晉國回到衛國。什麼叫做自呢？是他有力量。這是逮他的君，為什麼說自呢？是為叔武的無罪爭辯。

㈩諸侯遂圍許。

【今譯】諸侯們就圍了許國都城。

㈩曹伯襄復歸于曹。

【今譯】曹伯名叫襄又回到了曹國都城。

㈦遂會諸侯圍許㈠。

【今註】㈠遂會諸侯圍許：曹伯就會同諸侯圍了許國都城。

【今譯】曹伯就會同諸侯圍了許國都城。

僖公二十有九年（公元前六百三十一年）

㈠春，介葛盧來㈠。介葛盧者何？夷狄之君也㈡。何以不言朝？不能乎朝也㈢。

【今註】㈠介葛盧來：介葛盧是東方的一個國名，他的君到魯國來。㈡夷狄之君也：是夷狄的君。㈢不能乎朝：不懂上朝的禮節。

【今譯】春天，東方的介葛盧來。什麼叫做介葛盧呢？他是夷狄的君。為什麼不說上朝呢？因為他不懂朝見的禮節。

㈡公至自圍許。

【今譯】魯僖公從圍許國回來。

㈢夏六月，公會王人、晉人、宋人、齊人、陳人、蔡人、秦人盟于狄泉㊀。

【今註】㊀狄泉：周地，在今河南省洛陽縣東北二十五里。

【今譯】夏天六月，魯僖公會同周王的人、晉人、宋人、齊人、陳人、蔡人、秦人在狄泉這地方會盟。

㈣秋，大雨雹㊀。

【今註】㊀大雨雹：魯國下的雹子如雨一樣。

【今譯】秋天，魯國下的雹子如雨一樣。

㈤冬，介葛盧來㊀。

【今註】㊀介葛盧來：因為他上次來朝時，魯僖公率領軍隊去圍許國，沒有見到，所以又來朝見。

【今譯】冬天，介葛盧來魯國朝見。

僖公三十年（公元前六百三十年）

㈠春王正月。

【今譯】 春王正月。

(二)夏，狄侵齊。

【今譯】 夏天，狄人侵略齊國。

(三)秋，衛殺其大夫元咺及公子瑕。衛侯未至，其稱國以殺何？道殺也㈠。

【今註】 ㈠道殺也：路上把他殺了。

【今譯】 秋天，衛國殺了他的大夫元咺同公子瑕。衛侯還沒有回來，為什麼稱衛國殺的呢？是在路上把他殺了。

(四)衛侯鄭歸于衛。此殺其大夫，其言歸何？歸惡乎元咺也㈠。曷為歸惡乎元咺？元咺之事君也，君出則己入，君入則己出，以為不臣也㈡。

【今註】 ㈠歸惡乎元咺也：把罪惡全歸到元咺身上。㈡以為不臣也：以為他不合於臣節。

【今譯】 衛侯鄭回到衛國。這是殺他大夫的人，為什麼說他回來？把他的壞事全歸到元咺身上。為什麼把他的壞事全歸到元咺身上呢？元咺的事奉君，君要出去，他就回來，君要回來，他就自己出去，所以春秋以為他不合於臣節。

㈤晉人、秦人圍鄭。

【今譯】晉人同秦人圍了鄭國。

㈥介人侵蕭㊀。

【今註】㊀蕭：國名，在今江蘇省蕭縣北十里。

【今譯】介人侵略蕭國。

㈦冬，天王使宰周公來聘㊀。

【今註】㊀天王使宰周公來聘：周天王派他的宰周公來魯國聘問。

【今譯】冬天，周天王派宰周公來魯國聘問。

㈧公子遂如京師，遂如晉。大夫無遂事㊀，此其言遂何？公不得為政爾㊁。

【今註】㈠大夫無遂事：公羊傳疏云：「正以臣無自專之道也。」㈡公不得為政爾：魯僖公不能夠自己掌政權。

【今譯】公子遂到周天子都城去，也就到了晉國。大夫沒有自專的事情，這為什麼說遂呢？因為僖公不能自己掌政權的原故。

僖公三十有一年（公元前六百二十九年）

㈠春，取濟西田㈠。惡乎取之？取之曹也㈡。曷為不言取之曹？諱取同姓之田也㈢。此未有伐曹者，則其言取之曹何？晉侯執曹伯，班其所取侵地于諸侯也㈣。晉侯執曹伯，班其所取侵地于諸侯，則何諱乎取同姓之田？久也㈤。

【今註】㈠取濟西田：拿了濟水西邊的田地。㈡取之曹也：是由曹國拿來的。㈢諱取同姓之田也：避諱取了同姓的田地。㈣晉侯執曹伯，班其所取侵地于諸侯也：晉侯逮著曹伯，把他所侵略諸侯的田地全還給諸侯。班是全部交還。㈤久也：這是很久以前的事。

【今譯】春天，魯國把濟水西邊田地拿了。怎麼樣拿的？從曹國拿來的。為什麼不說從曹國拿來的？避諱取了同姓的田地。這並沒有討伐曹國，為什麼說從曹國拿來的呢？晉侯逮著曹伯，把他所侵略諸侯的田地全歸還給諸侯。晉侯逮著曹伯，把他所侵略諸侯的田地全還給諸侯，為什麼又說避諱拿同姓的田地呢？因為這是很久的事了。

㈡公子遂如晉。

【今譯】公子遂到晉國去。

㈢夏四月，四卜郊不從，乃免牲，猶三望㈠。曷為或言三卜？或言四卜？三卜禮也，四卜非禮也㈡。三卜何以禮？四卜何以非禮？求吉之道三㈢。禘嘗不卜，郊何以卜？卜郊非禮也㈣。卜郊何以非禮？魯郊非禮也㈤。魯郊何以非禮？天子祭天，諸侯祭土㈥。天子有方望之事無所不通㈦。諸侯山川有不在其封內者，則不祭也㈧。曷為或言免牲？或言免牛？免牲禮也，免牛非禮也。免牛何以非禮？傷者曰牛㈨。三望者何？望祭也㈩。然則曷祭？祭泰山河海。曷為祭泰山河海？山川有能潤于百里者，天子秩而祭之㈡。觸石而出，膚寸而合㈢，不崇朝而徧雨乎天下者，唯泰山爾㈢。河海潤於千里㈣。猶者何？通可以已也㈤。何以書？譏不郊而望祭也㈥。

【今註】㈠乃免牲，猶三望：就免用牲牛，仍舊三次望祭。㈡三卜禮也，四卜非禮也：三卜合於禮的，四卜就不合禮。㈢求吉之道三：求吉祥的道理是卜三次。㈣卜郊非禮也：卜郊是不合於禮的。㈤魯郊非禮也：魯國郊天也是不合於禮的。㈥天子祭天，諸侯祭土：天子祭祀天，諸侯祭祀社神。㈦天子有方望之事無所不通：天子有方望的祭祀，沒有不通達的地方。何休說：「方望謂郊時所望祭四方羣神日、月、星辰、風伯、雨師、五嶽、四瀆及餘山川凡三十六所。」㈧諸侯山川有不在其封內者，則不祭也：諸侯凡山川不在他的封疆以內，就不祭祀。㈨傷者曰牛：受傷了不能用來祭祀的叫做牛。㈩望祭也：望是一種祭祀。㈡山川有能潤於百里者，天子秩而祭之：山川有能滋潤於百里的，天子就按等級來祭祀它。㈢觸石而出，膚寸而合：碰到石頭水就出來，沒有一寸不合在一塊。㈢不崇朝而徧雨乎天下者，唯泰山爾：不一早晨而雨徧下天下，祇有泰山。㈣河海潤於千里：河海能滋潤於千里。㈤通可以已也：通常可以不做。㈥譏不郊而望祭也：譏刺不郊天而望祭於各處。

【今譯】夏天四月，四次占卜郊天，占卜表示不吉祥，就免用牛牲，但是仍舊三次望祭。為什麼有時說三次卜？有時又說四次卜？三次卜是合於禮的，四次卜是不合於禮的。為什麼三卜合於禮？四卜不合於禮呢？求吉祥的道理是卜三次。禘祭同嘗祭不占卜，郊天何以占卜？郊天占卜不合於禮的。郊天占卜為什麼不合於禮呢？魯國郊天不合於禮的。魯國郊天為什麼不合於禮呢？祇有天子祭天，諸侯祭社神。天子有方望的祭祀，沒有不通達的。諸侯凡山川不在他的封內的就不祭祀。為什麼有時說免牲，或者說免牛呢？免牲是合於禮的，免牛是不合於禮的。免牛為什麼不合於禮呢？受傷了不能用來祭祀的叫牛。什麼叫做三望呢？望是一種祭祀。那麼祭什麼呢？祭泰山河海。為什麼祭泰山河海呢？山川凡能滋潤於百里的，周天子就按等級來祭祀他。碰到石頭水就出來，沒有一寸不合在一塊，不一早晨而天下全下雨，祇有泰山能夠。河海全能滋潤於千里。什能叫做猶呢？表示通常可以不做。為什麼寫在春秋上？這是譏刺不郊天，而望祭於各處。

㈣秋七月。

【今譯】秋天七月。

㈤冬，杞柏姬來求婦㈠。其言來求婦何？兄弟辭也。其稱婦何？有姑之辭也。

【今註】㈠杞柏姬來求婦：杞國伯姬來給他兒子求夫人。

【今譯】冬天，杞國伯姬來給他兒子求夫人。他說來求夫人為什麼呢？是兄弟之國的言辭。為什麼稱婦呢？因為有婆婆的言辭。

㈥狄圍衛。

【今譯】狄人圍了衛國。

㈦十有二月，衛遷于帝丘㊀。

【今註】㊀帝丘：在今河北省濮陽縣西南三十里。

【今譯】十二月，衛國把都城遷到帝丘這地方。

僖公三十有二年（公元前六百二十八年）

㈠春王正月。

【今譯】春天周王的正月。

㈡夏四月己丑，鄭伯接卒㊀。

【今註】㊀鄭伯接卒：鄭伯名叫接死了。

【今譯】夏四月己丑這天，鄭伯接死了。

㈢衛人侵狄。

【今譯】衛國人侵略狄國。

㈣秋，衛人及狄盟㊀。

【今註】㊀衛人及狄盟：衛國人同狄人盟誓。

【今譯】秋天，衛國人同狄人盟誓。

㈤冬十有二月己卯，晉侯重耳卒㊀。

【今註】㊀晉侯重耳卒：晉侯名叫重耳死了。

【今譯】冬十二月己卯這天，晉侯名叫重耳死了。

僖公三十有三年（公元前六百二十七年）

㈠春王二月，秦人入滑㊀。

【今註】㊀滑：國名，在今河南省偃師縣南二十里。

【今譯】春王二月，秦國人進入滑國都城。

(二)齊侯使國歸父(一)來聘。

【今註】(一)國歸父：是齊大夫。

【今譯】齊侯派齊大夫國歸父來魯國聘問。

(三)夏四月辛巳，晉人及姜戎敗秦于殽(一)。其謂之秦何？夷狄之也(二)。曷為夷狄之？秦伯將襲鄭，百里子與蹇叔子(三)諫曰：「千里而襲人，未有不亡者也(四)。」秦伯怒曰：「若爾之年者，宰上之木拱矣，爾曷知(五)。」師出，百里子與蹇叔子送其子而戒之曰：「爾即死必於殽之嶔巖，是文王之所辟風雨者也，吾將尸爾焉(六)。」子揖師而行。百里子與蹇叔子從其子而哭之。秦伯怒曰：「爾曷為哭吾師(七)？」對曰：「臣非敢哭君師，哭臣之子也(八)。」弦高者，鄭商也，遇之殽，矯以鄭伯之命而犒師焉(九)，或曰往矣，或曰反矣(一〇)。然而晉人與姜戎要之殽而擊之，匹馬隻輪無反者(一一)。其言及姜戎何？姜戎微也，稱人亦微者也(一二)。何言乎姜戎之微？先軫也(一三)，或曰襄公親之(一四)。襄公親之則其稱人何？貶。曷為貶！君在乎殯而用師，危不得葬也㈤。詐戰不日，此何以日？盡也㈥。

【今註】㈠殽：山名，在今河南省洛寧縣北六十里。㈡夷狄之也：把他看成夷狄一樣。㈢百里子與蹇叔子：百里子就是百里奚，全是秦大夫。㈣千里而襲人，未有不亡者也：到千里遠的地方偷襲他人，沒有不失敗的。㈤若爾之年者，宰上之木拱矣，爾曷知：在你們這種年紀，墳上的樹已經很高了，你們又懂得什麼呢？宰，塚也。㈥吾將屍爾焉：我將在那兒找到你的屍首。㈦爾曷為哭吾師：你為什麼敢哭我的軍隊呢？㈧臣非敢哭君師，哭臣之子也：我並不敢哭你的軍隊，是哭我的兒子。㈨遇之殽矯以鄭伯之命而犒師焉：在殽這地方碰見秦國軍隊，假裝用鄭伯的命令去犒賞秦國的軍隊。㈩或曰往矣，或曰反矣：有的說前進，有的說回去。㈡匹馬隻輪無反者：秦國軍隊一匹馬一隻車輪，也沒能回到秦國。㈢稱人亦微者也：稱他為人也是微不足道的人。㈢先軫也：領兵的就是晉大夫先軫。㈣或曰襄公親之：也有說是晉襄公親自率領軍隊。㈤君在乎殯而用師，危不得葬也：晉文公正在殯斂，此時用兵，又危險又不能夠下葬。㈥盡也：很不仁。

【今譯】夏天四月辛巳，晉國人同姜戎打敗了秦國在殽這地方。為什麼稱他秦呢？等於把他看成夷狄。為什麼把他看成夷狄呢？秦伯將偷襲鄭國，秦大夫百里子與蹇叔子諫諍說：「千里去偷襲旁人，沒有不失敗的。」秦伯發怒說：「像你們這種年紀，墳上的樹已經很高了，你們又懂得什麼呢？」軍隊開行了，百里子與蹇叔子送他們的兒子，而告戒他們說：「你們若死了，必在殽的險阻地方，這是周文王所以擋風雨的地方，我將在那兒找到你的屍首。」他們的兒子拜別父親隨軍隊而去。百里奚同蹇叔子跟著他們兒子哭著走。秦伯發怒說：「你們為什麼敢哭我的軍隊？」他們回答說：「我不敢哭你的軍隊，是哭我的兒子。」弦高是鄭國的商人，在殽這地方遇見秦國軍隊，假裝用鄭伯的命令去犒賞軍隊。秦軍中有人說前進吧，有人說不如回去。然而晉國人跟姜戎在殽這地方來打他們，秦國軍隊一匹馬一隻車輪，也沒能回到秦國。為什麼說同姜戎呢？姜戎是微不足道的，稱人也是微不足道的，為什麼說姜戎微不足道呢？因為是晉大夫先軫領兵，有的說是晉襄公親自將兵。晉襄公親自領兵，為什麼稱晉人呢？這是把他貶了。為什麼貶呢？因為晉文公正在殯斂，此時用兵，又危險又不能夠下葬的原故。詐戰不寫日子，這為什麼寫日子呢？表示晉的不仁。

㈣癸巳，葬晉文公。

【今譯】癸巳這天，給晉文公行葬禮。

㈤狄侵齊。

【今譯】狄人侵略齊國。

㈥公伐邾婁取叢㊀。

【今註】㊀叢：左傳作訾婁。邾邑在今山東省濟寧縣東。

【今譯】魯僖公討伐邾婁佔領了叢這地方。

㈦秋，公子遂率師伐邾婁。

【今譯】秋天，公子遂率領軍隊討伐邾婁。

㈧晉人敗狄于箕㊀。

【今註】㊀箕：左傳作箕部，是晉地，在今山西省蒲縣東北三十里。

【今譯】晉國人在箕這地方打敗狄人。

㈨冬十月，公如齊。

【今譯】冬天十月，魯僖公到齊國去。

㈩十有二月，公至自齊。

【今譯】十二月，魯僖公從齊國回來。

㈩乙巳，公薨於小寢㈠。

【今註】㈠公薨於小寢：公沒死在正寢，死在小寢。

【今譯】乙巳這天，魯僖公死在小寢。

㈪霣霜不殺草，李梅實㈠。何以書？記異也㈡。何異爾？不時也㈢。

【今註】㈠霣（音隕）霜不殺草，李梅實：下霜對草沒妨害，李樹同梅全結果子。㈡記異也：記載怪異。㈢不時也：不按時候。周的十二月等於夏的十月，所以說不時。

【今譯】下霜而沒傷害到草，李樹同梅樹全結了果子。為什麼寫在春秋上？這是記載怪異。有什麼怪異？因為不按著時候。

㈫晉人、陳人、鄭人伐許。

【今譯】晉人同陳人、鄭人討伐許國。

卷十三　文公上

文公元年（公元前六百二十六年）

㈠春王正月，公即位㊀。

【今註】㊀公即位：魯文公行即位典禮。這是在春秋上半段唯一說行即位典禮的君。

【今譯】文公元年春王正月，文公行即位典禮。

㈡二月癸亥朔，日有食之㊀。

【今註】㊀日有食之：魯國有日蝕。

【今譯】二月癸亥初一，魯國有日蝕。

㈢天王使叔服來會葬㊀。其言來會葬何？會葬禮也㊁。

【今註】㊀天王使叔服來會葬：周天王派叔服來魯國參加僖公的葬禮。㊁會葬禮也：會葬是合於禮的。

【今譯】周天王派叔服來魯國參加僖公的葬禮。為什麼說來會葬呢？會葬是合於禮的。

㈣夏四月丁巳，葬我君僖公㈠。

【今註】㈠葬我君僖公：給魯僖公行葬禮。

【今譯】夏四月丁巳這天，給魯僖公行葬禮。

㈤天王使毛伯來錫公命㈠。錫者何？賜也㈡。命者何？加我服也㈢。

【今註】㈠天王使毛伯來錫公命：周天王叫毛伯來賞賜文公的命服。㈡賜也：這是賞賜。㈢加我服也：增加我君的禮服。

【今譯】周天王派毛伯來賞賜魯文公的命服。什麼叫做錫呢？就是賞賜。什麼叫做命呢？增加我君的禮服。

㈥晉侯伐衛㈠。

【今註】㈠晉侯伐衛：晉侯討伐衛國。

【今譯】晉侯討伐衛國。

㈦叔孫得臣如京師㈠。

【今註】㈠叔孫得臣如京師：魯國大夫叔孫得臣到周王的都城去。

【今譯】魯大夫叔孫得臣到周王的都城去。

㈧衛人伐晉㈠。

【今註】㈠衛人伐晉：衛國人討伐晉國。

【今譯】衛國人討伐晉國。

㈨秋，公孫敖會晉侯于戚㈠。

【今註】㈠戚：在今河北省濮陽縣北七里。

【今譯】秋天，魯大夫公孫敖同晉侯在戚這地方相會。

㈩冬十月丁未，楚世子商臣弒其君髡㈠。

【今註】㈠楚世子商臣弒其君髡：楚國的世子商臣把他的君髡殺掉。髡左氏春秋作頵，左氏春秋出自孔壁舊藏古寫本，同公羊傳是口傳的，到漢朝方才寫定不同。所以左氏春秋比較近真。

【今譯】冬十月丁未這天，楚國的世子商臣把他的君髡殺掉。

(十)公孫敖如齊㈠。

【今註】㈠公孫敖如齊：魯大夫公孫敖到齊國去。

【今譯】公孫敖到齊國去。

文公二年（公元前六百二十五年）

(一)春王二月甲子，晉侯及秦師戰于彭衙㈠，秦師敗績。

【今註】㈠彭衙：在今陝西省白水縣東北六十里。

【今譯】文公二年春王二月甲子這天，晉侯同秦國軍隊在彭衙這地方打仗，秦國軍隊被打敗了。

(二)丁丑，作僖公主㈠。作僖公主者何？為僖公作主也㈡。主者曷用？虞主用桑㈢，練主用栗㈣。用栗者，藏主也㈤。作僖公主何以書？譏。何譏爾？不時也㈥。其不時奈何？欲久喪而後不能也㈦。

【今註】㈠作僖公主：作僖公的神位。㈡為僖公作主也：為僖公作神位。㈢虞主用桑：安葬以後就作的神位是用桑木作的。㈣練主用栗：一年以後祭祀所用的神位是栗樹作的。㈤用栗者，藏主也：用栗的是藏在宗廟的神位。㈥不時也：不合於時宜。㈦欲久喪而後不能也：想將喪事辦得長久，後來不能夠。

【今譯】丁丑這天，作僖公廟中神位。什麼叫做作僖公廟中的神位呢？是為的給僖公作神位。神位用什麼做呢？下葬以後所作的神位，是用桑木作的，一年以後祭祀所用的神位，是用栗木作的。用栗木作的是藏在宗廟的神位。作僖公的神位為什麼寫在春秋上？這是譏諷。為什麼譏諷呢？因為不合於時宜。為什麼不合於時宜呢？先想著長久的辦喪事，而後來不能夠。

㈢三月乙巳，及晉處父盟㈠。此晉陽處父也，何以不氏？諱與大夫盟也㈡。

【今註】㈠及晉處父盟：同晉國的陽處父盟會。㈡諱與大夫盟也：避諱魯君跟大夫盟會。

【今譯】三月乙巳這天，魯文公同晉國處父盟會。這是晉國的大夫陽處父，為什麼不說姓陽呢？避諱魯君跟大夫盟會。

㈣夏六月，公孫敖會宋公、陳侯、鄭伯、晉士穀盟于垂歛㈠。

【今註】㈠垂歛：左傳作垂隴。在今河南省滎陽縣東。

【今譯】夏天六月，魯大夫公孫敖同宋公、陳侯、鄭伯、晉士穀在垂歛這地方會盟。

㈤自十有二月不雨至于秋七月㊀。何以書？記異也㊁。大旱以災書，此亦旱也㊂，曷為以異書？大旱之日短而云災，故以災書。此不雨之日長而無災，故以異書也㊃。

【今註】㊀自十有二月不雨至于秋七月：自從去年十二月不下雨一直到今年秋天七月。㊁記異也：這是記怪異。㊂此亦旱也：這也是天旱。㊃故以異書也：所以拿怪異來記載在春秋上。

【今譯】從去年十二月不下雨一直到今年秋天七月。怎麼這樣記載呢？這是為的記載怪異。大旱的時候，拿天災來記載，這也是旱災，為什麼拿怪異寫呢？大旱的日子短而說有災，所以寫在春秋上也說是災。這個不下雨的日子很長而沒有災，所以寫在春秋上就說是怪異。

㈥八月丁卯，大事于大廟，躋僖公㊀。大事者何？大祫也㊁。大祫者何？合祭也㊂。其合祭奈何？毀廟之主陳于大祖㊃，未毀廟之主皆升，合食于大祖，五年而再殷祭㊄。躋者何？升也㊅。何言乎升僖公？譏。何譏爾？逆祀也㊆。其逆祀奈何？先禰而後祖也㊇。

【今註】㊀躋僖公：升了僖公神主的地位。㊁大祫也：這是大祫（音ㄐㄧㄚˊ）。是合祭各神主于大祖的廟中。㊂合祭也：這是合起來祭祀。㊃毀廟之主陳于大祖：毀廟的神主陳列在大祖廟中。㊄五年而再殷祭：五年以後再行盛大的祭禮，指禘祭。禘祭同祫祭不同，不同者是在於禘祭時有功臣的神主也陪祭。㊅升也：升上神主的地位。㊆逆祀也：不正常的祭祀。㊇先禰而後祖也：先祭父親而後祭祖先。

【今譯】八月丁卯這天，在祭祀大廟的時候，把僖公神主的牌位升上去了。什麼叫做大事呢？就是大祫的典禮。什麼叫做大祫呢？是合起來祭祀。怎麼樣合起來祭祀呢？？凡毀廟的神主就擺在大祖的廟中，沒有毀廟的神主也同大祖合起來，一同被祭，五年以後再行大的祭祀。什麼叫做躋呢？就是升神主的地位。為什麼叫做升僖公呢？這是譏刺。為什麼譏刺呢？這是反常的祭祀。怎麼樣是反常的祭祀？因為他是先祭父親而後祭祖先。

(七)冬，晉人、宋人、陳人、鄭人伐秦。

【今譯】冬天，晉人同宋人、陳人、鄭人一同討伐秦國。

(八)公子遂如齊納幣㊀。納幣不書，此何以書？譏。何譏爾？譏喪娶也㊁。娶在三年之外，則何譏乎喪娶？三年之內不圖婚㊂。吉禘于莊公㊃，譏。然則曷為不于祭焉譏？三年之恩疾矣，非虛加之也㊄。以人心為皆有之。以人心為皆有之，則曷為獨於娶焉譏？娶者大吉也，非常吉也㊅。其為吉者主於己㊆，以為有人心焉者，則宜於此焉變矣㊇。

【今註】㊀納幣：送訂婚的聘禮。㊁喪娶也：喪事沒完就娶夫人。㊂不圖婚：不應該商量婚姻的事情。㊃吉禘于莊公：用吉禘禮祭莊公。㊄三年之恩疾矣，非虛加之也：三年的恩情很痛苦了，不是特別責備他。㊅娶者大吉也，非常吉也：娶親是大的吉祥，不是平常的吉祥。㊆其為吉者主於己：最吉祥的在於自己祭祀。因為祭祀可以念及祖先。㊇宜於此焉變矣：應在這時哀慟哭泣。

【今譯】公子遂到齊國送訂婚的聘禮。普通送聘禮不寫在春秋上，這為什麼寫呢？譏諷。為什麼譏諷呢？因為喪事沒完就娶夫人的原故。這娶夫人已經在三年之外了，又為什麼譏諷他在喪事裏娶夫人？三年之中根本不應商議婚姻的事。用吉禘禮祀莊公，這是譏諷。為什麼不在祭祀的時候譏諷呢？三年的恩情很痛苦，這不是特別的責備他。因為人心皆應該如此，痛苦的時候不應該討論娶夫人。人心既然全都如此，為什麼專譏諷娶夫人呢？因為娶夫人是大吉祥的事，不是平常的吉祥。最吉祥的在於本身祭祀祖先的時候，以為有心念親的人，就應在這時候哀慟哭泣。

文公三年（公元前六百二十四年）

㈠春王正月，叔孫得臣會晉人、宋人、陳人、衛人、鄭人伐沈㈠，沈潰。

【今註】㈠沈：姬姓國，在今安徽省臨泉縣。

【今譯】春王正月，魯大夫叔孫得臣會同晉人、宋人、陳人、衛人、鄭人一起討伐沈國，沈國崩潰。

㈡夏五月，王子虎㈠卒。王子虎者何？天子之大夫也。外大夫不卒，此何以卒？新使乎我也㈡。

【今註】㈠王子虎：是周天子的大夫，即叔虎。㈡新使乎我也：新近周王派他來魯國會葬。

【今譯】夏天五月，王子虎死了。王子虎是什麼人呢？是周天子的大夫。魯國以外的大夫不寫他死，這為什麼寫死呢？因為新近他被派來魯國的原故。

㈢秦人伐晉。

【今譯】秦國人討伐晉國。

㈣秋，楚人圍江㈠。

【今註】㊀江：嬴姓國，在今河南省正陽縣東南。

【今譯】秋天，楚國人圍了江國。

(五)雨螽于宋㊀。雨螽者何？死而墜也㊁。何以書？記異也。外異不書，此何以書？為王者之後記異也㊂。

【今註】㊀雨螽于宋：蝗蟲像雨似的掉在宋國。㊁死而墜也：死了以後掉下來。㊂為王者之後記異也：宋是商王的後人，所以為他記載怪異。

【今譯】在宋國都城天下掉很多蝗蟲跟下雨一樣。為什麼說蝗蟲掉下像下雨一樣呢？它們是死了以後掉下來的。為什麼寫在春秋上？因為記載怪異。魯國以外的怪異不寫在春秋上，這為什麼寫呢？因為宋是商王的後人，所以為他記載怪異。

(六)冬，公如晉。十有二月己巳，公及晉侯盟㊀。

【今註】㊀盟：盟誓。結好。

【今譯】冬天，魯文公到晉國去。十二月己巳這天，文公同晉侯盟誓。

(七)晉陽處父帥師伐楚救江。此伐楚也，其言救江何？為諼也㊀。

其為諼奈何？伐楚為救江也㈡。

【今註】㈠為諼也：是說謊話。㈡伐楚為救江也：討伐楚國是為的救江國。

【今譯】晉大夫陽處父帥領軍隊討伐楚國救江國。這是討伐楚國，為什麼說是救江國呢？是說謊話。怎麼樣說謊話？討伐楚國是為的救江國。

文公四年（公元前六百二十三年）

(一)春，公至自晉㈠。

【今註】㈠公至自晉：文公從晉國回來。

【今譯】春天，文公從晉國回來。

(二)夏，逆婦姜于齊㈠。其謂之逆婦姜于齊何？略之也㈡。高子㈢曰：「娶乎大夫者，略之也㈣。」

【今註】㈠逆婦姜于齊：到齊國去迎接婦姜。㈡略之也：很簡略。㈢高子：公羊先師之一。㈣娶乎大夫者，略之也：娶的夫人是大夫的女兒，所以記載很簡略。

【今譯】夏天，到齊國去迎接婦姜。為什麼說到齊國去迎接婦姜呢？因為簡略的記載。據公羊先師高子說：「因為娶的是齊國大夫的女兒，所以記載的很簡略。」

㈢狄侵齊㊀。

【今註】㊀狄侵齊：狄人侵略齊國。

【今譯】狄人侵略齊國。

㈣秋，楚人滅江㊀。

【今註】㊀楚人滅江：楚國人滅了江國。

【今譯】秋天，楚國人滅了江國。

㈤晉侯伐秦㊀。

【今註】㊀晉侯伐秦：晉襄公討伐秦國。

【今譯】晉襄王討伐秦國。

㈥衛侯使甯速㊀來聘。

【今註】㊀甯速：衛大夫。解云正本作速字，故賈氏云公羊曰甯速是也。有的本作甯俞。

【今譯】衛侯派大夫甯速來魯國聘問。

㈦冬十有一月壬寅，夫人風氏薨㈠。

【今註】㈠夫人風氏薨：這是僖公的母親成風死了。

【今譯】冬天十一月壬寅這天，僖公的母親成風死了。

文公五年（公元前六百二十二年）

㈠春王正月，王使榮叔歸含且賵㈠。含者何？口實也㈡。其言歸含且賵何？兼之㈢，兼之非禮也。

【今註】㈠王使榮叔歸含且賵：周王派了大夫榮叔送含在嘴裏的物品，並且送喪葬的物品。㈡口實也：嘴裏含的東西。㈢兼之：兩種一併送來。

【今譯】春王正月，周王派周大夫榮叔來魯國送成風口中所含的珠玉，並且送葬物。什麼叫做含呢？嘴裏含的東西。為什麼說送含同葬物呢？這是兩種一併送來，一併送來是不合於禮的。

㈡三月辛亥，葬我小君成風㈠。成風者何？僖公之母也㈡。

【今註】㈠葬我小君成風：葬我們的小君成風。㈡僖公之母也：魯僖公的母親。

【今譯】三月辛亥這天，給我們魯國小君成風行葬禮。成風是誰呢？就是僖公的母親。

㈢王使召伯來會葬㈠。

【今註】㈠王使召伯來會葬：周王派召伯來會葬。

【今譯】周王派召伯來會葬。

㈣夏，公孫敖如晉㈠。

【今註】㈠公孫敖如晉：公孫敖到晉國去。

【今譯】夏天，公孫敖到晉國去。

㈤秦人入鄀㈠。

【今註】㈠鄀：音若，國名，在今河南省內鄉縣西南一百二十里。

【今譯】秦國人進入鄀國都城。

㈥秋，楚人滅六㈠。

【今註】㈠六：偃姓國，在今安徽省六安縣北。

【今譯】秋天，楚國人滅了六國。

㈦冬十月甲申，許男業卒㈠。

【今註】㈠許男業卒：許國的僖公死了，他名叫業。

【今譯】冬十月甲申這天，許僖公死了。

文公六年（公元前六百二十一年）

㈠春，葬許僖公㈠。

【今註】㈠葬許僖公：給許僖公行葬禮。

【今譯】春天，給許僖公行葬禮。

㈡夏，季孫行父如陳㈠。

【今註】㈠季孫行父如陳：魯大夫季孫行父到陳國去。

【今譯】夏天，季孫行父到陳國去。

㈢秋，季孫行父如晉。

【今譯】秋天，季孫行父到晉國去。

㈣八月乙亥，晉侯讙卒㊀。

【今註】㊀晉侯讙卒：讙音官。晉襄公死了。

【今譯】八月乙亥這天，晉襄公讙死了。

㈤冬十月，公子遂如晉㊀。

【今註】㊀公子遂如晉：魯大夫公子遂到晉國去。

【今譯】冬天十月，公子遂到晉國去。

㈥晉殺其大夫陽處父㊀。

【今註】㊀晉殺其大夫陽處父：晉人殺他的大夫陽處父。

【今譯】晉人殺他大夫陽處父。

(七)晉狐射姑㊀出奔狄。晉殺其大夫陽處父，則狐射姑曷為出奔？射姑殺也㊁。射姑殺則其稱國以殺何？君漏言也㊂。其漏言奈何？君將使射姑將㊃。陽處父諫曰：「射姑民眾不說，不可使將。」於是廢將㊄。陽處父出，射姑入。君謂射姑曰：「陽處父言曰：『射姑民眾不說，不可使將。』」射姑怒，出刺陽處父於朝而走㊅。

【今註】㊀狐射姑：射音亦。是晉大夫。㊁射姑殺也：是射姑殺了陽處父。㊂君漏言也：君洩漏了他的話。㊃將：中軍元帥。㊄廢將：不使他做中軍元帥。㊅出刺陽處父於朝而走：出去在朝上刺殺陽處父就逃走了。

【今譯】晉國狐射姑逃奔到狄國去。晉國殺他大夫陽處父，狐射姑為什麼要出奔呢？是射姑把他殺的。既然是射姑殺的，為什麼稱國家的名義？這是晉君說漏了話。他怎麼樣說漏了話？晉君將使狐射姑做中軍元帥，陽處父勸諫說：「射姑人民不喜歡他，不可以使他當中軍元帥。」於是就不使他做中軍元帥。陽處父出來，狐射姑進去。晉君對射姑說：「陽處父說：『射姑民眾不喜歡你，不可以使你當中軍元帥。』」射姑發怒，出去就在朝上刺殺陽處父就逃走了。

(八)閏月不告月，猶朝于廟㈠。不告月者何？不告朔也㈡。曷為不告朔？天無是月也㈢。閏月矣，何以謂之天無是月？非常月也㈣。猶者何？通可以已也㈤。

【今註】㈠閏月不告月，猶朝于廟：閏月不宣告初一，但仍在廟中聽朝。㈡不告朔也：不告初一的原故。㈢天無是月也：因為天上沒有這個月。㈣非常月也：這不是平常的月份。㈤通可以已也：普通可以不這樣做。

【今譯】閏月不宣告初一，但是尚在廟中聽朝。為什麼不告月，等於不宣告初一。為什麼不宣佈初一？因為天上沒有這個月。已經有了閏月了，為什麼說天上沒有這個月？這不是一個平常的月份。什麼叫做猶呢？意思是說普通可以不這樣做。

文公七年（公元前六百二十年）

(一)春，公伐邾婁㈠。

【今註】㈠公伐邾婁：文公討伐邾婁國。

【今譯】春天，文公討伐邾婁國。

㈡三月甲戌，取須朐㊀。取邑不日，此何以日？內辭也，使若他人然㊁。

【今註】㊀須朐：朐音劬，在今山東省東平縣東北。㊁使若他人然：假設好像是旁人做的。

【今譯】三月甲戌這天，魯國人佔領了須朐這個城。每回佔領城邑不寫日子，這為什麼寫？這是對內的言辭，好像是旁人做的一樣。

㈢遂城郚㊀。

【今註】㊀郚：音吾，在今山東省泗水縣東南。

【今譯】就修築郚這個城邑。

㈣夏四月，宋公王臣卒㊀。

【今註】㊀宋公王臣卒：宋公名叫王臣死了。

【今譯】夏天四月，宋公名叫王臣死了。

㈤宋人殺其大夫。何以不名？宋三世無大夫，三世內娶也㊀。

【今註】㊀三世內娶也：三代都是娶國內大夫的女兒。

【今譯】宋人殺了他大夫，為什麼不稱他的名字呢？宋國三代沒有大夫，因為三代宋公全是娶國內大夫的女兒。

(六)戊子，晉人及秦人戰于令狐㊀，晉先眜以師奔秦。此偏戰也，何以不言師敗績？敵㊁也。此晉先眜也，其稱人何？貶。曷為貶？外也㊂。其外奈何？以師外也㊃。何以不言出？遂在外也㊄。

【今註】㊀令狐：在今山西省猗氏縣西十五里。㊁敵：沒有勝負。㊂外也：在外邊。㊃以師外也：以軍隊在外邊。㊄遂在外也：就已在外邊。

【今譯】戊子這天，晉人同秦人在令狐這地方打仗，晉國先眜以軍隊逃奔秦國。這是一個偏戰，為什麼不說全師崩潰呢？因為是兩邊沒有什麼勝負。這是晉國的先眜，為什麼稱他為人呢？這是貶低他身分。為什麼貶低他身分？因為他在外邊。他怎樣在外邊？他率領軍隊在外邊。為什麼不說他出奔呢？他就已經在外邊。

(七)狄侵我西鄙㊀。

【今註】㊀西鄙：西邊的邊境。

【今譯】狄人侵略魯國西邊的邊境。

(八)秋八月，公會諸侯，晉大夫盟于扈㈠。諸侯何以不序？大夫何以不名？公失序也㈡。公失序奈何？諸侯不可使與公盟，昳晉大夫使與公盟也㈢。

【今註】㈠扈：在今河南省原武縣西北。㈡公失序也：魯文公失掉次序，意謂為諸侯所薄賤。㈢諸侯不可使與公盟，昳晉大夫使與公盟也：諸侯不願跟公盟會，用眼色向晉大夫示意，使他與公會盟。

【今譯】秋天八月，文公同諸侯及晉大夫在扈這地方會盟。諸侯為什麼不按次序列出？大夫為什麼也不寫名字呢？因為文公為諸侯所薄賤。文公怎樣為諸侯所薄賤？諸侯不願跟公會盟，用眼色向晉大夫示意，使他與公會盟。

(九)冬，徐伐莒㈠。

【今註】㈠莒：在今山東省莒縣縣治。

【今譯】冬天，徐國討伐莒國。

(十)公孫敖如莒莅盟㈠。

【今註】㊀莅盟：參加盟誓。

【今譯】魯大夫公孫敖到莒國參加盟誓。

文公八年（公元前六百一十九年）

㈠春王正月㊀。

【今註】㊀春王正月：照例寫上。

【今譯】春王正月。

㈡夏四月㊀。

【今註】㊀夏四月：照例寫上。

【今譯】夏天四月。

㈢秋八月戊申，天王崩㊀。

【今註】㊀天王崩：周天王死了。

【今譯】秋天八月戊申這天，周天王死了。

㈣冬十月壬午，公子遂會晉趙盾盟于衡雍㊀。

【今註】㊀衡雍：鄭地，在今河南省原武縣西北五里。

【今譯】冬十月壬午這天，魯大夫公子遂同晉大夫趙盾在衡雍這地方盟會。

㈤乙酉，公子遂會伊雒戎盟于暴㊀。

【今註】㊀暴：鄭地，在今河南省原武縣東南。

【今譯】乙酉這天，公子遂會同伊水雒水左近的戎狄在暴這地方盟會。

㈥公孫敖如京師不至復㊀。丙戌奔莒。不至復者何？不至復者，內辭也，不可使往也㊁。不可使往，則其言如京師何？遂公意也㊂。何以不言出？遂在外也㊃。

【今註】㊀不至復：沒到周都城就回來了。㊁不可使往也：不可以派他去。㊂遂公意也：尊重文公的意思。㊃遂在外也：本來在魯國以外。

【今譯】魯大夫公孫敖，到周天子的都城去，沒有到就回來了。丙戌這天，就逃到莒國去。什麼叫做沒到就回來呢？這句話是魯國內部的言辭，表示不可派他去。既然不可以派他去，為什麼又寫在春秋上說他到天王的都城去呢？這是尊重魯文公的意思。為什麼不說出奔呢？因為他本來在魯國以外。

(七)螽㊀。

【今註】㊀螽：音終。蝗蟲。

【今譯】魯國鬧蝗蟲。

(八)宋人殺其大夫司馬㊀。

【今註】㊀司馬：是官名。

【今譯】宋國人把他們的大夫司馬殺掉。

(九)宋司城來奔㊀。司馬者何？司城者何？皆官舉也㊁。曷為皆官舉？宋三世無大夫，三世內娶也。

【今註】㊀來奔：逃到魯國來。㊁皆官舉也：全部舉他的官名。

【今譯】宋國的司城官逃到魯國來。什麼叫做司馬呢？什麼叫做司城呢？全都舉他的官名。為什麼全都舉他的官名？宋國三代沒有大夫，因為三代的君全部娶國內大夫的女兒。

文公九年（公元前六百一十八年）

(一)春，毛伯來求金㈠。毛伯者何？天子之大夫也㈡。何以不稱使？當喪未君也㈢。踰年矣，何以謂之未君？即位矣而未稱王也㈣。未稱王何以知其即位？以諸侯之踰年即位，亦知天子之踰年即位也㈤。以天子三年然後稱王，亦知諸侯於其封內三年稱子也，踰年稱公矣。則曷為於其封內三年稱子？緣民臣之心不可一日無君，緣終始之義，一年不二君㈥，不可曠年無君㈦。緣孝子之心，則三年不忍當也㈧。毛伯來求金何以書？譏。何譏爾？王者無求，求金非禮也。然則是王者與？曰：非也㈨。非王者則曷為謂之王者？王者無求，曰：是子也㈩。繼文王之體，守文王之法度，文王之法無求，而求。故譏之也。

【今註】㈠求金：要求金錢。㈡天子之大夫也：周天子的大夫。㈢當喪未君也：周王有喪事而沒有稱君。㈣即位矣而未稱王也：已經行即位典禮而沒有自稱王。㈤以諸侯之踰年即位，亦知天子之踰年即位也：因為諸侯過一年就行即位典禮，所以知道周天子過一年就應行即位典禮。㈥一年不二君：一年不能有兩個君。㈦不可曠年無君：不可以連年沒有君。㈧緣孝子之心，則三年不忍當也：

孝子思念他的父親，三年都不忍當父位。㈨非也：不對。㈩是子也：這個子。

【今譯】九年春天，毛伯來求金了。誰是毛伯呢？他是周天子的大夫。為什麼不稱使呢？周天子有喪事，尚沒能稱君。已經過了一年了，為什麼尚說沒做君呢？他是已經即位，還沒有稱王。沒有稱王，為什麼已經知道他即位呢？因為諸侯過年就即位，所以知道天子應過年即位。因為天子三年以後才稱王，所以也知道諸侯在他封境裏三年內稱子，過一年以後稱公。為什麼在他封內三年稱子呢？因為民臣的心裏，不可以一天沒有君，但是因為終始的道理，一年不可以二個君，不可以連年沒有君。但是孝子的心裏，終究想他父親，三年都不忍當父位。毛伯來求金錢。為什麼寫在春秋上？這是為的譏諷。為什麼譏諷呢？王者對外無求。求金錢是不合禮的。然則是王者嗎？說：不是。既非王者，為什麼說他是王者呢？王者對外邊無求，就說：這個子，繼續周文王的體制，守文王的法度，文王的法度對外邊沒有要求，而現在有所求，所以譏諷他。

㈡夫人姜氏如齊㈠。

【今註】㈠如齊：到齊國去。

【今譯】夫人姜氏到齊國去。

㈢二月，叔孫得臣如京師㈠。

【今註】㈠京師：周都城。

【今釋】二月，叔孫得臣到周都城。

㈣辛丑，葬襄王㈠。王者不書葬，此何以書？不及時書㈡，過時書㈢，我有往者則書㈣。

【今註】㈠葬襄王：給周襄王行葬禮。㈡不及時書：不到時候就寫在春秋上。㈢過時書：過了時候也寫在春秋上。㈣我有往者則書：我們有前去弔喪的也寫在春秋上。

【今譯】辛丑這天，給周襄王行葬禮。王者的葬禮不寫在春秋上，這為什麼寫呢？不到時候就寫，過了時候也寫，我們派人去弔喪了也寫。

㈤晉人殺其大夫先都㈠。

【今註】㈠先都：晉大夫。

【今譯】晉國人把他們的大夫先都殺了。

㈥三月，夫人姜氏至自齊㈠。

【今註】㈠至自齊：從齊國回來。

【今譯】三月，夫人姜氏從齊國回來。

㈦晉人殺其大夫穀及箕鄭父㈠。

【今註】㈠士穀及箕鄭父：二人都是晉大夫。

【今譯】晉國人殺他們大夫士穀同箕鄭父。

㈧楚人伐鄭。

【今譯】楚國人討伐鄭國。

㈨公子遂會晉人、宋人、衛人、許人救鄭。

【今譯】魯大夫公子遂會同晉人、宋人、衛人、許人救援鄭國。

㈩夏，狄侵齊。

【今譯】夏天，狄人侵略齊國。

⑾秋八月，曹伯襄卒㈠。

【今註】㈠曹伯襄卒：曹共公名叫襄死了。

【今譯】秋天八月，曹伯名叫襄死了。

㈩九月癸酉，地震㈠。地震者何？動地也㈡。何以書？記異也。

【今註】㈠地震：魯國地震。㈡動地也：地動了。

【今譯】九月癸酉這天，魯國地震。什麼是地震？就是地動了。為什麼寫在春秋上？記載災異。

㈪冬，楚子使椒來聘㈠。椒者何？楚大夫也，楚無大夫？此何以書？始有㈡大夫也。始有大夫，則何以不氏？許夷狄者不一而足也㈢。

【今註】㈠聘：聘問。㈡始有：開始有。㈢許夷狄者不一而足：稱許夷狄，不是一次就完備，要慢慢來。

【今譯】冬天，楚子派大夫椒來魯國聘問。椒是什麼人呢？就是楚大夫。楚國沒有大夫，這為什麼寫在春秋上？因為開始有大夫。開始有大夫，為什麼不稱他氏呢？稱許夷狄，不是一次就完備，要慢慢來。

(十四)秦人來歸僖公成風之襚㈠。其言僖公成風何？兼之，兼之非禮也。曷為不言及成風？成風尊也㈡。

【今註】㈠襚：下葬的衣服。㈡尊也：尊貴。

【今譯】秦人送來魯僖公同成風下葬的衣服。為什麼說僖公同成風呢？這是兩者一併送來，一併送來是不合禮的。為什麼不說及成風呢？因為成風尊貴。

(十五)葬曹共公㈠。

【今註】㈠葬曹共公：給曹伯襄行葬禮。

【今譯】給曹共公行葬禮。

卷十四　文公下

文公十年（公元前六百一十七年）

㈠春王三月辛卯，臧孫辰卒㊀。

【今註】㊀臧孫辰卒：魯大夫臧孫辰死了。

【今譯】春王三月辛卯這天，臧孫辰死了。

㈡夏，秦伐晉。

【今譯】夏天，秦國討伐晉國。

㈢楚殺其大夫宜申。

【今譯】楚國人殺了他們的大夫宜申。

㈣自正月不雨至于秋七月。

【今譯】從正月開始不下雨一直到秋天七月。

(五)及蘇子盟于女栗㊀。

【今註】㊀女栗：杜注：「地名，闕。」

【今譯】魯文公同蘇子在女栗這地方盟會。

(六)冬，狄侵宋㊀。

【今註】㊀狄侵宋：狄人侵略宋國。

【今譯】冬天，狄人侵略宋國。

(七)楚子、蔡侯次于屈貉㊀。

【今註】㊀屈貉：左傳作厥貉。彙纂說：「在今河南省項城縣境。」

【今譯】楚子同蔡侯住在屈貉這地方。

文公十有一年（公元前六百一十六年）

㈠春，楚子伐圈㊀。

【今註】㊀圈：左傳作麇。古國名，在今湖北省鄖縣。

【今譯】春天，楚子討伐圈國。

㈡夏，叔彭生會晉郤缺于承匡㊀。

【今註】㊀承匡：宋地，在今河南省睢縣西南三十里。

【今譯】夏天，魯大夫叔彭生同晉大夫郤缺在承匡這地方相會。

㈢秋，曹伯來朝。

【今譯】秋天，曹伯來魯國朝見。

㈣公子遂如宋。

【今譯】公子遂到宋國去。

㈤狄侵齊。

【今譯】狄人侵略齊國。

㈥冬十月甲午，叔孫得臣敗狄于鹹㈠。狄者何？長狄也㈡。兄弟三人，一者之齊，一者之魯，一者之晉㈢。其之齊者，王子成父殺之㈣。其之魯者，叔孫得臣殺之㈤。則未知其之晉者也㈥。其言敗何？大之也㈦。其日何？大之也。其地何？大之也。何以書？記異也。

【今註】㈠鹹：魯地，在今山東省鉅野縣南。㈡長狄也：身軀很高的狄人。何休說：蓋長百尺。㈢一者之齊，一者之魯，一者之晉：一個人去攻齊國，一個攻魯國，一個攻晉國。㈣王子成父殺之：齊大夫王子成父把他殺了。㈤叔孫得臣殺之：魯大夫叔孫得臣把他殺了。㈥則未知其之晉者也：到晉國去的就不知道結果。㈦大之也：表示戰爭很大。

【今譯】冬天十月甲午這天，魯大夫叔孫得臣在鹹這地方打敗狄人。什麼叫做狄，就是身軀很高的狄人。兄弟共三個人為首領，其中一個攻打齊國，一個攻打魯國，一個攻打晉國。攻打齊國的被齊大夫王子成父殺了。攻打魯國的被魯大夫叔孫得臣殺了。但是不知道攻打晉國的那個人結果怎麼樣。為什麼說打敗呢？表示戰爭很大。為什麼用日子？也表示戰爭很大。為什麼記載打仗的地方呢？也是表示戰爭很大。為什麼寫在春秋上呢？為的記載奇異的事情。

文公十有二年（公元前六百一十五年）

㈠春王正月，盛伯來奔㈠。盛伯者何？失地之君也㈡。何以不名？兄弟辭也㈢。

【今註】㈠盛伯來奔：盛伯逃到魯國來。㈡失地之君也：丟了地方的君。㈢兄弟辭也：兄弟之國所用的言辭。

【今譯】春王正月，盛伯逃到魯國。什麼叫做盛伯呢？是失了地的國君。為什麼不寫他名字？這是兄弟之國所用的言辭。

㈡杞伯來朝。

【今譯】杞伯來魯國朝見。

㈢二月庚子，子叔姬㈠卒。此未適人何以卒？？許嫁㈡矣。婦人許嫁字而笄之，死則以成人喪治之㈢。其稱子何？貴㈣也。其貴奈何？母弟㈤也。

【今註】㈠子叔姬：文公的女兒。㈡許嫁：許了嫁給旁人。㈢婦人許嫁字而笄之，死則以成人之喪治之：女人許嫁以後，就給她取了個字，給她帶上簪子，如果死了，就以成人的喪禮來做。㈣貴：尊貴。㈤母弟：她等於是母弟。因為先君的關係稱了，等於母弟，不稱母妹。

【今譯】二月庚子這天，子叔姬死了。這沒嫁過人，何以寫她死的那一天？因為她已經許嫁了。女人許嫁以後就給她取個字，然後給她帶上簪子，死了以後，就給她行成人的喪禮。為什麼稱子呢？因為她尊貴。為什麼她尊貴？等於母弟一樣。

㈣夏，楚人圍巢㈠。

【今註】㈠巢：小國。在今安徽省巢縣東北五里。

【今譯】夏天，楚國人圍了巢國都城。

㈤秋，滕子來朝。

【今譯】秋天，滕子來魯國朝見。

㈥秦伯使遂㈠來聘。遂者何？秦大夫也。秦無大夫，此何以書？賢繆公也㈡。何賢乎繆公？以為能變也㈢。其為能變奈何？惟諓諓善竫言㈣。俾君子易怠㈤。而況乎我多有之，惟一介斷斷焉無他技㈥。其心休休㈦。能有容㈧，是難也㈨。

【今註】㈠遂：秦大夫。㈡賢繆公也：繆音木。尊賢秦繆公。㈢以為能變也：以為他自己能夠改變。㈣惟諓諓善竫言：只有一點淺薄的善意，會作巧言。㈤使君子易怠：使君子變為自恃其善意而自尊大。㈥惟一介斷斷焉無他技：介是個，斷斷是誠篤專一貌。是一個非常誠實專一，而沒有其他花樣的人。㈦其心休休：他的胸懷寬大。休休是寬容貌。㈧能有容：能夠容人。㈨是難也：是很難得的。

【今譯】秦伯派秦大夫遂到魯國來聘問。遂是什麼人呢？就是秦大夫。秦國沒有大夫，這為什麼寫在春秋上呢？尊賢秦繆公。為什麼尊賢秦繆公呢？以為他自己能夠改變。他是怎樣的改變呢？只有一點淺薄的善意，會作巧言，使這樣的君子容易變得自恃其善意而妄自尊大。而我秦繆公卻心存多善，是一個非常誠實專一，而沒有其他花樣的人，他的胸懷寬大，並能容忍逆耳的話，這是很難得的。

㈦冬十有二月戊午，晉人，秦人戰于河曲㈠。此偏戰也，何以不言師敗績？敵㈡也。曷為以水地？河曲疏矣，河千里而一曲也㈢。

【今註】㈠河曲：晉地，在今山西省永濟縣東南。㈡敵：互相不分勝負。㈢河曲疏矣，河千里而一曲也：河曲之地已屢有戰爭，但黃河卻一千里才有一個彎。

【今譯】十二月戊午這天，晉人同秦人在河曲打仗。這是一個偏戰，為什麼不說那方面軍隊崩潰呢？因為是兩邊不分勝負。為什麼以水來稱地方呢？河曲之地已屢有戰爭，但黃河卻一千里才有一個彎。

(八)季孫行父帥師城諸㈠及運㈡。

【今註】㈠諸：魯地，在今山東省諸城縣西南三十里。㈡運：左傳作鄆。魯地，在今山東省沂水縣東北四十里。

【今譯】季孫行父帥師軍隊修築諸城同運城。

文公十有三年（公元前六百一十四年）

(一)春王正月。

【今譯】春王正月。

(二)夏五月壬午，陳侯朔㈠卒。

【今註】㈠陳侯朔：陳侯名叫朔。

【今譯】夏五月壬午這天，陳侯朔死了。

㈢邾婁子蘧篨㊀卒。

【今註】㊀邾婁子蘧篨：邾婁子名叫蘧篨。

【今譯】邾婁子蘧篨死了。

㈣自正月不雨至于秋七月。

【今譯】從正月不下雨一直到秋天七月。

㈤世室屋壞㊀。世室者何？魯公之廟㊁也。周公稱太廟㊂，魯公稱世室㊃，群公稱宮㊄。此魯公之廟也，曷為謂之世室？世室猶世室也，世世不毀也㊅。周公何以稱大廟於魯？封魯公以為周公也㊆。周公拜乎前，魯公拜乎後。曰：「生以養周公，死以為周公主㊇。」然則周公之魯乎？曰：「不之魯也㊈。」封魯公以為周公主，然則周公曷為不之魯？欲天下之一乎周也㊉。魯祭周公何以為牲？周公用白牲㊀，魯公用騂犅㊁。群公不毛㊂。魯祭周公何以為盛？周公盛㊃，魯公燾㊄，羣公廩㊅。世室屋壞何以書？譏㊆。何譏爾？久不修也㊇。

【今註】㊀世室屋壞：魯公伯禽的廟壞了。㊁魯公之廟也：是魯公伯禽的廟。㊂周公稱太廟：周公稱為太廟。㊃魯公稱世室：魯公的廟稱世室。㊄群公稱宮：其餘公的廟稱宮。㊅世世不毀也：永遠不毀掉的廟。㊆封魯公以為周公也：封伯禽為魯公就是為的周公有功於國。㊇周公拜乎前，魯公拜乎後。曰：「生以養周公，死以為周公主。」：始受封時，在文王的廟中行拜禮，周公在前，魯公在後。當時說：「生以魯國奉養周公，周公死了以後，就由魯公來祭祀。」㊈不之魯也：周公不到魯國去。㊉欲天下之一乎周也：要天下人全尊敬周室。㊁周公用白牲：祭周公用白牛。㊂騂犅：音辛岡，是脊骨上紅的牛。㊂不毛：不用純顏色的牛。㊃周公盛：周公用新穀。㊄燾：上面一層是新穀。㊅廩：最上面一點點是新穀。㊆譏：譏刺。㊇久不修也：長久不修理。

【今譯】世室的屋子壞了。為什麼叫做世室呢？是魯公伯禽的廟。周公的廟叫太廟，魯公的廟叫世室，群公的廟叫做宮。這是魯公伯禽的廟為什麼叫世室呢？世室等於說世世敬奉的廟，世世不能毀掉。周公的廟為什麼稱太廟在魯國呢？封魯公在魯國，就是為的周公有功於國。始受封時在文王廟中行拜禮，周公在前面拜，魯公在後面拜，並且說：「活著拿魯國奉養周公，周公死了以後，就由魯公來祭祀。」那麼周公到魯國去嗎？回答說：「不去。」封魯公就是為的奉養周公作祭祀主，那麼周公為什麼不到魯國去呢？是為的要天下全尊敬周室。魯國祭周公用什麼牛牲呢？祭周公用白的牛，祭魯公用脊骨赤色的牛，祭群公不用純顏色的牛。魯國祭周公用什麼食糧呢？祭周公全用新穀，祭魯公是上面一層新穀，祭群公上面一點點新穀。世室屋壞為什麼寫在春秋上？這是譏諷。為什麼譏諷？因為年久不修的原故。

㈥冬，公如晉。

【今譯】冬天，魯文公到晉國去。

㈦衛侯會于沓㊀。

【今註】㊀沓：衛地，在今河南省，地闕。

【今譯】魯文公同衛侯在沓這地方相會。

㈧狄侵衛。

【今譯】狄人侵略衛國。

㈨十有二月己丑，公及晉侯盟。

【今譯】十二月己丑這天，文公同晉侯盟會。

(十)還自晉。

【今譯】文公從晉國回來。

(土)鄭伯會公于斐㊀。還者何？善辭㊁也。何善爾？往黨㊂衛侯會公于沓，至得與晉侯盟。反黨㊃鄭伯會公于斐，故善之也。

【今註】㊀斐：鄭地，在今河南省新鄭縣東二十五里。㊁善辭：誇獎的言辭。㊂往黨：去的時間。㊃反黨：回來的時候。黨就等於時間，這是齊國人的話。

【今譯】鄭伯同魯文公在斐這地方會見。什麼叫還呢？是誇獎的言詞。為什麼誇獎呢？去的時間同衛侯在沓這地方會見，到了晉國就同晉侯盟會。回來就同鄭伯在斐這地方會見，所以誇獎魯文公。

文公十有四年（公元前六百一十三年）

(一)春王正月，公至自晉。

【今譯】春王正月，魯文公從晉國回來。

(二)邾婁人伐我南鄙㈠。

【今註】㈠南鄙：南邊的邊境。

【今譯】邾婁人討伐魯國南邊的邊境。

(三)叔彭生帥師伐邾婁。

【今譯】魯大夫叔彭生帥領軍隊討伐邾婁。

(四)夏五月乙亥，齊侯潘卒㈠。

【今註】㈠齊侯潘卒：齊侯名叫潘死了。

【今譯】夏五月乙亥這天，齊侯潘死了。

(五)六月，公會宋公、陳侯、衛侯、鄭伯、許男、曹伯、晉趙盾。癸酉，同盟于新城㈠。

【今註】㈠新城：宋地，在今河南省商邱縣西南。

【今譯】六月，文公同宋公、陳侯、衛侯、鄭伯、許男、曹伯、晉大夫趙盾會見。癸酉這天，在新城這地方共結盟誓。

㈥秋七月，有星孛入于北斗㈠。孛者何？彗星也㈡。其言入于北斗何？北斗有中也㈢。何以書？記異也㈣。

【今註】㈠有星孛入于北斗：有彗星進入到北斗。㈡彗星也：狀如箒的星星。㈢北斗有中也：中是魁中星。北斗中有魁中。㈣記異也：記載怪異。

【今譯】秋天七月，有彗星進入北斗。什麼叫做孛呢？就是彗星。為什麼說進入北斗呢？北斗中有魁中星。為什麼寫在春秋上？這是記載怪異。

㈦公至自會。

【今譯】文公從開會回來。

㈧晉人納接菑于邾婁，弗克納㈠。納者何？入辭也㈡。其言弗克納何？大其弗克納也㈢。何大乎其弗克納？晉郤缺帥師革車八百乘以納接菑于邾婁，力沛若有餘而納之㈣。邾婁人言曰：「接菑晉出也，貜且齊出也㈤。子以其指㈥，則接菑也四，貜且也六㈦。子以大國壓之㈧，則未知齊晉孰有之也㈨？貴則皆貴矣，雖然貜且也長。」郤缺曰：「非吾力不能納也，義實不爾克也㈩。」引師而去之，故君子大其弗克納也。此晉郤缺也，其稱人何？貶。曷為貶？不與大夫專廢置君也㈡。曷為不與？實與而文不與。文曷為不與？大夫之義不得專廢置君也㈢。

【今註】㈠弗克納：沒能使他進入都城。㈡入辭也：進入都城的意思。㈢大其弗克納也：誇獎他不能使接菑進入邾婁國的都城。㈣力沛若有餘而納之：晉國的力量非常充沛而有餘力，能把他納入都城。㈤接菑晉出也，貜且齊出也：接菑是晉國的外甥，貜且是齊國的外甥。㈥子以其指：你拿十個手指頭來數。㈦接菑也四，貜且也六：贊成接菑有四個，贊成貜且六個。㈧壓之：壓迫。㈨齊晉孰有之也：齊同晉誰能有了這邾婁的君位。㈩非吾力不能納也，義實不爾克也：不是我的力量不能把他入到邾婁國都城，但是道義上不可以。㈡不與大夫專廢置君也：不贊成大夫們廢除或者立君。㈢大夫之義不得專廢置君也：大夫在道理上不能專廢除或立君。

【今譯】晉國人送接菑到邾婁國都，不能使他進入國都。什麼叫做納呢？進入國都的意思。為什麼說不能使他進入國都呢？誇獎使他不能進入國都。為什麼誇獎使他不能進入國都呢？晉國的郤缺帥領著兵車八百輛，預備送接菑到邾婁的國都。力量很充沛而有餘力，能把他納入邾婁國都。邾婁人就說：「接菑是晉國的外甥，貜且是齊國的外甥。你要拿手指頭來算，那麼贊成接菑有四個，貜且有六個。你以大國壓迫我們，那麼不知道齊國、晉國是誰能有這個君位。都是尊貴的，雖然貜且年長。」郤缺說：「不是我的力量不能納他到邾婁都城，但是道義上不可以。」就領著軍隊回去了，所以君子誇獎他不能使接菑進入邾婁國都。這是晉國的郤缺，為什麼稱人呢？因為貶低他。為什麼貶低他？不贊成大夫們廢除或者立君。為什麼不贊成？實在是贊成而文辭上不贊成。文辭上為什麼不贊成呢？大夫的道理不能專廢除或立君。

㈨九月甲申，公孫敖卒于齊㈠。

【今註】㈠公孫敖卒于齊：魯大夫公孫敖死在齊國。

【今譯】九月甲申這天，公孫敖在齊國死了。

㈩齊公子商人弒其君舍㈠。此未踰年之君也，其言弒君舍何？己立之，己殺之㈡，成死者，而賤生者㈢也。

【今註】㈠舍：齊君的名字。㈡己立之，己殺之：自己把他立了，自己又殺了他。㈢成死者而賤生者：使死者成功而使活的低賤。生者指公子商人。

【今譯】齊國公子商人把他的君舍殺了。這是即位未滿一年的君，為什麼說弒其君舍呢？自己把他立了，自己又把他殺了，使死者成功而活著的人低賤。

㈩宋子哀來奔㈠。宋子哀者何？無聞焉爾㈡。

【今註】㈠宋子哀來奔：宋子哀逃奔到魯國來。㈡無聞焉爾：沒有聽說過。

【今譯】宋子哀逃奔到魯國來。宋子哀是什麼人呢？沒有聽說過。

㈪冬，單伯如齊，齊人執單伯，齊人執子叔姬㈠。執者曷為或稱行人？或不稱行人？稱行人而執者以其事執也㈡。不稱行人而執者，以己執也㈢。單伯之罪何？道淫也㈣。惡乎淫？淫乎子叔姬㈤。然則曷為不言齊人執單伯及子叔姬？內辭也，使若異罪然㈥。

【今註】㈠子叔姬：魯國的女兒。㈡以其事執也：因為事關國家所以被逮。㈢以己執也：因為自己的行為而被逮。㈣道淫也：在道路上淫亂。㈤淫乎子叔姬：同子叔姬淫亂。㈥使若異罪然：好像有不同的罪狀。

【今譯】冬天，單伯到齊國去，齊人把單伯逮起來，齊人將子叔姬逮起來。逮的時候為什麼有時稱行人？有時不稱行人？稱行人而被逮的，就是因為事關國家所以被逮。不稱行人而被逮的，是因為自己的行為而被逮。單伯的罪狀是什麼呢？在道路上淫亂。對誰淫亂呢？對子叔姬淫亂。那麼為什麼不說齊人把單伯同子叔姬逮起來呢？這是對內的言辭，好像有不同的罪狀。

文公十有五年（公元前六百一十二年）

㈠春，季孫行父如晉。

【今譯】十五年春天，季孫行父到晉國去。

㈡三月，宋司馬華孫來盟。

【今譯】三月，宋國司馬叫華孫，到魯國來盟會。

㈢夏，曹伯來朝。

【今譯】夏天，曹伯來魯國朝見。

㈣齊人歸公孫敖之喪㊀。何以不言來？內辭也。脅我而歸之㊁，筍將而來也㊂。

【今註】㈠齊人歸公孫敖之喪：齊人送魯大夫公孫敖的屍體來魯國。㈡脅我而歸之：威脅魯國來歸還他的屍體。㈢筍將而來也：用竹筐子盛他的屍體來。

【今譯】齊國人送公孫敖的屍體回魯國。為什麼不說來呢？這是魯國對內的言辭。威脅魯國來歸還他的屍體，用竹筐子盛著他的屍體來。

㈤六月辛丑朔，日有食之，鼓用牲于社㈠。

【今註】㈠鼓用牲於社：敲鼓在社神廟中用牛祭祀。

【今譯】六月辛丑初一這天，魯國有日蝕，敲鼓在社神廟中用牛祭祀。

㈥單伯至自齊。

【今譯】周大夫單伯從齊國回來。（他是為子叔姬到齊國去的。）

㈦晉郤缺帥師伐蔡㈠，戊申入蔡。入不言伐，此其言伐何？至之日也㈡。其日何？至之日也。

【今註】㈠蔡：姬姓國，在今河南省上蔡縣西南十里。㈡至之日也：來到蔡國都城那天。

【今譯】晉國郤缺帥領軍隊討伐蔡國，戊申這天進入蔡國都城。進入都城不說討伐，這為什麼說討伐？這是進入都城那天。為什麼說日子呢？這也是到都城那天。

㈧秋，齊人侵我西鄙。

【今譯】秋天，齊人侵伐魯國西邊邊境。

㈨季孫行父如晉。

【今譯】季孫行父到晉國去。

㈩冬十有一月，諸侯盟于扈㊀。

【今註】㊀扈：鄭地，在今河南省原武縣西北。

【今譯】冬天十一月，諸侯在扈這地方盟會。

⑪十有二月，齊人來歸子叔姬㊀。其言來何？閔之也㊁。此有罪何閔爾？父母之於子，雖有罪，猶若其不欲服罪然㊂。

【今註】㊀齊人來歸子叔姬：齊人送歸子叔姬到魯國。㊁閔之也：可憐她。㊂猶若其不欲服罪然：還好像希望她不認罪受罰。

【今譯】十二月，齊人派人送還子叔姬。為什麼說來呢？因為可憐她。她有罪何必可憐她呢？父母對子女，雖然她有罪，也希望她不認罪受罰。

(十二)齊侯侵我西鄙，遂伐曹，入其郛㈠。郛者何？恢郭也㈡。入郛書乎？曰不書㈢。入郛不書，此何以書？動我也㈣。動我者何？內辭也。其實我動焉爾㈤。

【今註】㈠入其郛：進了他的外城。㈡恢郭也：大的外城。㈢曰不書：回答說不寫在春秋上。㈣動我也：使我害怕。㈤其實我動焉爾：其實是我害怕了。

【今譯】齊侯侵掠魯國西邊邊鄙，就討伐曹國，進入他都城的外部。什麼叫做郛呢？就是大的外城。入外城應當寫在春秋上嗎？回答說不寫。普通入外城不寫，這為什麼寫？為的使我害怕。什麼叫做使我害怕呢？這是魯國對內的言辭。其實是我害怕了。

文公十有六年（公元前六百一十一年）

㈠春，季孫行父會齊侯于陽穀㈠，齊侯弗及盟㈡。其言弗及盟何？不見與盟也㈢。

【今註】㊀陽穀：在今山東省陽穀縣東北五十里。㊁弗及盟：沒有跟他盟會。㊂不見與盟也：齊侯不肯見他，因為魯國子叔姬的原故，所以不跟他盟會。

【今譯】十六年春天，季孫行父到陽穀這地方跟齊侯相見，齊侯不跟他盟會。為什麼說齊侯不跟他盟會？因為去年魯國子叔姬的原故，齊侯不見他，也不跟他盟會。

㈡夏五月，公四不視朔㊀。公曷為四不視朔？公有疾也㊁。何言乎公有疾不視朔？自是公無疾不視朔也㊂。然則曷為不言公無疾不視朔？有疾猶可言也㊃，無疾不可言也㊄。

【今註】㊀公四不視朔：文公四次初一不上朝。㊁公有疾也：因為文公有病。㊂自是公無疾不視朔也：從此以後文公沒有病初一也不上朝。㊃有疾猶可言也：有病還可以說。㊄無疾不可言也：無病就不可以說。

【今譯】夏天五月，魯文公已經四次初一不上朝。魯文公為什麼四次初一不上朝呢？因為文公有病。為什麼說文公有病就初一不上朝呢？自從這以後文公沒有病初一也不上朝。然則為什麼不說文公沒病也初一不上朝？有病還可以說，無病就不可以說。

㈢六月戊辰，公子遂及齊侯盟于犀丘㊀。

【今註】㈠犀丘：左氏作郪丘，穀梁作師丘。在今山東省臨淄縣南。

【今譯】六月戊辰這天，魯大夫公子遂同齊侯在犀丘這地方盟會。

㈣秋八月辛未，夫人姜氏㈠薨。

【今註】㈠夫人姜氏：魯文公的母親。

【今譯】秋八月辛未這天，文公的母親夫人姜氏死了。

㈤毀泉臺㈠。泉臺者何？郎臺也㈡。郎臺則曷為謂之泉臺？未成為郎臺，既成為泉臺㈢。毀泉臺何以書？譏。何譏爾？築之譏，毀之譏。先祖為之，已毀之，不如勿居而已矣㈣。

【今註】㈠毀泉臺：毀掉泉臺。㈡郎臺也：就是魯莊公所築的郎臺。㈢未成為郎臺，既成為泉臺：沒有修成的時候叫做郎臺，既修成了就叫做泉臺。㈣不如勿居而已矣：不如不住在那裏讓它自然毀壞就是了。

【今譯】毀了泉臺。什麼叫做泉臺呢？就是魯莊公所築的郎臺。郎臺為何叫做泉臺呢？還沒有修成的時候叫做郎臺，已經修成了就叫做泉臺。毀了泉臺為何寫在春秋上？這是譏諷。為何譏諷呢？修築的時候譏諷，毀的時候也譏諷。先祖修的，自己把他毀了，不如不住那裏讓它自然毀壞就是了。

(六)楚人、秦人、巴人滅庸㈠。

【今註】㈠庸：古國名，在今湖北省竹山縣東四十里。

【今譯】楚人同秦人、巴人滅掉庸國。

(七)冬十有一月，宋人弒其君處臼㈠。弒君者曷為或稱名氏？或不稱名氏？大夫弒君稱名氏，賤者窮諸人㈡，大夫相殺稱人，賤者窮諸盜㈢。

【今註】㈠宋人弒其君處臼：宋人把他的君處臼殺死了。㈡賤者窮諸人：賤者謂士，士稱作人。㈢大夫相殺稱人，賤者窮諸盜：大夫相殺就降稱為人，士就降稱為盜。

【今譯】冬天十一月，宋國人把他們的君處臼殺了。殺了君為什麼有時稱名氏？有時不稱名氏？大夫殺君就稱他的名氏，士就稱作人。大夫互相殺就降稱為人，士就降稱為盜。

文公十有七年（公元前六百一十年）

(一)春，晉人、衛人、陳人、鄭人伐宋。

【今譯】十七年春天，晉國人同衛國人、陳國人、鄭國人討伐宋國。

(二)夏四月癸亥，葬我小君聖姜(一)。聖姜者何？文公之母也。

【今註】(一)聖姜：左傳作聲姜，文公的母親。

【今譯】夏四月癸亥這天，給魯國小君聖姜行葬禮。聖姜是什麼人呢？就是文公的母親。

(三)齊侯伐我西鄙。

【今譯】齊侯討伐魯國西邊邊境。

(四)六月癸未，公及齊侯盟于穀(一)。

【今註】(一)穀：在今山東省東阿縣縣治。

【今譯】六月癸未這天，文公同齊侯在穀這地方盟會。

(五)諸侯會于扈(一)。

【今註】(一)扈：鄭地，在今河南省原武縣西北。

【今譯】諸侯在扈這地方相會。

㈥秋，公至自穀。

【今譯】秋天，文公從穀這地方回來。

㈦冬公子遂如齊。

【今譯】魯大夫公子遂到齊國去。

文公十有八年（公元前六百零九年）

㈠春王二月丁丑，公薨于臺下㊀。

【今註】㊀公薨於臺下：文公薨逝在臺下。

【今譯】春王二月丁丑這天，文公薨逝在臺下。

㈡秦伯罃卒㊀。

【今註】㊀秦伯罃卒：秦康公名叫罃（音罌）死了。何休說是秦穆公不正確。左傳史記皆以罃為康公。

【今譯】秦康公死了。

㈢夏五月戊戌，齊人弒其君商人㈠。

【今註】㈠商人：齊君的名字。

【今譯】夏五月戊戌這天，齊人把他的君商人殺了。

㈣六月癸酉，葬我君文公。

【今譯】六月癸酉這天，給我魯文公行葬禮。

㈤秋，公子遂，叔孫得臣㈠如齊。

【今註】㈠公子遂，叔孫得臣：二人皆魯大夫。

【今譯】秋天，公子遂同叔孫得臣到齊國去。

㈥冬十月，子卒㈠。子卒者孰謂？謂子赤也㈡。何以不日？隱之也㈢。何隱爾？弒也㈣。弒則何以不日？不忍言也。

【今註】㈠子卒：文公的兒子子赤死了。㈡子赤也：就是子赤。㈢隱之也：為此悲痛。㈣弒也：被旁人所殺。

【今譯】冬十月，子赤死了。子卒指著誰呢？就是指子赤。為什麼不寫日子？這是為此悲痛。為什麼悲痛？因為被旁人所弒。弒為什麼不寫日子呢？不忍心說。

(七)夫人姜氏歸于齊㈠。

【今註】㈠夫人姜氏歸于齊：文公的夫人姜氏大歸到齊國。

【今譯】文公的夫人姜氏大歸到齊國。

(八)季孫行父如齊。

【今譯】季孫行父到齊國去。

(九)莒弒其君庶其㈠。稱國以弒何？稱國以弒者，眾弒君之辭㈡。

【今註】㈠庶其：莒國的君。㈡眾弒君之辭：眾人一起弒君的言辭。

【今譯】莒國弒他的君叫庶其的。為什麼稱國家來弒他呢？稱國來弒他是表示眾人一起弒君的言辭。

卷十五　宣公上

宣公元年（公元前六百零八年）

㈠春王正月，公即位㈠。繼弒君不言即位，此其言即位何？其意也㈡。公子遂如齊逆女㈢。

【今註】㈠公即位：宣公行即位典禮。㈡其意也：本著宣公的意思。㈢公子遂如齊逆女：公子遂到齊國去迎接宣公的夫人。

【今譯】元年春王正月，宣公行即位典禮。繼承被弒的君不講行即位典禮，這次為什麼講呢？這是本著宣公的意思。公子遂到齊國去迎接宣公的夫人。

㈡三月，遂以夫人婦姜至自齊㈠。遂何以不稱公子？一事而再見者，卒名也㈡。夫人何以不稱姜氏？貶。曷為貶？譏喪娶也㈢。喪娶者公也，則曷為貶夫人？內無貶于公之道也㈣。內無貶于公之道則曷為貶夫人？夫人與公一體也㈤。其稱婦何？有姑之辭也㈥。

【今註】㈠遂以夫人婦姜至自齊：公子遂領著夫人婦姜從齊國回到魯國。㈡卒名也：竟用他的名字。㈢譏喪娶也：譏諷在喪期中娶夫人。㈣內無貶于公之道也：在國內沒有貶低宣公的道理。㈤夫人與公一體也：夫人同公等於一體的。㈥有姑之辭也：有婆婆存在的言辭。

【今譯】三月，公子遂同夫人婦姜從齊國回來。遂為什麼不稱公子呢？一件事情兩次出現，所以竟用他的名字。夫人為什麼不稱姜氏？貶低她。為什麼貶呢？譏刺在喪期中娶夫人。在喪期中娶夫人是宣公，為什麼貶低他的夫人呢？因為在國內是沒有貶低公的道理。國內既然沒有貶公的道理，為什麼又貶夫人呢？因為夫人同公等於一體的。為什麼稱婦呢？有婆婆存在的言辭。

㈢夏，季孫行父如齊。

【今譯】夏天，季孫行父到齊國去。

㈣晉放其大夫胥甲父于衛㈠。放之者何？猶曰無去是云爾㈡。然則何言爾？近正也㈢。此其為近正奈何？古者大夫已去，三年待放㈣。君放之非也，大夫待放正也㈤。古者臣有大喪，則君三年不呼其門。已練可以弁冕，服金革之事㈥。君使之非也，臣行之禮也㈦。閔子㈧要絰而服事㈨。既而曰：「若此乎古之道，不即人心。」退而致仕㈩。孔子蓋善之也㈡。

【今註】㈠晉放其大夫胥甲父于衛：晉國流放他的大夫胥甲父到衛國去。㈡猶曰無去是云爾：等於說不要離開這個地方—就是衛國。㈢近正也：近於正規。㈣古者大夫已去，三年待放：古時大夫已經去掉職務，三年等著被驅逐出去。㈤君放之非也，大夫待放正也：君把他驅逐出去是不合禮的，大夫留下來等君下令放逐，這是正道的。㈥已練可以弁冕，服金革之事：已經過了一年可以穿戴皮弁，服役軍隊。㈦君使之非也，臣行之禮也：君要派他去是不合禮的，人臣自己要做是合禮的。㈧閔子：孔子弟子閔子騫，以孝順父母著名。㈨要絰而服事：戴著絰帶而做事情。㈩退而仕致：退了就把奉祿交還。㈡孔子蓋善之也：孔子很讚美他。

【今譯】晉國把他大夫胥甲父放逐到衛國去。什麼叫做放逐呢？等於說不要離開這個地方—衛國。為什麼這麼說？是近於正規的。怎麼樣近於正規呢？古時大夫已經去了職位，三年等著放逐。君要放逐他，這是不合禮的。大夫等著被放逐是合禮的。古時候人臣有大喪事，則人君三年不叫他的門。已過一年以後，可以穿戴皮弁，服役軍隊。君要派他去做是不合禮的。人臣自己要做是合禮的。閔子騫戴著絰帶而做事。後來他就說：「這樣做很合於古人的道理，而不合人心。」退了以後，就把奉祿還給君。孔子很誇獎他。

㈤公會齊侯于平州㊀。

【今註】㊀平州：齊地，在今山東省萊蕪縣東北三十里。

【今譯】宣公同齊侯在平州這地方相會。

㈥公子遂如齊。

【今譯】公子遂到齊國去。

㈦六月，齊人取濟西田㊀。外取邑不書，此何以書？所以賂齊也㊁。曷為賂齊？為弒子赤之賂也㊂。

【今註】㊀濟西田：魯地。在今山東省鉅野縣西北。㊁所以賂齊也：所以賄賂齊國。㊂為弒子赤之賂也：為的是弒文公太子子赤的賄賂。按子赤齊外孫，宣公弒之，因此以濟西田賂齊。

【今譯】六月，齊人來取濟水以西的田地。外國人佔了邑不寫在春秋上，這為什麼寫呢？為的賄賂齊國。為什麼賄賂齊國呢？就是為弒文公太子子赤的賄賂。

(八)秋，郲婁子來朝。

【今譯】秋天，郲婁的君來魯國朝見。

(九)楚子、鄭人侵陳，遂侵宋。

【今譯】楚子同鄭人侵略陳國，也就侵略宋國。

(十)晉趙盾帥師救陳。宋公、陳侯、衛侯、曹伯會晉師于斐林㊀伐鄭。此晉趙盾之師也，曷為不言趙盾之師？君不會大夫之辭也㊁。

【今註】㊀斐林：鄭地，在今河南省新鄭縣東南二十五里。㊁君不會大夫之辭也：君不能跟大夫開會的言辭。

【今譯】晉國趙盾帥領軍隊去救陳國。於是宋公同陳侯、衛侯、曹伯與晉國軍隊在斐林這地方相會，討伐鄭國。這是晉國趙盾的軍隊，為什麼不說趙盾的軍隊？這是君不能跟大夫開會的言辭。

(土)冬，晉趙穿帥師侵柳㊀。柳者何？天子之邑也㊁。曷為不繫乎周？不與伐天子也㊂。

【今註】㊀柳：左傳作崇。在今陝西省鄠縣東五里。㊁天子之邑也：屬於天子的邑。㊂不與伐天子也：不贊成討伐天子。

【今譯】冬天，晉國趙穿帥師侵犯柳這地方。什麼叫做柳？是天子的邑。為什麼不寫上周天子呢？不贊成討伐周天子的原故。

㈦晉人、宋人伐鄭。

【今譯】晉人同宋人伐鄭國。

宣公二年（公元前六百零七年）

㈠春王二月壬子，宋華元帥師及鄭公子歸生帥師戰于大棘㊀。宋師敗績，獲宋華元。

【今註】㊀大棘：宋地，在今河南省寧陵縣西南七十里。

【今譯】春王二月壬子這天，宋大夫華元帥領軍隊同鄭國的公子歸生所帥領的軍隊在大棘這地方打仗，宋國軍隊被鄭國打敗，逮走了宋大夫華元。

㈡秦師伐晉。

【今譯】秦國軍隊討伐晉國。

㈢夏，晉人、宋人、衛人、陳人侵鄭。

【今譯】夏天，晉國人同宋國人、衛國人、陳國人侵略鄭國。

㈣秋九月乙丑，晉趙盾弒其君夷獋㊀。

【今註】㊀夷獋：左傳作夷皐，是晉國君的名。

【今譯】九月乙丑這天，晉大夫趙盾把他的君夷獋殺了。

㈤冬十月乙亥，天王崩㊀。

【今註】㊀天王崩：周匡王崩逝。

【今譯】冬十月乙亥這天，周匡王崩逝。

宣公三年（公元前六百零六年）

㈠春王正月，郊牛之口傷，改卜牛，牛死乃不郊，猶三望㈠。其言之何？緩也㈡。曷為不復卜？養牲養二卜。帝牲不吉，則扳稷牲而卜之㈢。帝牲在于滌三月，於稷者唯具是視㈣。郊曷為必祭稷？王者必以其祖配㈤。王者則曷為必以其祖配？自內出者無匹不行，自外至者無主不止㈥。

【今註】㈠猶三望：尚且三次望祭山川。㈡緩也：簡慢。㈢帝牲不吉，則扳稷牲而卜之：祭上帝的牛不吉祥，就用祭稷的牛再占卜。㈣帝牲在于滌三月，於稷者唯具是視：祭上帝的牛在養上帝牛的宮中住三個月，至於祭稷的牛，完整的就可以用。㈤王者必以其祖配：做王的在祭上帝時必須用他的始祖來配享。㈥自內出者無匹不行，自外至者無主不止：自內裏出來沒有配享就不能行祭禮，從外面來的沒有主也不能行祭禮。

【今譯】三年春王正月，郊天所用的牛嘴受了傷，就改占卜另一隻牛，牛又死了，就不能郊天了，但是尚且行望祭山川的禮。為什麼這樣說呢？因為簡慢的原故。為什麼不再占卜呢？養牛是養兩隻牛，如果祭祀上帝的牛不吉祥，就用祭稷的牛加以占卜。祭上帝的牛必須在養上帝的牛的宮中養三個月，至於祭稷的牛，祇要完備的身子就可以了。為什麼郊天必須也祭后稷呢？做王的人必須拿他始祖來配享。王者為什麼必須拿他始祖來配享呢？自內裏出來沒有配享就不能行禮，自外來的沒有主同樣不能行祭禮。

(二)葬匡王㊀。

【今註】㊀匡王：是周夫子，定王的父親。

【今譯】給周匡王行葬禮。

(三)楚子伐賁渾戎㊀。

【今註】㊀賁渾戎：左傳作陸渾，在今河南省嵩縣東北三十里。

【今譯】楚子討伐賁渾的戎人。

(四)夏，楚人侵鄭。

【今譯】夏天，楚國人侵略鄭國。

(五)秋，赤狄㊀侵齊。

【今註】㊀赤狄：國名，在今山西省長治縣西。

【今譯】秋天，赤狄侵略齊國。

(六)宋師圍曹。

【今譯】宋國軍隊圍了曹國都城。

(七)冬十月丙戌，鄭伯蘭卒㊀。

【今註】㊀鄭伯蘭卒：鄭伯名叫蘭死了。

【今譯】冬十月丙戌這天，鄭伯名叫蘭死了。

(八)葬鄭繆公。

【今譯】給鄭繆公行葬禮。

宣公四年（公元前六百零五年）

(一)春王正月，公及齊侯平莒及郯㊀。莒人不肯，公伐莒取向㊁。此平莒也，其言不肯何？辭取向也㊂。

【今註】㊀平莒及郯：給莒國同郯國調解和平。㊁向：在今山東省莒縣南七十里。㊂辭取向也：為魯國佔領向的說辭。

【今譯】春王正月，魯宣公同齊侯調解莒國同郯國的和平。莒人不肯，魯宣公就討伐莒國佔領了向。這是為的調解莒國的和平，為什麼說他不肯呢？就是為魯宣公取向的說辭。

(二)秦伯稻卒㈠。

【今註】㈠秦伯稻卒：秦伯名叫稻死了。

【今譯】秦伯名叫稻死了。

(三)夏六月乙酉，鄭公子歸生弒其君夷㈠。

【今註】㈠夷：鄭國君的名。

【今譯】夏天六月乙酉這天，鄭國公子歸生把他的君名叫夷殺了。

(四)赤狄侵齊。

【今譯】赤狄侵略齊國。

(五)秋，公如齊。

【今譯】秋天，魯宣公到齊國去。

㈥公至自齊。

【今譯】　魯宣公從齊國回來。

㈦冬，楚子伐鄭。

【今譯】　冬天，楚子討伐鄭國。

宣公五年（公元前六百零四年）

㈠春，公如齊。

【今譯】　春天，魯宣公到齊國去。

㈡夏，公至自齊。

【今譯】　夏天，魯宣公從齊國回來。

㈢秋九月，齊高固㊀來逆子叔姬㊁。

【今註】　㊀高固：是齊國大夫。㊁子叔姬：魯國的女兒給高固做夫人。

【今譯】秋天九月，齊大夫高固來迎接他的夫人子叔姬。

(四)叔孫得臣卒。

【今譯】魯大夫叔孫得臣死了。

(五)冬，齊高固及子叔姬來。何言乎高固之來？言叔姬之來而不言高固之來則不可㈠。子公羊子曰：「其諸為其雙雙而俱至者與㈡。」

【今註】㈠言叔姬之來而不言高固之來則不可：說叔姬來而不說高固來就不可以。㈡其諸為其雙雙而俱至者與：就是說他們是雙雙一對的來。

【今譯】冬天，齊大夫高固同子叔姬來。為什麼說高固來？說叔姬來而不說高固來就不可以。子公羊子說：「就是為他們雙雙一對的來。」

(六)楚人伐鄭。

【今譯】楚國人討伐鄭國。

宣公六年（公元前六百零三年）

(一)春，晉趙盾衛孫免侵陳。趙盾弒君，此其復見何？親弒君者趙穿也㊀。親弒君者趙穿，則曷為加之趙盾？不討賊也㊁。何以謂之不討賊？晉史書賊曰：「晉趙盾弒其君夷獋。」趙盾曰：「天乎無辜！吾不弒君，誰謂吾弒君者乎㊂？」史曰：「爾為仁為義，人弒爾君，而復國不討賊，此非弒君如何㊃？」趙盾之復國奈何？靈公為無道，使諸大夫皆內朝㊄，然後處乎臺上引彈而彈之，已趨而辟丸，是樂而已矣㊅。趙盾已朝而出，與諸大夫立於朝，有人荷畚，自閨而出者㊆。趙盾曰：「彼何也？夫畚曷為出乎閨㊇？」呼之不至。曰：「子大夫也，欲視之則就而視之㊈。」趙盾就而視之，則赫然死人也。趙盾曰：「是何也？」曰：「膳宰也㊉，熊蹯不熟，公怒以斗摮而殺之，支解將使我棄之⑪。」趙盾曰：「嘻！」趨而入。靈公望見趙盾愬而再拜⑫。趙盾逡巡北面再拜稽首，趨而出。靈公心怍焉⑬，欲殺之。於是使勇士某者往殺之，勇士入其大門，則無人門焉者；入其閨，則無人閨焉者；上其堂，則無人焉。俯而闚其戶，方食魚飧（一四）。勇士曰：「嘻！子誠仁人也！吾入子之大門，則無人焉；入子之閨，則無人焉；上子之堂，則無人焉；是子之易也（一五）。子為晉國重卿而食魚飧，是子之儉也（一六）。君將使我殺子，吾不忍殺子也，雖然吾亦不可復見吾君矣。」遂刎頸而死。靈公聞之怒，滋欲殺之甚（一七），眾莫可使往者。於是伏甲于宮中，召趙盾而食之。趙盾之車右祁彌明者，國之力士也，仡然從乎趙盾而入（一八），放乎堂下而立。趙盾已食，靈公謂盾曰：「吾聞子之劍蓋利劍也，子以示我，吾將觀焉。」趙盾起將進劍，祁彌明自下呼之曰：「盾食飽則出，何故拔劍於君所？」趙盾知之，躇階而走（一九）。靈公有周狗（二〇），謂之獒（二一），呼獒而屬之，獒亦躇階而從之。祁彌明逆而踆之（二二），絕其頷（二三）。趙盾顧曰：「君之獒不若臣之獒也！」然而宮中甲鼓而起，有起于甲中者抱趙盾而乘之（二四）。趙盾顧曰：「吾何以得此于子？」曰：「子某時所食活我于暴桑下者也（二五）。」

趙盾曰：「子名為誰？」曰：「吾君孰為介？子之乘矣，何問吾名？」趙盾驅而出，眾無留之者。趙穿緣民眾不說，起殺靈公，然後迎趙盾而入，與之立於朝，而立成公黑臀㊱。

【今註】㊀親弒君者趙穿也：親自弒君的是趙穿。㊁不討賊：不討伐趙穿。㊂天乎無辜！吾不弒君，誰謂吾弒君者乎：天啊！我沒有罪，我不曾弒君，誰說我弒君呢？㊃爾為仁為義，人弒爾君，而復國不討賊，此非弒君如何：你做仁做義，人家弒了你的君，而你回到國裏不討賊，這不是弒君是什麼呢？㊄內朝：往內裏上朝。意思不在外邊上朝。㊅處乎臺上引彈而彈之，已趨而辟丸，是樂而已矣：他在臺上用弓來射彈丸，諸大夫跑著去躲避彈丸，他自己以這為快樂。㊆有人荷畚，自閨而出者：有一個人挑著畚箕從宮中小門裏出來。畚音ㄅㄣˇ，是用竹木所製的盛土器。㊇夫畚曷為出乎閨：畚箕為什麼從宮中小門裏出來？㊈欲視之則就而視之：想看就看吧！㊉膳宰也：做飯的頭目。⑪熊蹯不熟，公怒以斗摮而殺之，支解將使我棄之：摮音ㄑㄧㄠˋ。熊掌沒有熟，靈公生氣用斗打死他，把他分成塊叫我扔掉他。⑫愬而再拜：心裏很驚，再拜行禮。愬，驚貌。⑬心怍焉：怍，慚貌。⑭方食魚飧：正在吃魚做的粥。⑮是子之易也：是你為人簡易。⑯是子之儉也：是你很儉省。⑰滋欲殺之甚：更想把他殺掉。⑱仡然從乎趙盾而入：很壯勇的跟著趙盾入到宮裏。⑲躇階而走：超越臺階逃走。⑳靈公有周狗：何若瑤說：「周狗者周地所出之狗，如齊有良狗曰韓盧是也。」何休說：「比周之狗。」不對。㉑謂之獒：爾雅釋畜說犬四尺曰獒。㉒祁彌明逆而踆之：踆音ㄘㄨㄣ。祁彌明用腳逆而踢它。㉓絕其頷：頷音ㄏㄢˋ，斷了它的脖子。㉔有起于甲中者抱趙盾而乘之：有從甲兵中出來一個人抱著趙盾上車。㉕子某時所食活我于暴桑下者也：你某一時候在暴桑下給我吃的使我活了。㉖成公黑臀：晉文公的兒子名叫黑臀。

【今譯】六年春天，晉國趙盾同衛國的孫免率領軍隊侵略陳國。趙盾已經弒過晉靈公了，為什麼又出現他的姓名？親手弒君的是趙穿。親手弒君的是趙穿，為什麼加在趙盾的身上呢？因為他不討伐弒君的賊。為什麼說他不討賊呢？晉國史官寫在春秋上說：「晉國趙盾弒君夷獋。」趙盾說：「天啊！我冤枉。我不弒君，誰說我弒君呢？」史官說：「你做仁做義，人弒了你的君，而你回來後不討賊，你這不是弒君是什麼呢？」趙盾怎麼樣回國呢？靈公暴虐無道，叫諸大夫皆到內裏上朝，他就到了臺上用彈弓來彈他們，諸大夫們就逃避彈子，靈公看了以為快樂。趙盾上朝出來，跟諸大夫立在殿上，有人挑著畚箕從宮中小門裏出來。趙盾說：「這是什麼人，畚箕為什麼從宮中小門裏出來？」叫他來，他不來，旁人就說：「你是位大夫，想去看就去看吧！」趙盾走近去看，就明明的是支解的死人。趙盾說：「這是什麼人？」回答說：「這是管膳廚的頭目。熊掌沒有熟，公生氣用斗打擊殺了他。把他支解了派我扔掉他。」趙盾聽了嘆息說：「咦！」趕緊進了宮。靈公看見趙盾來了，大驚而先再拜，趙盾慢慢的北面再拜首至地，就出去了，靈公心裏慚愧，想殺趙盾。於是就派勇士前去殺他。勇士進了趙盾的大門，沒有人看守；進他的內門，也沒有人看守；到他的堂上，也沒有人看守。

低頭看屋裏的小門，看見趙盾方在吃魚粥。勇士嘆息說：「嘻！你真是仁人，我進了你的大門，沒有人看守；進了你的內門也沒有人看到；到你的堂上，也沒有人；你這人是很簡易的。你身為晉國重要的卿，而吃魚粥，這是你很儉省。君派我來殺你，我不忍殺你，但是我也不能再見君了。」就割頸自殺而死。靈公聽見更生氣了，愈想把他殺了。但是沒有人可以派遣。於是埋伏下軍隊在宮中，叫趙盾來吃飯。趙盾的車右祁彌明，是晉國的壯士，勇猛的隨著趙盾入宮，就立到堂下。趙盾吃完飯，靈公對趙盾說：「我聽說你有寶劍，是很鋒利的，你給我看看。」趙盾立起來將進寶劍，祁彌明自堂下喊趙盾說：「趙盾既然吃飽了就出來吧！何故無禮的在君面前拔劍。」趙盾明白了，就跳著臺階出來。靈公有周地所產的一條四尺長的獒狗，叫獒狗追趙盾，獒狗也跳著階來追。祁彌明迎著狗用腳踢它，踢斷它的脖子。趙盾回看靈公說：「君的獒不如臣的獒。」但是這時宮中軍隊敲著鼓圍上來，有一個人在軍隊中出來抱著趙盾上車逃走。趙盾回看說：「我怎麼樣會得到你的救助？」回答說：「你某一次在桑樹底下給我吃的使我活了。」趙盾說：「你叫什麼名字？」回答說：「吾君為誰埋伏的軍隊？你就上車吧！何必問我的名字？」趙盾趕著車就出了宮，沒有人阻擋他。趙穿因為人民不高興，就弒了靈公，然後迎接趙盾回來，同他立在朝上，而立文公的兒子成公黑臀。

(二)夏四月。

【今譯】夏天四月。

㈢秋八月螺㊀。

【今註】㊀螺：蝗蟲。

【今譯】秋八月，魯國鬧蝗蟲。

㈣冬十月。

【今譯】冬天十月。

宣公七年（公元前六百零二年）

㈠春，衛侯使孫良夫㊀來盟。

【今註】㊀孫良夫：衛大夫。

【今譯】春天，衛侯派孫良夫來魯國盟會。

㈡夏，公會齊侯伐萊㊀。

【今註】㊀萊：姜姓國，在今山東省黃縣東南二十五里。

【今譯】夏天，魯宣公同齊侯討伐萊國。

㈢秋，公至自伐萊。

【今譯】秋天，魯宣公從討伐萊國回來。

㈣大旱㈠。

【今註】㈠大旱：魯國發生大旱災。

【今譯】魯國大旱災。

㈤冬，公會晉侯、宋公、衛侯、鄭伯、曹伯于黑壤㈠。

【今註】㈠黑壤：晉地，在今山西省沁水縣西北六十五里即黃父。

【今譯】冬天，魯宣公會見晉侯、宋公、衛侯、鄭伯、曹伯在黑壤這地方。

宣公八年（公元前六百零一年）

㈠春，公至自會。

【今譯】春天，宣公從開會回來。

(二)夏六月，公子遂如齊，至黃乃復㊀。其言至黃乃復何？有疾也㊁。何言乎有疾乃復？譏。何譏爾？大夫以君命出，聞喪徐行而不反㊂。

【今註】㊀至黃乃復：到了黃這地方就回來了。黃是齊地在今山東省鄒平縣東南。㊁有疾也：有病。㊂聞喪徐行而不反：假若聽見父母的喪事，也祇好慢慢的前進而不回來。

【今譯】夏天六月，公子遂到齊國去，到了黃就回來。為什麼說到了黃就回來呢？因為他有病。為什麼說有病就回來呢？這是譏諷。為什麼譏諷？大夫受到君命出國，聽見父母的喪事，也祇好慢慢的走而不回來。

(三)辛巳，有事于太廟㊀。

【今註】㊀有事于太廟：祭祀魯國的太廟。

【今譯】辛巳這天，祭祀魯國的太廟。

(四)仲遂卒于垂㊀。仲遂者何？公子遂也㊁。何以不稱公子？貶。曷為貶？為弒子赤㊂貶。然則曷為不於其弒焉貶？於文則無罪，於子則無年㈣。

【今註】㈠垂：齊地，在今山東省平陰縣。㈡公子遂也：就是公子遂。㈢為弒子赤：因為他弒了文公太子子赤的原故。㈣於文則無罪，於子則無年：對文公他沒有罪，對子赤沒有立就被殺了，所以沒有年份記載。

【今譯】仲遂死在垂這地方。誰是仲遂呢？就是公子遂。為什麼不稱公子呢？是貶低他的地位。為什麼貶低他的地位呢？因為他弒子赤的原故。但是為什麼不在他弒子赤的時候貶呢？對文公他沒有罪，子赤沒有立就被弒死了，所以沒有年份的記載。

㈤壬午猶繹㈠。萬入去籥㈡。繹者何？祭之明日也㈢。萬者何？干舞也㈣。籥者何？籥舞也㈤。其言萬入去籥何？去其有聲者㈥，廢其無聲者㈦，存其心焉爾㈧。存其心焉爾者何？知其不可而為之也㈨，猶者何？通可以已也㈩。

【今註】㈠猶繹：猶舉行繹祭。㈡萬入去籥：萬舞進來去掉籥器，籥是種樂器。㈢祭之明日也：祭祀的第二天再祭。㈣干舞也：拿著楯牌舞蹈。㈤籥舞也：拿著籥管而舞蹈。㈥去其有聲音：去掉有聲音的樂器。㈦廢其無聲者：不去無聲的樂器。廢，置也，不去也。㈧存其心焉爾：不過心裏存著這個樂器的名字而已。㈨知其不可而為之也：知道不可以做的而還是做。㈩通可以已：通常可以不做。

【今譯】壬午這天，尚舉行繹祭。萬舞進來就去掉籥管。什麼叫做繹呢？這是祭祀的第二天再祭。什麼叫做萬呢？是拿著楯牌的舞蹈。什麼叫做籥呢？就是拿著籥的舞蹈。為什麼說萬入去掉籥管呢？去掉有聲的，不去無聲的，存著樂器的名字在心中。在心裏存著樂器的名字是為什麼呢？知道不可做而還是做。什麼叫做猶呢？通常可以不做。

㈥戊子，夫人熊氏薨㈠。

【今註】㈠夫人熊氏薨：宣公的母親熊氏死了。

【今譯】戊子這天，宣公的母親熊氏死了。

㈦晉師、白狄伐秦。

【今譯】晉國軍隊同白狄討伐秦國。

㈧楚人滅舒蓼㈠。

【今註】㈠舒蓼：偃姓國，在今安徽省舒城縣縣境。

【今譯】楚國滅了舒蓼國。

㈨秋七月甲子，日有食之既㈠。

【今註】㈠日有食之既：太陽完全被食。即全蝕。

【今譯】秋七月甲子這天，魯國太陽完全被蝕。

㈩冬十月己丑，葬我小君頃熊。雨不克葬㈠。庚寅，日中而克葬㈡。頃熊者何？宣公之母也㈢。而者何？難也㈣。乃者何？難也㈤。曷為或言而或言乃？乃難乎而也㈥。

【今註】㈠雨不克葬：下雨不能夠下葬。㈡日中而克葬：正午就下葬。㈢宣公之母也：宣公的母親。㈣難也：困難。㈤難也：更困難。㈥乃難乎而也：乃比而更困難。

【今譯】冬十月己丑這天，給我小君頃熊行葬禮。天下雨不能下葬。第二天庚寅中午，才能夠下葬。頃熊是誰呢？宣公的母親。什麼是而呢？很困難。什麼是乃呢？更困難。為什麼有時說而有時候說乃呢？因為乃比而更困難。

㈩一城平陽㈠。

【今註】㈠平陽：魯地，在今山東省新泰縣西北四里。

【今譯】修築平陽的城。

㈩楚師伐陳。

【今譯】楚國軍隊討伐陳國。

宣公九年（公元前六百年）

㈠春王正月，公如齊。

【今譯】春王正月，宣公到齊國去。

㈡公至自齊。

【今譯】宣公從齊國回來。

㈢夏，仲孫蔑如京師㈠。

【今註】㈠京師：周王都城。

【今譯】夏天，魯大夫仲孫蔑到周都城去。

㈣齊侯伐萊。

【今譯】齊侯討伐萊國。

㈤秋，取根牟㊀。根牟者何？邾婁之邑也㊁。曷為不繫乎邾婁？諱亟也㊂。

【今註】㊀根牟：在今山東省沂水縣。㊁邾婁之邑也：是邾婁的城邑。㊂諱亟也：避諱佔據這地方那麼快。

【今譯】秋天，佔據了根牟這地方。根牟是什麼地方？是邾婁的一個城邑。為什麼不寫上邾婁的呢？避諱佔據這個地方太快了。

㈥八月，滕子卒。

【今譯】八月，滕國的君死了。

㈦九月，晉侯、宋公、衛侯、鄭伯、曹伯會于扈㊀。

【今註】㊀匽：在今河南省原武縣西北。

【今譯】九月，晉侯同宋公、衛侯、鄭伯、曹伯在匽這地方相會。

㈧晉荀林父帥師伐陳。

【今譯】晉國荀林父帥領軍隊討伐陳國。

㈨辛酉，晉侯黑臀卒于扈。扈者何？晉之邑也㊀。諸侯卒其封內不地，此何以地？卒于會，故地也㊁。未出其地，故不言會也㊂。

【今註】㊀晉之邑也：是晉國的一個城邑。㊁卒於會，故地也：在開會的時候死了，所以寫上地名。㊂未出其地，故不言會也：因為未曾離開扈這地方，所以不說會盟。

【今譯】辛酉這天，晉侯黑臀死在扈這地方。扈是什麼地方呢？是晉國的一個城邑。諸侯死在自己的封內不寫地名，這為什麼寫呢？因為在開會的時候死了，所以寫上地名。因為沒有離開過扈這地方，所以不說會盟。

㈩冬十月癸酉，衛侯鄭卒㊀。

【今註】㊀衛侯鄭卒：衛侯名叫鄭死了。

【今譯】冬十月癸酉這天，衛侯名叫鄭死了。

㈩宋人圍滕。

【今譯】宋國人圍了滕國。

㈪楚子伐鄭。

【今譯】楚子討伐鄭國。

㈫晉郤缺帥師救鄭。

【今譯】晉大夫郤缺帥領軍隊救鄭國。

㈬陳殺其大夫泄治。

【今譯】陳國把他們的大夫名叫泄治的殺死。

卷十六　宣公下

宣公十年（公元前五百九十九年）

㈠春，公如齊。公至自齊。齊人歸我濟西田。齊已取之矣，其言我何？言我者未絕於我也㊀。曷為未絕于我？齊已言取之矣，其實未之齊也㊁。

【今註】㊀言我者未絕於我也：說我的就是沒有斷絕於我。㊁其實未之齊也：其實並沒有歸到齊國。

【今譯】十年春天，魯宣公到齊國。後來宣公又從齊國回來。齊國人歸還我濟水西邊的田地。齊國已經拿去了，為什麼還說我的呢？說我的就是沒有和我斷絕。為什麼沒有和我斷絕呢？齊國已經說拿去了，其實並沒有歸到齊國。

㈡夏四月丙辰，日有食之。

【今譯】夏四月丙辰這天，魯國有日蝕。

㈢己巳，齊侯元卒㈠。

【今註】㈠齊侯元卒：齊侯名叫元死了，即齊惠公。

【今譯】己巳這天，齊侯名叫元死了。

㈣齊崔氏出奔衛。崔氏者何？齊大夫也。其稱崔氏何？貶。曷為貶？譏世卿，世卿非禮也㈠。

【今註】㈠譏世卿，世卿非禮也：譏諷輩輩都是卿，輩輩都卿這是不合禮的。

【今譯】齊國的崔氏逃奔到衛國。崔氏是什麼人呢？就是齊國的大夫。為什麼稱他崔氏呢？這是貶低。為什麼貶低呢？因為譏諷他輩輩是卿，輩輩是卿是不合禮的。

㈤公如齊。五月，公至自齊。

【今譯】魯宣公到齊國去。五月，宣公從齊國回來。

㈥癸巳，陳夏徵舒㈠弒其君平國㈡。

【今註】㈠夏徵舒：是陳國大夫。㈡平國：陳國君的名字。

【今譯】癸巳這天，陳大夫夏徵舒把他的君叫平國的弒了。

(七)六月，宋師伐滕。

【今譯】六月，宋國軍隊伐滕國。

(八)公孫歸父如齊，葬齊惠公。

【今譯】魯大夫公孫歸父到齊國去，給齊惠公行葬禮。

(九)晉人、宋人、衛人、曹人伐鄭。

【今譯】晉國人同宋國人、衛國人、曹國人討伐鄭國。

(十)秋，天王使王季子來聘㊀。王季子者何？天子之大夫也㊁。其稱王季子何？貴也㊂。其貴奈何？母弟也㊃。

【今註】㊀天王使王季子來聘：周天王派王季子來魯國聘問。㊁天子之大夫也：周天子的大夫。㊂貴也：尊貴也。㊃母弟也：天子同母的弟弟。

【今譯】秋天，周天王派王季子來魯國聘問。王季子是什麼人呢？是周天子的大夫。為什麼稱他王季子呢？因為尊貴他。貴到什麼程度呢？是周天子的同母弟。

⑾公孫歸父帥師伐邾婁取蘱㊀。

【今註】㊀蘱：左傳作繹，公羊誤作蘱。在今山東省鄒縣嶧山的西北。

【今譯】魯大夫公孫歸父帥領軍隊討伐邾婁佔據蘱這地方。

⑿大水㊀。

【今註】㊀大水：魯國大水災。

【今譯】魯國大水災。

⒀季孫行父如齊。

【今譯】魯大夫季孫行父到齊國去。

⒁冬，公孫歸父如齊。

【今譯】冬天，公孫歸父到齊國去。

㈤齊侯使國佐㈠來聘。

【今註】㈠國佐：是齊國卿。

【今譯】齊侯派卿叫國佐來魯國聘問。

㈥饑㈠。何以書？以重書也㈡。

【今註】㈠饑：魯國饑荒。㈡以重書也：饑荒很重所以寫在春秋上。

【今譯】魯國饑荒。為什麼寫在春秋上？因為饑荒很重的原故，所以寫在春秋上。

㈦楚子伐鄭。

【今譯】楚子討伐鄭國。

宣公十有一年（公元前五百九十八年）

㈠十一年，春王正月。

【今譯】十一年，春王正月。

(二)夏，楚子、陳侯、鄭伯盟于辰陵㈠。

【今註】㈠辰陵：陳地，在今河南省淮陽縣西南四十里。

【今譯】夏天，楚子同陳侯及鄭伯在辰陵這地方會盟。

(三)公孫歸父會齊人伐莒。

【今譯】公孫歸父會同齊人討伐莒國。

(四)秋，晉侯會狄于欑函。

【今註】㈠欑函：狄地，在今河南省修武縣西北，即欑邑後歸晉。

【今譯】秋天，晉侯同狄人在欑函這地方相會。

(五)冬十月，楚人殺陳夏徵舒。此楚子也，其稱人何？貶。曷為貶？不與外討也㈠。不與外討者，因其討乎外而不與也㈡，雖內討亦不與也㈢。曷為不與？實與而文不與㈣。文曷為不與？諸侯之義不得專討也㈤。諸侯之義不得專討，則其曰實與之何？上無天子，下無方伯，天下諸侯有為無道者，臣弒君，子弒父，力能討之，則討之可也㈥。

【今註】㈠不與外討也：不贊成到外邊去討伐人。㈡因其討乎外而不與也：因為不贊成人在外邊討伐人。㈢雖內討亦不與也：雖是對國內討伐也不贊成。㈣實與而文不與：實在贊成而文字上不能贊成。㈤諸侯之義不得專討也：諸侯的義理不能專命討伐人。㈥上無天子，下無方伯，天下諸侯有為無道者，臣弒君，子弒父，力能討之，則討之可也：上邊沒有賢明的天子，下邊沒有強力的方伯，天下諸侯有暴虐無道的，人臣弒君，兒子弒了父親，若力量能夠討伐的，就去討伐他。

【今譯】冬天十月，楚國人殺了陳國的夏徵舒。這是楚子，為什麼稱他人呢？因為貶低他的地位。為什麼貶低他的地位？不贊成在外邊討伐人。不贊成在外邊討伐人，因為在外邊討伐人不贊成，雖是對國內討伐人也不贊成。為什麼不贊成？實在是贊成而文字上不贊成。文字上為什麼不贊成呢？諸侯的義理不能專命討伐人。諸侯的義理不能專命討伐人，那麼為什麼說實在是贊成呢？上邊沒有賢明的天子，下邊沒有強力的方伯，天下諸侯有暴虐無道的，人臣弒他的君，兒子弒他的父，若力量能夠討伐的，就去討伐他吧！

㈥丁亥，楚子入陳，納公孫寧、儀行父㈠于陳。此皆大夫也，其言納何？納公黨與也㊁。

【今註】㊀公孫寧、儀行父：二人皆陳大夫。㊁納公黨與也：送回陳靈公的黨羽。

【今譯】丁亥這天，楚子進入陳國都城，送回公孫寧同儀行父到陳國。這都是大夫，為什麼說納呢？這是送回陳靈公的黨羽的原故。

宣公十有二年（公元前五百九十七年）

㈠十二年春，葬陳靈公㊀。討此賊者非臣子也，何以書葬？君子辭也㊁。楚已討之矣，臣子雖欲討之而所討也㊂。

【今註】㊀葬陳靈公：給陳靈公行葬禮。㊁君子辭也：君子所說的話。㊂臣子雖欲討之而無所討也：陳國的臣子雖想討伐弒君的也沒辦法討伐。

【今譯】十二年春天，給陳靈公行葬禮。討伐弒君的人不是陳國的臣子，春秋上為什麼寫上行葬禮呢？這是君子所說的話。楚國已經討伐了弒君的人，臣子雖想討伐也無從去討伐了。

㈡楚子圍鄭。

【今譯】楚子圍了鄭國。

(三)夏六月乙卯，晉荀林父帥師及楚子戰于邲(一)，晉師敗績。大夫不敵君，此其稱名氏以敵楚子何？不與晉而與楚子為禮也(二)。曷為不與晉而與楚子為禮也？莊王伐鄭，勝乎皇門(三)，放乎路衢(四)。鄭伯肉袒左執茅旌(五)，右執鸞刀(六)，以逆莊王曰：「寡人無良，邊垂之臣，以干天禍(七)，是以使君王沛焉(八)，辱到敝邑。君如矜此喪人，錫之不毛之地，使帥一二耋老而綏焉(九)，請唯君王之命。」莊王曰：「君之不令臣交易為言(一〇)，是以使寡人得見君之玉面，而微至乎此(一一)。」莊王親自手旌，左右撝軍退舍七里(一二)。將軍子重諫曰：「南郢之與鄭相去數千里，諸大夫死者數人，廝役扈養(一三)，死者數百人，今君勝鄭而不有，無乃失民臣之力乎？」莊王曰：「古者杅不穿皮不蠹(一四)，則不出於四方。是以君子篤於禮而薄于利，要其人而不要其土(一五)，告從(一六)不赦不詳(一七)，吾以不詳道民，災及吾身何日之有？」既則晉師之救鄭者至，曰：「請戰(一八)。」莊王許諾。將軍子重諫曰：「晉大國也，王師淹病矣(一九)，君請勿許也。」莊王曰：

「弱者吾威之，彊者吾辟之，是以使寡人無以立乎天下？」令之還師而逆晉寇。莊王鼓之，晉師大敗，晉衆之走者，舟中之指可掬矣㉚。莊王曰：「嘻！吾兩君不相好，百姓何罪？」令之還師而佚晉寇㉛。

【今註】㈠邲：鄭地，在今河南省鄭縣東六里。㈡不與晉而與楚子為禮也：不贊成晉國，而贊成楚國為合禮。㈢皇門：鄭國都城的國門。㈣放乎路衢：到了四通八達的大路上。㈤鄭伯肉袒左執茅旌：鄭伯赤著背左手拿著祭祀宗廟迎神的毛巾（旄旗）。㈥右執鸞刀：右手拿著在宗廟裏切肉的刀子。㈦寡人無良，邊垂之臣，以干天禍：是我不好，得罪你的邊疆的臣子，以干犯了上天的惱怒。㈧是以使君王沛焉：所以使君王甚為發怒。㈨君如矜此喪人，錫之不毛之地，使帥一二耋老而綏焉：你君若可憐我這個已經敗亡的人，賞我一塊壞的土地，使我能夠領著衰老的人們去安居。㈩君之不令臣交易為言：你的不好的臣子往來說壞話。⑪而微至乎此：聽小人之言，以致如此。⑫左右撝軍退舍七里：指揮左右的軍隊退下七里。⑬厮役扈養：除草的叫做厮，汲水的叫做役，養馬的叫做扈，做飯的叫做養。⑭古者杅不穿皮不蠹：杅是飲水的器，皮是皮衣服。古時候如果飲水的器不穿裂，皮衣服不長蟲。⑮要其人而不要其土：要他人民服罪而不要他的土地。⑯告從：鄭國已經答應服從。⑰不赦不詳：不赦免鄭國就是用心不善。⑱請戰：晉國的荀林父請戰。⑲王師淹病矣：楚國的王師在外邊甚久，其中病的死的已經很多。㊂舟中之指可掬矣：船裏被砍下的手指頭可以拿手來捧。㊂令之還師而佚晉寇：令楚國的軍隊回來，而允許晉國軍隊逃走。何若瑤說：「佚當做逃亡講，言使晉人得逃亡。」

【今譯】夏六月乙卯這天，晉國荀林父帥領著軍隊同楚莊王在邲這地方打仗，晉國軍隊大崩潰了。大夫不能與君為敵，這為什麼稱他的名氏以敵楚子呢？不贊成晉國而贊成楚子為合禮。為什麼不贊成晉國而贊成楚子為合禮呢？楚莊王討伐鄭國，在鄭國都城的國門皇門戰勝，進到四通八達的大街。鄭伯赤著背左手拿著在宗廟迎神的旗子，右手拿著在宗廟切肉的刀子，迎著莊王說：「是我不好，得罪了楚國邊疆的人，以犯了上天的惱怒，所以你君發怒很厲害，來到我國家。你如果可憐我這已經敗亡的人，賜給我一塊壞的土地，使我帥領著衰老的人們去安居，祇有聽你君王的命令。」楚莊王說：「你的不好的臣子往來的說壞話，使我今天到此能親見你的玉面，聽多了小人的話，才到如此地步。」莊王親自手裏拿羽毛的旗，指揮左右退軍七里。將軍子重諫諍說：「南郢跟鄭國相去幾千里遠，大夫們戰死的有幾個人，下邊的兵士，戰死的有幾百人，你現在戰勝鄭國而不佔有，豈不失掉民臣出力作戰的原意？」莊王回答說：「古時候飲水器若不穿裂，皮衣服若不長蟲，就不到國外去朝聘征伐。所以君子厚於禮而對利很輕，要他人民服罪而不要佔領他的土地，鄭國已經答應服從，不赦免他就是用心不善，我用心不善領導人民，災害將到我身是不久了。」後來晉國軍隊救鄭來到，就說：「請開戰。」莊王就答應了。將軍子重又諫諍說：「晉是強大的國家，楚國王師在外已經很久，病的死的也不少，你不要許他吧！」莊王說：「弱小的我就威脅他，強大的我就躲避他，這是使寡人沒有方法立在天下了。」於是就令楚國軍隊迎戰晉國軍隊。莊王敲鼓，晉國軍隊大敗，晉國軍隊逃走的，船裏頭的手指頭被砍下的可以用手來捧。莊王說：「唉呀！我兩君不相和好，百姓有什麼罪呢？」就叫楚國軍隊回來，而允許晉國軍隊逃走。

㈣秋七月。

【今譯】秋天七月。

㈤冬十有二月戊寅，楚子滅蕭㊀。

【今註】㊀蕭：國名，在今江蘇省蕭縣北十里。

【今譯】冬十二月戊寅這天，楚子滅了蕭國。

㈥晉人、宋人、衛人、曹人同盟于清丘㊀。

【今註】㊀清丘：衛地，在今河北省濮陽縣東南七十里。

【今譯】晉人同宋人、衛人、曹人在清丘這地方共結盟約。

㈦宋師伐陳。

【今譯】宋國隊討伐陳國。

㈧衛人救陳。

【今譯】衛國人去救援陳國。

宣公十有三年（公元前五百九十六年）

㈠春，齊師伐衛。

【今譯】十三年春天，齊國軍隊討伐衛國。

㈡夏，楚子伐宋。

【今譯】夏天，楚子討伐宋國。

㈢秋，螺㈠。

【今註】㈠螺：蝗蟲。

【今譯】秋天，魯國蝗蟲為災。

(四)冬，晉殺其大夫先縠㊀。

【今註】㊀先縠：晉國大夫。

【今譯】冬天，晉人把它們大夫叫先縠殺了。

宣公十有四年（公元前五百九十五年）

(一)春，衛殺其大夫孔達㊀。

【今註】㊀孔達：衛大夫。

【今譯】春天，衛人殺他的大夫孔達。

(二)夏五月壬申，曹伯壽卒㊀。

【今註】㊀曹伯壽卒：曹伯名叫壽死了。

【今譯】夏五月壬申這天，曹伯名叫壽死了。

㈢晉侯伐鄭。

【今譯】晉侯討伐鄭國。

㈣秋九月，楚子圍宋。

【今譯】秋天九月，楚子圍宋國都城。

㈤葬曹文公㊀。

【今註】㊀曹文公：即曹公伯壽。

【今譯】給曹文公行葬禮。

㈥冬，公孫歸父會齊侯于穀㊀。

【今註】㊀穀：齊地，在今山東省東阿縣縣治。

【今譯】冬天，公孫歸父同齊侯在穀這地方相會。

宣公十有五年（公元前五百九十四年）

(一)春，公孫歸父會楚子于宋。

【今譯】春天，公孫歸父同楚子在宋國都城相會。

(二)夏五月，宋人及楚人平㈠。外平不書，此何以書？大其平乎已也㈡。何大乎其平乎已？莊王圍宋，軍有七日之糧爾㈢，盡此不勝，將去而歸爾。於是使司馬子反乘堙而闚宋城㈣，宋華元亦乘堙而出見之。司馬子反曰：「子之國何如？」華元曰：「憊矣㈤。」曰：「何如？」曰：「易子而食之，析骸而炊之㈥。」司馬子反曰：「嘻！甚矣憊！雖然，吾聞之也，圍者柑馬而秣之，使肥者應客，是何子之情也㈦。」華元曰：「吾聞之，君子見人之危則矜之，小人見人之危則幸之㈧。吾見子之君子也，是以告情于子也㈨。」司馬子反曰：「諾，勉之矣！吾軍亦有七日之糧爾，盡此不勝，將去而歸爾。」揖而去之，反于莊王。莊王曰：「何如？」司馬子反曰：「憊矣！」曰：「何如？」曰：「易子而食之，析骸而炊之。」莊王曰：

「嘻！甚矣憊！雖然，吾今取此然後而歸爾。」司馬子反曰：「不可。臣已告之矣，軍有七日之糧爾。」莊王怒曰：「吾使子往視之，子曷為告之？」司馬子反曰：「以區區之宋⑩，猶有不欺人之臣，可以楚而無乎？是以告之也。」莊王曰：「諾。舍而止⑪。雖然，吾猶取此然後歸爾。」司馬子反曰：「然則君請處于此，臣請歸爾。」莊王曰：「子去我而歸，吾孰與處于此？吾亦從子而歸爾。」引師而去之。故君子大其平乎已也⑫。此皆大夫也，其稱人何？貶。曷為貶？平者在下也⑬。

【今註】㈠宋人及楚人平：宋人同楚人講和了。㈡大其平乎已也：這是因為兩個大夫的和平成功，值得誇大。㈢軍有七日之糧：軍隊裏衹有七天的糧食。㈣司馬子反乘堙而闚宋城：堙音ㄧㄣ。司馬子反登上一個土山窺看宋國城裏的事。㈤憊矣：很疲倦了。㈥易子而食之，析骸而炊之：換了兒子來吃，把死人的骨頭切斷了來燒飯。㈦園者柑馬而秣之，使肥者應客，是何子之情也：柑音ㄑㄧㄢˊ。把糧食擱到馬的口中，將木頭銜在它的嘴中，使馬不能多吃，並且用肥的馬給人看，你為什麼說出真實的情形。㈧君子見人之危則矜之，小人見人之危則幸之：君子看見人家危險時就憐憫他，小人看見人家危險就以為僥幸。㈨吾見子之君子也，是以告情于子也：我看你是一個君子，所以將實情告訴給你。㈩以區區之宋：宋國這樣小的國家。㈡舍而止：在這兒蓋茅屋使軍隊住。㈢故君子大其平乎已也：所以君子以他的和平而誇大。㈢平者在下也：因為講和平的人在下位。

【今譯】夏天五月，宋人同楚人談妥和平。外國講和不寫在春秋上，這為什麼寫呢？因為誇大他們的和平成功。為什麼誇大他們的和平成功？楚莊王圍了宋國都城，軍中衹有七天的糧食，假設七天得不到勝利，就離開宋國回到楚國去。於是就派楚國元帥司馬子反登上城外土山窺看宋國都城裏的情形，宋國華元也出來到土山上見他。子反問他說：「你們國家的情形怎麼樣？」華元說：「疲倦了。」子反說：「怎麼樣的疲倦呢？」華元說：「交換了兒子來吃，把死人的骨頭切斷來燒火。」子反說：「唉呀！這麼樣的疲倦！雖然如此，但是我聽見說過，被圍的人，將糧草放到馬嘴，將木頭銜在牠的嘴中，使牠不能多吃，並用肥的馬給人看，為什麼你說出來你們實在的情形呢？」華元說：「我聽說過，君子看見人家危險就憐憫他，小人看見人家危險就以為僥幸。我看你是位君子，所以把實在的情形告訴你。」子反說：「好吧！努力去吧！楚國軍隊也衹有七天的糧食，若吃完了糧食而打不勝，就決定回去了。」子反作了揖就走了，回來報告楚莊王。莊王問他說：「怎麼樣？」子反回答說：「疲倦了！」說：「怎麼樣的疲倦呢？」回答說：「把兒子交換來吃，把死人的骨頭切斷來燒火。」莊王說：「唉呀！這麼樣的疲倦！雖然如此，我將佔領宋國然後回去。」子反說：「不可以。我已經告訴他，我們的軍隊衹有七天的糧食。」莊王生氣說：「我派你去看他的情形，你為什麼告訴他？」子反說：「以宋國那麼小的國家，尚有不欺騙人的臣子，楚國反倒沒有嗎？所以告訴他。」莊王說：「好吧！使軍隊蓋了茅屋住下來。雖然如此，我還是佔領宋國然後回去。」子反說：「那麼君請住在這兒，我請回國。」莊王說：「你離開我回國，我跟誰住在這裏呢？我祇好跟著你回去。」領著軍隊就回去了，所以君子誇大他們的和平成功。這兩個全是大夫，為什麼稱人呢？貶低他的身分。為什麼貶呢？因為談和平的人在下位的原故。

㈢六月癸卯，晉師滅赤狄潞氏㈠，以潞子嬰兒歸㈡。潞何以稱子？潞子之為善也，躬足以亡爾㈢。雖然，君子不可不記也。離于夷狄，而未能合于中國㈣，晉師伐之，中國不救，狄人不有，是以亡也。

【今註】㈠潞氏：在今山西省潞城縣東北四十里。㈡潞子嬰兒：潞君的名叫嬰兒。㈢潞子之為善也，躬足以亡爾：潞子做好事，但他本身就可使國家亡。㈣離于夷狄，而未能合于中國：雖然離開夷狄的國家，也沒跟中國的禮儀相同。

【今譯】六月癸卯這天，晉國軍隊滅了赤狄潞氏，把潞子嬰兒帶回晉國。潞為什麼稱子呢？潞子做好事，但是他本身就可使國家滅亡。但是，君子也不能不記載這條。雖然離開了夷狄的國家，也沒跟中國的禮儀相同，晉國軍隊討伐他，中國不救他，夷狄也不幫他忙，所以他就亡了。

㈣秦人伐晉。

【今譯】秦國人討伐晉國。

㈤王札子殺召伯、毛伯㊀。王札子者何？長庶之號也㊁。

【今註】㊀王札子、召伯、毛伯：王札子是周王的庶弟，召伯同毛伯是周王卿士。㊁長庶之號：長庶子的稱號。

【今譯】王札子殺了召伯同毛伯。誰叫王札子呢？是周王室長庶子的稱號。

㈥秋，螺㊀。

【今註】㊀螺：同螽。蝗蟲。

【今譯】秋天，魯國有蝗蟲的災害。

㈦仲孫蔑會齊高固于牟婁㊀。

【今註】㊀牟婁：杞地，在今山東省諸城縣西南。

【今譯】魯大夫仲孫蔑同齊國大夫高固在牟婁這地方相會。

(八)初稅畝㈠。初者何?始也㈡。稅畝者何?履畝而稅也㈢。初稅畝何以書?譏。何譏爾?譏始履畝而稅也。何譏乎始履畝而稅?古者什一而藉㈣。古者曷為什一而藉?什一者天下之中正也㈤。多乎什一,大桀小桀㈥。寡乎什一,大貉小貉㈦。什一者天下之中正也,什一行而頌聲作矣㈧。

【今註】㈠初稅畝:開始按著畝的數量來抽稅。㈡始也:開始。㈢履畝而稅也:按著畝的數量來抽稅。㈣古者什一而藉:古時候抽稅是十分之一。㈤什一者天下之中正也:什一是天下抽稅最適中正規的數目。㈥大桀小桀:等於夏桀一樣的多要錢。㈦大貉小貉:等於蠻貉一樣稅很少。㈧什一行而頌聲作矣:十分之一的稅收行了,歌頌的聲音就起了。

【今譯】開始按著畝的數量抽稅。什麼叫做初呢?是開始。什麼叫做稅畝呢?就是按著畝的數量來抽稅。開始按著畝的數量來抽稅為什麼寫在春秋上呢?這是譏諷。為什麼譏諷?譏諷開始按著畝的數量來抽稅。為什麼譏諷開始按著畝的數量來抽稅呢?古時候抽稅是所收糧食的十分之一。古時抽稅為什麼是所收糧食的十分之一?所收的十分之一是天下抽稅最適中正規的數目。超過十分之一,就是跟夏桀一樣的多要錢。比十分之一少的,等於蠻貉一樣要的稅很少。十分之一是天下抽稅最適中正規的,十分之一的稅收行了,歌頌的聲音就起了。

(九)冬，蝝生㈠。未有言蝝生者，此其言蝝生何？蝝生不書，此何以書？幸之也㈡。幸之者何？猶曰受之云爾㈢。受之云爾者何？上變古易常，應是而有天災，其諸則宜於此焉變矣㈣。

【今註】㈠蝝生：蝝音沿，未生翅的蝗蟲出現了。㈡幸之也：很僥幸它出現了。㈢猶曰受之云爾：等於說接受此一事實了。㈣上變古易常，應是而有天災，其諸宜於此焉變矣：上邊變了古代制度更易了尋常的事（指宣公初稅畝），因為這原故而發生天災，因此魯宣公也應在此時悔改了。

【今譯】冬天，未生翅的蝗蟲出現了。從前沒有說過未生翅的蝗蟲出現了，這為什麼說呢？未生翅的蝗蟲出現了不寫在春秋上，這為什麼寫呢？因為很僥幸。為什麼很僥幸呢？等於說接受此一事實了。為什麼說接受此一事實了？上邊變了古代的制度，更易尋常的事，應該就有了天災，因此魯宣公也應在此時悔改了。

(十)饑㈠。

【今註】㈠饑：沒有糧食吃。

【今譯】魯國饑荒。

宣公十有六年（公元前五百九十三年）

㈠春王正月，晉人滅赤狄甲氏㊀及留吁㊁。

【今註】㊀甲氏：在今山西省長子縣東南十九里。㊁留吁：在今山西省屯留縣南十三里。

【今譯】春王正月，晉人滅了甲氏同留吁兩個赤狄國。

㈡夏，成周宣謝災㊀。成周者何？東周也㊁。宣謝者何？宣宮之謝也㊂。何言乎成周宣謝災？樂器藏焉爾㊃。成周宣謝災何以書？記災也㊄。外災不書，此何以書？新周也㊅。

【今註】㊀成周宣謝災：成周宣王廟中的謝發生火災。謝通榭。㊁東周也：周東遷後住的都城。㊂宣宮之謝：宣王廟中的謝。漢書五行志：「榭者所以藏樂器。」㊃樂器藏焉爾：宣王中興時所作的樂器藏在那裏。㊄記災也：記載災害。㊅新周也：以東周為新周。

【今譯】夏天，成周宣王廟中的謝發生火災。什麼叫做成周呢？就是東周。什麼叫做宣謝呢？就是宣王廟中的謝。為什麼說成周宣謝災呢？因為宣王中興時所作的樂器藏在那裏。成周宣謝災為什麼寫在春秋上？這是記載災害。外國災害不寫在春秋上，這為什麼寫呢？孔子作春秋以東周為新周的原故。

(三)秋，郯伯姬來歸㊀。

【今註】㊀郯伯姬來歸：郯伯姬是魯國女子，嫁給郯國，現回到魯國來。

【今譯】秋天，郯伯姬回到魯國來。

(四)冬，大有年㊀。

【今註】㊀大有年：大豐收。

【今譯】冬天，魯國大豐收。

宣公十有七年（公元前五百九十二年）

(一)春王正月庚子，許男錫我卒㊀。

【今註】㊀許男錫我卒：許昭公名字叫做錫我死了。

【今譯】春王正月庚子這天，許男錫我死了。

(二)丁未，蔡侯申㊀卒。

【今註】㊀蔡侯申：就是蔡文公名叫申。

【今譯】丁未這天，蔡侯名叫申死了。

㈢夏，葬許昭公。

【今譯】夏天，給許昭公行葬禮。

㈣葬蔡文公。

【今譯】給蔡文公行葬禮。

㈤六月癸卯，日有食之㊀。

【今註】㊀日有食之：魯國有日蝕。

【今譯】六月癸卯這天，魯國有日蝕。

㈥己未，公會晉侯、衛侯、曹伯、邾婁子同盟于斷道㊀。

【今註】㊀斷道：晉地，在今山西省沁縣西。

【今譯】己未這天，魯宣公同晉侯、衛侯、曹伯、邾婁子在斷道這地方共結盟約。

㈦秋，公至自會。

【今譯】秋天，魯宣公從盟會回來。

㈧冬十有一月壬午，公弟叔肸卒㊀。

【今註】㊀公弟叔肸卒：宣公同母弟叔肸死了。

【今譯】冬十一月壬午這天，宣公的同母弟叔肸死了。

宣公十有八年（公元前五百九十一年）

㈠春，晉侯、衛世子臧伐齊。

【今譯】春天，晉侯同衛世子臧討伐齊國。

㈡公伐杞㊀。

【今註】㊀杞：國名，在今山東省安邱縣東北三十里。

【今譯】宣公討伐杞國。

㈢夏四月。

【今譯】夏天四月。

㈣秋七月，邾婁人戕鄫子㈠于鄫㈡。戕鄫子于鄫者何？殘賊而殺之也㈢。

【今註】㈠邾婁人戕鄫子：戕音ㄑㄧㄤˊ。邾婁人把鄫子四肢切開。何休說：「支解節斷之故變殺言戕。」㈡鄫：國名，在今山東省嶧縣東八十里。㈢殘賊而殺之也：用支解方式把他殺了。

【今譯】秋天七月，邾婁人把鄫子在鄫國殺了。什麼叫做戕呢？把他支解了殺了他。

㈤甲戌，楚子旅卒㈠。何以不書葬？吳楚之君不書葬，辟其號也㈡。

【今註】㈠楚子旅卒：楚莊王名叫旅死了。㈡吳楚之君不書葬，辟其號也：吳國同楚國的君不寫葬，因為躲避他的稱號。

【今譯】甲戌這天，楚莊王名叫旅死了。為什麼不寫葬呢？吳國同楚國的君不寫葬，因為躲避他的稱號。

㈥公孫歸父如晉。

【今譯】魯大夫公孫歸父到晉國去。

(七)冬十月壬戌，公薨于路寢㈠。

【今註】㈠公薨于路寢：宣公薨逝在正寢裏。

【今譯】冬十月壬戌這天，宣公薨逝在正寢裏。

(八)歸父還自晉，至檉㈠遂奔齊。還者何？善辭也㈡。何善爾？歸父使於晉，還自晉，至檉聞君薨家遣㈢，墠帷哭君成踊㈣，反命乎介㈤，自是走之齊㈥。

【今註】㈠檉：左傳作笙，在今山東省菏澤縣北之句陽店。㈡善辭也：誇獎他的話。㈢家遣：自己家被魯國所遣逐。㈣墠帷哭君成踊：做了一個墠四面圍上帷子，設了君的靈位，他在前面跳著哭。㈤反命乎介：把出國的命令交給副使拿回來。㈥自是走之齊：他就從檉逃到齊國去。

【今譯】公孫歸父從晉國回來，到了檉這地方就逃到齊國去。什麼是還呢？這是誇獎的言辭。為什麼誇獎呢？歸父被派到晉國，從晉國回來，到了檉這地方，聽見宣公薨逝了，自己的家被遣逐，就做了一個墠，四面圍上帷子，設了君的靈位，他在前面跳著哭，把出國的命令交給副使拿回來，自己就從這兒逃到齊國去了。

卷十七　成公上

成公元年（公元前五百九十年）

㈠春王正月，公即位。

【今譯】春王正月，成公行即位典禮。

㈡二月辛酉，葬我君宣公。

【今譯】二月辛酉這天，給魯宣公行葬禮。

㈢無冰㊀。

【今註】㊀無冰：周曆的二月是夏正的十二月，魯國沒有冰。

【今譯】魯國沒有冰。

㈣三月作丘甲㊀。何以書？譏。何譏爾？譏始丘使也㊁。

【今註】㈠作丘甲：開始令丘民作鎧甲。何休說：「四井為邑，四邑為丘，甲，鎧也。」㈡譏始丘使也：譏諷開始令丘民作鎧甲。

【今譯】三月開始令丘民作鎧甲。為什麼寫在春秋上？這是譏諷。為什麼譏諷？譏諷開始令丘民作鎧甲。

㈤夏，臧孫許及晉侯盟于赤棘㈠。

【今註】㈠赤棘：晉地，在今山西省翼城縣。

【今譯】夏天，魯大夫臧孫許同晉侯在赤棘這地方會盟。

㈥秋，王師敗績于貿戎㈠。孰敗之？蓋晉敗之，或曰貿戎敗之㈡。然則曷為不言晉敗之？王者無敵，莫敢當也㈢。

【今註】㈠貿戎：左傳作茅戎，戎之別種。在今山西省平陸縣西二十里。㈡或曰貿戎敗之：有人說是貿戎把他敗了。㈢王者無敵，莫敢當也：王者應當沒有敵人，沒人敢抵擋他。

【今譯】秋天，周王的軍隊在貿戎打了敗仗。誰打敗他呢？大概是晉國打敗他，有人說是貿戎把他敗了。那為什麼不說是晉國打敗他呢？王者應當沒有敵人，沒人敢抵擋他。

㈦冬十月。

【今譯】冬天十月。

成公二年（公元前五百八十九年）

㈠春，齊侯伐我北鄙。

【今譯】春天，齊侯討伐魯國的北邊邊境。

㈡夏四月丙戌，衛孫良夫帥師及齊師戰于新築㈠，衛師敗績。

【今註】㈠新築：衛地，在今山東省觀城縣。

【今譯】夏四月丙戌這天，衛國孫良夫帥領軍隊同齊國軍隊在新築這地方打仗，衛國軍隊被打敗了。

㈢六月癸酉，季孫行父、臧孫許、叔孫僑如、公孫嬰齊帥師會晉郤克、衛孫良夫、曹公子手及齊侯戰于鞌㈠，齊師敗績。曹無大夫，公子手何以書？憂內也㈡。

【今註】㈠鞌：齊地，在今山東省濟南縣西十里。㈡憂內也：為國內空虛憂愁。

【今譯】　六月癸酉這天，魯大夫季孫行父、臧孫許、叔孫僑如、公孫嬰齊帥領軍隊會同晉大夫郤克、衛大夫孫良夫、曹國公子手在鞌這地方跟齊侯打仗，齊國軍隊被打敗了。曹國沒有大夫，公子手為什麼寫在春秋上？因為為國內空虛憂愁。

㈣秋七月，齊侯使國佐如師。己酉，及國佐盟于袁婁㈠。君不使乎大夫，此其行使乎大夫何？佚獲也㈡。其佚獲奈何？師還齊侯，晉郤克投戟逡巡再拜稽首馬前㈢。逢丑父者，頃公之車右也，面目與頃公相似，衣服與頃公相似，代頃公當左㈣。使頃公取飲，頃公操飲而至，曰：「革取清者㈤。」頃公用是佚而不反。逢丑父曰：「□賴社稷之神靈，吾君已免矣。」郤克曰：「欺三軍者其法奈何？」曰：「法斮㈥。」於是斮逢丑父。己酉，及齊國佐盟于袁婁。曷為不盟于師而盟于袁婁？前此者，晉郤克與臧孫許同時而聘于齊。蕭同姪子者㈦，齊君之母也，踊于棓而窺客㈧，則客或跛或眇，於是使跛者迓跛者㈨，使眇者迓眇者㈩。二大夫出相與倚閭而語，移日然後相去⑪。齊人皆曰：「患之起必自此始！」二大夫歸，相與率師為鞌之戰，齊師大敗。齊侯使國佐如師，郤克曰：「與我紀侯之甗⑫，反魯衛之侵地，使耕者東畝⑬，且以蕭同姪子為質，則吾舍子矣⑭。」國佐曰：「與我紀侯之甗，請諾。反魯衛之侵地，請諾。使耕者東畝，是則土齊也⑮。蕭同姪子者，齊君之母也，齊君之母，猶晉君之母也，不可。請戰，壹戰不勝請再，再戰不勝請三，三戰不勝，則齊國盡子之有也，何必以蕭同姪子為質？」揖而去之。郤克昳⑯魯衛之使，使以其辭而為之請，然後許之。逮于袁婁而與之盟。

【今註】㊀袁婁：齊地，在今山東省臨淄縣西五十里。㊁佚獲也：何休說：「已獲而逃亡也。」㊂晉郤克投戟逡巡再拜稽首馬前：戟音ㄐㄧˇ。晉國統帥郤克把軍械投到地下，在齊侯的馬前叩頭。㊃代頃公當左：逢丑父代替頃公立在左邊君位。逢音ㄆㄤˊ。㊄革取清者：更拿乾淨的水來。㊅法斮：斮音ㄓㄨㄛˊ。照法律應該斬首。㊆蕭同姪子者：何休說：「蕭同是國名。」春秋時祇有蕭國沒有蕭同國，何休註不對。左傳作蕭同叔子，叔子是蕭國的君，公羊傳誤以叔為姪完全錯誤。㊇踊于棓而窺客：上到棓上來偷視客人。何休說：「躡板曰棓是齊人語。」㊈使跛者迓跛者：使跛腳的人來迎接跛腳的人。⑩使眇者迓眇者：使一隻眼的迎接一隻眼的。⑪二大夫出相與倚閭而語，移日然後相去：郤克同臧孫許出來靠著門說話，很長的時間才離開。㊂與我紀侯之甗：給我紀侯的玉瓶。㊂使耕者東畝：使種地的人東西向耕種，如晉國一樣。㊃則吾舍子矣：我就可以饒你了。㊄是則上齊也：等於把齊國土地變成晉國一樣。㊅眣：音ㄉㄧㄝˊ。目不正。

【今譯】　秋天七月，齊頃公派國佐到晉國軍隊。己酉這天，各國同國佐在袁婁盟會。君不派大夫，這次為什麼派大夫呢？因為齊頃公被逮而逃亡。他怎麼樣被逮而逃亡呢？晉國軍隊包圍了齊頃公，郤克扔下了軍械在齊頃公馬前叩頭。逢丑父是齊頃公的車右，他的面目同頃公相像，衣服也同頃公相像，替代頃公立在左邊君位。他叫頃公給他找水喝，頃公拿水來，他就說：「更拿清水來。」頃公於是逃亡不再回來。逢丑父說：「我依賴社稷的神靈保護，吾君已經免了災禍。」郤克說：「欺騙三軍的在法律應該怎麼辦？」有人回答說：「應當斬首。」於是就斬了逢丑父。己酉這天，就同齊國國佐在袁婁會盟。為什麼不在軍中會盟，而在袁婁會盟呢？在此以前晉國郤克同魯國臧孫許同時聘問齊國。蕭同姪子是齊頃公的母親，上到躡板上去偷看客人，客人有的跛腳的，有的一隻眼的，於是就叫跛腳的去迎接跛腳的，一隻眼的迎接一隻眼的。這兩位大夫出來靠著門會談了很久，然後才離開。齊國人說：「患難的起來必從這兒開始。」兩個大夫回國，互相的率領軍隊作牽的戰役，齊國軍隊失敗。齊頃公派國佐到軍隊中，郤克說：「給我紀侯的玉瓶，返回齊國所佔魯國、衛國的地方，使種地的東西向耕種，並且把蕭同姪子做人質，我就饒了你。」國佐說：「給你紀侯的玉瓶可以答應。歸還侵佔魯衛的地方可以答應。使耕田的東西向耕種，這是把齊國土地歸到晉國了。蕭同姪子是齊君的母親，齊君的母親等於晉君的母親，這皆不可以。請再戰吧！壹戰打不勝請再打，再打不勝請三戰，三戰都不勝，齊國全歸你了，何必拿蕭同姪子做人質呢？」做了揖就走了。郤克看了看魯衛的使臣，暗示他們替齊國請求，然後允許了，到了袁婁方才同齊國盟會。

(五)八月壬午，宋公鮑卒。

【今譯】八月壬午這天，宋公鮑死了。

(六)庚寅，衛侯遬卒。

【今註】㈠衛侯遬卒：遬音速。衛侯名叫遬死了。

【今譯】庚寅這天，衛侯遬死了。

(七)取汶陽田㈠。汶陽田者何？鞌之賂也㈡。

【今註】㈠取汶陽田：取回了汶水北邊的田。汶陽田在今山東省泰安縣西南。㈡鞌之賂也：鞌戰以後齊國還魯國的侵地。

【今譯】取回汶水北邊齊國所佔領的田地。汶陽田是怎麼回事，是鞌戰結束以後齊國還魯國的侵地。

(八)冬，楚師、鄭師侵衛。

【今譯】冬天，楚國軍隊和鄭國軍隊侵略衛國。

(九)十有一月，公會楚公子嬰齊于蜀㊀。

【今註】㊀蜀：魯地，在今山東省泰安縣西北。

【今譯】十一月，魯成公同楚國公子嬰齊在蜀這地方相會。

(十)丙申，公及楚人、秦人、宋人、陳人、衛人、鄭人、齊人、曹人、邾婁人、薛人、鄫人盟于蜀。此楚公子嬰齊也，其稱人何？得一貶焉爾㊀。

【今註】㊀得一貶焉爾：祇這一次貶低他。

【今譯】丙申這天，魯成公同楚人、秦人、宋人、陳人、衛人、鄭人、齊人、曹人、邾婁人、薛人、鄫人在蜀這地方會盟。這是楚國公子嬰齊，為什麼稱他人呢？祇這一次貶低他。

成公三年（公元前五百八十八年）

㈠春王正月，公會晉侯、宋公、衛侯、曹伯伐鄭。

【今譯】春王正月，魯成公會同晉侯、宋公、衛侯、曹伯討伐鄭國。

㈡辛亥，葬衛繆公㈠。

【今註】㈠衛繆公：繆音穆。

【今譯】辛亥這天，給衛繆公行葬禮。

㈢二月，公至自伐鄭。

【今譯】二月，魯成公從討伐鄭國回來。

㈣甲子，新宮災，三日哭㈠。新宮者何？宣公之宮也㈡。宣宮則曷為謂之新宮？不忍言也㈢。其言三日哭何？廟災三日哭禮也㈣。新宮災何以書？記災也㈤。

【今註】㈠新宮災，三日哭：新立的廟發生火災，哭了三天。㈡宣公之宮也：是宣公的廟。㈢不忍言也：不忍心說。㈣廟災三日哭禮也：廟裏發生火災哭了三天這是合於禮的。㈤記災也：這是記載災害。

【今譯】甲子這天，新立的廟發生火災，哭了三天。新立的廟是什麼？就是宣公的廟。宣公的廟為什麼稱為新宮？因為宣宮火災，不忍心稱宣宮。為什麼說哭了三天？廟裏發生火災哭了三天這是合於禮的。新立的廟發生火災為什麼寫在春秋上？這是記載災害。

(五)乙亥，葬宋文公。

【今譯】乙亥這天，給宋文公行葬禮。

(六)夏，公如晉。

【今譯】夏天，魯成公到晉國去。

(七)鄭公子去疾率師伐許。

【今譯】鄭國公子去疾率領軍隊討伐許國。

(八)公至自晉。

【今譯】魯成公從晉國回來。

(九)秋，叔孫僑如率師圍棘㈠。棘者何？汶陽之不服邑也㈡。其言圍之何？不聽也㈢。

【今註】㈠棘：魯地，在今山東省肥城縣南。㈡汶陽之不服邑也：汶陽水旁不服從魯國的城邑。㈢不聽也：等於反叛。不說反叛，因為為魯國內裏避諱的原故。

【今譯】秋天，叔孫僑如率領軍隊包圍了棘這個城。什麼叫做棘呢？就是汶水旁邊一個不服從魯國的城邑。為什麼說是包圍呢？因為他反叛了。

(十)晉郤克、衛孫良夫伐將咎如㈠。

【今註】㈠將咎如：左傳作廧咎如，狄國，在今山東省漳水塗水之間。

【今譯】晉大夫郤克同衛大夫孫良夫一同討伐將咎如。

(土)冬十有一月，晉侯使荀庚來聘。

【今譯】冬天十一月，晉侯派荀庚來聘問魯國。

(土)衛侯使孫良夫來聘。

【今譯】衛侯派孫良夫來聘問魯國。

㈢丙午，及荀庚盟。

【今譯】丙午這天，魯國同晉大夫荀庚會盟。

㈣丁未，及孫良夫盟。此聘也，其言盟何？聘而言盟者，尋舊盟也㈠。

【今註】㈠聘而言盟者，尋舊盟也：聘問而兼說會盟，是因為繼續舊的盟誓。

【今譯】丁未這天，同衛國孫良夫會盟。這是來聘問，為什麼說會盟呢？來聘問而兼說會盟，是因為繼續舊的盟誓。

㈤鄭伐許。

【今譯】鄭國討伐許國。

成公四年（公元前五百八十七年）

㈠春，宋公使華元來聘。

【今譯】春天，宋公派宋大夫華元來魯國聘問。

㈡三月壬申，鄭伯堅卒㊀。

【今註】㊀鄭伯堅卒：鄭伯名叫堅死了。就是鄭襄公。

【今譯】三月壬申這天，鄭伯堅死了。

㈢杞伯來朝。

【今譯】杞伯來魯國朝見。

㈣夏四月甲寅，臧孫許卒㊀。

【今註】㊀臧孫許卒：魯大夫臧孫許死了。

【今譯】夏四月甲寅這天，臧孫許死了。

㈤公如晉。

【今譯】成公到晉國去。

(六)葬鄭襄公。

【今譯】給鄭襄公行葬禮。

(七)秋，公至自晉。

【今譯】秋天，成公從晉國回來。

(八)冬，城運㈠。

【今註】㈠運：左傳作鄆。這是西鄆，魯地，在今山東省鄆城縣東十六里。

【今譯】冬天，魯國修築運城。

(九)鄭伯伐許。

【今譯】鄭伯討伐許國。

成公五年（公元前五百八十六年）

(一)春王正月，杞叔姬㈠來歸。

【今註】㈠杞叔姬：叔姬是魯國女兒嫁前杞國。

【今譯】春王正月，杞叔姬回到魯國。

(二)仲孫蔑如宋。

【今譯】魯大夫仲孫蔑到宋國去。

(三)夏，叔孫僑如會晉荀秀㈠于穀㈡。

【今註】㈠荀秀：左傳作荀首是晉大夫。㈡穀：齊地，在今山東省阿縣縣治。

【今譯】夏天，魯大夫叔孫僑如同晉大夫荀秀在穀這地方相會。

(四)梁山崩㈠。梁山者何？河上之山也㈡。梁山崩何以書？記異也㈢。何異爾？大也㈣。何大爾？梁山崩，壅河三日不沐㈤。外異不書，此何以書？為天下記異也。

【今註】㈠梁山崩：梁山崩壞了。㈡河上之山也：黃河邊上的山。㈢記異也：記載災異。㈣大也：大的災異。㊄壅河三日不沭：沭音流。壅塞著黃河三天水不能流。

【今譯】梁山崩壞了。什麼叫做梁山呢？是黃河邊上的一個山。梁山崩壞為什麼寫在春秋上？因為記載災異。是什麼有災異呢？這是大的災異。怎麼樣大呢？梁山崩壞以後，壅塞著黃河三天水不能流。魯國以外的災異不寫在春秋上，這次為什麼寫呢？因為為天下記載災異。

㈤秋，大水。

【今譯】秋天，魯國大水成災。

㈥冬十有一月己酉，天王崩。

【今譯】冬十一月己酉這天，周定王崩逝了。

㈦十有二月己丑，公會晉侯、齊侯、宋公、衛侯、鄭伯、曹伯、邾婁子、杞伯同盟于蟲牢㊀。

【今註】㊀蟲牢：鄭地，在今河南省封邱縣北三里。

【今譯】十二月己丑這天，成公會同晉侯、齊侯、宋公、衛侯、鄭伯、曹伯、邾婁子、杞伯在蟲牢這地方共結盟約。

成公六年（公元前五百八十五年）

㈠春王正月，公至自會。

【今譯】春王正月，魯成公從開會回來。

㈡二月辛巳，立武宮㊀。武宮者何？武公之宮也㊁。立者何？立者不宜立也㊂。立武宮，非禮也。

【今註】㊀立武宮：設立武公的宮。㊁武公之宮也：是魯武公的廟。㊂立者不宜立也：立就是不應該立。何休注：「春秋之內，未有武公。……蓋時衰多廢人事，而好求福於鬼神，故重而書之。臧孫許伐齊有功，故立武宮。」

【今譯】二月辛巳這天，設立武公的廟。武宮是什麼呢？就是魯武公的廟。立是什麼？立就是不應該立的。立武宮，是不合於禮的。

㈢取鄟㊀。鄟者何？邾婁之邑也㊁。曷為不繫于邾婁？諱亟也㊂。

【今註】㊀鄟：在今山東郯城縣東北。㊁邾婁之邑也：是邾婁的城邑。㊂諱亟也：避諱魯國背信而急於去佔領城邑。

【今譯】　佔領了鄟這個城邑。什麼是鄟呢？是邾婁國的一城邑。為什麼不寫上邾婁國呢？因為是避諱魯國背信而急於去佔領城邑的原故。

(四)衛孫良夫率師侵宋。

【今譯】　衛國孫良夫率領軍隊侵略宋國。

(五)夏六月，邾婁子來朝。

【今譯】　夏天六月，邾婁的君來魯國朝見。

(六)公孫嬰齊如晉。

【今譯】　魯大夫公孫嬰齊到晉國去。

(七)壬申，鄭伯費卒㊀。

【今註】　㊀鄭伯費卒：鄭伯名叫費死了。

【今譯】　壬申這天，鄭伯費死了。

(八)秋，仲孫蔑、叔孫僑如率師侵宋。

【今譯】秋天，仲孫蔑同叔孫僑如率領軍隊侵略宋國。

(九)楚公子嬰齊率師伐鄭。

【今譯】楚國公子名叫嬰齊的率領軍隊討伐鄭國。

(十)冬，季孫行父如晉。

【今譯】冬天，魯大夫季孫行父到晉國去。

(土)晉欒書率師侵鄭。

【今譯】晉大夫欒書率領軍隊侵略鄭國。

成公七年（公元前五百八十四年）

(一)春王正月，鼷鼠食郊牛角㈠。改卜牛，鼷鼠又食其角，乃免牛㈡。

【今註】㈠鼷鼠食郊牛角：小老鼠咬食祭天用的牛的角。㈡乃免牛：就免除用牛。

【今譯】春王正月，小老鼠咬食祭天用的牛的角。就改占卜祭天用的牛，小老鼠又咬食牛的角，就免除用牛。

㈡吳伐郯㈠。

【今註】㈠郯：己姓國，在今山東郯城縣西南一百里。

【今譯】吳國討伐郯國。

㈢夏五月，曹伯來朝。

【今譯】夏天五月，曹伯來魯國朝見。

㈣不郊，猶三望㈠。

【今註】㈠不郊，猶三望：不祭天，但是仍舊三次望祭山川。

【今譯】不祭天，但是仍舊三次望祭山川。

㈤秋，楚公子嬰齊率師伐鄭。

【今譯】秋天，楚國公子嬰齊率領軍隊討伐鄭國。

㈥公會晉侯、齊侯、宋公、衛侯、曹伯、莒子、邾婁子、杞伯救鄭。八月戊辰，同盟于馬陵㊀。公至自會。

【今註】㊀馬陵：衛地，在今河北省大名縣東南十五里。

【今譯】魯成公會同晉侯、齊侯、宋公、衛侯、曹伯、莒子、邾婁子、杞伯去救援鄭國。八月戊辰這天，在馬陵這地方共結盟約。後來成公從盟會的地方回到魯國。

㈦吳入州來㊀。

【今註】㊀州來：國名，在今安徽省鳳臺縣。

【今譯】吳國侵入州來。

㈧冬，大雩㊀。

【今註】㊀大雩：行求雨的典禮。

【今譯】冬天，魯國行求雨的典禮。

(九)衛孫林父出奔晉。

【今譯】衛國孫林父逃奔到晉國。

成公八年（公元前五百八十三年）

(一)春，晉侯使韓穿來言汶陽之田歸之于齊㈠。來言者何？內辭也㈡，脅我使我歸之也㈢。曷為使我歸之？鞌之戰，齊師大敗，齊侯歸，弔死視疾㈣，七年不飲酒不食肉。晉侯聞之曰：「嘻！奈何使人之君七年不飲酒不食肉，請皆反其所取侵地㈤。」

【今註】㈠汶陽之田歸之于齊：把汶水北邊的田地還給齊國。㈡內辭也：是魯國對內的言辭。㈢脅我使我歸之也：威脅我使我歸還給齊國。㈣弔死視疾：祭弔戰死的人，撫視有病的人。㈤請皆反其所取侵地：請魯國歸還所佔領的齊國侵地。

【今譯】春天，晉侯派韓穿來說把汶水北邊的田地仍舊歸還齊國。什麼叫做來言呢？是魯國對內的話，威脅魯國使我退還齊國的侵地。為什麼叫我退還給他呢？因為鞌這個戰役時，齊國軍隊被打敗，齊頃公回國以後，祭弔被打死的人，撫視有病的人，他自己也七年不喝酒不吃肉。晉侯聽見了，就嘆息說：「唉呀！為什麼使齊君七年不喝酒七年不吃肉，請魯國把所佔領的齊國的土地退還給他吧！」

(二)晉欒書帥師侵蔡。

【今譯】晉國欒書率領軍隊侵略蔡國。

(三)公孫嬰齊如莒。

【今譯】魯大夫公孫嬰齊到莒國去。

(四)宋公使華元來聘。

【今譯】宋公派華元來魯國聘問。

(五)夏，宋公使公孫壽來納幣㊀。納幣不書，此何以書？錄伯姬也㊁。

【今註】㊀宋公使公孫壽來納幣：宋公派宋大夫公孫壽來魯國送訂婚的禮物。㊁錄伯姬也：紀錄伯姬的守節。

【今譯】夏天，宋公派大夫公孫壽來魯國送訂婚的禮物。普通送訂婚禮物不寫在春秋上，這為什麼寫呢？這是紀錄魯國伯姬的守節。

(六)晉殺其大夫趙同趙括。

【今譯】晉人把他們的大夫趙同和趙括殺了。

(七)秋七月，天子使召伯來錫公命㊀。其稱天子何？元年春王正月，正也㊁，其餘皆通矣㊂。

【今註】㊀天子使召伯來錫公命：周天子叫周卿士召伯來賜給成公的命服。㊁元年春王正月，正也：元年春王正月的稱呼，是合於正規的。㊂其餘皆通矣：其餘不繫於元年的，或稱王，或稱天王，都可通。

【今譯】秋天七月，周天子派召伯來賜給成公的命服。為什麼稱天子呢？元年春王正月的稱呼，是合於正規的，其餘不繫於元年的，或稱王，或稱天王，都可通。

(八)冬十月癸卯，杞叔姬卒㊀。

【今註】㊀杞叔姬卒：杞國夫人叔姬死了。她是魯國的女兒。

【今譯】冬十月癸卯這天，杞國夫人叔姬死了。

(九)晉侯使士爕來聘。

【今譯】晉侯派大夫士爕來魯國聘問。

(十)叔孫僑如會晉士爕、齊人、邾婁人伐郯。

【今譯】魯大夫叔孫僑如會同晉大夫士爕、齊人、邾婁人討伐郯國。

(土)衛人來媵㊀。媵不書,此何以書?錄伯姬也。

【今註】㊀衛人來媵:衛國派女來做魯國伯姬的媵妾。

【今譯】衛國派人女來做魯國伯姬的媵妾。普通的媵不寫在春秋上,這為什麼寫呢?因為紀錄魯國伯姬的守節。

成公九年(公元前五百八十二年)

(一)春王正月,杞伯來逆叔姬之喪以歸㊀。杞伯曷為來逆叔姬之喪以歸?內辭也,脅而歸之也㊁。

【今註】㊀杞伯來逆叔姬之喪以歸:杞國君來魯國迎接叔姬的遺體回到杞國。㊁脅而歸之也:威脅杞國來迎她的遺體回去。

【今譯】春王正月，杞伯自己來迎接叔姬的遺體回到杞國。杞伯為什麼來迎接叔姬的遺體？這是魯國的言辭，威脅他來迎接回去。

㈡公會晉侯、齊侯、宋公、衛侯、鄭伯、曹伯、莒子、杞伯同盟于蒲㊀。公至自會。

【今註】㊀蒲：衛地，在今河北省長垣縣西南。

【今譯】魯成公同晉侯、齊侯、宋公、衛侯、鄭伯、曹伯、莒子、杞伯在蒲這地方共結盟約。後來成公從會盟的地方回到魯國。

㈢二月，伯姬歸于宋㊀。

【今註】㊀伯姬歸于宋：魯國的伯姬嫁到宋國。

【今譯】二月，伯姬嫁到宋國。

㈣夏，季孫行父如宋致女㊀。未有言致女者，此其言致女何？錄伯姬也㊁。

【今註】㈠致女：結婚三月以後，在宋國都城行廟見祖先的典禮，這時女方派大夫來致送禮物，名曰致女。㈡錄伯姬也：紀錄伯姬貞節的原故。

【今譯】夏天，魯大夫季孫行父到宋國行致女的典禮。平常在春秋上沒有寫致女的典禮，這為什麼寫呢？紀錄伯姬的貞節。

㈤晉人來媵㈠。媵不書，此何以書？錄伯姬也㈡。

【今註】㈠晉人來媵：晉人派他的女子來做伯姬的媵妾。㈡錄伯姬也：這也是紀錄伯姬的貞心。

【今譯】晉人派他女子來做伯姬的媵妾。普通媵妾不寫在春秋上，這為什麼寫呢？這是紀錄伯姬貞心的原故。

㈥秋七月丙子，齊侯無野卒㈠。

【今註】㈠齊侯無野卒：齊侯名叫無野死了。即齊頃公。

【今譯】秋天七月丙子這天，齊侯無野死了。

㈦晉人執鄭伯。

【今譯】晉國人把鄭伯逮起來。

(八)晉欒書帥師伐鄭。

【今譯】晉大夫欒書帥領軍隊討伐鄭國。

(九)冬十有一月，葬齊頃公。

【今譯】冬天十一月，給齊頃公行葬禮。

(十)楚公子嬰齊帥師伐莒。庚申，莒潰㊀。

【今註】㊀莒潰：莒國崩潰了。

【今譯】楚國公子嬰齊帥領軍隊討伐莒國。庚申這天，莒國崩潰了。

(十一)楚人入運㊀。

【今註】㊀運：這是西鄆，魯地，在今山東省鄆城縣東十六里。

【今譯】楚國人攻進魯國鄆城。

(十二)秦人、白狄伐晉。

【今譯】秦國人同白狄討伐晉國。

㈢鄭人圍許。

【今譯】鄭國人包圍了許國都城。

㈣城中城。

【今註】㈠中城：魯地，在今山東省曲阜縣城內。

【今譯】魯國修築中城這個城邑。

成公十年（公元前五百八十一年）

㈠春，衛侯之弟黑背率師侵鄭。

【今譯】春天，衛侯的弟弟名叫黑背，率領軍隊侵略鄭國。

㈡夏四月，五卜郊不從，乃不郊㈠。其言乃不郊何？不免牲㈡，故言乃不郊也。

【今註】㈠五卜郊不從，乃不郊：五次占卜郊天不吉祥，就不郊天。㈡不免牲：沒有免去用牛。何休注：不免牲當作盜天牲，失事天之道，故諱，使若重難不得郊。

【今譯】夏天四月，五次占卜郊天不吉祥，就不郊天。為什麼說就不郊天呢？因為沒有免去用牛，所以說不郊天了。

㈢五月，公會晉侯、齊侯、宋公、衛侯、曹伯伐鄭。

【今譯】五月，魯成公會同晉侯、齊侯、宋公、衛侯、曹伯去討伐鄭國。

㈣齊人來媵。媵不書，此何以書？錄伯姬也。三國來媵非禮也㈠，曷為皆以錄伯姬之辭言之？婦人以眾多為侈也㈡。

【今註】㈠三國來媵非禮也：三國派媵妾來這是不合禮的。㈡婦人以眾多為侈也：婦人以媵妾眾多為大量，表示她沒有嫉妒。

【今譯】齊國人也派媵妾到魯國來。普通媵妾不寫在春秋上，這為什麼寫呢？這是紀錄伯姬的美德。三國派媵妾來這是不合禮的，為什麼都以紀錄伯姬的言辭來說呢？婦人是以媵妾眾多為大量，表示她沒有嫉妒。

(五)丙午，晉侯獳卒㊀。

【今註】㊀晉侯獳卒：晉侯名叫獳，即晉景公死了。

【今譯】晉景公名叫獳死了。

(六)秋七月。

【今譯】秋天七月。

(七)公如晉。

【今譯】魯成公到晉國去。

卷十八　成公下

成公十有一年（公元前五百八十年）

㈠春王三月，公至自晉。

【今譯】春王三月，成公從晉國回到魯國。

㈡晉侯使郤州㊀來聘。己丑，及郤州盟㊁。

【今註】㊀郤州：就是郤犫。㊁及郤州盟：魯國同郤犫會盟。

【今譯】晉侯派大夫郤犫來魯國聘問。己丑這天，同郤犫會盟。

㈢夏，季孫行父如晉。

【今譯】夏天，季孫行父到晉國去。

㈣秋，叔孫僑如如齊。

【今譯】秋天，叔孫僑如到齊國去。

(五)冬十月。

【今譯】冬天十月。

成公十有二年（公元前五百七十九年）

(一)春，周公出奔晉㊀。周公者何？天子之三公也㊁。王者無外，此其言出何？自其私土而出也㊂。

【今註】㊀周公出奔晉：周公逃到晉國去。㊁天子之三公也：天子三公中的一個。㊂自其私土而出也：從他自己的土地出奔了。

【今譯】春天，周公逃到晉國去。誰是周公呢？是周天子三公中的一個。天下全是王者所有，他沒有外邊，為什麼說出奔呢？因為他是從自己的土地出奔的原故。

(二)夏，公會晉侯、衛侯于沙澤㊀。

【今註】㊀沙澤：左傳作瑣澤。鄭地在今河南省大名縣東。

【今譯】夏天，成公同晉侯、衛侯在沙澤這地方相會。

(三)秋，晉人敗狄于交剛㈠。

【今註】㈠交剛：晉地，在今山西省隰縣。

【今譯】秋天，晉國人在交剛這地方把白狄打敗了。

(四)冬十月。

【今譯】冬天十月。

成公十有三年（公元前五百七十八年）

(一)春，晉侯使郤錡來乞師㈠。

【今註】㈠郤錡來乞師：郤錡是晉大夫，到魯國來求軍隊援助。

【今譯】春天，晉侯派大夫郤錡到魯國來求軍隊援助。

(二)三月，公如京師㈠。

【今註】㊀公如京師：成公到周都城去。

【今譯】三月，成公到周都城去。

㈢夏五月，公自京師遂會晉侯、齊侯、宋公、衛侯、鄭伯、曹伯、邾婁人、滕人伐秦。其言自京師何？公鑿行也㊀。公鑿行奈何？不敢過天子也㊁。

【今註】㊀公鑿行也：何休說：「鑿猶更造之意。」意思說更改行程。㊁不敢過天子也：不敢路過天子而不朝見。

【今譯】夏天五月，公從京師遂會同晉侯、齊侯、宋公、衛侯、鄭伯、曹伯、邾婁人、滕人討伐秦國。為什麼說公從京師？意思說成公更改行程。成公怎麼更改行程呢？因為不敢路過天子而不朝見的原故。

㈣曹伯廬卒于師㊀。

【今註】㊀曹伯廬卒于師：曹宣公名叫廬死在軍隊中。

【今譯】曹宣公名叫廬死在軍隊中。

㈤秋七月，公至自伐秦。

【今譯】秋天七月，成公從伐秦國回來。

㈥冬，葬曹宣公。

【今譯】冬天，給曹宣公行葬禮。

成公十有四年（公元前五百七十七年）

㈠春王正月，莒子朱卒㊀。

【今註】㊀莒子朱卒：莒國君名叫朱死了。

【今譯】春王正月，莒國君名叫朱死了。

㈡夏，衛孫林父自晉歸于衛。

【今譯】夏天，衛大夫孫林父從晉國回到衛國。

㈢秋，叔孫僑如如齊逆女㊀。

【今註】㊀如齊逆女：到齊國去迎接夫人。

【今譯】秋天，叔孫僑如到齊國去迎接夫人。

㈣鄭公子喜率師伐許。

【今譯】鄭國公子喜率領軍隊討伐許國。

㈤九月，僑如以夫人婦姜氏至自齊㊀。

【今註】㊀以夫人婦姜氏至自齊：同夫人婦姜從齊國回來。稱婦姜氏是上面有婆婆存在的原故。

【今譯】九月，叔孫僑如同成公夫人婦姜氏從齊國回到魯國。

㈥冬十月庚寅，衛侯臧卒㊀。

【今註】㊀衛侯臧卒：衛定公名臧死了。

【今譯】冬十月庚寅這天，衛定公名臧死了。

㈦秦伯卒。

【今譯】秦國君死了。

成公十有五年（公元前五百七十六年）

(一)春王二月，葬衛定公。

【今譯】 春王二月，給衛定公行葬禮。

(二)三月乙巳，仲嬰齊卒㊀。仲嬰齊者何？公孫嬰齊也㊁。公孫嬰齊則曷為謂之仲嬰齊？為兄後也㊂。為兄後則曷為謂之仲嬰齊？為人後者為之子也㊃。為人後者為其子，則其稱仲何？孫以王父字為氏也㊄。然則嬰齊孰後？後歸父也㊅。歸父使于晉而未反，何以後之？叔仲惠伯傅子赤者也㊆，文公死，子幼，公子遂謂叔仲惠伯曰：「君幼如之何？願與子慮之。」叔仲惠伯曰：「吾子相之，老夫抱之，何幼君之有㊇？」公子遂知其不可與謀，退而殺叔仲惠伯，弒子赤而立宣公。宣公死，成公幼，臧宣叔者相也。君死不哭，聚諸大夫而問焉曰：「昔者叔仲惠伯之事，孰為之？」諸大夫皆雜然曰：「仲氏也，其然乎㊈？」於是遣歸父之家，然後哭君㊉。歸父使乎晉，還自晉，至檉，聞君薨家遣，墠帷哭君成踊，反命于介，自是走之齊。魯人徐傷歸父之無後也，於是使嬰齊後之也㈡。

【今註】㈠仲嬰齊卒：仲嬰齊死了。㈡公孫嬰齊也：就是公孫嬰齊。㈢為兄後也：為哥哥的後人。㈣為人後者為之子也：做人的後人就是做他的兒子。㈤孫以王父字為氏也：孫子用他祖父的字做氏。㈥後歸父也：為歸父的後人。㈦叔仲惠伯傅子赤者也：叔仲惠伯就是叔彭生，惠伯是諡號。叔仲惠伯做文公的太子赤的師傅。㈧吾子相之，老夫抱之，何幼君之有：你就主持政權，我抱著他聽政，這有什麼說君年幼的話呢？㈨仲氏也，其然乎：是仲遂，大概就是吧！㈩於是遣歸父之家，然後哭君：於是就遣逐歸父的家，然後哭魯宣公。㈡魯人徐傷歸父之無後也，於是使嬰齊後之也：魯人皆傷感歸父沒有後人，於是就叫公孫嬰齊為歸父的後人。徐，皆也。

【今譯】三月乙巳這天，仲嬰齊死了。仲嬰齊是什麼人呢？就是公孫嬰齊。公孫嬰齊為什麼叫他仲嬰齊呢？因為他是做他哥哥的後人。為他哥哥的後人為什麼叫他仲嬰齊呢？因為為人後人等於做他兒子的原故。為人後人既然等於做他兒子，為什麼稱他仲嬰齊呢？因為孫子以他祖父的號做他的氏的原故。然則仲嬰齊做誰的後人呢？做歸父的後人。歸父已經派到晉國去，還沒有回來，為什麼做他的後人呢？叔仲惠伯是魯文公太子赤的師傅，文公死了，子赤年幼，公子遂對叔仲惠伯說：「君太年幼怎麼辦呢？願跟你一同考慮考慮。」叔仲惠伯說：「你掌政權，我抱著君聽政，為什麼說君年幼的話？」

公子遂知道他不能商量，就殺了叔仲惠伯，弒了太子赤，而立了宣公。宣公死了，成公年幼，臧宣叔掌政權。君死臧宣叔不哭，聚各大夫來問他們說：「從前叔仲惠伯的死，誰做的呢？」諸大夫全都說：「這是仲遂，大概就是吧！」於是遣逐歸父的家，然後哭宣公。歸父已被派到晉國，從晉國回來，到了檉這地方，聽說宣公已經死了，他的家被遣逐，就做了一個墠帷起來，跳著哭宣公，派他的副使回到魯國交還派他去晉國的命令，自己就逃到齊國去了。魯人後來傷感歸父沒有後人，於是就叫嬰齊做他的後人。

(三)癸丑，公會晉侯、衛侯、鄭伯、曹伯、宋世子成、齊國佐、邾婁人同盟于戚㊀。晉侯執曹伯歸之于京師㊁。公至自會。

【今註】㊀戚：衛地，在今河北省濮陽縣北七里。㊁晉侯執曹伯歸之于京師：晉侯逮起了曹伯把他送到周王的都城去。

【今譯】癸丑這天，成公同晉侯、衛侯、鄭伯、曹伯、宋世子成、齊國佐、邾婁人在戚這地方共結盟約。晉侯逮起了曹伯把他送到周王的都城去。後來成公從會盟的地方回到魯國。

(四)夏六月，宋公固卒㊀。

【今註】㊀宋公固卒：宋共公名固死了。

【今譯】夏天六月，宋共公名固死了。

(五)宋華元出奔晉。

【今譯】宋大夫華元逃奔到晉國。

(六)宋華元自晉歸于宋。

【今譯】宋大夫華元從晉國回到宋國。

(七)宋殺其大夫山。

【今譯】宋人把他們的大夫名叫山的殺了。

(八)宋魚石出奔楚。

【今譯】宋大夫魚石逃奔到楚國。

(九)冬十有一月，叔孫僑如會晉士燮、齊高無咎、宋華元、衛孫林父、鄭公子鰌、邾婁人會吳于鍾離(一)。曷為殊會吳？外吳也

㈡。曷為外也？春秋內其國而外諸夏，內諸夏而外夷狄㈢。王者欲一乎天下，曷為以外內之辭言之？言自近者始也㈣。

【今註】㈠鍾離：楚地，在今安徽省鳳陽縣東四里。㈡外吳也：以吳為外。㈢春秋內其國而外諸夏，內諸夏而外夷狄：春秋的義例，以本國為內的時候就以諸夏為外，以諸夏為內的時候就以夷狄為外。㈣言自近者始也：意思說由近處來開始。

【今譯】冬天十一月，叔孫僑如到鍾離去同晉國士燮、齊國高無咎、宋國華元、衛國孫林父，鄭國公子鰌、邾婁人跟吳國相會。為什麼單說會吳呢？是以吳為外的意思。為什麼以吳為外呢？春秋的義例，以本國為內的時候就以諸夏為外，以諸夏為內的時候就以夷狄為外。王者想把天下統一，為什麼拿外內的言辭來說？意思說由近處來開始。

㈩許遷于葉㈠。

【今註】㈠葉：楚地，在今河南省葉縣南三十里。

【今譯】許國把都城遷到葉這地方。

成公十有六年（公元前五百七十五年）

(一)春王正月，雨木冰㊀。雨木冰者何？雨而木冰也㊁。何以書？記異也㊂。

【今註】㊀雨木冰：下雨樹木全凍成冰。㊁雨而木冰也：下雨而樹木凍成冰。㊂記異也：記載怪異的原故。

【今譯】十六年春王正月，天下雨樹木全凍成冰。為什麼這樣說呢？是因為天下雨，而樹凍成冰。為什麼寫在春秋上呢？是因為記載怪異的原故。

(二)夏四月辛未，滕子卒㊀。

【今註】㊀滕子卒：滕國君死了。

【今譯】夏四月辛未這天，滕國君死了。

(三)鄭公子喜帥師侵宋。

【今譯】鄭國公子喜帥領軍隊侵略宋國。

(四)六月丙寅朔，日有食之。

【今譯】六月丙寅初一這天，魯國有日蝕。

(五)晉侯使欒黶來乞師。

【今譯】晉侯派欒黶到魯國來求軍隊援助。

(六)甲午晦㈠。晦者何？冥也㈡。何以書？記異也㈢。

【今註】㈠甲午晦：甲午這日，天忽然黑。㈡冥也：天黑了。㈢記異也：記載怪異的原故。

【今譯】甲午這天，忽然天黑了。為什麼天黑呢？因為陽光不見了。為什麼寫在春秋上呢？是因為記載怪異的原故。

(七)晉侯及楚子、鄭伯戰于鄢陵㈠，楚子、鄭師敗績。敗者稱師，楚何以不稱師？王痍也㈡。王痍者何？傷乎矢也㈢。則何以不言師敗績？末言爾㈣。

【今註】㈠鄢陵：鄭地，在今河南省鄢陵縣西北四十里。㈡王痍也：痍音夷。楚王受傷。㈢傷乎矢也：受了箭的傷。㈣末言爾：不必要說，當然是楚師崩潰了。末，無也。

【今譯】晉厲公及楚共王同鄭伯在鄢陵打仗，楚王同鄭國的軍隊全崩潰了。照例失敗的應該稱軍隊，楚為什麼不稱軍隊呢？因為楚共王受了傷。受了什麼傷？他受了箭傷。為什麼不說軍隊崩潰呢？不必說了，王已經受了傷，軍隊自然崩潰。

(八)楚殺其大夫公子側。

【今譯】楚人殺了他們的大夫公子側。

(九)秋，公會晉侯、齊侯、衛侯、宋華元、邾婁人于沙隨㈠。不見公，公至自會㈡。不見公者何？公不見見也㈢。公不見見大夫執。何以致會？不恥也㈣。曷為不恥？公幼也㈤。

【今註】㈠沙隨：宋地，在今河南省寧陵縣西七里。㈡不見公，公至自會：沒見魯成公，公就從會裏回來。㈢公不見見也：據公羊傳疏：「晉人來乞師而不與，公會晉侯，將執公是也。」㈣不恥也：不以為羞恥。㈤公幼也：因為魯成公太年輕。

【今譯】秋天，魯成公會晉侯、齊侯、衛侯、宋國華元、邾婁人在沙隨會盟。不見魯成公，公已從會裏回來。為什麼說不見公呢？不見等於見了。公不見實在見了，大夫也被逮起來。為什麼說會盟呢？不以為羞恥。為什麼不以為羞恥呢？因為魯成公很年輕。

(十)公會尹子、晉侯、齊國佐、邾婁人伐鄭。

【今譯】成公會王卿士尹子、晉厲公、齊國佐、邾婁人一同討伐鄭國。

(土)曹伯歸自京師㊀。執而歸者名曹伯，何以不名？而不言復歸于曹何？易也㊁。其易奈何？公子喜時在內也㊂。公子喜時在內則何以易？公子喜時者仁人也。內平其國而待之，外治諸京師而免之㊃。其言自京師何？言甚易也，舍是無難矣㊄。

【今註】㊀曹伯歸自京師：曹伯從京師回到曹國。㊁易也：因為很容易。㊂公子喜時在內也：公子喜時左傳作公子欣時，是曹伯的弟弟，他在曹國安定人民等待曹伯回來。㊃內平其國而待之，外治諸京師而免之：內裏治理曹國等待君回來，外邊在周京師設法免除君的罪狀。㊄言甚易也，舍是無難矣：所以說甚容易，除此以外沒有很難的事情。

【今譯】曹伯從京師回國。逮他時寫著他的名字，這次曹伯為什麼不寫名字？又為什麼不寫他仍舊回到曹國？因為很容易的原故。怎麼樣容易呢？因為公子喜時在曹國裏。公子喜時在曹國裏為什麼就容易呢？公子喜時是仁慈的人。在內就安定他的國家等著曹君的回來，在外就在京師工作以免除曹伯的罪狀。說從京師回來為什麼呢？意思是說很容易的原故，除此以外沒有很難的事情。

(十一)九月，晉人執季孫行父，舍之于招丘㈠。執未可言舍之者，此其言舍之何？仁之也㈡。曰在招丘悕矣㈢。執未有言仁之者，此其言仁之何？代公執也㈣。其代公執奈何？前此者晉人來乞師而不與，公會晉侯將執公，季孫行父曰：「此臣之罪也。」於是執季孫行父。成公將會厲公，會不當期，將執公㈤。季孫行父曰：「臣有罪，執其君；子有罪，執其父；此聽失之大者也㈥。今此臣之罪也，舍臣之身，而執臣之君，吾恐聽失之為宗廟羞也㈦。」於是執季孫行父。

【今註】㈠招丘：左傳作苕丘。晉地，在今山西省垣曲縣東六十里。㈡仁之也：對他仁慈。㈢曰在招丘悕矣：說在招丘是很悲痛。㈣代公執也：替魯成公被逮。㈤會不當期，將執公：開會不按時候到，就想把成公逮起來。㈥此聽失之大者也：這是聽獄誤判最嚴重的。㈦吾恐聽失之為宗廟羞也：我恐怕這種錯誤是給宗廟的羞辱。

【今譯】九月，晉國人把季孫行父逮起來，叫他住到招丘的地方。執沒說過叫他住在什麼地方，這次為什麼使他住到招丘呢？因為對他很仁慈，等於說在招丘是很悲痛的。逮起來沒有說對他仁慈的，這次為什麼說對他仁慈呢？因為他是替代魯成公被逮。他怎麼樣替代魯成公而被逮呢？前次晉國人來請求援助軍隊而不給他，魯成公將在沙隨同晉侯開會，晉侯想把成公逮起來，季孫行父說：「這是我的罪過。」就把季孫行父逮起來。後來成公又將同晉厲公開會，成公沒有按時到會，晉侯想把他逮起來。季孫行父說：「臣有罪，就逮他君；兒子有罪，就逮他的父親；這是最大的錯誤判決。這是我的罪狀，舍開我而逮我的君，我恐怕這種錯誤判決將為宗廟的羞辱。」於是就把季孫行父逮起來。

㈩冬十月乙亥，叔孫僑如出奔齊。

【今譯】冬十月乙亥這天，叔孫僑如逃奔到齊國去。

㈩十有二月乙丑，季孫行父及晉郤州盟于扈。

【今譯】十二月乙丑這天，季孫行父同晉國郤犫在扈這地方會盟。

㈩公至自會。

【今譯】成公從會盟回來。

㈩乙酉，刺公子偃㊀。

【今註】㊀刺公子偃：公子偃是魯大夫。魯國自己殺大夫避諱說殺。

【今譯】乙酉這天，魯國人把他們大夫公子偃刺殺。

成公十有七年（公元前五百七十四年）

㈠春，衛北宮結率師侵鄭。

【今譯】春天，衛大夫北宮結率領軍隊侵略鄭國。

㈡夏，公會尹子、單子、晉侯、齊侯、宋公、衛侯、曹伯、邾婁人伐鄭。

【今譯】夏天，魯成公會同王卿士尹子、單子及晉侯、齊侯、宋公、衛侯、曹伯、邾婁人討伐鄭國。

㈢六月乙酉，同盟于柯陵㈠。

【今註】㈠柯陵：鄭地，在今河南省臨潁縣北十里。

【今譯】六月乙酉這天，各諸侯在柯陵共結盟約。

㈣秋，公至自會。

【今譯】　秋天，成公從盟會回到魯國。

㈤齊高無咎出奔莒。

【今譯】　齊國大夫高無咎逃奔到莒國。

㈥九月辛丑用郊㈠。用者何？用者不宜用也，九月非所用郊也㈡。然則郊曷用？郊用正月上辛，或曰用然後郊㈢。

【今註】㈠用郊：舉行祭天的典禮。㈡九月非所用郊也：九月不是應當舉行祭天的。㈢郊用正月上辛，或曰用然後郊：祭天應該用周正正月第一個辛那天，有人說先祭祀旁的神，然後才能郊天。何休說：「晉人將有事於河，必先有事於惡池；齊人將有事於泰山，必先有事於蜚林；魯人將有事於天，必先有事於泮宮。」

【今譯】　九月辛丑這天，魯國祭祀天。所謂用指什麼？就是等於說不應當用，九月並不是祭天的月。然則用那個月呢？郊天必須用周正正月第一個辛那天，有人說先祭祀旁的方能郊天。

㈦晉侯使荀罃來乞師。

【今譯】　晉厲公派晉大夫荀罃來魯國求軍隊援助。

(八)冬，公會單子、晉侯、宋公、衛侯、曹伯、齊人、邾婁人伐鄭。十有一月，公至自伐鄭。

【今譯】冬天，成公會同周王卿士單子及晉侯、宋公、衛侯、曹伯、齊人、邾婁人討伐鄭國。十一月，成公從討伐鄭國後回到魯國。

(九)壬申，公孫嬰齊卒于貍軫㈠。非此月日也，曷為以此月日卒之？待君命然後卒大夫㈡。曷為待君命然後卒大夫？前此者嬰齊走之晉，公會晉侯，將執公。嬰齊為公請，公許之，反為大夫，歸至于貍軫而卒。無君命不敢卒大夫㈢，公至，曰：「吾固許之，反為大夫㈣。」然後卒之。

【今註】㈠貍軫：左傳作貍脤。是魯地，貍脤在山東省曲阜西境。㈡待君命然後卒大夫：等著君的命令來了，方能寫上大夫的死。㈢無君命不敢卒大夫：沒有君的命令，不敢寫上。㈣吾固許之，反為大夫：我已經答應他，回到魯國就恢復他的大夫的位子。

【今譯】壬申這天，公孫嬰齊死在貍軫。這個月日不太準確，為什麼說他這個月日死呢？等著君命下來，然後才能寫上大夫的死。為什麼要等著君命下來以後，才寫上大夫的死呢？在這以前公孫嬰齊逃到晉國去，成公會晉厲公，晉厲公要逮捕成公。公孫嬰齊替成公說好話，成公答應他，等他回魯國將恢復他大夫的位子，回來到了貍軫就死了。沒有君命下來不敢寫大夫的死，等到成公回到都城，說：「我已經答應他，回來就恢復他的大夫的位子。」然後就寫上他的死。

㈩十有二月丁巳朔，日有食之。

【今譯】十二月丁巳初一這天，魯國有日蝕。

(十一)邾婁子貜卒。

【今譯】邾婁君名貜死了。

(十二)晉殺其大夫郤錡、郤州、郤至。

【今譯】晉人把他們的大夫郤錡、郤州、郤至殺了。

(十三)楚人滅舒庸㈠。

【今註】㈠舒庸：在今安徽省舒城縣境。

【今譯】楚人滅了舒庸國。

成公十有八年（公元前五百七十三年）

㈠春王正月，晉殺其大夫胥童。

【今譯】春王正月，晉人殺他們的大夫胥童。

㈡庚申，晉弒其君州蒲㈠。

【今註】㈠州蒲：晉厲公的名字。

【今譯】庚申這天，晉人弒了他們的君厲公。

㈢齊殺其大夫國佐。

【今譯】齊國人殺他們的大夫國佐。

㈣公如晉。

【今譯】魯成公到晉國去。

㈤夏，楚子、鄭伯伐宋。

【今譯】夏天，楚子同鄭伯討伐宋國。

(六)宋魚石復入㊀于彭城㊁。

【今註】㊀復入：又進入。㊁彭城：宋地，一統志說：「在今江蘇省銅山縣治。」

【今譯】宋大夫魚石又進入彭城這地方。

(七)公至自晉。

【今譯】魯成公從晉國回來。

(八)晉侯使士匄來聘。

【今譯】晉侯派大夫士匄來魯國聘問。

(九)秋，杞伯來朝。

【今譯】秋天，杞伯來魯國朝見。

(十)八月，邾婁子來朝。

【今譯】八月，邾婁子來魯國朝見。

㈩築鹿囿㊀。何以書？譏。何譏爾？有囿矣，又為也㊁。

【今註】㊀鹿囿：鹿的園子。㊁又為也：又做的原故。

【今譯】築鹿的園子。為什麼寫在春秋上？這是譏諷。為什麼譏諷？因為已經有園子了，何必又修的原故。

⑾己丑，公薨于路寢。

【今譯】己丑這天，成公薨逝在路寢裏。

⑿冬，楚人、鄭人侵宋。

【今譯】冬天，楚人同鄭人侵略宋國。

⒀晉侯使士彭㊀來乞師。

【今註】㊀士彭：左傳及穀梁傳皆作士魴。

【今譯】晉侯派大夫士彭來魯國請求援軍。

㈤十有二月，仲孫蔑會晉侯、宋公、衛侯、邾婁子、齊崔杼同盟于虛朾㈠。

【今註】㈠虛朾：宋地，在今河南省柘城縣境。

【今譯】十二月，仲孫蔑會同晉侯、宋公、衛侯、邾婁子、齊崔杼在虛朾這地方共結盟約。

㈥丁未，葬我君成公。

【今譯】丁未這天，給魯成公行葬禮。

卷十九　襄公上

襄公元年（公元前五百七十二年）

(一)春王正月，公即位。

【今譯】春王正月，魯襄公行即位典禮。

(二)仲孫蔑會晉欒黶、宋華元、衛寧殖、曹人、莒人、邾婁人、滕人、薛人圍宋彭城㈠。宋華元曷為與諸侯圍宋彭城？為宋誅也㈡。其為宋誅奈何？魚石走之楚，楚為之伐宋取彭城以封魚石。魚石之罪奈何？以入是為罪也㈢。楚已取之矣，曷為繫之宋？不與諸侯專封也㈣。

【今註】㈠彭城：宋邑，在今江蘇省銅山縣治。㈡為宋誅也：為宋國誅討魚石。㈢以入是為罪也：以進入彭城為罪。㈣不與諸侯封也：不贊成諸侯有專封疆土的權利。

【今譯】仲孫蔑會晉欒黶、宋華元、衛寧殖、曹人、莒人、邾婁人、滕人、薛人圍宋國彭城。宋國華元為什麼跟諸侯圍宋彭城呢？這是為宋國誅討魚石的原故。他怎麼樣為宋誅討魚石？魚石逃奔到楚國去，楚國為他討伐宋國，佔據了彭城這地方，用來封魚石。魚石的罪狀怎麼樣呢？以進入彭城為罪狀。楚國已經佔據了彭城，為什麼還說是宋國的？因為不贊成諸侯有專封疆土的權利。

(三)夏，晉韓屈㈠帥師伐鄭。

【今註】㈠韓屈：左傳同穀梁皆作韓厥，是晉大夫。

【今譯】夏天，晉大夫韓屈帥領軍隊討伐鄭國。

(四)仲孫蔑會齊崔杼、曹人、邾婁人、杞人次于合㈠。

【今註】㈠合：左傳作鄫。鄭地，在今河南省睢縣南。

【今譯】仲孫蔑會同齊崔杼、曹人、邾婁人、杞人駐在合這地方。

(五)秋，楚公子壬夫帥師侵宋。

【今譯】秋天，楚國公子壬夫帥領軍隊侵略宋國。

(六)九月辛酉，天王崩㈠。

【今註】㈠天王崩：周簡王崩逝。

【今譯】九月辛酉這天，周簡王崩逝了。

㈦邾婁子來朝。

【今註】邾婁的君來魯國朝見。

㈧冬，衛侯使公孫剽來聘。

【今譯】冬天，衛侯派公孫剽來聘問魯國。

㈨晉侯使荀罃來聘。

【今譯】晉侯派荀罃來聘問魯國。

襄公二年（公元前五百七十一年）

㈠春王正月，葬簡王。

【今譯】春王正月，給周簡王行葬禮。

(二)鄭師伐宋。

【今譯】鄭國軍隊討伐宋國。

(三)夏五月庚寅，夫人姜氏薨㈠。

【今註】㈠夫人姜氏薨：據左氏春秋說先死的是成公的夫人，後死的是宣公的夫人。

【今譯】夏五月庚寅這天，夫人姜氏薨逝了。

(四)六月庚辰，鄭伯睔卒㈠。

【今註】㈠鄭伯睔卒：鄭成公名睔的死了。

【今譯】六月庚辰這天，鄭成公死了。

(五)晉師、宋師、衛寧殖侵鄭。

【今譯】晉國軍隊同宋國軍隊、衛國寧殖侵略鄭國。

(六)秋七月，仲孫蔑會晉荀罃、宋華元、衛孫林父、曹人、邾婁人于戚㈠。

【今註】㈠戚：衛地，在今河北省濮陽縣北七里。

【今譯】秋天七月，仲孫蔑與晉荀罃、宋華元、衛孫林父、曹人、邾婁人在戚這地方會盟。

㈦己丑，葬我小君齊姜㈠。齊姜者何？齊姜與繆姜則未知其為宣夫人與？成夫人與㈡？

【今註】㈠葬我小君齊姜：給我小君齊姜行葬禮。㈡齊姜與繆姜則未知其為宣夫人與？成夫人與：齊姜同繆姜不知道那位是宣公夫人？那位是成公夫人？據左氏春秋先死是成公夫人，當時宣公夫人還在。

【今譯】己丑這天，給我小君齊姜行葬禮。齊姜是什麼人？齊姜同繆姜不知道那位是宣公的夫人？那位是成公的夫人？

㈧叔孫豹如宋。

【今譯】魯大夫叔孫豹到宋國去。

㈨冬，仲孫蔑會晉荀罃、齊崔杼、宋華元、衛孫林父，曹人、邾婁人、滕人、薛人、小邾婁人于戚，遂城虎牢㈠。虎牢者何？鄭之邑也㈡。其言城之何？取之也㈢。取之則曷為不言取之？為中國諱也㈣。曷為為中國諱？諱伐喪也㈤。曷為不繫乎鄭？為中國諱也㈥。大夫無遂事，此其言遂何？歸惡乎大夫也㈦。

【今註】㈠虎牢：鄭地，在今河南省汜水縣西二里。㈡鄭之邑也：鄭國的城邑。㈢取之也：佔領它。㈣為中國諱也：為中國避諱也。因為鄭國正有成公的喪事，避諱討伐他的國家。㈤諱伐喪也：避諱討伐有喪事的國家。㈥為中國諱也：為中國避諱的原故。㈦歸惡乎大夫也：把罪狀歸到大夫身上。

【今譯】冬天，仲孫蔑會同晉荀罃、齊崔杼、宋華元、衛孫林父，曹人、邾婁人、滕人、薛人、小邾婁人在戚會盟，就修築虎牢這個城。虎牢是什麼呢？是鄭國的一個城邑。為什麼說修築呢？這是佔領它。既然是佔領為什麼不寫上佔領呢？這是為中國避諱。為什麼為中國避諱呢？避諱討伐有喪事的國家。為什麼不寫上鄭國呢？這也是為中國避諱。大夫照例沒有接著辦事，這為什麼說接著辦事呢？把罪狀歸到大夫身上的原故。

㈩楚殺其大夫公子申。

【今譯】楚國人殺他們的大夫公子申。

襄公三年（公元前五百七十年）

㈠春，楚公子嬰齊帥師伐吳。

【今譯】春天，楚國公子嬰齊帥領軍隊討伐吳國。

㈡公如晉。

【今譯】魯襄公到晉國去。

㈢夏四月壬戌，公及晉侯盟于長樗㈠。公至自晉。

【今註】㈠長樗：晉地，在今山西省汾城縣南。

【今譯】夏四月壬戌這天，襄公同晉侯在長樗這地方會盟。然後襄公從晉國回到魯國。

㈣六月，公會單子、晉侯、宋公、衛侯、鄭伯、莒子、邾婁子、齊世子光㈠，己未，同盟于雞澤㈡。陳侯使袁僑如會㈢。其言如會何？後會也㈣。戊寅，叔孫豹及諸侯之大夫及陳袁僑盟。曷為殊及陳袁僑？為其與袁僑盟也㈤。

【今註】㈠齊世子光：齊國的世子名叫光。㈡雞澤：晉地，在今河北省永年縣西。㈢陳侯使袁僑如會：陳侯派袁僑來開會。㈣後會也：到的很晚。㈤為其與袁僑盟也：就為了與袁僑會盟。

【今譯】六月，襄公會見單子、晉侯、宋公、衛侯、鄭伯、莒子，邾婁子同齊世子光，己未，在雞澤同結盟約。陳侯派袁僑到會來。為什麼說到會來呢？因為他來的時間太晚。戊寅這天，叔孫豹同諸侯的大夫及陳袁僑會盟。為什麼特別對陳袁僑會盟？因為就是專門對陳袁僑會盟的原故。

㈤秋，公至自會。

【今譯】秋天，襄公從會盟回來。

㈥冬，晉荀罃帥師伐許。

【今譯】冬天，晉大夫荀罃帥領軍隊討伐許國。

襄公四年（公元前五百六十九年）

㈠春王三月己酉，陳侯午卒㈠。

【今註】㈠陳侯午卒：陳成公名午死了。

【今譯】春王三月己酉這天，陳成公死了。

㈡夏，叔孫豹如晉。

【今譯】夏天，叔孫豹到晉國去。

㈢秋七月戊子，夫人弋氏薨㈠。

【今註】㈠夫人弋氏薨：左傳作姒氏。是襄公的母親，薨逝了。

【今譯】秋七月戊子這天，襄公的母親弋氏薨逝了。

㈣葬陳成公。

【今譯】給陳成公行葬禮。

㈤八月辛亥，葬我小君定弋。定弋者，襄公之母也。

【今譯】八月辛亥這天，給我小君定弋行葬禮。所謂定弋這人，就是襄公的母親。

㈥冬，公如晉。

【今譯】冬天，襄公到晉國去。

(七)陳人圍頓(一)。

【今註】(一)頓：國名，在今河南省商水縣東南。

【今譯】陳國人包圍了頓國。

襄公五年（公元前五百六十八年）

(一)春，公至自晉。

【今譯】春天，襄公從晉國回來。

(二)夏，鄭伯使公子發來聘。

【今譯】夏天，鄭伯派公子發到魯國來聘問。

(三)叔孫豹、鄫世子巫如晉。外相如不書，此何以書？為叔孫豹率而與之俱也(一)。叔孫豹則曷為率而與之俱？蓋舅出也(二)。莒將滅之，故相與往殆乎晉也㊂。莒將滅之，則曷為相與往殆乎晉？取後乎莒也㊃。其取後乎莒奈何？莒女有為鄫夫人者，蓋欲立其出也㊄。

【今註】㊀為叔孫豹率而與之俱也：因為是叔孫豹率領他而跟他一同到晉國去。㊁蓋舅出也：魯國是他舅舅的國家。㊂莒將滅之，故相與往殆乎晉也：莒國將滅掉鄫國，所以他們一同到晉國去。㊃取後乎莒也：這是為的將來做鄫國的君。㊄蓋欲立其出也：因為莒國想立她所生的小孩。

【今譯】叔孫豹同鄫國世子巫到晉國去。外國人到旁的國去不寫在春秋上，這為什麼寫呢？為的是叔孫豹率領著他而同他到晉國去的原故。叔孫豹為什麼跟他一同到晉國去呢？因為鄫世子巫是魯襄公姊妹的兒子。莒國將滅掉鄫國，所以他們一起到晉國去。莒國將滅鄫，為什麼他們到晉國去呢？為的將來可立為鄫國的君。他怎麼樣能夠立為鄫國君呢？因為莒國女人有做鄫國夫人的，想立她的小孩。

㈣仲孫蔑、衛孫林父會吳于善稻㊀。

【今註】㊀善稻：左傳作善道。吳地，在今安徽省盱眙縣泗縣一帶。

【今譯】仲孫蔑同衛國孫林父跟吳國在善稻會盟。

(五)秋大雩㈠。

【今註】㈠大雩：行求雨的典禮。

【今譯】秋天，魯國行求雨的典禮。

(六)楚殺其大夫公子壬夫。

【今譯】楚人殺他們的大夫公子壬夫。

(七)公會晉侯、宋公、陳侯、衛侯、鄭伯、曹伯、莒子、邾婁子、滕子、薛伯、齊世子光、吳人、鄫人于戚。吳何以稱人？吳鄫人云則不辭㈠。公至自會。

【今註】㈠吳鄫人云則不辭：吳國同鄫國同樣稱人則言不順。

【今譯】襄公會同晉侯、宋公、陳侯、衛侯、鄭伯、曹伯、莒子、邾婁子、滕子、薛伯、齊世子光、吳人、鄫人在戚這地方會盟。吳國為什麼稱人呢？吳國同鄫國同樣稱人則言不順。襄公從會盟回來。

(八)冬，戍陳㈠。孰戍之？諸侯戍之㈡。曷為不言諸侯戍之？離至不可得而序，故言我也㊂。

【今註】㊀戍陳：派軍隊戍守陳國首都。㊁諸侯戍之：諸侯派軍隊來戍守。㊂離至不可得而序，故言我也：有先到有後到，不能按著次序來排，所以說是魯國派的。

【今譯】冬天，派軍隊戍守陳國首都。誰去戍守呢？是諸侯派兵戍守。為什麼不說諸侯派兵戍守呢？因為到的先後次序不一定，沒有方法排次序，所以就說魯國派的。

㈨楚公子貞帥師伐陳。

【今譯】楚國公子貞帥領軍隊討伐陳國。

㈩公會晉侯、宋公、衛侯、鄭伯、曹伯、莒子、邾婁子、滕子、薛伯、齊世子光救陳。十有二月，公至自救陳。

【今譯】襄公會同晉侯、宋公、衛侯、鄭伯、曹伯、莒子、邾婁子、滕子、薛伯、齊世子光去援救陳國。十二月，襄公從救陳國回來。

㈩㈠辛未，季孫行父卒。

【今譯】辛未這天，季孫行父死了。

襄公六年（公元前五百六十七年）

㈠春王三月壬午，杞伯姑容卒㊀。

【今註】㊀杞伯姑容卒：杞桓公名叫姑容死了。

【今譯】春王三月壬午這天，杞桓公名叫姑容死了。

㈡夏，宋華弱來奔。

【今譯】夏天，宋大夫華弱逃奔到魯國來。

㈢秋，葬杞桓公。

【今譯】秋天，給杞桓公行葬禮。

㈣滕子來朝。

【今譯】滕國君來魯國朝見。

(五)莒人滅鄫。

【今譯】莒國人滅了鄫國。

(六)冬，叔孫豹如邾婁。

【今譯】冬天，叔孫豹到邾婁國去。

(七)季孫宿㈠如晉。

【今註】㈠季孫宿：是季孫行父的兒子季武子。

【今譯】季孫宿到晉國去。

(八)十有二月，齊侯滅萊。曷為不言萊君出奔？國滅君死之，正也㈠。

【今註】㈠國滅君死之，正也：國被滅了君死，這是合於正道的。

【今譯】十二月，齊侯滅了萊國。為什麼不說萊國君出奔呢？因為國家被滅，君死了，這是合於正道的。

襄公七年（公元前五百六十六年）

㈠春，郯子來朝㊀。

【今註】㊀郯子來朝：郯音談，在今山東省郯城縣西南一百里。郯國的君來朝見魯國。

【今譯】春天，郯國的君來魯國朝見。

㈡夏四月，三卜郊不從，乃免牲㊀。

【今註】㊀三卜郊不從，乃免牲：三次占卜祭天不吉祥，就免去祭天的牛。

【今譯】夏天四月，三次占卜祭天不吉祥，就免去祭天的牛。

㈢小邾婁子來朝。

【今譯】小邾婁的君來魯國朝見。

㈣城費㊀。

【今註】㊀城費：音秘，在今山東省魚臺縣西南。

【今譯】修築費城。

㈤秋，季孫宿如衛。

【今譯】秋天，季孫宿到衛國去。

㈥八月，螺㈠。

【今註】㈠螺：蝗蟲。

【今譯】八月，魯國有蝗蟲為災。

㈦冬十月，衛侯使孫林父來聘。壬戌，及孫林父盟。

【今譯】冬天十月。衛侯派孫林父來魯國聘問。壬戌這天，同孫林父會盟。

㈧楚公子貞帥師圍陳。

【今譯】楚國公子貞帥領軍隊包圍陳國都城。

㈨十有二月，公會晉侯、宋公、陳侯、衛侯、曹伯、莒子、邾婁子于鄬㈠。鄭伯髡原如會，未見諸侯，丙戌卒於操㈡。操者何？鄭之邑也。諸侯卒其封內不地，此何以地？隱之也㊂。何隱也？弒也㊃。孰弒之？其大夫弒之㊄。曷為不言其大夫弒之？為中國諱也㊅。曷為為中國諱？鄭伯將會諸侯于鄬，其大夫諫曰：「中國不足歸也，則不若與楚㊆。」鄭伯曰：「不可。」其大夫曰：「以中國為義，則伐我喪，以中國為彊，則不若楚㊇。」於是弒之。鄭伯髡原何以名？傷而反，未至乎舍而卒也㊈。未見諸侯其言如會何？致其意也㊉。陳侯逃歸㊁。

【今註】㊀鄬：鄭地，在今河南省偃師縣。㊁操：左傳作鄵，在今河南省密縣南。㊂隱之也：悲痛這事。㊃弒也：被人弒殺。㊄其大夫弒之：鄭國大夫把他弒了。㊅為中國諱也：為中國避諱。㊆中國不足歸也，則不若與楚：中國不值得歸服他，不如與楚國和好。㊇以中國為義，則伐我喪，以中國為彊，則不若楚：以中國為義氣，但是他們曾經伐我有喪事時，要是說中國是強國，就不如楚國強。㊈傷而反，未至乎舍而卒也：受了傷就回國，沒有到住的地方就死了。㊉致其意也：表示他參與開會。㊁陳侯逃歸：陳侯沒開會就逃回國。

【今譯】十二月，襄公會晉侯、宋公、陳侯、衛侯、曹伯、莒子、邾婁子在鄬這地方會盟。鄭僖公髡原到會去了，沒見過諸侯們，丙戌這天就死在操這地方。什麼是操呢？是鄭國的一個城。照例諸侯死在他的國境內不寫地名，這為什麼寫呢？是為的悲痛這件事。為何悲痛呢？因為他是被人所弒。誰弒他呢？是被他大夫所弒。為什麼不說他的大夫弒殺呢？這是為中國避諱。為什麼為中國避諱？鄭僖公將在鄬這地方同諸侯開會，他的大夫們諫諍說：「中國不值得跟他要好，不如跟楚國要好。」鄭僖公說：「不可以。」他的大夫說：「要以中國為有義理，他們曾經在我們喪事時討伐過我，要以中國為強盛，則他們反不如楚國。」於是就把他弒了。為什麼叫他的名字髡原呢？受了傷就回國，沒到住的地方就死了。沒看見諸侯，為什麼說他如會呢？表示他曾參與開會。陳侯沒有開會就逃回國去了。

襄公八年（公元前五百六十五年）

㈠春王正月，公如晉。

【今譯】春王正月，襄公到晉國去。

㈡夏，葬鄭僖公。賊未討，何以書葬？為中國諱也。

【今譯】夏天，給鄭僖公行葬禮。弒君的賊還沒有討伐，為什麼寫下葬呢？也是為中國避諱。

㈢鄭人侵蔡，獲蔡公子燮㈠。此侵也，其言獲何？侵而言獲者，適得之也㈡。

【今註】㈠獲蔡公子燮：逮著蔡國的公子燮。㈡侵而言獲者，適得之也：侵略而說逮著，就是恰好得到他。

【今譯】鄭人侵略蔡國，逮著蔡國公子燮。這是侵略，為什麼說逮著呢？侵略而說逮著，這是恰好得到他。

㈣季孫宿會晉侯、鄭伯、齊人、宋人、衛人、邾婁人于邢丘㈠。

【今註】㈠邢丘：晉地，在今河南省溫縣東二十里。

【今譯】季孫宿同晉侯、鄭伯、齊人、宋人、衛人、邾婁人于邢丘這地方相會。

㈤公至自晉。

【今譯】襄公從晉國回來。

㈥莒人伐我東鄙。

【今譯】莒國人討伐魯國東方邊境。

(七)秋九月，大雩㈠。

【今註】㈠大雩：行求雨的典禮。

【今譯】秋天九月，魯國行求雨的典禮。

(八)冬，楚公子貞帥師伐鄭國。

【今譯】冬天，楚國公子貞帥領軍隊討伐鄭國。

(九)晉侯使士匄來聘。

【今譯】晉侯派晉大夫士匄來魯國聘問。

襄公九年（公元前五百六十四年）

(一)春，宋火㈠。曷為或言災？或言火㈡？大者曰災，小者曰火㈢，然則內何以不言火？內不言火者，甚之也㈣。何以書？記災也㈤。外災不書，此何以書？為王者之後記災也㈥。

【今註】㈠宋火：宋國發生火災。㈡曷為或言災，或言火：為什麼有時說災？有時說火？㈢大者曰災，小者曰火：大的叫做災，小的叫做火。㊃內不言火者，甚之也：何休注：「春秋以內為天下法，動作當先自克責，故小有火如大有災。」㊄記災也：記災害。㊅為王者之後記災也：為周王的後人記災害。

【今譯】春天，宋國發生火災。為什麼有時說災？有時說火呢？大的叫做災，小的叫做火。那麼宮內為什不說火？宮內不言火的原故，是因為特別重視，小有火也看成大有災。為什麼寫在春秋上呢？這是記災害。魯國以外不寫在春秋上，這為什麼寫呢？因為宋是周王的後人，所以為他記災異。

㈡夏，季孫宿如晉。

【今譯】夏天，季孫宿到晉國去。

㈢五月辛酉，夫人姜氏薨㊀。

【今註】㊀夫人姜氏薨：宣公夫人姜氏薨逝。

【今譯】五月辛酉這天，宣公夫人姜氏薨逝。

㈣秋八月癸未，葬我小君繆姜㊀。

【今註】㊀繆姜：因為上面已經說過宣公夫人姜氏薨逝，可證繆姜就是宣公夫人。

【今譯】秋八月癸未這天，給我小君繆姜行葬禮。

(五)冬，公會晉侯、宋公、衛侯、曹伯、莒子、邾婁子、滕子、薛伯、杞伯、小邾婁子、齊世子光伐鄭。十有二月己亥，同盟于戲(一)。

【今註】(一)戲：鄭地，在今河南省汜水縣南四十里。

【今譯】冬天，襄公同晉侯、宋公、衛侯、曹伯、莒子、邾婁子、滕子、薛伯、杞伯、小邾婁子、齊世子光討伐鄭國。十二月己亥，在戲這地方共結盟約。

(六)楚子伐鄭。

【今譯】楚子討伐鄭國。

襄公十年（公元前五百六十三年）

(一)春，公會晉侯、宋公、衛侯、曹伯、莒子、邾婁子、滕子、薛伯、杞伯、小邾婁子、齊世子光會吳于柤(一)。

【今註】㈠柤：宋地，在今山東省嶧縣東南。

【今譯】春天，襄公會同晉侯、宋公、衛侯、曹伯、莒子、邾婁子、滕子、薛伯、杞伯、小邾婁子、齊世子光在柤這地方與吳國會盟。

㈡夏五月甲午，遂滅偪陽㈠。公至自會。

【今註】㈠偪陽：妘姓國，在今山東省嶧縣南五十里。

【今譯】夏五月甲午這天，就滅了偪陽國。後來襄公從會盟回來。

㈢楚公子貞，鄭公孫輒帥師伐宋。

【今譯】楚國公子貞同鄭國公孫輒帥領軍隊討伐宋國。

㈣晉師伐秦。

【今譯】晉國軍隊討伐秦國。

㈤秋，莒人伐我東鄙。

【今譯】 秋天，莒國人討伐魯國東邊邊境。

(六)公會晉侯、宋公、衛侯、曹伯、莒子、邾婁子、齊世子光、滕子、薛伯、杞伯、小邾婁子伐鄭。

【今譯】 襄公會同晉侯、宋公、衛侯、曹伯、莒子、邾婁子、齊世子光、滕子、薛伯、杞伯、小邾婁子討伐鄭國。

(七)冬，盜殺㊀鄭公子斐、公子發、公孫輒㊁。

【今註】 ㊀盜殺：強盜殺了。㊁公子斐、公子發、公孫輒：這三人皆鄭國執政的大夫。

【今譯】 冬天，強盜殺了鄭大夫公子斐、公子發、公孫輒。

(八)戍鄭虎牢。孰戍之？諸侯戍之。曷為不言諸侯戍之？離至不可得而序，故言我也㊀。諸侯已取之矣，曷為繫之鄭？諸侯莫之主有，故反繫之鄭㊁。

【今註】 ㊀離至不可得而序，故言我也：雜亂的來到，沒方法分前後的次序，所以說魯國派兵戍守。㊁諸侯莫之主有，故反繫之鄭：諸侯沒人做主人，所以仍舊叫它屬於鄭國。

【今譯】 戍守鄭國的虎牢。誰戍守它呢？是諸侯來戍守。為什麼不說諸侯來戍守？因為諸侯到的次序很雜亂，沒有方法分先後，所以就說是我們魯國。諸侯已經佔領了虎牢，為什麼還說是鄭國的呢？諸侯沒人敢做主人，所以仍舊叫它屬於鄭國。

(九)楚公子貞帥師救鄭。

【今譯】 楚國公子貞帥領軍隊救鄭國。

(十)公至自伐鄭。

【今譯】 襄公從討伐鄭國回來。

襄公十有一年（公元前五百六十二年）

(一)春王正月，作三軍㈠。三軍者何？三卿也㈡。作三軍何以書？譏。何譏爾？古者上卿、下卿、上士、下士㈢。

【今註】 ㈠作三軍：魯國作三軍。㈡三卿也：三個卿的官。㈢古者上卿、下卿、上士、下士：古代的時候祇有上卿跟下卿，另外有上士跟下士。

【今譯】春王正月，魯國作三軍。什麼叫做三軍呢？就是三個卿的官。作三軍為什麼寫在春秋上？這是譏諷。為什麼譏諷呢？古代的時候祇有上卿同下卿，另有上士跟下士。

㈡夏四月，四卜郊不從，乃不郊。

【今譯】夏天四月，魯國四次占卜郊天不吉祥，就不郊天。

㈢鄭公孫舍之帥師侵宋。

【今譯】鄭大夫公孫舍之帥領軍隊侵略宋國。

㈣公會晉侯、宋公、衛侯、曹伯、齊世子光、莒子、邾婁子、滕子、薛伯、杞伯、小邾婁子伐鄭。

【今譯】襄公會同晉侯、宋公、衛侯、曹伯、齊世子光、莒子、邾婁子、滕子、薛伯、杞伯、小邾婁子討伐鄭國。

㈤秋七月己未，同盟于京城北㈠。公至自伐鄭。

【今註】㈠京城北：左傳作亳城北，亳城是鄭地，在今河南省偃師縣。

【今譯】秋七月己未這天，諸侯在京城的北邊共結盟約。後來襄公從討伐鄭國回到魯國。

㈥楚子、鄭伯伐宋。

【今譯】楚子同鄭伯討伐宋國。

㈦公會晉侯、宋公、衛侯、曹伯、齊世子光、莒子、邾婁子、滕子、薛伯、杞伯、小邾婁子伐鄭，會于蕭魚㈠。此伐鄭也，其言會于蕭魚何？蓋鄭與會爾㈡。公至自會。

【今註】㈠蕭魚：鄭地，在今河南省許昌縣西。㈡蓋鄭與會爾：大概是鄭國也參加會盟。

【今譯】襄公會同晉侯、宋公、衛侯、曹伯、齊世子光、莒子、邾婁子、滕子、薛伯、杞伯、小邾婁子討伐鄭國，並在蕭魚這地方會盟。這是討伐鄭國，為什麼說在蕭魚會盟呢？大概是鄭國也參加會盟。襄公從會盟回來。

㈧楚人執鄭行人良霄。

【今譯】楚國人把鄭國的行人官良霄逮起來。

(九)冬，秦人伐晉。

【今譯】冬天，秦國人討伐晉國。

卷二十　襄公中

襄公十有二年（公元前五百六十一年）

㈠春王三月，莒人伐我東鄙，圍臺㊀。邑不言圍，此其言圍何？伐而言圍者，取邑之辭也㊁，伐而不言圍者，非取邑之辭也。

【今註】㊀臺：魯地，在今山東省費縣南。㊁伐而言圍者，取邑之辭也：討伐而說圍城，這是佔領這城的言辭。

【今譯】春王三月，莒國人討伐魯國的東邊，圍了臺這個城。普通城不說圍，這為什麼說圍呢？討伐而說圍城，是佔領這城的言辭，討伐而不說圍城，是不佔領這城的言辭。

㈡季孫宿帥師救臺，遂入運㊀。大夫無遂事，此其言遂何？公不得為政爾㊁。

【今註】㊀運：莒地，在今山東省沂水縣東北四十里。㊁公不得為政爾：因為魯襄公自己不能掌政權。

【今譯】季孫宿帥領軍隊援救臺，就進入運這個城。照例大夫不說遂事，這為什麼說遂呢？因為魯襄公自己不能掌握政權，政權由三桓掌握。

㈢夏，晉侯使士彭來聘㈠。

【今註】㈠士彭來聘：左傳作士魴，來魯國聘問。

【今譯】夏天，晉侯派他大夫士彭來魯國聘問。

㈣秋九月，吳子乘卒。

【今譯】秋天九月，吳子乘死了。

㈤冬，楚天子貞帥師侵宋。

【今譯】冬天，楚國公子貞帥領軍隊侵略宋國。

㈥公如晉。

【今譯】襄公到晉國去。

襄公十有三年（公元前五百六十年）

(一)春，公至自晉。

【今譯】春天，襄公從晉國回來。

(二)夏，取詩㊀。詩者何？邾婁子邑也㊁。曷為不繫乎邾婁？諱亟也㊂。

【今註】㊀詩：左傳作邿。程發軔著春秋左傳地名圖考說：「國名，在今山東省濟寧縣東南。」㊁邾婁之邑也：是邾婁的一個城邑。㊂諱亟也：避諱佔領得很快。

【今譯】夏天，佔領詩這地方。什麼叫做詩呢？是邾婁的一個城邑。為什麼不寫上邾婁呢？是避諱佔領得很快。

(三)秋九月庚辰，楚子審卒。

【今譯】秋九月庚辰這天，楚王名叫審死了。

(四)冬，城防㊀。

【今註】㊀防：魯地，在今山東省泰安縣東南五十里，應稱北防。

【今譯】冬天，修築防這個城。

襄公十有四年（公元前五百五十九年）

㈠春王正月，季孫宿、叔老會晉士匄、齊人、宋人、衛人、鄭公孫蠆、曹人、莒人、邾婁人、滕人、薛人、杞人、小邾婁人會吳于向㊀。

【今註】㊀向：鄭地，在今河南省尉氏縣西南四十里。

【今譯】春王正月，季孫宿同叔老會同晉士匄、齊人、宋人、衛人、鄭公孫蠆、曹人、莒人、邾婁人、滕人、薛人、杞人、小邾婁人在向地方跟吳國會盟。

㈡二月乙未朔，日有食之。

【今譯】二月乙未初一，魯國有日蝕。

㈢夏四月，叔孫豹會晉荀偃、齊人、宋人、衛北宮結、鄭公孫蠆、曹人、莒人、邾婁人、滕人、薛人、杞人、小邾婁人伐秦。

【今譯】夏天四月，叔孫豹會同晉大夫荀偃、齊人、宋人、衛大夫北宮結、鄭大夫公孫蠆、曹人、莒人、邾婁人、滕人、薛人、杞人、小邾婁人討伐秦國。

㈣己未，衛侯衎出奔齊㊀。

【今註】㊀衛侯衎出奔齊：衛侯衎逃到齊國去。

【今譯】己未這天，衛侯衎逃到齊國去。

㈤莒人侵我東鄙。

【今譯】莒人侵略魯國東邊邊境。

㈥秋，楚公子貞帥師伐吳。

【今譯】秋天，楚國公子貞帥領軍隊討伐吳國。

㈦冬，季孫宿會晉士匄、宋華閱、衛孫林父、鄭公孫蠆、莒人、邾婁人于戚㊀。

【今註】㊀戚：衛地，在今河北省濮陽縣北七里。

【今譯】冬天，魯國卿季孫宿同晉大夫士匄、宋大夫華閱、衛大夫孫林父、鄭大夫公孫蠆、莒人、邾婁人在戚這地方會盟。

襄公十有五年（公元前五百五十八年）

㈠春，宋公使向戌來聘。二月己亥，及向戌盟于劉㊀。

【今註】㊀劉：魯地，在今山東省曲阜縣。

【今譯】春天，宋公派宋大夫向戌來魯國聘問。二月己亥，魯國同向戌在劉這地方盟誓。

㈡劉夏逆王后于齊㊀。劉夏者何？天子之大夫也㊁。劉者何？邑也㊂。其稱劉何？以邑氏也㊃。外逆女不書，此何以書？過我也㊄。

【今註】㊀劉夏逆王后于齊：劉夏是周天子的大夫，到齊國去迎接周天王的夫人。㊁天子之大夫也：是周天子的大夫。㊂邑也：這是一個城邑。㊃以邑氏也：用邑做他的氏。㊄過我也：因為經過魯國。

【今譯】劉夏到齊國迎接王后。誰是劉夏呢？他是周天子的大夫。什麼叫做劉呢？是城邑。為什麼稱劉呢？因為他是以邑為氏的原故。魯國以外的國家迎接女子不寫在春秋上，這為什麼寫呢？因為她經過魯國。

㈢夏，齊侯伐我北鄙，圍成㈠。公救成至遇㈡。其言至遇何？不敢進也㈢。

【今註】㈠成：魯地，在今山東省寧陽縣東北九十里近淄水。㈡遇：魯地，在今山東省寧陽縣東南。㈢不敢進也：不敢再往前進。

【今譯】夏天，齊侯討伐魯國北邊邊境，包圍了成。魯襄公帥領軍隊去救成，到了遇這地方。為什麼說到遇這地方呢？因為襄公不敢再往前進。

㈣季孫宿，叔孫豹帥師城成郛㈠。

【今註】㈠成郛：成的外郭。

【今譯】季孫宿、叔孫豹帥領軍隊修成的外郭。

㈤秋八月丁巳，日有食之。

【今譯】秋八月丁巳這天，魯國有日蝕。

㈥邾婁人伐我南鄙。

【今譯】邾婁人伐魯國南邊邊境。

㈦冬十有一月癸亥，晉侯周卒㊀。

【今註】㊀晉侯周卒：晉悼公名叫周死了。

【今譯】冬十一月癸亥這天，晉悼公死了。

襄公十有六年（公元前五百五十七年）

㈠春王正月，葬晉悼公。

【今譯】春王正月，給晉悼公行葬禮。

㈡三月，公會晉侯、宋公、衛侯、鄭伯、曹伯、莒子、邾婁子、薛伯、杞伯、小邾婁子于湨梁㊀。戊寅，大夫盟㊁。諸侯皆在是，其言大夫盟何？信在大夫也㊂。何言乎信在大夫？徧刺天下之大夫也㊃。曷為徧刺天下之大夫？君若贅旒然㊄。晉人執莒子、邾婁子以歸㈥。

【今註】㈠湨梁：晉地，在今河南省濟源縣西北。㈡大夫盟：大夫互相會盟。㈢信在大夫也：信實在大夫身上。㈣徧刺天下之大夫也：普徧的諷刺天下的大夫。㈤君若贅旒然：人君衹像帽子的旒一樣，衹做樣子沒有實權。㈥晉人執莒子、邾婁子以歸：晉國人把莒子、邾婁子逮回晉國。

【今譯】三月，襄公同晉侯、宋公、衛侯、鄭伯、曹伯、莒子、邾婁子、薛伯、杞伯、小邾婁子在湨梁相會。戊寅這天，各大夫互通會盟。諸侯全在，為什麼說大夫會盟？因為信實全在大夫身上。信實為什麼在大夫身上？因為普徧的諷刺天下的大夫。為什麼普徧的諷刺天下的大夫呢？當時的君衹像帽子的旒一樣，衹做樣子而沒有實權。晉人把莒子、邾婁子逮回晉國。

㈢齊侯伐我北鄙。

【今譯】齊侯伐魯國北邊邊境。

㈣夏，公至自會。

【今譯】夏天，襄公從會盟回來。

(五)五月甲子，地震㊀。

【今註】㊀地震：魯國地震。

【今譯】五月甲子這天，魯國地震。

(六)叔老會鄭伯、晉荀偃、衛甯殖、宋人伐許。

【今譯】魯大夫叔老會同鄭伯、晉大夫荀偃、衛大夫甯殖、宋人討伐許國。

(七)秋，齊侯伐我北鄙圍成。

【今譯】秋天，齊侯討伐魯國北邊邊境，圍了成這地方。

(八)大雩。

【今譯】魯國行求雨的典禮。

(九)冬，叔孫豹如晉。

【今譯】冬天，叔孫豹到晉國去。

襄公十有七年（公元前五百五十六年）

㈠春王二月庚午，邾婁子瞯卒㊀。

【今註】㊀邾婁子瞯卒：瞯音閑，左傳作牼。邾婁的君名叫瞯死了。

【今譯】春王二月庚午這天，邾婁的君名瞯死了。

㈡宋人伐陳。

【今譯】宋國人討伐陳國。

㈢夏，衛石買帥師伐曹。

【今譯】夏天，衛行人石買帥領軍隊討伐曹國。

㈣秋，齊侯伐我北鄙，圍洮㊀。

【今註】㊀洮：左傳作桃。魯地，在今山東省汶上縣東北四十里即桃鄉。

【今譯】秋天，齊侯討伐魯國北邊邊境，包圍了洮這地方。

(五)齊高厚帥師伐我北鄙，圍防㈠。

【今註】㈠防：魯地、在今山東省泰安縣東南五十里應稱北防。

【今譯】齊國的高厚帥領軍隊討伐魯國北邊邊境，包圍了防這地方。

(六)九月，大雩。

【今譯】九月，魯國行求雨的典禮。

(七)宋華臣出奔陳。

【今譯】宋大夫華臣逃奔到陳國去。

(八)冬，邾婁人伐我南鄙。

【今譯】冬天，邾婁人討伐魯國南邊邊境。

襄公十有八年（公元前五百五十五年）

(一)春，白狄來㈠。白狄者何？夷狄之君也㈡。何以不言朝？不能朝也㊂。

【今註】㈠白狄來：白狄來到魯國。㈡夷狄之君也：他是夷狄的君王。㈢不能朝也：因為他不懂行上朝的禮節。

【今譯】春天，白狄來到魯國。什麼叫做白狄呢？他是夷狄的君王。為什麼不說朝見呢？因為他不懂行上朝的禮節的原故。

㈡夏，晉人執衛行人石買㈠。

【今註】㈠石買：是衛國的行人官。

【今譯】夏天，晉國人把衛國的行人官石買逮捕起來。

㈢秋，齊師伐我北鄙。

【今譯】秋天，齊國軍隊討伐魯國的北邊邊境。

㈣冬十月，公會晉侯、宋公、衛侯、鄭伯、曹伯、莒子、邾婁子、滕子、薛伯、杞伯、小邾婁子同圍齊㈠。曹伯負芻卒于師㈡。

【今註】㊀同圍齊：一同包圍了齊國。㊁曹伯負芻卒于師：曹伯名叫負芻死在軍隊中。

【今譯】冬天十月，魯襄公會同晉侯、宋公、衛侯、鄭伯、曹伯、莒子、邾婁子、滕子、薛伯、杞伯、小邾婁子一同包圍了齊國。曹伯名叫負芻死在軍隊中。

㈤楚公子午帥師伐鄭。

【今譯】楚國公子午帥領軍隊討伐鄭國。

襄公十有九年（公元前五百五十四年）

㈠春王正月，諸侯盟于祝阿㊀。晉人執邾婁子㊁。公至自伐齊。此同圍齊也，何以致伐？未圍齊也㊂。未圍齊則其言圍齊何？抑齊也㊃。曷為抑齊？為其亟伐也㊄。或曰為其驕蹇，使其世子處乎諸侯之上也㊅。取邾婁田自漷水㊆。其言自漷水何？以漷為竟也㊇。何言乎以漷為竟？漷移也㊈。

【今註】㊀祝阿：左傳同穀梁傳作祝柯。齊地，在今山東省長清縣北，一作督楊。㊁晉人執邾婁子：晉人把邾婁的君逮起來。㊂未圍齊也：沒有包圍齊國。㊃抑齊也：壓制齊國。㊄為其亟伐也：因為他常討伐旁的國家。㈥或曰為其驕蹇，使其世子處乎諸侯之上也：有人說因為他驕傲，使他的世子處在旁的諸侯上面的原故。㈦取邾婁田自漷水：取邾婁的田地從漷水起。㈧以漷為竟也：以漷水為界。㈨漷移也：因為漷水遷移了。何休注：「魯本與邾婁以漷為境，漷移入邾婁界，魯隨而有之。」

【今譯】春王正月，諸侯在祝阿會盟。晉人把邾婁子逮起來。魯襄公從伐齊回來。這是一同圍齊國，何以說討伐呢？因為並未包圍齊國。沒有圍了齊國，為什麼說圍他呢？這是壓制齊國。為什麼壓制齊國呢？因為他常討伐旁的國家。有人又說因為他驕傲，使他的世子處在旁的諸侯上面的原故。取邾婁的田地由漷水起。為什麼說由漷水起呢？以漷水做邊境。為什麼說以漷水做邊境呢？因為漷水遷移的原故。

㈡季孫宿如晉。

【今譯】魯國卿季孫宿到晉國去。

㈢葬曹成公。

【今譯】給曹成公行葬禮。

㈣夏，衛孫林父帥師伐齊。

【今譯】夏天，衛大夫孫林父帥領軍隊討伐齊國。

㈤秋七月辛卯，齊侯瑗卒㈠。

【今註】㈠齊侯瑗卒：齊侯名叫瑗死了。左傳穀梁傳瑗作環。即齊靈公。

【今譯】秋七月辛卯這天，齊靈公死了。

㈥晉士匄帥師侵齊，至穀㈠聞齊侯卒，乃還。還者何？善辭也㈡。何善爾？大其不伐喪也㈢。此受命乎君而伐齊，則何大乎其不伐喪？大夫以君命出，進退在大夫也㈣。

【今註】㈠穀：齊地，在今山東省東阿縣治。㈡善辭也：稱好的言辭。㈢大其不伐喪也：誇獎他不討伐有喪事的國家。㈣大夫以君命出，進退在大夫也：大夫已經奉君命出國，或者往前進或者往後退，主權全在大夫身上。

【今譯】晉國士匄帥領軍隊侵略齊國，到穀這地方聽見齊侯死了，就回國。為什麼說回國呢？這是稱好的言辭。為什麼是稱好的言辭呢？誇獎他不討伐有喪事的國家的原故。這是受君的命令而討伐齊國，為什麼誇獎他不討伐有喪事的國家呢？大夫受到君命出國，進退的主權全在大夫的原故。

(七)八月丙辰，仲孫蔑卒。

【今譯】八月丙辰，魯大夫仲孫蔑死了。

(八)齊殺其大夫高厚。

【今譯】齊國人把他們的大夫高厚殺了。

(九)鄭殺其大夫公子喜㈠。

【今註】㈠喜：左傳同穀梁傳作嘉。

【今譯】鄭人殺他們的大夫公子喜。

(十)冬，葬齊靈公。

【今譯】冬天，給齊靈公行葬禮。

(土)城西郛。

【今譯】修築魯國都城西邊的外郭。

㈩叔孫豹會晉士匄于柯㈠。

【今註】㈠柯：衛地，在今河南省內黃縣東北。

【今譯】叔孫豹同晉國士匄在柯會見。

㈫城武城㈠。

【今註】㈠武城：魯地，在今山東省嘉祥縣南四十里。

【今譯】修築武城。

襄公二十年（公元前五百五十三年）

㈠春王正月辛亥，仲孫遬會莒人盟于向㈠。

【今註】㈠向：魯地，在今山東省臨沂縣西南一百二十里。

【今譯】春王正月，仲孫遬會同莒人在向這地方會盟。

㈡夏六月庚申，公會晉侯、齊侯、宋公、衛侯、鄭伯、曹伯、莒子、邾婁子、滕子、薛伯、杞伯、小邾婁子盟于澶淵㈠。

【今註】㊀澶淵：衛地，在今河北省濮陽縣西北。

【今譯】夏天，六月庚申這一天，襄公會同晉侯、齊侯、宋公、衛侯、鄭伯、曹伯、莒子、邾婁子、滕子、薛伯、杞伯、小邾婁子在澶淵這地方盟誓。

㈢秋，公至自會。

【今譯】秋天，襄公從會盟回來。

㈣仲孫遬㊀帥師伐邾婁。

【今註】㊀仲孫遬：遬音速。是魯大夫。

【今譯】魯大夫仲孫遬帥領軍隊討伐邾婁。

㈤蔡殺其大夫公子燮。

【今譯】蔡人殺了他們的大夫公子燮。

㈥蔡公子履出奔楚。

【今譯】蔡國公子履逃奔到楚國去。

㈦陳侯之弟光出奔楚。

【今譯】陳侯的弟弟名叫光逃奔到楚國去。

㈧叔老如齊。

【今譯】魯大夫叔老到齊國去。

㈨冬十月丙辰朔，日有食之。

【今譯】冬十月丙辰初一這天，魯國有日蝕。

㈩季孫宿如宋。

【今譯】魯國季孫宿到宋國去。

襄公二十有一年（公元前五百五十二年）

㈠春王正月，公如晉。

【今譯】春王正月，襄公到晉國去。

(二)邾婁庶其㈠以漆閭丘㈡來奔。邾婁庶其者何？邾婁大夫也。邾婁無大夫，此何以書？重地也㈢。

【今註】㈠庶其：邾婁的大夫。㈡漆閭丘：漆是邾地，在今山東省鄒縣北。閭丘也是邾地，在今山東省鄒縣北十里。㈢重地也：重視地方。

【今譯】邾婁大夫庶其拿了漆同閭丘兩個地方逃奔到魯國來。邾婁庶其是什麼人呢？是邾婁的大夫。邾婁照例沒有大夫，這為什麼寫在春秋上？因為重視地方的原故。

(三)夏，公至自晉。

【今譯】夏天，襄公從晉國回到魯國。

(四)秋，晉欒盈出奔楚。

【今譯】秋天，晉大夫欒盈逃奔到楚國。

(五)九月庚戌朔，日有食之。

【今譯】九月庚戌初一這天，魯國有日蝕。

(六)冬十月庚辰朔，日有食之。

【今譯】冬十月庚辰初一，魯國有日蝕。

(七)曹伯來朝。

【今譯】曹伯到魯國來朝見。

(八)公會晉侯、齊侯、宋公、衛侯、鄭伯、曹伯、莒子、邾婁子于商任㈠。

【今註】㈠商任：晉地，在今河北省任縣。

【今譯】魯襄公會同晉侯、齊侯、宋公、衛侯、鄭伯、曹伯、莒子、邾婁子在商任這地方會盟。

(九)十有一月庚子，孔子生㈠。

【今註】㈠孔子生：孔子誕生了，但是這段沒見於左氏春秋，所以引起了後人很多對於日期月份的爭論，其文章甚多，現在不完全記錄。

【今譯】十一月庚子這天，孔子誕生了。

襄公二十有二年（公元前五百五十一年）

㈠春王正月，公至自會。

【今譯】春王正月，襄公從會盟回來。

㈡夏四月。

【今譯】夏天四月。

㈢秋七月辛酉，叔老卒㊀。

【今註】㊀叔老卒：魯大夫叔老死了。

【今譯】秋七月辛酉這天，叔老死了。

㈣冬，公會晉侯、齊侯、宋公、衞侯、鄭伯、曹伯、莒子、邾婁子、滕子、薛伯、杞伯、小邾婁子于沙隨㊀。公至自會。

【今註】㊀沙隨：宋地，在今河南省寧陵縣西七里。

【今譯】冬天，襄公同晉侯、齊侯、宋公、衞侯、鄭伯、曹伯、莒子、邾婁子、滕子、薛伯、杞伯、小邾婁子在沙隨這地方會盟。後來襄公會盟畢回到魯國。

(五)楚殺其大夫公子追舒。

【今譯】楚人把他們的大夫公子追舒殺了。

襄公二十有三年（公元前五百五十年）

(一)春王二月癸酉朔，日有食之。

【今譯】春王二月癸酉初一這天，魯國有日蝕。

(二)三月己巳，杞伯匄卒㈠。

【今註】㈠杞伯匄卒：杞孝公名叫匄死了。

【今譯】三月己巳這天，杞孝公名叫匄死了。

(三)夏，邾婁鼻我來奔㈠。邾婁鼻我者何？邾婁大夫也。邾婁無大夫，此何以書？以近書也㈡。

【今註】㈠邾婁鼻我來奔：邾婁大夫名叫鼻我逃奔到魯國來。㈡以近書也：因為地近魯國，所以寫上。

【今譯】夏天，邾婁鼻我逃奔來魯國。邾婁鼻我是什麼人呢？他是邾婁的大夫。邾婁沒有大夫，這為什麼寫在春秋上呢？因為地近魯國，所以寫上。

㈣葬杞孝公。

【今譯】給杞孝公行葬禮。

㈤陳殺其大夫慶虎及慶寅。

【今譯】陳國人殺他們兩個大夫慶虎同慶寅。

㈥陳侯之弟光自楚歸于陳。

【今譯】陳侯的弟弟名叫光，從楚國回到陳國。

㈦晉欒盈復入于晉，入于曲沃㈠。曲沃者何？晉之邑也㈡。其言入于晉，入于曲沃何？欒盈將入晉，晉人不納，由乎曲沃而入也㈢。

【今註】㊀曲沃：晉地，在今山西省聞喜縣東二十里。㊁晉之邑也：是晉國的一個城邑。㊂由乎曲沃而入也：就從曲沃這地方進入晉國。

【今譯】晉大夫欒盈又回到晉國，又進到曲沃這地方。曲沃是什麼地方？是晉國的一個城邑。為什麼說進入晉國，又進到曲沃呢？欒盈將入晉國，晉人不接受，他就從曲沃這個地方進入晉國。

㈧秋，齊侯伐衛，遂伐晉。八月，叔孫豹帥師救晉，次于雍渝㊀。曷為先言救而後言次？先通君命也㊁。

【今註】㊀雍渝：渝左傳作榆。晉地，在今河南省璿縣西南四十八里。㊁先通君命也：先傳達魯襄公救晉的命令。

【今譯】秋天，齊侯伐衛，遂就伐晉。八月，魯大夫叔孫豹帥領軍隊救晉，駐在雍渝這地方。為什麼先說救而後說駐在這個地方呢？因為先傳達魯襄公的救晉命令的原故。

㈨己卯，仲孫遬卒。

【今譯】己卯這天，魯大夫仲孫遬死了。

㈩冬十月乙亥，臧孫紇出奔邾婁。

【今譯】冬十月乙亥這天，魯大夫臧孫紇逃奔到邾婁去。

(十一)晉人殺欒盈。曷為不言殺其大夫？非其大夫也(一)。

【今註】(一)非其大夫也：因為他並不是晉國大夫。

【今譯】晉人殺掉欒盈。為什麼不說殺他大夫欒盈呢？因為他已不是晉國大夫。

(十二)齊侯襲莒。

【今譯】齊侯偷襲莒國。

襄公二十有四年（公元前五百四十九年）

(一)春，叔孫豹如晉。

【今譯】春天，叔孫豹到晉國去。

(二)仲孫羯帥師侵齊。

【今譯】仲孫羯帥領軍隊侵略齊國。

㈢夏，楚子伐吳。

【今譯】夏天，楚子討伐吳國。

㈣秋七月甲子朔，日有食之既㈠。

【今註】㈠日有食之既：魯國有全蝕。

【今譯】秋七月甲子初一這天，魯國有日全蝕。

㈤齊崔杼帥師伐莒。

【今譯】齊國卿崔杼帥領軍隊討伐莒國。

㈥大水㈠。八月癸巳朔，日有食之。

【今註】㈠大水：魯國大水災。

【今譯】魯國發生大水災。八月癸巳初一，又發生日蝕。

㈦公會晉侯、宋公、衛侯、鄭伯、曹伯、莒子、邾婁子、滕子、薛伯、杞伯、小邾婁子于陳儀㈠。

【今註】㈠陳儀：左傳同穀梁傳作夷儀。是齊地，在今山東省聊城縣西南十二里。

【今譯】魯襄公會同晉侯、宋公、衛侯、鄭伯、曹伯、莒子、邾婁子、滕子、薛伯、杞伯、小邾婁子在陳儀這地方會盟。

(八)冬，楚子、蔡侯、陳侯、許男伐鄭。

【今譯】冬天，楚子同蔡侯、陳侯、許男一起討伐鄭國。

(九)公至自會。

【今譯】襄公從會盟回來。

(十)陳鍼宜咎㈠出奔楚。

【今註】㈠鍼宜咎：是陳大夫。

【今譯】陳國大夫鍼宜咎逃到楚國去。

(十一)叔孫豹如京師。

【今譯】魯國卿叔孫豹到周都城。

(十二)大饑㈠。

【今註】㈠大饑：何休說：「有死傷曰大饑，無死傷曰饑。」

【今譯】魯國大饑荒，並且有死傷的人。

卷二十一　襄公下

襄公二十有五年（公元前五百四十八年）

㈠春，齊崔杼帥師伐我北鄙。

【今譯】春天，齊國卿崔杼帥領軍隊伐魯國北邊邊境。

㈡夏五月乙亥，齊崔杼弒其君光㈠。

【今註】㈠光：是齊國君的名字。

【今譯】夏五月乙亥這天，齊國卿崔杼把他的國君光弒了。

㈢公會晉侯、宋公、衛侯、鄭伯、曹伯、莒子、邾婁子、滕子、薛伯、杞伯、小邾婁子于陳儀㈠。

【今註】㈠陳儀：左傳同穀梁傳作夷儀。是齊地，在今山東省聊城縣西南十二里。

【今譯】襄公同晉侯、宋公、衛侯、鄭伯、曹伯、莒子、邾婁子、滕子、薛伯、杞伯、小邾婁子在陳儀這地方會盟。

㈣六月壬子，鄭公孫舍之㊀帥師入陳。

【今註】㊀公孫舍之：是鄭大夫。

【今譯】六月壬子這天，鄭大夫公孫舍之帥領軍隊進入陳國都城。

㈤秋八月己巳，諸侯同盟于重丘㊀，公至自會。

【今註】㊀重丘：齊地，在今山東省陵縣東北二十里，為曹、衛、齊之邊邑。

【今譯】八月己巳這天，各諸侯在重丘這地方同盟。後來襄公從盟會回來。

㈥衛侯入于陳儀㊀。陳儀者何？衛之邑也㊁。曷為不言入于衛？諼君以弒也㊂。

【今註】㊀陳儀：程發軔說是齊地。㊁衛之邑也：是衛國的一個城邑。㊂諼君以弒也：諼音ㄒㄩㄢ，欺詐的意思。假稱國君被弒了。

【今譯】衛侯進入陳儀。什麼叫做陳儀？是衛國的城邑。為什麼不說進到衛國呢？假稱國君被弒了。

(七)楚屈建㈠帥師滅舒鳩㈡。

【今註】㈠屈建：是楚國令尹。㈡舒鳩：偃姓國，在今安徽省舒城縣境。

【今譯】楚令尹屈建帥領軍隊滅了舒鳩國。

(八)冬，鄭公孫囆帥師伐陳。

【今譯】冬天，鄭公孫囆帥領軍隊討伐陳國。

(九)十有二月，吳子謁㈠伐楚，門于巢卒㈡。門于巢卒者何？入門乎巢而卒也㈢。入門乎巢而卒者何？入巢之門而卒也㈣。吳子謁何以名？傷而返，未至乎舍而卒也㈤。

【今註】㈠吳子謁：吳國君的名叫謁。㈡門于巢卒：在攻打巢這個城門時死了。㈢入門乎巢而卒也：攻入巢的城門就死了。㈣入巢之門而卒也：進入巢的城門就死了。㈤傷而返，未至乎舍而卒也：受傷就回來了，沒到達他住的地方就死了。

【今譯】十二月，吳子謁伐楚國，正攻打巢的城門就死了。什麼叫做攻打巢的城門就死了？因為正攻入巢的城門就死了。什麼叫做正攻入巢的城門就死了？進入巢的城門就死了。吳子謁為什麼寫他的名字呢？因為他受了傷就回來，沒到達他住的地方就死了。

襄公二十有六年（公元前五百四十七年）

㈠春王二月辛卯，衛甯喜弒其君剽㈠。

【今註】㈠剽：衛國君的名。

【今譯】春王二月辛卯這天，衛國卿甯喜把他的君剽弒了。

㈡衛孫林父入于戚㈠以叛。

【今註】㈠戚：衛地，在今河北省濮陽縣北七里。

【今譯】衛大夫孫林父進入他的封邑戚，就反叛衛國。

㈢甲午，衛侯衎復歸于衛㈠。此諼君以弒也。其言復歸何？惡剽也㈡。曷為惡剽？剽之立於是未有說也㈢。然則曷為不言剽之立？不言剽之立者，以惡衛侯也㈣。

【今註】㈠衛侯衎復歸於衛：衛侯衎又回到衛國都城。㈡惡剽也：因為對剽很痛惡。㈢剽之立於是未有說也：剽的立為君一直到現在沒有人喜歡。㈣以惡衛侯也：為的表示痛惡衛侯。

【今譯】甲午這天，衛侯衎又回到衛國都城。這是假說國君被弒了。為什麼說他又回到都城呢？因為痛惡剽的原故。為什麼痛惡剽呢？因為剽自從立了以後一直到現在沒有人喜歡他。那麼為什麼不說剽的立為君呢？不說剽被立為君，也因為他們痛惡衛侯剽的原故。

㈣夏，晉侯使荀吳來聘。

【今譯】夏天，晉侯派荀吳來魯國聘問。

㈤公會晉人、鄭良霄、宋人、曹人于澶淵㈠。

【今註】㈠澶淵：衛也，在今河北省濮陽縣西北。

【今譯】襄公同晉人、鄭大夫良霄、宋人、曹人在澶淵這地方會盟。

㈥秋，宋公殺其世子痤。

【今譯】秋天，宋公把他的世子名痤殺了。

㈦晉人執衛甯喜。此執有罪，何以不得為伯討？不以其罪執之也㈠。

【今註】㈠不以其罪執之也：不拿他的真正罪狀逮捕他。

【今譯】晉國人把衛國大夫甯喜逮捕起來。這是逮起有罪的人，為什麼不拿霸主討伐有罪的方法來討伐他？因為他的被逮是不以他真正罪狀的原故。

㈧八月壬午，許男甯卒于楚。

【今譯】八月壬午這天，許男名叫甯死在楚國。

㈨冬，楚子、蔡侯、陳侯伐鄭。

【今譯】冬天，楚子同蔡侯、陳侯討伐鄭國。

㈩葬許靈公。

【今譯】給許男甯行葬禮。

襄公二十有七年（公元前五百四十六年）

(一)春，齊侯使慶封來聘。

【今譯】春天，齊侯派慶封到魯國來聘問。

(二)夏，叔孫豹會晉趙武、楚屈建、蔡公孫歸生、衛石惡、陳孔瑗㊀、鄭良霄、許人、曹人于宋。

【今註】㊀孔瑗：左傳同穀梁傳作孔魚。

【今譯】夏天，魯國叔孫豹同晉大夫趙武、楚令尹屈建、蔡大夫公孫歸生、衛大夫石惡，陳大夫孔瑗、鄭大夫良霄、許國人、曹國人在宋國都城會盟。

(三)衛殺其大夫甯喜，衛侯之弟鱄出奔晉。衛殺其大夫甯喜，則衛侯之弟鱄曷為出奔晉？為殺甯喜出奔也㊀。曷為為殺甯喜出奔？衛甯殖與孫林父逐衛侯而立公孫剽，甯殖病將死，謂喜曰：「黜公者，非吾意也，孫氏為之。我即死，女能固納公乎㊁？」喜曰：「諾。」甯殖死，喜立為大夫。使人謂獻公曰：「黜公者，非甯氏也，孫氏為之。吾欲納公何如？」獻公曰：「子苟納我，吾請與子盟。」喜曰：「無所用盟，請使公子鱄約之㊂。」獻公謂公子鱄曰：「甯氏將納我，吾欲與之盟。其言曰：『無所用盟，請使公子鱄約之。』子固為我與之約矣㊃。」公子鱄辭曰：「夫負羈縶，執鈇鑕從君東西南北，則是臣僕庶孽之事也㊄。若夫約言為信，則非臣僕庶孽之所敢與也。」獻公怒曰：「黜我者，非甯氏與，孫氏凡在爾㊅。」公子鱄不得已而與之約，已約歸至殺甯喜。公子鱄挈㊆其妻子而去之，將濟于河，攜其妻子而與之盟，曰：「苟有履衛地食衛粟者，昧雉彼視㊇。」

【今註】㊀為殺甯喜出奔也：因為衛國殺甯喜，所以他逃到晉國。㊁女能固納公乎：你能夠必定把獻公納回國嗎？㊂無所用盟，請使公子鱄約之：不必用盟誓，請派公子鱄來約定好了就可以。㊃子固為我與之約矣：你必為我跟他約定。㊄夫負羈縶，執鈇鑕從君東西南北，則是臣僕庶孽之事也：要是揹著馬絆，拿著兵器跟著君東西南北的跑，這是臣僕庶孽所應當做的事情。㊅孫氏凡在爾：孫氏也在場。㊆挈：音ㄑㄧㄝˋ，帶領的意思。㊇苟有履衛地食衛粟者，昧雉彼視：假設踩到衛國地方，吃到衛國糧食的，跟這雞一樣。

【今譯】衛國殺他大夫甯喜，衛侯的弟弟鱄逃到晉國去。衛侯殺他大夫甯喜，為什麼他的弟弟鱄逃到晉國去呢？因為殺甯喜所以逃走。為什麼殺甯喜他就逃走？從前衛國衛殖同孫林父驅逐衛獻公而立了公孫剽，甯殖將死，對他兒子甯喜說：「驅逐獻公不是我的意思，這是孫林父做的。我即將死了，你能夠必定使獻公回國嗎？」甯喜說：「好吧！」甯殖死了以後，甯喜做了大夫。派人對衛獻公說：「驅逐你的，不是甯氏的意思，是孫林父所做的。我將使你回來，怎麼樣？」獻公說：「你真能納我回國，我就跟你盟誓。」甯喜說：「不必盟誓了，祇請公子鱄來約定好了。」獻公對公子鱄說：「甯氏將使我回國，我想跟他盟誓。但是他說：『不必用盟誓，祇請公子鱄來約定好了。』你必定為我跟他約定吧！」公子鱄辭謝說：「要是背著馬絆，拿著兵器，跟著君東西南北跑，這是臣僕庶孽所應當做的事情。至於約言為信，這不是臣僕庶孽所應當參與的事。」獻公發怒說：「驅逐我的不是甯氏嗎？祇是孫氏也在場。」公子鱄不得已就跟甯喜約定了，獻公回國就背約把甯喜殺了。公子鱄帶著妻子逃走，將過河的時候，跟他妻子一同殺雞盟誓說：「以後若再踩衛國的地，吃衛國的糧食，就跟這雞一樣。」

㈣秋七月辛巳，豹及諸侯之大夫盟于宋。曷為再言豹？殆諸侯也㈠。曷為殆諸侯？為衛石惡在是也，曰惡人之徒在是矣㈡。

【今註】㈠殆諸侯也：使諸侯感覺危險。㈡為衛石惡在是也，曰惡人之徒在是矣：因為衛國石惡在這裏的原故，等於說惡人全在這裏。

【今譯】秋天七月辛巳，魯國叔孫豹同諸侯的大夫在宋國都城會盟。為什麼再說叔孫豹呢？使諸侯感覺危險。為什麼使諸侯感覺危險呢？因為衛國石惡在這裏，等於說惡人全在這裏的原故。

(五)冬十有二月乙亥朔，日有食之。

【今譯】冬十二月乙亥初一，魯國有日蝕。

襄公二十有八年（公元前五百四十五年）

(一)春，無冰㈠。

【今註】㈠無冰：魯國沒有冰。

【今譯】春天，魯國沒有冰。

(二)夏，衛石惡出奔晉。

【今譯】夏天，衛大夫石惡逃到晉國去。

㈢邾婁子來朝。

【今譯】邾婁的君到魯國來朝見。

㈣秋八月，大雩㊀。仲孫羯如晉。

【今註】㊀大雩：魯國行求雨的典禮。

【今譯】秋天八月，魯國行求雨的典禮。仲孫羯到晉國去。

㈤冬，齊慶封來奔。

【今譯】冬天，齊大夫慶封逃到魯國來。

㈥十有一月，公如楚。

【今譯】魯襄公到楚國去。

㈦十有二月甲寅，天王崩㊀。

【今註】㊀天王崩：周靈王崩逝了。

【今譯】十二月甲寅這天，周靈王崩逝了。

(八)乙未，楚子昭卒㊀。

【今註】㊀楚子昭卒：楚康王名昭死了。

【今譯】乙未這天，楚康王死了。

襄公二十有九年（公元前五百四十四年）

(一)春王正月，公在楚㊀。何言乎公在楚？正月以存君也㊁。

【今註】㊀公在楚：魯襄公仍在楚國。㊁正月以存君也：寫正月以表示君的存在。

【今譯】春王正月，魯襄公仍在楚國。為什麼說魯襄公仍在楚國呢？寫正月以表示君的存在。

(二)夏五月，公至自楚。

【今譯】夏天五月，襄公從楚國回到魯國。

(三)庚午，衛侯衎卒㊀。

【今註】㈠衛侯衎卒：衛獻公名衎死了。

【今譯】庚午這天，衛獻公死了。

㈣閽弒吳子餘祭。閽者何？門人也，刑人也㈠。刑人則曷為謂之閽？刑人非其人也㈡。君子不近刑人，近刑人則輕死之道也㈢。

【今註】㈠門人也，刑人也：是看門的人，是一個受過刑的人。古時侯受過刑的人常做看門的人。㈡刑人非其人也：刑人不是應當用的人。㈢君子不近刑人，近刑人則輕死之道也：照道理君子不應接近刑人，接近刑人就是輕視死亡的道理。

【今譯】看門的人弒了吳子餘祭。什麼叫做看門的人？看門的人，也是個受過刑的人。刑人為什麼也叫他看門呢？刑人是不應當用的，照道理君子不應接近刑人，接近刑人就是輕視死亡的道理。

㈤仲孫羯會晉荀盈、齊高止、宋華定、衛世叔齊㈠、鄭公孫段、曹人、莒人、邾婁人、滕人、薛人、小邾婁人城杞㈡。

【今註】㈠衛世叔齊：衛大夫世叔齊，左傳作大叔儀。㈡杞：在山東省安丘縣東北三十里。

【今譯】魯大夫仲孫羯會同晉大夫荀盈、齊大夫高止、宋大夫華定、衛大夫世叔齊、鄭大夫公孫段、曹國人、莒國人、邾婁人、滕國人、薛國人、小邾婁人修築杞國都城。

(六)晉侯使士鞅來聘。

【今譯】晉侯派士鞅來魯國聘問。

(七)杞子來盟。

【今譯】杞國君到魯國來會盟。

(八)吳子使札來聘。吳無君無大夫，此何以有君有大夫？賢季子也㈠。何賢乎季子？讓國也㈡。其讓國奈何？謁也、餘祭也、夷昧也與季子同母者四㈢，季子弱而才，兄弟皆愛之，同欲立之以為君，謁曰：「今若是迮而與季子國，季子猶不受也，請無與子而與弟，弟兄迭為君，而致國乎季子㈣。」皆曰：「諾。」故諸為君者，皆輕死為勇，飲食必祝㈤，曰：「天苟有吳國，尚速有悔於予身㈥。」故謁也死，餘祭也立。餘祭也死，夷昧也立。夷昧也死，則國宜之季子者也。季子使而亡焉。僚者長庶也即之，季子使而反至而君之爾㈦。闔廬曰：

「先君之所以不與子國而與弟者，凡為季子故也。將從先君之命與，則國宜之季子者也；如不從先君之命與，則我宜立者也，僚惡得為君乎㈧？」於是使專諸刺僚，而致國乎季子。季子不受曰：「爾弒吾君，吾受爾國，是吾與爾為簒也。爾殺吾兄，吾又殺爾，是父子兄弟相殺終身無已也。」去之延陵㈨，終身不入吳國。故君子以其不受為義，以其不殺為仁。賢季子則吳何以有君有大夫？以季子為臣，則宜有君者也。札者何？吳季子之名也。春秋賢者不名，此何以名？許夷狄者不壹而足也㈩。季子者所賢也，曷為不足乎季子？許人臣者必使臣，許人子者必使子也⑪。

【今註】㈠賢季子也：推賢季子。㈡讓國也：他推讓了國家。㈢謁也、餘祭也、夷昧也與季子同母者四：謁同餘祭與夷昧和季子四人同母。㈣弟兄迭為君，而致國乎季子：弟兄先後為君，而末了將國家交給季子。㈤皆輕死為勇，飲食必祝：全以輕死為勇敢，飲食必定禱告。㈥天苟有吳國，尚速有悔於予身：上天假設能使吳國延長，就趕緊使我有了病。㈦季子使而反至而君之爾：季子回國就承認王僚為君。㈧僚惡得為君乎：王僚那能夠做君呢？㈨延陵：是季子所封的地方。㈩許夷狄者不壹而足也：因為贊許夷狄的不是一次就完備。㈡許人臣者必使臣，許人子者必使子也：贊許人臣的必須使他做臣，贊許人子的必須使他做子。

【今譯】吳王派季劄來魯國聘問。吳國沒有君沒有大夫，這為什麼有君有大夫呢？這是推賢季子的原故。為什麼推賢季子呢？因為季子推讓國家。他為什麼推讓國家呢？因為謁同餘祭與夷昧和季子四人同母，季子最幼而有才幹，兄弟全喜歡他，都有意思立他為君，謁說：「今若忽然給了季子國家，季子必定不接受，請不要給兒子，而給兄弟，弟兄先後做君，末了一定給了季子。」大家全說：「好的。」所以凡為君的，全都以輕死為勇，飲食必定禱告說：「上天假設能使吳國延長，就趕緊使我有病。」所以謁死了以後，餘祭就立。餘祭死了以後，夷昧就立。夷昧死了以後，就應該歸到季子，恰好季子出使而逃走。僚是長庶子就立為君，季子回來就承認他為君。闔盧說：「先君為什麼不給兒子國家，而傳給弟弟呢？就是季子的原故。將從先君的命令，則國家應該給季子；如不聽從先君的命令，那麼我就是應當立的，王僚怎麼能立為君呢？」於是就派專諸刺了王僚，而把國家交季子。季子不接受說：「你殺了我的君，而把國家送給我，那麼我和你全成了篡位的人。你殺了我哥哥，我又殺你，是父子兄弟相殺永遠不完。」就離開國都到了延陵，終身不進吳國國都。所以君子以他不受國家為義，以他不殺闔盧為仁。推賢季子則吳國為什麼有君有大夫？以季子做臣，就應當有君。什麼叫做札呢？吳季子的名字。春秋照例對賢者不稱名字，這為什麼稱名字呢？因為贊許夷狄的不是一次就完備。季子是賢的，為什麼贊許季子不能一次就完備呢？贊許做人臣的必須使他做臣，贊許做人兒子的必須使他做兒子。

㈨秋九月，葬衛獻公。

【今譯】秋天九月，給衛獻公行葬禮。

㈩齊高止出奔北燕㈠。

【今註】㈠北燕：姬姓國，在今河北省北平縣東。

【今譯】齊大夫高止逃到北燕去。

㈩冬，仲孫羯如晉。

【今譯】冬天，仲孫羯到晉國去。

襄公三十年（公元前五百四十三年）

㈠春王正月，楚子使薳頗㈠來聘。

【今註】㈠薳頗：左傳同穀梁傳作薳罷，是楚大夫。

【今譯】春王正月，楚王派薳頗來魯國聘問。

(二)夏四月，蔡世子般弒其君固㈠。

【今註】㈠固：蔡國君的名字。

【今譯】夏天四月，蔡國的世子般殺他的君固。

(三)五月甲午，宋災伯姬卒㈠。

【今註】㈠宋災伯姬卒：宋國發生火災，伯姬死了。

【今譯】五月甲午這天，宋國發生火災，伯姬死了。

(四)天王殺其弟年夫㈠。

【今註】㈠年夫：左傳同穀梁傳作佞夫，是周天王的弟弟。

【今譯】周天王把他的弟弟年夫殺了。

(五)王子瑕奔晉。

【今譯】周卿士王子瑕逃到晉國去。

㈥秋七月，叔弓如宋葬宋共姬。外夫人不書葬，此何以書？隱之也㊀。何隱爾？宋災伯姬卒焉。其稱謚何？賢也㊁。何賢爾？宋災，伯姬存焉㊂，有司復曰：「火至矣，請出。」伯姬曰：「不可。吾聞之也，婦人夜出，不見傅母不下堂㊃。傅至矣，母未至也。」逮乎火而死㊄。

【今註】㊀隱之也：悲痛這件事。㊁賢也：有賢德。㊂宋災，伯姬存焉：宋國發生火災，伯姬仍舊活著。㊃婦人夜出，不見傅母不下堂：婦人夜裏有事出門，不見傅和母就不下臺階。㊄逮乎火而死：遇到火就燒死了。

【今譯】秋天七月，魯大夫叔弓到宋國去，為的葬宋國的共姬。照例外國的夫人下葬不寫，這為什麼寫呢？為的悲痛這件事。為什麼悲痛呢？宋國火災伯姬死了。為什麼稱她的謚號共姬呢？因為尊重她的賢德的原故。有什麼賢德呢？宋國發生火災，伯姬仍舊在宋國都城，官吏報告說：「火來了，請趕緊出去吧。」伯姬說：「不可以。我聽見說，婦人夜裏有事出門時，不看見傅和母不下臺階。傅已經來了，母還沒到。」遂被火燒死了。

㈦鄭良霄出奔許，自許入于鄭，鄭人殺良霄。

【今譯】鄭大夫良霄逃到許國去，從許國回到鄭國都城，鄭人就把良霄殺了。

(八)冬十月，葬蔡景公。賊未討何以書葬？君子辭也㊀。

【今註】㊀君子辭也：君子的言辭。

【今譯】冬天十月，給蔡景公行葬禮。賊人還沒有討伐，為什麼寫在春秋上呢？這是君子為的避諱被弒的言辭。

(九)晉人、齊人、宋人、衛人、鄭人、曹人、莒人、邾婁人、滕人、薛人、杞人、小邾婁人會于澶淵㊀，宋災故。宋災故者何？諸侯會于澶淵，凡為宋災故也㊁。會未有言其所為者，此言所為何？錄伯姬也㊂。諸侯相聚，而更宋之所喪㊃，曰死者不可復生，爾財復矣㊄。此大事也，曷為使微者？卿也㊅。卿則其稱人何？貶㊆。曷為貶？卿不得憂諸侯也㊇。

【今註】㊀澶淵：衛地，在今河北省濮陽縣西北。㊁凡為宋災故也：為的宋國著火的原故。㊂錄伯姬也：紀錄伯姬的賢德。㊃而更宋之所喪：為恢復宋國所失去的。㊄曰死者不可復生，爾財復矣：說人死了不可復活，但是財產可以恢復。㊅卿也：這是卿大夫。㊆貶：為的貶低他的身分。

㈧卿不得憂諸侯也：卿憂內不憂外，不能為諸侯擔憂的原故。

【今譯】晉人、齊人、宋人、衛人、鄭人、曹人、莒人、邾婁人、滕人、薛人、杞人、小邾婁人在澶淵開會，因為宋國火災的原故。什麼是宋國火災呢？諸侯在澶淵開會，是為的宋國火災的原故。開會不記載為何開會，這次為何記載？紀錄伯姬的賢德。諸侯相聚在一起，為恢復宋國所失去的，說人死了不可復生，但是財產可以恢復。這是大事情，為什麼派輕微的人呢？這是卿大夫。卿大夫為什麼稱人呢？因為貶低他的身分。為什麼貶低他的身分呢？卿不能為諸侯擔憂的原故。

襄公三十有一年（公元前五百四十二年）

㈠春王正月。

【今譯】春王正月。

㈡夏六月辛巳，公薨于楚宮㈠。

【今註】㈠楚宮：魯地，在今山東省曲阜縣。何休說：「公朝楚，好其宮，歸而作之，故名之云爾。」

【今譯】夏六月辛巳這天，魯襄公薨逝在楚宮。

(三)秋九月癸巳，子野卒㈠。

【今註】㈠子野卒：魯襄公的兒子子野死了。

【今譯】秋九月癸巳這天，子野死了。

(四)己亥，仲孫羯卒。

【今譯】己亥這天，魯大夫仲孫羯死了。

(五)冬十月，滕子來會葬㈠。

【今註】㈠會葬：參加魯襄公的葬禮。

【今譯】冬天十月，滕子來參加襄公的葬禮。

(六)癸酉，葬我君襄公。

【今譯】癸酉這天，給我君魯襄公行葬禮。

(七)十有一月，莒人弒其君密州㈠。

【今註】㈠密州：是莒國君的名字。

【今譯】十一月，莒國人把他們的君密州弒了。

卷二十二　昭公上

昭公元年（公元前五百四十一年）

㈠春王正月，公即位㊀。

【今註】㊀公即位：魯昭公行即位典禮。

【今譯】春王正月，魯昭公行即位典禮。

㈡叔孫豹會晉趙武、楚公子圍、齊國酌、宋向戌、衛石惡、陳公子招、蔡公孫歸生、鄭軒虎㊀、許人、曹人于漷㊁。此陳侯之弟招也，何以不稱弟？貶㊂。曷為貶？為殺世子偃師貶。曰陳侯之弟招殺陳世子偃師㊃。大夫相殺稱人，此其稱名氏以殺何？言將自是弒君也㊄。今將爾，詞曷為與親弒者同？君親無將，將而必誅焉㊅。然則曷為不於其弒焉貶？以親者弒，然後其罪惡甚，春秋不待貶絕而罪惡見者，不貶絕以見罪惡也㊆。

貶絕然後罪惡見者，貶絕以見罪惡也。今招之罪已重矣，曷為復貶乎此？著招之有罪也㈧。何著乎招之有罪？言楚之託乎討招以滅陳也㈨。

【今註】㈠鄭軒虎：鄭大夫名軒虎。左傳同穀梁傳作罕虎。㈡漷：左傳作虢。是姬姓國，在今河南省汜水縣東十里。㈢貶：貶低他的身分。㈣曰陳侯之弟招殺陳世子偃師：春秋記載說陳侯的弟弟招殺了陳世子偃師。㈤言將自是弒君也：說他將來也會弒君。㈥君親無將，將而必誅焉：君不能親自做將，做將必定被殺。㈦以親者弒，然後其罪惡甚，春秋不待貶絕而罪惡見者，不貶絕以見罪惡也：親自弒君的，然後罪惡加甚，春秋不必等到貶絕他，而他的罪惡已經可見的，就不貶絕他以見他的罪惡。㈧著招之有罪也：為的表明公子招的有罪。㈨言楚之託乎討招以滅陳也：因為楚國藉著討招以便滅了陳國。

【今譯】魯大夫叔孫豹同晉大夫趙武、楚國公子圍、齊國酌、宋大夫向戌、衛大夫石惡、陳國公子招、蔡國公孫歸生、鄭國軒虎、許國人、曹國人在漷開會。這是陳侯的弟弟公子招，為什麼不稱弟呢？因為貶低他的身分。為什麼貶低他的身分呢？因他殺了陳國世子偃師。春秋記載說陳侯的弟弟招殺了世子偃師。大夫互相殺稱人，此地為什麼稱名氏呢？言將來他也會弒君。將來會弒君，為什麼跟親自弒君同樣記載呢？因為君不親自將兵，將就必定被殺。然則何不在他弒君時貶他呢？他親自弒君，然後罪惡就甚嚴重。春秋不必等到貶絕，而罪惡就可看見的，就不貶絕他以見罪惡；貶絕然後才見罪惡的，就貶絕他以見罪惡。現在公子招的罪已經重了，為什麼在這裏又貶他呢？這是表明招的罪惡。為什麼表明招的罪惡呢？因為楚國假藉討招以便滅了陳國。

㈢三月，取運㊀。運者何？內之邑也㊁。其言取之何？不聽也㊂。

【今註】㊀運：魯地，在今山東省沂水縣東北。㊁內之邑也：魯國內裏的城邑。㊂不聽也：因為他不聽從魯國的命令。

【今譯】三月，佔據了運城。什麼叫做運呢？是魯國內裏的城邑。為什麼說佔據呢？因為他不服從命令反叛了。

㈣夏，秦伯之弟鍼出奔晉。秦無大夫，此何以書？仕諸晉也㊀。曷為仕諸晉？有千乘之國，而不能容其母弟，故君子謂之出奔也㊁。

【今註】㊀仕諸晉也：他在晉國做官。㊁故君子謂之出奔也：所以君子說他出奔。

【今譯】夏天，秦伯的弟弟名叫鍼逃到晉國去。秦國沒有大夫，這為何寫在春秋上？因為他到晉國做官去了。為何到晉國做官呢？秦是有千乘的大國，而不能容他的母弟，所以君子說他是出奔了。

(五)六月丁巳，邾婁子華卒㊀。

【今註】㊀邾婁子華卒：邾婁悼公名叫華死了。

【今譯】六月丁巳這天，邾婁悼公死了。

(六)晉荀吳帥師敗狄于大原㊀。此大鹵也，曷為謂之大原？地物從中國，邑人名從主人㊁。原者何？上平曰原，下平曰隰㊂。

【今註】㊀大原：左傳作大鹵。晉地，在今山西省大原縣。㊁邑人名從主人：邑同人名從主人所用。㊂上平曰原，下平曰隰：上邊平的叫原，下邊平的叫隰。

【今譯】晉大夫荀吳帥領軍隊在大原把狄人打敗了。這是大鹵，為什麼叫做大原？地同物的名字從中國，邑同人的名稱從主人。什麼叫做原呢？上邊平叫做原，下邊平叫做隰。

(七)秋，莒去疾自齊入于莒。

【今譯】秋天，莒去疾從齊國進入莒國。

(八)莒展出奔吳㊀。

【今註】㈠莒展出奔吳：去疾立為君，去展輿君號，展輿出奔吳。

【今譯】莒國君展逃到吳國去。

㈨叔弓帥師疆運田㈠。疆運田者何？與莒為竟也㈡。與莒為竟，則曷為帥師而往？畏莒也㈢。

【今註】㈠運田：左傳作鄆田。魯地，在今山東省沂水縣東北。㈡與莒為竟也：跟莒國為界。㈢畏莒也：怕莒國的原故。

【今譯】叔弓帥領軍隊劃清運的田界。為什麼劃清運的田界？因為與莒國為界。劃清田界，為什麼帥領軍隊前去呢？因為怕莒國的原故。

㈩葬邾婁悼公。

【今譯】給邾婁悼公行葬禮。

㈩一冬十有一月己酉，楚子卷卒㈠。

【今註】㈠楚子卷卒：卷音權，左傳作麇。

【今譯】冬十一月己酉這天，楚王名卷死了。

㈦楚公子比出奔晉。

【今譯】楚國公子比逃到晉國去。

昭公二年（公元前五百四十年）

㈠春，晉侯使韓起來聘。

【今譯】春天，晉侯派韓起來魯國聘問。

㈡夏，叔弓如晉。

【今譯】夏天，魯大夫叔弓到晉國去。

㈢秋，鄭殺其大夫公孫黑。

【今譯】秋天，鄭人殺他們的大夫公孫黑。

㈣冬，公如晉，至河乃復。其言至河乃復何？不敢進也㈠。

【今註】㈠不敢進也：不敢再往前進。因為晉人有殺魯昭公的意思。

【今譯】冬天，魯昭公到晉國去，到了黃河邊上又回來了。為什麼說到了黃河邊上又回來呢？因為魯昭公不敢再往前進。

(五)季孫宿如晉。

【今譯】季孫宿到晉國去。

昭公三年（公元前五百三十九年）

(一)春王正月丁未，滕子泉卒㊀。

【今註】㊀滕子泉卒：滕成公名泉死了。左傳作滕子原。

【今譯】春王正月丁未這天，滕成公死了。

(二)夏，叔弓如滕。

【今譯】夏天，魯大夫叔弓到滕國去。

(三)五月，葬滕成公。

【今譯】五月，給滕成公行葬禮。

㈣秋，小邾婁子來朝。

【今譯】秋天，小邾婁子來魯國朝見。

㈤八月，大雩㊀。

【今註】㊀大雩：行求雨的典禮。

【今譯】八月，魯國行求雨的典禮。

㈥冬，大雨雹㊀。

【今註】㊀大雨雹：魯國下雹如下雨一樣。

【今譯】冬天，魯國下雹如下雨一樣。

㈦北燕伯款出奔齊。

【今譯】北燕伯款逃到齊國。

昭公四年（公元前五百三十八年）

(一)春王正月，大雨雪㈠。

【今註】㈠大雨雪：下雪跟雨一樣。何休說：「為季氏。」時季氏掌權。

【今譯】春王正月，魯國下雪跟雨一樣。

(二)夏，楚子、蔡侯、陳侯、鄭伯、許男、徐子、滕子、頓子、胡子、沈子、小邾婁子、宋世子佐、淮夷㈠會于申㈡。楚人執徐子。

【今註】㈠淮夷：淮水旁邊的夷人。㈡申：楚地，今河南省南陽縣北二十里有申城。

【今譯】夏天，楚子同蔡侯、陳侯、鄭伯、許男、徐子、滕子、頓子、胡子、沈子、小邾婁子、宋國世子佐、淮水旁邊的夷人在申這地方會盟。楚人逮了徐子。

(三)秋七月，楚子、蔡侯、陳侯、許男、頓子、胡子、沈子、淮夷伐吳，執齊慶封殺之。此伐吳也，其言執齊慶封何？為齊誅也㈠。其為齊誅奈何？慶封走之吳，吳封之於防㈡。然則曷為不言伐防？不與諸侯專封也㊂。慶封之罪何？脅齊君而亂齊國也㊃。遂滅厲㊄。

【今註】㊀為齊誅也：為了齊國殺他。㊁防：程發軔說是莒地，在今山東省諸城縣東北。㊂不與諸侯專封也：不贊成諸侯專封疆土。㊃脅齊君而亂齊國也：威脅齊國君而擾亂齊國的政權。㊄厲：左傳作賴。姜姓國，在今河南省商城縣南。

【今譯】秋天七月，楚子同蔡侯、陳侯、許男、頓子、胡子、沈子、淮夷討伐吳國，逮捕了齊國的慶封把他殺了。這是伐吳國，為什麼說逮著齊國慶封呢？是為了齊國殺他。怎麼樣為了齊國殺他呢？慶封逃到吳國，吳國封他在防的地方。那麼為什麼不說討伐防呢？不贊成諸侯專封的原故。慶封有什麼罪呢？他威脅齊國君而擾亂齊國的政權。順便滅了厲國。

(四)九月，取鄫㊀。其言取之何？滅之也㊁。滅之則其言取之何？內大惡諱也㊂。

【今註】㊀鄫：姒姓國，在今山東省嶧縣東八十里。㊁滅之也：把他滅掉。㊂內大惡諱也：魯國內部的大壞事所以避諱的原故。

【今譯】九月佔領鄫國。為什麼說佔領呢？就是把他滅了。滅了為什麼說佔領呢？這是魯國內裏的大壞事所以避諱的原故。

㈤冬十有二月乙卯，叔孫豹卒。

【今譯】冬十二月乙卯這天，魯國叔孫豹死了。

昭公五年（公元前五百三十七年）

㈠春王正月，舍中軍㈠。舍中軍者何？復古也㈡。然則曷為不言三卿？五亦有中，三亦有中㈢。

【今註】㈠舍中軍：取消中軍。㈡復古也：恢復古代的制度。㈢五亦有中，三亦有中：五裏頭有中軍，三裏頭也有中軍。

【今譯】春王正月。魯國取消中軍。什麼叫做取消呢？恢復古代的制度。那麼為什麼不說三卿呢？五裏頭有中軍，三裏頭也有中軍。

㈡楚殺其大夫屈申。

【今譯】楚人殺了他們的大夫屈申。

㈢公如晉。

【今譯】魯昭公到晉國去。

㈣夏，莒牟夷以牟婁㈠及防茲㈡來奔。莒牟夷者何？莒大夫也。莒無大夫，此何以書？重地也㈢。其言及防茲來奔何？不以私邑累公邑也㈣。

【今註】㈠牟婁：在今山東省諸城縣西十五里。㈡防茲：防在今山東省諸縣東北。茲莒地，在今山東省莒縣東北。㈢重地也：以地方為重。㈣不以私邑累公邑也：不把私邑和公邑連在一起，所以用及字。

【今譯】夏天，莒國的牟夷拿牟婁同防茲三個邑逃奔到魯國。什麼叫莒牟夷？是莒國的大夫。莒國沒有大夫，這為什麼寫在春秋上？重視地方的原故。為什麼說及防茲來奔呢？因為不把私邑和公邑連在一起的原故。

㈤秋七月，公至自晉。

【今譯】秋天七月，昭公從晉國回來。

(六)戊辰，叔弓帥師敗莒師於濆泉㈠。濆泉者何？直泉也㈡。直泉者何？涌泉也㈢。

【今註】㈠濆泉：左傳作蚡泉。續山東考古錄「沂水縣西南一百二十里有盆泉，縣志謂即蚡泉。」㈡直泉也：直著冒水的泉。㈢涌泉也：也是湧水的泉。

【今譯】戊辰這天，叔弓帥領軍隊在濆泉這地方打敗莒國軍隊。什麼叫做濆泉呢？是直著冒水的泉。什麼叫做直泉呢？就是湧水的泉。

(七)秦伯卒㈠。何以不名？秦者夷也，匿嫡之名也㈡。其名何？嫡得之也㈢。

【今註】㈠秦伯卒：秦景公死了。㈡匿嫡之名也：把嫡子的名字藏起來。㈢嫡得之也：嫡子應當得到的。

【今譯】秦景公死了。為什麼不稱他的名字？因為秦國是夷人，先把嫡子的名字藏起來。那麼他應該叫做什麼名字呢？嫡子應當得到的。

(八)冬，楚子、蔡侯、陳侯、許男、頓子、沈子、徐人、越人伐吳。

【今譯】冬天，楚子同蔡侯、陳侯、許男、頓子、沈子、徐人、越人討伐吳國。

昭公六年（公元前五百三十六年）

㈠春王正月，杞伯益姑卒㊀。

【今註】㊀杞伯益姑卒：杞文公名益姑死了。

【今譯】春王正月，杞文公死了。

㈡葬秦景公㊀。

【今註】㊀葬秦景公：給秦景公行葬禮。

【今譯】給秦景公行葬禮。

㈢夏，季孫宿如晉。

【今譯】夏天，季孫宿到晉國去。

㈣葬杞文公。

【今譯】給杞文公行葬禮。

(五)宋華合比出奔衛。

【今譯】宋大夫華合比逃奔到衛國去。

(六)秋九月，大雩。

【今譯】秋天九月，魯國行求雨的典禮。

(七)楚薳頗㊀帥師伐吳。

【今註】㊀薳頗：左傳作薳罷，是楚大夫。

【今譯】楚大夫薳頗帥領軍隊討伐吳國。

(八)冬，叔弓如楚。

【今譯】冬天，魯大夫叔弓到楚國去。

(九)齊侯伐北燕。

【今譯】齊侯討伐北燕國。

昭公七年（公元前五百三十五年）

㈠春王正月，暨齊平㊀。

【今註】㊀暨齊平：同齊國和平了。

【今譯】春王正月，魯國同齊國和平了。

㈡三月，公如楚。

【今譯】三月魯昭公到楚國去。

㈢叔孫舍㊀如齊蒞盟。

【今註】㊀叔孫舍：左傳同穀梁傳作叔孫婼。是魯大夫。

【今譯】魯大夫叔孫舍到齊國去參加盟會。

㈣夏四月甲辰朔，日有食之。

【今譯】夏四月甲辰初一這天，魯國有日蝕。

(五)秋八月戊辰，衛侯惡卒㈠。

【今註】㈠衛侯惡卒：衛襄公名惡死了。

【今譯】秋八月戊辰這天，衛襄公死了。

(六)九月，公至自楚。

【今譯】九月魯昭公從楚國回來。

(七)冬十有一月癸未，季孫宿卒。

【今譯】冬天十一月癸未這天，魯大夫季孫宿死了。

(八)十有二月癸亥，葬衛襄公。

【今譯】十二月癸亥這天，給衛襄公行葬禮。

昭公八年（公元前五百三十四年）

㈠春，陳侯之弟招殺陳世子偃師㊀。

【今註】㊀陳侯之弟招殺陳世子偃師：陳侯的弟弟公子招殺了陳國的世子偃師。

【今譯】春天，陳侯的弟弟公子招殺了陳世子偃師。

㈡夏四月辛丑，陳侯溺卒㊀。

【今註】㊀陳侯溺卒：陳哀公名溺死了。

【今譯】夏四月辛丑這天，陳哀公死了。

㈢叔弓如晉。

【今譯】魯大夫叔弓到晉國去。

㈣楚人執陳行人于徵師㊀殺之。

【今註】㊀于徵師：是陳國的行人官。

【今譯】楚國把陳國的行人官于徵師逮捕並殺掉。

㈤陳公子留出奔鄭。

【今譯】陳國的公子留逃奔到鄭國去。

㈥秋，蒐于紅㊀。蒐者何？簡車徒也㊁。何以書？蓋以罕書也㊂。

【今註】㊀紅：魯地，在今山東省泰安縣西南。㊁簡車徒也：簡閱車輛同步兵。㊂蓋以罕書也：因為是少見的原故。

【今譯】秋天，在紅這地方大閱兵。什麼叫做大閱兵呢？就是簡閱車輛步兵的行列。為什麼寫在春秋上呢？因為很少見的原故。

㈦陳人殺其大夫公子過。

【今譯】陳國人把他們的大夫公子過殺了。

㈧大雩㊀。

【今註】㊀大雩：行求雨的典禮。

【今譯】魯國行求雨的典禮。

㈨冬十月壬午，楚師滅陳，執陳公子招，放之于越㊀。殺陳孔瑗㊁。

【今註】㊀越：國名，在今浙江省紹興縣。㊁陳孔瑗：左傳同穀梁傳作孔奐比較合理，是陳大夫。

【今譯】冬十月壬午這天，楚國軍隊滅了陳國，逮捕了陳國公子招，把他遷放到越國去。並且殺了陳國大夫孔瑗。

㈩葬陳哀公。

【今譯】給陳哀公行葬禮。

昭公九年（公元前五百三十三年）

㈠春，叔弓會楚子于陳。

【今譯】春天，魯國大夫叔弓到陳國去會見楚王。

㈡許遷于夷㊀。

【今註】㊀夷：楚地，在今安徽省亳縣東南七十里。

【今譯】許國遷到夷這地方。

(三)夏四月，陳火㈠。陳已滅矣，其言陳火何？存陳也㈡。曰存陳悕矣㈢。曷為存陳？滅人之國，執人之罪人，殺人之賊，葬人之君，若是則陳存悕矣㈣。

【今註】㈠陳火：陳國發生火災。㈡存陳也：保存陳國的名稱。㈢曰存陳悕矣：猶如說陳國為天所保存，是可悲憫的。㈣若是則陳存悕也：這個樣子，正表示陳國為天所保存，是可悲憫的事。

【今譯】夏天四月，陳國發生火災。陳國已經被滅了，為什麼還說陳國發生火災呢？這是保存陳國名稱的原故，猶如說陳國為天所保存，是可悲憫的。為什麼保存陳國呢？滅人的國家，逮著他的罪人陳公子招，並且把他們的賊孔瑗也殺了，還葬了陳哀公，這個樣子，正表示陳國為天所保存，是可悲憫的事。

(四)秋，仲孫貜如齊。

【今譯】秋天，魯大夫仲孫貜到齊國去。

(五)冬，築郎囿㈠。

【今註】㈠郎囿：郎，魯地，在今山東省曲阜縣東南。

【今譯】冬天，修築郎的苑囿。

昭公十年（公元前五百三十二年）

㈠春王正月。

【今譯】春王正月。

㈡夏，晉欒施㊀來奔。

【今註】㊀晉欒施：左傳作齊欒施，左傳對。因為齊國也有欒氏，證明公羊家對於春秋各國的姓氏，考證得不太清楚。

【今譯】夏天，晉國欒施逃到魯國來。

㈢秋七月，季孫隱如㊀、叔弓、仲孫貜帥師伐莒。

【今註】㊀季孫隱如：左傳作季孫意如。

【今譯】秋天七月，魯大夫季孫隱如、叔弓、仲孫貜帥領軍隊討伐莒國。

㈣戊子，晉侯彪卒㈠。

【今註】㈠晉侯彪：晉平公名字叫彪死了。

【今譯】戊子這天，晉平公死了。

㈤九月，叔孫舍如晉。

【今譯】九月，魯大夫叔孫舍到晉國去。

㈥葬晉平公。

【今譯】給晉平公行葬禮。

㈦十有二月甲子，宋公戌卒㈠。

【今註】㈠宋公戌卒：宋平公名叫戌死了。

【今譯】十二月甲子這天，宋平公死了。

昭公十有一年（公元前五百三十一年）

㈠春王正月，叔弓如宋。

【今譯】 春王正月，魯大夫叔弓到宋國去。

㈡葬宋平公。

【今譯】 給宋平公行葬禮。

㈢夏四月丁巳，楚子虔誘蔡侯般殺之于申㊀。楚子虔何以名？絕㊁。曷為絕之？為其誘封也㊂。此討賊也，雖誘之則曷為絕之？懷惡而討不義，君子不予也㊃。

【今註】 ㊀申：楚地，今河南省南陽縣北二十里有申城。㊁絕：跟他斷絕關係。㊂為其誘封也：他引誘蔡國國君的原故。㊃懷惡而討不義，君子不予也：心懷惡念而討伐不義的人，君子是不贊成的。

【今譯】 夏四月丁巳這天，楚子虔引誘蔡侯般，在申把他殺了。楚子虔為什麼寫他名字呢？這是跟他斷絕關係。為什麼跟他斷絕關係？因為他引誘蔡國國君。這是討伐賊人，雖是引誘他，為什麼跟他斷絕關係？心懷惡念而討伐不義的人，君子是不贊成的。

㈣楚公子棄疾帥師圍蔡。

【今譯】楚國公子棄疾帥師領軍隊包圍了蔡國都城。

㈤五月甲申，夫人歸氏薨㈠。

【今註】㈠夫人歸氏薨：昭公的母親歸氏薨逝了。

【今譯】五月甲申這天，昭公的母親夫人歸氏薨逝了。

㈥大蒐于比蒲㈠。大蒐者何？簡車徒也㈡。何以書？蓋以罕書也㈢。

【今註】㈠比蒲：杜無注，疑即魯東門外之蒲圃。蒲圃在今山東省曲阜縣東門外。㈡簡車徒也：簡閱車輛同步兵。㈢蓋以罕書也：因為少見的原故。

【今譯】在比蒲這地方大打獵。什麼叫做大打獵？就是簡閱車輛同步兵。為什麼寫在春秋上呢？因為少見的原故。

㈦仲孫貜會邾婁子盟于侵羊㈠。

【今註】㈠侵羊：左傳同穀梁作祲祥。魯地，在今山東省滋陽縣。

【今譯】 魯大夫仲孫貜同邾婁的君在侵羊這地方會盟。

㈧秋，季孫隱如會晉韓起、齊國酌、宋華亥、衞北宮佗、鄭軒虎、曹人、杞人于屈銀㈠。

【今註】㈠屈銀：左氏同穀梁作厥憖。衛地，在今河南省新鄉縣。

【今譯】秋天，魯大夫季孫隱如同晉大夫韓起、齊國酌、宋國華亥、衞國北宮佗、鄭國軒虎、曹人、杞人在屈銀這地方會盟。

㈨九月己亥，葬我小君齊歸㈠。齊歸者何？昭公之母也㈡。

【今註】㈠葬我小君齊歸：給我小君齊歸舉行葬禮。㈡昭公之母也：她是昭公的母親。

【今譯】九月己亥這天，給我小君齊歸行葬禮。齊歸是什麼人呢？她是昭公的母親。

㈩冬十有一月丁酉，楚師滅蔡，執蔡世子有以歸用之㈠。此未踰年之君也，其稱世子何？不君靈公不成其子也㈡。不君靈公，則曷為不成其子？誅君之子不立㈢。非怒也，無繼也㈣。惡乎用之？用之防也㈤。其用之防奈何？蓋以築防也㈥。

【今註】㊀執蔡世子有以歸用之：把蔡國的世子有逮回去命他來建築防山。㊁不君靈公不成其子也：不以蔡靈公為君，所以不拿他當兒子。㊂誅君之子不立：誅殺國君的兒子不能夠立為君。㊃非怒也，無繼也：何休注說「怒，遷怒，齊人語。」我們根據這句話就可以解釋非怒也就是不是遷怒，是因為沒有繼任的人的原故。㊄用之防也：用來築防山。㊅蓋以築防也：為了建築防山的原故。

【今譯】冬十一月丁酉這天，楚國軍隊滅了蔡國，逮了蔡國的世子有回到楚國命他築防山。這是沒有過一年的國君，為什麼稱世子呢？因為不以靈公為君，所以也不以他為子立為君。不拿靈公為君，為什麼也不立他兒子呢？誅君的兒子不能立。這不是遷怒，是因為沒有人能夠繼任。怎麼樣用他呢？用在防山上。怎麼樣用他在防山上呢？就是為的建築防山。

昭公十有二年（公元前五百三十年）

㈠春，齊高偃帥師納北燕伯于陽㊀。伯于陽者何？公子陽生也㊁。子曰：「我乃知之矣㊂。」在側者曰：「子苟知之，何以不革㊃？」曰：「如爾所不知何？春秋之信史也，其序則齊桓晉文㊄，其會則主會者為之也㊅，其詞則丘有罪焉耳㊆。」

【今註】㊀陽：燕地，在今河北省固安縣西北。㊁公子陽生也：左傳說：「齊高偃納北燕伯款于唐，因其眾也。」事實俱在，而公羊傳解釋為公子陽生，可見漢朝人的公羊傳已經對古史不太明白，變成了不通順的文章。㊂我乃知之矣：我已經知道了。㊃子苟知之，何以不革：你既然知道，為什麼不改正？㊄其序則齊桓晉文：次序就是齊桓同晉文。㊅其會則主會者為之也：論盟會是由主持盟會的人做成。㊆其詞則丘有罪焉耳：至於文辭如有失誤，我也有罪過。

【今譯】 春天，齊國的高偃帥領軍隊納北燕伯在陽這地方。什麼叫做伯于陽呢？就是公子陽生。孔子說：「我現在已經知道。」在旁邊的人說：「你既然已經知道，為什麼不改正呢？」孔子回答說：「那有些你不知道的怎麼辦呢？春秋是一部信史，論次序就是齊桓同晉文，論盟會是由主持盟會的人做成。至於文辭如有失誤，我也有罪過。」

㈡三月壬申，鄭伯嘉卒㊀。

【今註】 ㊀鄭伯嘉卒：鄭簡公名字叫做嘉死了。

【今譯】 三月壬申這天，鄭伯名叫嘉死了。

㈢夏，宋公使華定來聘。

【今譯】 夏天，宋公派華定來魯國聘問。

㈣公如晉，至河乃復。

【今譯】昭公到晉國去，到了黃河邊上就回來了。

㈤五月，葬鄭簡公。

【今譯】五月，給鄭簡公行葬禮。

㈥楚殺其大夫成然㊀。

【今註】㊀成然：左傳作成熊。

【今譯】楚人殺他們的大夫成然。

㈦秋七月。

【今譯】秋天七月。

㈧冬十月，公子整㊀出奔齊。

【今註】㊀公子整：是魯大夫。

【今譯】冬天十月，公子整逃奔到齊國去。

(九)楚子伐徐。

【今譯】楚子討伐徐國。

(十)晉伐鮮虞。

【今譯】晉人討伐鮮虞國。

卷二十三　昭公中

昭公十有三年（公元前五百二十九年）

(一)春，叔弓帥師圍費㊀。

【今註】㊀費：音秘。魯地，在今山東省費縣西北二十里。

【今譯】春天，魯大夫叔弓帥領軍隊包圍了費這城邑。

(二)夏四月，楚公子比自晉歸于楚，弒其君虔于乾谿㊀。此弒其君，其言歸何？歸無惡於弒立也㊁。歸無惡於弒立者何？靈王為無道，作乾谿之臺，三年不成，楚公子棄疾脅比而立之㊂。然後令于乾谿之役曰：「比已立矣，後歸者不得復其田里㊃。」眾罷而去之，靈王經而死㊄。楚公子棄疾弒公子比，比已立矣，其稱公子何？其意不當也㊅。其意不當，則曷為加弒焉爾？比之義宜乎效死不立㊆。大夫相殺稱人，此其稱名氏以弒何?言將自是為君也㈧。

【今註】㈠乾谿:楚地,在今安徽省亳縣東南七十里。㈡歸無惡於弒立也:表示回國與弒立沒有關係。㈢楚公子棄疾脅比而立之:楚公子棄疾威脅公子比而立比為君。㈣後歸者不得復其田里:後回來的不能享受他的田園。㈤靈王經而死:楚靈王上吊死了。㈥其意不當也:用意在他不應當立為君。㈦比之義宜乎效死不立:公子比在道義上應該是寧可死也不立為君。㈧言將自是為君也:意思說他殺比之後自己要做君。

【今譯】夏天四月,楚國公子比從晉國回到楚國,把他的君虔在乾谿這地方弒了。這是弒了他的君,為什麼說他回來呢?歸楚國與弒立無干。為什麼歸到楚國而與弒立無干呢?靈王暴虐無道,作乾谿的臺三年沒有成功,楚公子棄疾威脅著公子比而立了比。然後命令乾谿的僕役說:「公子比已經立為君了,後回來的人不能再得到享受他的田園。」大家於是停止工作走了,靈王就上吊而死。楚公子棄疾又弒掉公子比。比已經立為君了,為什麼稱公子呢?因為他不當立為君。既然不當立為君。為什麼加上弒字呢?公子比在道義上應該是寧可死也不肯立。大夫互相殺的時候稱人,這為什麼稱名再說弒呢?意思說他殺比之後自己要做君。

㈢秋,公會劉子、晉侯、齊侯、宋公、衛侯、鄭伯、曹伯、莒子、邾婁子、滕子、薛伯、杞伯、小邾婁子于平丘㈠。八月甲戌，同盟于平丘。公不與盟，晉人執季孫隱如以歸。公至自會。公不與盟者何？公不見與盟也㈡。公不見與盟，大夫執，何以致會？不恥也㈢。曷為不恥？諸侯遂亂，反陳蔡，君子恥不與焉㈣。

【今註】㈠平丘：衛地，在今河北省長垣縣西南五十里。㈡公不見與盟也：他沒有被邀加盟。㈢不恥也：不以為羞恥，因為昭公沒有做錯。㈣君子恥不與焉：君子以為羞恥而不參加。

【今譯】秋天，昭公同劉子、晉侯、齊侯、宋公、衛侯、鄭伯、曹伯、莒子、邾婁子、滕子、薛伯、杞伯小邾婁子在平丘這地方開會。八月甲戌這天，在平丘共結盟約。昭公不參加盟誓，晉國人把魯大夫季孫隱如逮回晉國去了。昭公從開會回到魯國。為什麼說昭公不參加盟約呢？他沒有被邀加盟。昭公沒有被邀加盟，季孫被逮去了，怎麼說參加盟會呢？不以為羞恥。為什麼不以為羞恥呢？諸侯亂了，把陳蔡的君送回去。君子以為羞恥而不參加。

㈣蔡侯廬歸于蔡。

【今譯】蔡侯名叫廬，他回到蔡國。

(五)陳侯吳歸于陳。此皆滅國也，其言歸何？不與諸侯專封也㊀。

【今註】㊀不與諸侯專封也：不贊成諸侯可以專封旁的國。

【今譯】陳侯吳回到陳國。這皆是被滅的國家，為什麼說他回國呢？不贊成諸侯可以專封旁的國家。按公羊傳原意，蔡侯廬歸蔡，陳侯吳歸陳，此皆滅國也，用皆字。而後人分成兩段，何休何以沒有校出呢？我認為公羊家校勘不精。

(六)冬十月，葬蔡靈公㊀。

【今註】㊀葬蔡靈公：給蔡靈公行葬禮。

【今譯】冬天十月，給蔡靈公行葬禮。

(七)公如晉，至河乃復。

【今譯】昭公到晉國去，到了黃河邊上就回來了。

(八)吳滅州來㊀。

【今註】㊀州來：國名，在今安徽省鳳臺縣。

【今譯】吳國人滅了州來。

昭公十有四年（公元前五百二十八年）

(一)春，隱如至自晉。

【今譯】春天，季孫隱如從晉國回來。

(二)三月，曹伯滕卒㈠。

【今註】㈠曹伯滕卒：曹武公名叫滕死了。

【今譯】三月，曹武公名叫滕死了。

(三)夏四月。

【今譯】夏天四月。

(四)秋，葬曹武公。

【今譯】秋天，給曹武公舉行葬禮。

(五)八月，莒子去疾卒㊀。

【今註】㊀莒子去疾卒：莒國的君名叫做去疾死了。

【今譯】八月，莒國的君名字叫做去疾死了。

(六)冬，莒殺其公子意恢㊀。

【今註】㊀公子意恢：莒國君去疾的兒子。

【今譯】冬天，莒國人殺了他們的公子意恢。

昭公十有五年（公元前五百二十七年）

(一)春王正月，吳子夷昧卒㊀。

【今註】㊀吳子夷昧卒：吳王夷昧死了。昧音未亦作末。

【今譯】春王正月，吳王夷昧死了。

(二)二月癸酉，有事于武宮㊀。籥入，叔弓卒，去樂卒事㊁。其言去樂卒事何？禮也㊂。君有事于廟，聞大夫之喪去樂，卒事㊃。

大夫聞君之喪，攝主而往㊄。大夫聞大夫之喪，尸事畢而往㊅。

【今註】㊀有事于武宮：祭祀武公的廟。㊁籥入，叔弓卒，去樂卒事：音樂剛進到廟裏，叔弓死了，去掉樂器做完祭事。㊂禮也：這是很合於禮的。㊃聞大夫之喪去樂，卒事：聽到大夫的喪事，就去掉樂器，做完祭事。㊄攝主而往：請兄弟宗人代為主祭，即行前去。㊅尸事畢而往：拿尸祭祀以後再去。

【今譯】二月癸酉這天，祭祀武宮。音樂剛進，叔弓就死了，就去了樂器，做完祭事。為什麼說去掉樂器，做完祭事？這是合於禮的。君在太廟祭祀，聽見大夫的喪事，就去掉樂器，做完祭事。大夫聽見君的喪事，請兄弟宗人代為主祭，即行前去。大夫聽見大夫的喪事，就用尸祭祀以後再去。

㈢夏，蔡昭吳㊀奔鄭。

【今註】㊀蔡昭吳：左氏作蔡朝吳，是蔡國大夫。

【今譯】夏天，蔡大夫昭吳逃到鄭國去。

㈣六月丁巳朔，日有食之。

【今譯】六月丁巳初一這天，魯國有日蝕。

(五)秋，晉荀吳帥師伐鮮虞。

【今譯】秋天，晉大夫荀吳帥領軍隊討伐鮮虞國。

(六)冬，公如晉。

【今譯】冬天，昭公到晉國去。

昭公十有六年（公元前五百二十六年）

(一)春，齊侯伐徐。

【今譯】春天，齊侯討伐徐國。

(二)楚子誘戎曼子㊀殺之。楚子何以不名？夷狄相誘，君子不疾也㊁。曷為不疾？若不疾乃疾之也㊂。

【今註】㊀戎曼子：曼左氏作蠻。是戎人的君。㊁夷狄相誘，君子不疾也：夷狄互相引誘，君子不痛恨。㊂若不疾乃疾之也：不痛恨就是最痛恨的。

【今譯】楚子引誘戎曼子到楚國把他殺了。楚子為什麼不稱名氏呢？夷狄互相引誘，君子不痛恨。

為什麼不痛恨呢？不痛恨就是最痛恨的。

(三)夏，公至自晉。

【今譯】夏天，昭公從晉國回來。

(四)秋八月己亥，晉侯夷卒㊀。

【今註】㊀晉侯夷卒：晉昭公名叫夷死了。

【今譯】秋八月己亥這天，晉昭公名叫夷死了。

(五)九月，大雩。

【今譯】九月，魯國行求雨的典禮。

(六)季孫隱如如晉。

【今譯】魯大夫季孫隱如到晉國去。

(七)冬十月，葬晉昭公。

【今譯】冬天十月，給晉昭公舉行葬禮。

昭公十有七年（公元前五百二十五年）

㈠春，小邾婁子來朝。

【今譯】春天，小邾婁的君來魯國朝見。

㈡夏六月甲戌朔，日有食之。

【今譯】夏六月甲戌初一這天，魯國有日蝕。

㈢秋，郯子來朝。

【今譯】秋天，郯國的君來魯國朝見。

㈣八月，晉荀吳帥師滅賁渾戎㈠。

【今註】㈠賁渾戎：即陰戎，在今河南省嵩縣北。

【今譯】八月，晉大夫荀吳帥領軍隊滅了賁渾戎。

(五)冬，有星孛于大辰㊀。孛者何？彗星也㊁。其言于大辰何？在大辰也㊂。大辰者何？大火也㊃。大火為大辰，伐為大辰，北辰亦為大辰㊄。何以書？記異也㊅。

【今註】㊀有星孛于大辰：有彗星進入大辰的星座裏。㊁彗星也：就是彗星。㊂在大辰也：因為在大辰星座裏。㊃大火也：心星就是大火。㊄大火為大辰，伐為大辰，北辰亦為大辰：大火可以叫做大辰，參伐也可以叫做大辰，北辰也可以叫做大辰。何休注：「伐謂參伐。大火與伐，天所以示民時早晚，天下所取正，故謂之大辰。」㊅記異也：記載怪異的事。

【今譯】冬天，有彗星進入大辰星座。什麼叫做孛呢？就是彗星。為什麼說進入大辰呢？在大辰星座的原故。什麼叫做大辰呢？就是大火。大火可以叫做大辰，參伐也叫做大辰，北辰也可以叫做大辰。為什麼寫在春秋上呢？為的記載怪異的原故。

(六)楚人及吳戰于長岸㊀。詐戰不言戰，此其言戰何？敵也㊁。

【今註】㊀長岸：楚地，在今安徽省當塗縣西南三十里。㊁敵也：雙方勢均力敵，不分勝負。

【今譯】楚國人同吳國人在長岸打仗。詐戰不說是打仗，這裏為什麼說打仗呢？因為兩方面勢均力敵，不分勝負的原故。

昭公十有八年（公元前五百二十四年）

㈠春王三月，曹伯須卒㊀。

【今註】㊀曹伯須卒：曹平公名叫須死了。

【今譯】春王三月，曹平公名叫須死了。

㈡夏五月壬午，宋、衛、陳、鄭災㊀。何以書？記異也㊁。何異爾？異其同日而俱灾也㊂。外異不書，此何以書？為天下記異也㊃。

【今註】㊀宋、衛、陳、鄭災：宋國同衛國、陳國、鄭國全都發生火災。㊁記異也：記載災異。㊂異其同日而俱灾也：因為是同一天發生火災的原故。㊃為天下記異也：為天下記載災異的原故。

【今譯】夏五月壬午這天，宋國同衛國、陳國、鄭國發生火災。為什麼寫在春秋上呢？這是記載災異。是什麼災異？因為是同一天發生火災的原故。照例外國的災異不寫在春秋上，這為什麼寫呢？因為是為天下記載災異的原故。

㈢六月，邾婁人入鄅㊀。

【今註】㊀鄅：音禹。妘姓國，在今山東省臨沂縣東北十五里。
【今譯】六月，邾婁人進入鄅國。
㈣秋，葬曹平公。
【今譯】秋天，給曹平公舉行葬禮。
㈤冬，許遷于白羽㊀。
【今註】㊀白羽：楚地，在今河南省內鄉縣。
【今譯】冬天，許國遷到白羽這地方。

昭公十有九年（公元前五百二十三年）

㈠春，宋公伐邾婁。
【今譯】春天，宋公帥軍隊討伐邾婁。
㈡夏五月戊辰，許世子止弒其君買㊀。

【今註】㈠買：是許悼公的名字。

【今譯】夏天五月戊辰這天，許國的世子止弒了他的君買。

㈢己卯，地震。

【今譯】己卯這天，魯國發生地震。

㈣秋，齊高發帥師伐莒。

【今譯】秋天，齊國高發帥領軍隊討伐莒國。

㈤冬，葬許悼公。賊未討何以書葬？不成于弒也㈠。曷為不成于弒？止進藥而藥殺也㈡。止進藥而藥殺，則曷為加弒焉爾？譏子道之不盡也㈢。其譏子道之不盡奈何？曰：樂正子春之視疾也㈣，復加一飯則脫然愈，復損一飯則脫然愈，復加一衣則脫然愈，復損一衣則脫然愈㈤。止進藥而藥殺，是以君子加弒焉爾，曰：「許世子止弒其君買。」是君子之聽止也㈥。葬許悼公，是君子之赦止也。赦止者，免止之罪辭也㈦。

【今註】㊀不成于弒也：不是真正的被弒。㊁止進藥而藥殺也：世子止進了藥，而許悼公被藥毒死。㊂譏子道之不盡也：譏諷做兒子的道理沒有盡到。㊃樂正子春之視疾：曾子的弟子樂正子春看他父親的病的時候，他以孝聞名。㊄復加一飯則脫然愈，復損一飯則脫然愈，復加一衣則脫然愈，復損一衣則脫然愈：有時候加一點飯病就好了，或者是減省一點飯病就好了。有時候增加一點衣服病就好了，或者是去掉一點衣服病就好了。㊅君子之聽止也：君子聽信止弒君的舉動。㊆赦止者，免止之罪辭也：赦免止，是免除止的罪狀的言辭。

【今譯】冬天，給許悼公行葬禮。賊尚沒有討何以在春秋上寫行葬禮？因為他不是真正的被弒。為什麼不是真正的被弒呢？世子止進藥，藥殺死了他的父親。他進藥，而藥把他父親毒死，為什麼說弒呢？因為譏諷兒子的道理沒有盡到。怎麼樣譏諷兒子的道理沒有盡到呢？說：從前樂正子春侍奉他父親的病的時候，要加一點飯他病就好了，或減一點飯他的病就好了，有時加一點衣服他的病就好了，或減一點衣服他的病就好了。世子止進藥把他父親害了，所以君子說他弒了他的君。春秋上寫著：「許國世子止弒他的君買。」是君子聽信止殺君的舉動。在春秋上寫著對許悼公行葬禮，是證明君子已赦免世子止的罪。什麼叫做赦止呢？是赦免止的罪狀的言辭。

昭公二十年（公元前五百二十二年）

㈠春王正月。

【今譯】二十年春王正月。

㈡夏，曹公孫會自鄸㊀出奔宋。奔未有言自者，此其言自何？畔也㊁。畔則曷為不言其畔？為公子喜時之後諱也，春秋為賢者諱㊂。何賢乎公子喜時？讓國也㊃。其讓國奈何？曹伯廬卒于師㊄，則未知公子喜時從與，公子負芻從與，或為主于國，或為主于師。公子喜時見公子負芻之當主也，逡巡而退㊅。賢公子喜時則曷為為會諱？君子之善善也長，惡惡也短㊆，惡惡止其身，善善及子孫，賢者子孫，故君子為之諱也㊇。

【今註】㊀鄸：曹地，在今山東省菏澤縣西北三里。㊁畔也：反叛。㊂為公子喜時之後諱也，春秋為賢者諱：為的是公子喜時的後人避諱，春秋是為賢能的人避諱。㊃讓國也：讓了國家的君位的原故。㊄曹伯廬卒于師：曹伯廬死在軍隊裏，這件事在魯成公十三年。㊅逡巡而退：逡巡的退讓。㊆君子之善善也長，惡惡也短：君子對誇讚善事時間很長，批評壞事時間很短。㊇惡惡止其身，善善及子孫，賢者子孫，故君子為之諱也：批評壞事衹到他本身，稱讚他的善事一直到他的子孫，賢者的子孫，君子為他避諱。

【今譯】夏天，曹國公孫會從鄸這地方逃到宋國去。出奔沒有說從什麼地方，這為什麼說他從什麼地方？是因為反叛。反叛為什麼不說他反叛呢？是為公子喜時的後人避諱，春秋這部書是為賢者避諱的。公子喜時有什麼賢呢？因為他讓君位。他怎麼樣的讓國呢？曹伯廬死在軍隊中的時候，也不知道公子喜時隨從他，還是公子負芻隨從他，或者是在國中做主，或者是在軍隊中做主。公子喜時看見公子負芻應當做主，他就逡巡退下。說公子喜時的賢，為什麼為他的後人公孫會避諱呢？君子誇讚善事時間很長，批評壞事時間很短，批評壞事祇到他本身，稱讚善事一直到他的子孫，公孫會是賢者的子孫，所以君子為他避諱。

㈢秋，盜殺衛侯之兄輒。母兄稱兄，兄何以不立？有疾也㈠。何疾爾？惡疾也㈡。

【今註】㈠有疾也：有病的原故。㈡惡疾也：很嚴重的病。

【今譯】秋天，強盜殺了衛侯的哥哥名叫輒的。母兄才稱兄，兄何以不立為君呢？因為他有病的原故。有什麼病呢？很嚴重的病。

㈣冬十月，宋華亥、向甯、華定出奔陳。

【今譯】冬天十月，宋國的大夫華亥、向甯、華定逃奔到陳國去。

(五)十有一月辛卯，蔡侯盧卒㊀。

【今註】㊀蔡侯盧卒：蔡平公名叫做盧死了。

【今譯】十一月辛卯這天，蔡平公名叫盧死了。

昭公二十有一年（公元前五百二十一年）

(一)春王三月，葬蔡平公。

【今譯】春王三月，給蔡平公行葬禮。

(二)夏，晉侯使士鞅來聘。

【今譯】夏天，晉侯派士鞅來魯國聘問。

(三)宋華亥、向甯、華定自陳入于宋南里㊀以畔。宋南里者何？若曰因諸者然㊁。

【今註】㈠南里：宋地，在今河南省商邱縣治。㈡若曰因諸者然：等於說刑人所處的地方。何休說：「因諸者齊故刑人之地，公羊子齊人，故以齊喻也。」

【今譯】宋華亥同向甯、華定自陳國到宋南里反了。宋南里是什麼？等於齊國人說刑人所居的地方。

㈣秋七月壬午朔，日有食之。

【今譯】秋七月壬午初一這天，魯國有日蝕。

㈤八月乙亥，叔痤卒㈠。

【今註】㈠叔痤卒：魯大夫叔痤死了。痤左傳同穀梁傳作輒。

【今譯】八月乙亥這天，魯大夫叔痤死了。

㈥公如晉，至河乃復。

【今譯】昭公到晉國去，到了黃河邊上就回來了。

昭公二十有二年（公元前五百二十年）

(一)春，齊侯伐莒

【今譯】春天，齊侯討伐莒國。

(二)宋華亥、向甯、華定自宋南里出奔楚。

【今譯】宋華亥同向甯、華定自宋南里逃奔到楚國去。

(三)大蒐于昌姦㈠。

【今註】㈠昌姦：左傳作昌間。魯地，在今山東省鄒縣東北六十里。

【今譯】在昌姦這地方大打獵。

(四)夏四月乙丑，天王崩逝了。

【今註】㈠天王崩：周景王崩逝了。

【今譯】夏四月乙丑這天，周景王崩逝了。

(五)六月，叔鞅如京師。

【今譯】六月，魯大夫叔鞅到周都城去。

(六)葬景王。

【今譯】給周景王行葬禮。

(七)王室亂㈠。何言乎王室亂？言不及外也㈡。劉子、單子以王猛居于皇㈢。其稱王猛何？當國也㈣。

【今註】㈠王室亂：周王室大亂。㈡言不及外也：意思說亂不會到外邊。㈢皇：周地，在今河南省鞏縣西北。㈣當國也：當了國的政權。

【今譯】周王室大亂。為什麼說王室亂呢？意思說亂不會到外邊。周室的卿士劉子同單子使王猛居住在皇這地方。為什麼稱王猛呢？因為他掌周國的政權。

(八)秋，劉子、單子以王猛入于王城㈠。王城者何？西周也㈡。其言入何？篡辭也㈢。

【今註】㈠王城：周地，在今河南省洛陽縣西北。㈡西周也：周朝西方的都城。㈢篡辭也：意思說他篡位。

【今譯】秋天，劉子同單子使王猛進入王城去。什麼是王城呢？周朝西方的都城。為什麼說入呢？表示他篡位的意思。

(九)冬十月，王子猛卒㈠。此未踰年之君也，其稱王子猛卒何？不與當也㈡。不與當者，不與當父死子繼，兄死弟及之辭也㈢。

【今註】㈠王子猛卒：王子猛死了。㈡不與當也：不贊成他當君。㈢父死子繼，兄死弟及之辭也：父死兒子繼承，兄死弟弟繼承的意思。

【今譯】冬天十月，王子猛死了。這是沒有過一年的君，為什麼稱王子猛死了？因為不贊成他當君。所謂不贊成當君，是應當父死兒子繼承，兄死弟弟繼承的意思。

(十)十二月癸酉朔，日有食之。

【今譯】十二月癸酉初一這天，魯國有日蝕。

卷二十四　昭公下

昭公二十有三年（公元前五百十九年）

㈠春王正月，叔孫舍㊀如晉。

【今註】㊀叔孫舍：左傳作叔孫婼，是魯大夫。

【今譯】二十三年春王正月，魯大夫叔孫舍到晉國去。

㈡癸丑，叔鞅卒㊀。

【今註】㊀叔鞅卒：魯大夫叔鞅死了。

【今譯】癸丑這天，魯大夫叔鞅死了。

㈢晉人執我行人叔孫舍。

【今譯】晉國人把魯國的行人官叔孫舍逮起來。

(四)晉人圍郊(一)。郊者何？天子之邑也(二)。曷為不繫于周？不與伐天子也(三)。

【今註】(一)郊：周地，在今河南省鞏縣西南。(二)天子之邑也：是周天子的城邑。(三)不與伐天子也：不贊成討伐周天子。

【今譯】晉國人圍了郊這地方。郊是什麼呢？是周天子的一個城邑。為什麼不寫上周呢？因為不贊成討伐周天子的原故。

(五)夏六月，蔡侯東國卒于楚(一)。

【今註】(一)蔡侯東國卒于楚：蔡侯名叫東國死在楚國。

【今譯】夏天六月，蔡侯東國死在楚國。

(六)秋七月，莒子庚輿來奔。

【今譯】秋天七月，莒國君庚輿逃到魯國來。

(七)戊辰，吳敗頓、胡、沈、蔡、陳、許之師于雞父(一)。胡子髡、沈子楹滅，獲陳夏齧。此偏戰也，曷為以詐戰之辭言之？不與夷狄之主中國也㈡。然則曷為不使中國主之？中國亦新夷狄也㈢。其言滅獲何？別君臣也，君死于位曰滅，生得曰獲，大夫生死皆曰獲㈣。不與夷狄之主中國，則其言獲陳夏齧何？吳少進也㈤。

【今註】㈠雞父：楚地，在今河南省固始縣東。㈡不與夷狄之主中國也：不贊成夷狄主持中國。㈢中國亦新夷狄也：中國等於是一個新的夷狄。㈣別君臣也，君死于位曰滅，生得曰獵，大夫生死皆曰獲：這是分別君臣地位，人君在他位上戰死叫做滅，活著被逮捕叫做獲，大夫無論生死都叫做獲。㈤吳少進也：吳國稍微進步了一點。

【今譯】戊辰這天，吳國打敗了頓國、胡國、沈國、蔡國、陳國、許國的軍隊在雞父這地方。胡子髡、沈子楹被殺死了，逮著陳國的夏齧。這次是一個偏戰，為什麼用詐戰的言辭來說呢？不贊成夷狄主持中國。那麼為什麼不使中國來主持呢？因為中國等於是一個新的夷狄。為什麼有的說滅有的說獲呢？這是分別君臣的地位，君死在位上叫做滅，活著被逮捕叫做獲，至於大夫無論生或死都叫做獲。不贊成夷狄主持中國，為什麼說逮著陳國的夏齧呢？因為吳國稍微進步了一點。

(八)天王居于狄泉㈠。此未三年，其稱天王何？著有天子也，尹氏立王子朝㈡。

【今註】㈠狄泉：周地，在今河南省洛陽縣東北二十五里。㈡著有天子也，尹氏立王子朝：表示有天子的存在，周大夫尹氏立了王子朝。

【今譯】周天王住在狄泉這地方。他立尚未三年，為什麼稱他為天王呢？表示有天子的存在，周大夫尹氏立了王子朝。

(九)八月乙未，地震㈠。

【今註】地震：魯國發生地震。

【今譯】八月乙未這天，魯國發生地震。

(十)冬，公如晉，至河，公有疾乃復㈠。何言乎公有疾乃復？殺恥也㈡。

【今註】㈠公有疾乃復：昭公有病就回來了。㈡殺恥也：減少羞恥。

【今譯】冬天，魯昭公到晉國去，到了黃河邊上，昭公有病就回來了。為什麼說昭公有病就回來了？

這是減少羞恥的原故。

昭公二十有四年（公元前五百十八年）

㈠春王二月丙戌，仲孫貜卒㊀。

【今註】㊀仲孫貜卒：魯大夫仲孫貜（音矍）死了。

【今譯】二十四年春王二月丙戌這天，魯大夫仲孫貜死了。

㈡叔孫舍至自晉。

【今譯】叔孫舍從晉國回到魯國。

㈢夏五月乙未朔，日有食之。

【今譯】夏五月乙未初一這天，魯國有日蝕。

㈣秋八月，大雩。

【今譯】秋天八月，魯國行求雨的典禮。

(五)丁酉，杞伯鬱釐卒㈠。

【今註】㈠杞伯鬱釐卒：杞平公死了。左傳作郁釐。

【今譯】丁酉這天，杞平公名叫鬱釐死了。

(六)冬，吳滅巢㈠。

【今註】㈠巢：國名，在今安徽省巢縣東北五里。

【今譯】冬天，吳國把巢國滅了。

(七)葬杞平公。

【今譯】給杞平公舉行葬禮。

昭公二十有五年（公元前五百一十七年）

(一)春，叔孫舍如宋。

【今譯】春天，魯大夫叔孫舍到宋國去。

(二)夏，叔倪㊀會晉趙鞅、宋樂世心㊁、衛北宮喜、鄭游吉、曹人、邾婁人、滕人、薛人、小邾婁人于黃父㊂。

【今註】㊀叔倪：魯大夫，左傳作叔詣。㊁宋樂世心：左傳作樂大心，是宋大夫。㊂黃父：晉地，在今山西省沁水縣西北四十里。

【今譯】夏天，魯大夫叔倪同晉大夫趙鞅、宋大夫樂世心、衛大夫北宮喜、鄭大夫游吉、曹人、邾婁人、滕人、薛人、小邾婁人在黃父這地方會盟。

(三)有鸛鵒來巢㊀。何以書？記異也。何異爾？非中國之禽也，宜穴又巢也㊁。

【今註】㊀有鸛鵒來巢：鸛音ㄍㄨㄢˋ，鵒音ㄩˋ。是熱帶地方的鳥。㊁宜穴又巢也：可以住洞，也可以築巢。

【今譯】有鸛鵒鳥來魯國築巢。為什麼寫在春秋上？這是記載奇異的事情。有什麼奇異呢？不是中國的飛禽，它可以住到山洞裏，也可以築巢。

(四)秋七月，上辛大雩㊀。季辛又雩㊁。又雩者何？又雩者非雩也，聚眾以逐季氏也㊂。

【今註】㊀上辛大雩：第一個辛日行求雨的典禮。㊁季辛又雩：末了的辛日又舉行求雨的典禮。㊂聚眾以逐季氏：聚集眾人以驅逐季孫氏。

【今譯】秋天七月，第一個辛日行求雨的典禮。末了一個辛日又行求雨典禮。又行求雨典禮怎麼講？不是真正行禮，是聚集很多人以驅逐季孫氏的原故。

㈤九月己亥，公孫于齊㊀，次于楊州㊁。

【今註】㊀公孫于齊：孫同遜，時昭公失位，出奔至齊。㊁楊州：左傳作陽州。彙纂說：「在今山東省東平縣東北境。」

【今譯】九月己亥這天，魯昭公遜位出奔到齊國去，住到楊州這地方。

㈥齊侯唁公于野井㊀。唁公者何？昭公將弒季氏，告子家駒曰：「季氏為無道，僭於公室久矣，吾欲弒之何如？」子家駒曰：「諸侯僭於天子，大夫僭於諸侯久矣㊁。」昭公曰：「吾何僭矣哉？」子家駒曰：「設兩觀㊂，乘大路㊃，朱干㊄，玉戚㊅，以舞大夏（七），八佾以舞大武，此皆天子之禮也（八）。且夫牛馬維婁，委已者也，而柔焉（九）。季氏得民眾久矣，君無多辱焉（一〇）。」昭公不從其言，終弒而敗焉（一一）。走之齊，齊侯唁公于野井，曰：「奈何君去魯國之社稷（一二）？」昭公曰：「喪人不佞，失守魯國之社稷，執事以羞（一三）。」再拜顙（一四）。慶子家駒曰：「慶子免君於大難矣（一五）。」子家駒曰：「臣不佞，陷君於大難，君不忍加之以鈇鑕賜之以死（一六）。」再拜顙。高子執簞食與四脡脯（一七），國子執壺漿，曰：「吾寡君聞君在外，餕饔未就，敢致糗于從者（一八）。」昭公曰：「君不忘吾先君，延及喪人錫之以大禮。」再拜稽首以衽受（一九）。高子曰：「有夫不祥，君無所辱大禮（二〇）。」昭公蓋祭而不嘗（二一）。景公曰：「寡人有不腆先君之服，未之敢服。有不腆先君之器，未之敢用，敢以請（二二）。」昭公曰：「喪人不佞，失守魯國之社稷，執事以羞，敢辱大禮，敢辭（二三）。」景公曰：「寡人有不腆先君之服，未之敢服，有不腆先君之器，未之敢用，敢固以請（二四）。」昭公曰：「以吾宗廟之在魯地，有先君之服，未之能以服，有先君之器，未之能以出，敢固辭。」景公曰：「寡人有不腆先君之服，未之敢服，有不腆先君之器，未之敢用，請以饗乎從者㉕。」昭公曰：「喪人其何稱㉖？」景公曰：「孰君而無稱㉗。」昭公於是噭然而哭，諸大夫皆哭㉘。既哭以人為菑㉙，以幦為席㉚，以鞌為几，以遇禮相見㉛。孔子曰：「其禮與其辭足觀矣㉜！」

【今註】㈠野井：齊地，在今山東省長清縣東北四十里。㈡諸侯僭於天子，大夫僭於諸侯久矣：諸侯上比天子，大夫上比諸侯，這是久已如此。㈢設兩觀：這是天子的禮，在門旁設兩座樓。㈣乘大路：坐天子的大車。㈤朱干：用紅顏色裝飾的楯㈥玉戚：玉裝飾的斧子。㈦以舞大夏：舞蹈用夏朝的音樂。㈧八佾以舞大武，此皆天子之禮也：用八佾舞蹈及大武的音樂，這全都是天子的禮節。㈨且夫牛馬維婁，委己者也，而柔焉：何休說：「繫馬曰維，繫牛曰婁。」意思說牛馬繫在廄中，數目照著自己的意思。㈩君無多辱焉：你何必自己找尋羞辱。⑪終弒而敗焉：他末了想殺季氏而失敗了。⑫奈何君去魯國之社稷：你為什麼丟掉魯國的社稷。⑬喪人不佞，失守魯國之社稷，執事以羞：我這個逃亡的人不好，因此失掉魯國的社稷，使隨從的人受到羞辱。⑭再拜顙（音桑）：兩次的叩頭一直到地下。⑮慶子免君於大難矣：慶賀你免除你君的大難。⑯君不忍加之以鈇鑕賜之以死：君不忍拿腰斬的刑罰賜我死罪。⑰高子執簞食與四脡脯：高子拿著籃子裝食品尚有四個長的肉。⑱敢致糗于從者：敢致送乾糧給你隨從的人。⑲衽受：用下裳來接受。⑳君無所辱大禮：你要屈辱自己行大禮。㉑昭公蓋祭而不嘗：昭公衹是祭祀神而不吃。㉒敢以請：敢請行禮。㉓敢辭：敢辭謝你。㉔敢固以請：敢堅持要求你行禮。㉕請以饗乎從者：請你隨從的人享受。㉖喪人其何稱：我這逃亡的人自己怎麼稱呼呢？㉗孰君而無稱：那一個為君者會沒有稱呼呢？㉘昭公於是噭然而哭，諸大夫皆哭：昭公忽然大聲的哭，魯國隨從昭公的大夫們也哭了。㉙既哭以人為菑：既然哭了以後拿人做墻。㉚以幦為席：拿車圍做席子。㉛以鞌為几，以遇禮相見：拿馬鞌（音安）子做桌子，以諸侯相見的禮相見。㉜其禮與其辭足觀矣：這個禮和言辭很值得看。

【今譯】　齊侯到野井這地方來慰勞魯昭公。為什麼慰勞他呢？昭公將殺季孫氏，告訴子家駒說：「季氏沒有道理，他上比公室已很久了。我久已想把他殺掉，你看怎麼樣？」子家駒回答說：「諸侯上比天子，大夫上比諸侯，這都是很久的事了。」昭公又說：「我有什麼上比天子呢？」子家駒說：「你宮門外設了兩觀，又常坐天子的路車，拿紅顏色裝飾楯牌，拿玉石裝飾斧頭，舞蹈用夏朝天子的音樂，用八佾的舞以及周天子的大武樂，這都是天子的禮節。並且牛馬的數目照著自己的心意。季孫氏久已得到民眾，你又何必自己尋找恥辱。」昭公不聽他的話，終久想殺季氏，失敗了。逃到齊國去，齊景公慰勞昭公在野井這地方，說：「你為什麼丟掉魯國的社稷呢？」昭公回答說：「逃亡的人不好，丟掉魯國的宗廟社稷，使隨從的人受到羞辱。」兩次的叩頭一直到地下。齊侯慶賀子家駒說：

「慶賀你使你的君已經免除了大難。」子家駒說：「我不好，使君陷入大難，君又不忍拿腰斬的刑罰賜我死罪。」他也兩次叩頭到地上。齊國的卿高子拿著籃子裝的食物跟四個長的肉，另一位卿國子拿著壺裝飲料說：「我們的君聽見你在外邊，熟食也沒有，敢致送乾糧給你從人。」昭公說：「你不忘掉我先君，惠及到逃亡的人，賞賜我大禮。」又兩次叩頭到地下，以下裳來接受。高子說：「人都會遇到不祥，你不要屈辱自己行大禮。」昭公祭祀而不吃。齊景公說：「寡人有先君不好的衣服不敢穿，有不好先君的器，不敢用，敢請行禮。」昭公說：「逃亡的人不好，失去魯國的社稷，使執事以為羞辱，怎麼敢當大禮，我敢辭謝大禮。」景公說：「寡人有先君不好的衣服，沒敢穿，有先君不好的器物，沒敢用，敢堅持請你行禮。」昭公說：「我的宗廟在魯國，有先君的服沒敢穿，有先君的器物沒能拿出來，敢固辭行禮。」景公說：「寡人有先君的服，沒敢穿，有先君之器物，沒敢用，請你隨從的人享受。」昭公說：「逃亡的人怎麼樣稱呼呢？」景公說：「那一個為君者會沒有稱呼呢？」昭公於是忽然大哭，隨從的魯國大夫全都哭了。哭了以後，以人做墻、以車圍做席，以馬羣做桌子，以君相遇的禮相見。孔子說：「這種禮同言辭很值得看。」

㈦冬十月戊辰，叔孫舍卒㈠。

【今註】㈠叔孫舍卒：魯大夫叔孫舍死了。

【今譯】冬十月戊辰這天，魯大夫叔孫舍死了。

(八)十有一月己亥，宋公佐卒于曲棘㈠。曲棘者何？宋之邑也㈡。諸侯卒其封內不地，此何以地？憂內也㈢。

【今註】㈠曲棘：宋地，在今河南省杞縣東北六十里。㈡宋之邑也：宋國的一個城邑。㈢憂內也：憂心納昭公這件事。

【今譯】十一月己亥這天，宋元公死在曲棘這地方。什麼叫做曲棘呢？是宋國的一個城。諸侯在其國內死不寫上地名，這為什麼寫呢？因為他憂心納昭公這件事。

(九)十有二月，齊侯取運㈠。外取邑不書？此何以書？為公取之也㈡。

【今註】㈠運：魯地，在今山東省鄆城縣東十六里。㈡為公取之也：替魯昭公佔領這地方。

【今譯】十二月，齊侯佔領了運這地方。外國佔領城邑不寫在春秋上，這為什麼寫呢？因為齊侯是為魯昭公而佔領這地方。

昭公二十有六年（公元前五百一十六年）

(一)春王正月，葬宋元公㈠。

【今註】㈠葬宋元公：給宋元公舉行葬禮。

【今譯】春王正月，給宋元公舉行葬禮。

(二)三月，公至自齊，居于運㊀。

【今註】㊀運：此為西鄆，魯地，在今山東省鄆城縣東十六里。

【今譯】三月，魯昭公從齊國回來，住到運這地方。

(三)夏，公圍成㊀。

【今註】㊀成：魯地，在今山東省寧陽縣東北九十里近淄水。

【今譯】夏天，魯昭公包圍了成這個城邑。

(四)秋，公會齊侯、莒子，邾婁子，杞伯盟于剸陵㊀。公至自會居于運。

【今註】㊀剸陵：魯地，在今山東省沂水縣東北七十里。

【今譯】秋天，魯昭公同齊侯、莒子、邾婁子、杞伯在剸陵這地方會盟。昭公從會盟回來住到運這地方。

(五)九月，庚申，楚子居卒㈠。

【今註】㈠楚子居卒：楚平王名叫子居死了。

【今譯】九月庚申這天，楚平王死了。

(六)冬十月，天王入于成周㈠。成周者何？東周也㈡。其言入何？不嫌也㈢。尹氏、召伯、毛伯以王子朝奔楚。

【今註】㈠成周：周地，在今河南省洛陽縣東二十里。㈡東周也：因為王猛住在西周，所以這裏就叫做東周。㈢不嫌也：沒有篡位的嫌疑。㈣尹氏、召伯、毛伯以王子朝奔楚：周卿士尹氏同召伯、毛伯及王子朝逃到楚國去了。

【今譯】冬天十月，周天王進到成周城裏去。什麼叫做成周呢？就是東周。為什麼說進去呢？因為沒有篡位的嫌疑。王子朝的卿士尹氏同召伯、毛伯及王子朝逃到楚國去了。

昭公二十有七年（公元前五百一十五年）

(一)春，公如齊。公至自齊居于運。

【今譯】春天，昭公到齊國去。昭公從齊國回來住到運這個地方。

㈡夏四月，吳弒其君僚㈠。

【今註】㈠僚：吳國君的名字。

【今譯】夏天四月，吳國人把他們的君僚弒了。

㈢楚殺其大夫郤宛。

【今譯】楚國人殺死他們的大夫名叫郤宛。

㈣秋，晉士鞅、宋樂祁犁、衛北宮喜、曹人、邾婁人、滕人會于扈㈠。冬，十月，曹伯午卒㈡。

【今註】㈠扈：鄭地，在今河南省原武縣西北。㈡曹伯午卒：曹悼公名字叫做午死了。

【今譯】秋天，晉大夫士鞅、宋大夫樂祁犁、衛大夫北宮喜、曹人、邾婁人、滕人在扈這地方會盟。冬天十月，曹悼公死了。

㈤邾婁快來奔㈠。邾婁快者何？邾婁之大夫也。邾婁無大夫，此何以書？以近書也㈡。

【今註】㊀郰婁快來奔：郰婁快逃到魯國來，他是郰婁的大夫。㊁以近書也：因為郰婁近於魯國所以寫在春秋上。

【今譯】郰婁快逃到魯國來。郰婁快是什麼人呢？他是郰婁的大夫。郰婁沒有大夫，這為什麼寫在春秋上呢？因為郰婁近於魯國的原故。

(六)公如齊，公至自齊，居于運。

【今譯】昭公到齊國去。昭公從齊國回來，住到運這地方。

昭公二十有八年（公元前五百一十四年）

(一)春王三月，葬曹悼公㊀。

【今註】㊀葬曹悼公：給曹悼公舉行葬禮。

【今譯】春王三月，給曹悼公舉行葬禮。

(二)公如晉，次于乾侯㊀。

【今註】㊀乾侯：晉地，在今河北省成安縣東南。

【今譯】昭公到晉國去，住在乾侯這地方。

㈢夏四月丙戌，鄭伯甯卒㊀。

【今註】㊀鄭伯甯卒：鄭定公名叫甯死了。

【今譯】夏四月丙戌這天，鄭定公名字叫做甯死了。

㈣六月，葬鄭定公。

【今譯】六月，給鄭定公舉行葬禮。

㈤秋七月癸巳，滕子甯卒。

【今譯】秋七月癸巳這天，滕子名叫甯的死了。

㈥冬葬滕悼公。

【今譯】冬，給滕悼公舉行葬禮。

昭公二十有九年（公元前五百一十三年）

㈠春，公至自乾侯，居于運。

【今譯】春天，昭公從乾侯回來，住到運這地方。

㈡齊侯使高張來唁公㊀。

【今註】㊀齊侯使高張來唁公：齊侯派齊大夫高張來慰勞魯昭公。

【今譯】齊侯派他的大夫高張到運這地方來慰勞魯昭公。

㈢公如晉，次于乾侯。

【今譯】昭公到晉國去，住到乾侯這地方。

㈣夏四月庚子，叔倪卒㊀。

【今註】㊀叔倪卒：魯大夫叔倪死了。

【今譯】夏四月庚子這天，魯大夫叔倪死了。

㈤秋七月。

【今譯】 秋天七月。

㈥冬十月，運潰㊀。邑不言潰，此其言潰何？郛之也㊁。曷為郛之？君存焉爾㊂。

【今註】 ㊀運潰：運這個地方潰散了。㊁郛之也：公羊傳疏：「郛，郭者。郭之猶云國之。」㊂君存焉爾：因為昭公住在裏面。

【今譯】 冬天十月，運這地方潰散了。城邑照例不說潰散，這為什麼說潰散呢？因為把它當一個國。為什麼把它當一個國？因為昭公住在裏面。

昭公三十年（公元前五百一十二年）

㈠春王正月，公在乾侯。

【今譯】 春王正月，魯昭公住在乾侯這地方。

㈡夏六月庚辰，晉侯去疾卒㊀。

【今註】 ㊀晉侯去疾卒：晉頃公名叫去疾死了。

【今譯】夏天六月庚辰這天，晉頃公名叫去疾死了。

(三)秋八月，葬晉頃公。

【今譯】秋天八月，給晉頃公舉行葬禮。

(四)冬十有二月，吳滅徐，徐子章禹奔楚㈠。

【今註】㈠徐子章禹奔楚：徐子名叫章禹逃到楚國去。

【今譯】冬天十二月，吳國滅了徐國，徐子名叫章禹逃到楚國去。

昭公三十有一年（公元前五百一十一年）

(一)春王正月，公在乾侯。

【今譯】春王正月，魯昭公住在乾侯。

(二)季孫隱如會晉荀櫟適歷㈠。

【今註】㈠適歷：晉地，在今河北省大名縣東北。

【今譯】魯大夫季孫隱如在適歷這地方同晉大夫荀櫟會盟。

㈢夏四月丁巳，薛伯穀卒㈠。

【今註】㈠薛伯穀卒：薛獻公名字叫做穀死了。

【今譯】夏四月丁巳這天，薛獻公名字叫做穀死了。

㈣晉侯使荀櫟唁公于乾侯。

【今譯】晉侯派大夫荀櫟在乾侯這地方慰勞魯昭公。

㈤秋，葬薛獻公。

【今譯】秋天，給薛獻公舉行葬禮。

㈥冬，黑弓㈠以濫㈡來奔。文何以無邾婁？通濫也㈢。曷為通濫？賢者子孫宜有地也㈣。賢者孰謂？謂叔術也㈤。何賢乎叔術？讓國也㈥。其讓國奈何？當邾婁顏之時，邾婁女有為魯夫人者，則未知其為武公與懿公與㈦。孝公幼，顏淫九公子于宮中（八），因以納賊，則未知其為魯公子與？邾婁公子與（九）？臧氏之母養公者也。君幼則宜有養者，大夫之妾，士之妻，則未知臧氏之母者曷為者也？養公者必以其子入養。臧氏之母聞有賊，以其子易公，抱公以逃，賊至湊公寢而弒之（一〇）。臣有鮑廣父與梁買子者聞有賊，趨而至。臧氏之母曰：「公不死也，在是，吾以吾子易公矣。」於是負孝公之周訴天子，天子為之誅顏而立叔術，反孝公于魯（一一）。顏夫人者，嫗盈女也，國色也（一二）。其言曰：「有能為我殺殺顏者，吾為其妻（一三）。」叔術為之殺殺顏者，而以為妻，有子焉謂之盱。夏父者，其所為有於顏者也（一四）。盱幼而皆愛之，食必坐二子於其側而食之，有珍怪之食，盱必先取足焉（一五）。夏父曰：「以來（一六），人未足而盱有餘（一七）。」叔術覺焉曰：「嘻！此誠爾國也夫！（一八）」起而致國于夏父，夏父受而中分之，叔術曰：「不可！」三分之，叔術曰：「不可！」四分之，叔術曰：「不可！」五分之，然後受之。公扈子者，邾婁之父兄也，習乎邾婁之故（一九），其言曰：

「惡有言人之國賢若此者乎㈢！」誅顏之時，天子死，叔術起而致國于夏父。當此之時，邾婁人常被兵于周，曰：「何故死吾天子？」通濫則文何以無邾婁？天下未有濫也㈢。天下未有濫則其言以濫來奔何？叔術者，賢大夫也，絕之則為叔術不欲絕，不絕則世大夫也，大夫之義不得世，故於是推而通之也。

【今註】㈠黑弓：左傳作黑肱，是邾婁大夫。㈡濫：一統志說：「在今山東滕縣東南六十里。」㈢通濫也：把濫看成國家，所以無所繫。㈣賢者子孫宜有地也：賢能的人的子孫應該有個地方。㈤謂叔術也：指著叔術來說的。據何休說：「叔術者，邾婁顏公之弟也。或曰群公子。」㈥讓國也：把國家讓出來。㈦則未知其為武公與懿公與：但是不知道是武公的夫人或懿公的夫人。㈧顏淫九公子于宮中：邾顏公在宮中所與淫者九人。㈨則未知其為魯公子與？邾婁公子與：就不知道他是魯國公子？還是邾婁的公子？㈩賊至湊公寢而弒之：賊來到公的寢所就把他殺了。㈡反孝公于魯：就帶孝公回到魯國去。㈢嫗盈女也，國色也：是嫗盈的女兒，她的美色為全國所選。㈢有能為我殺殺顏者，吾為其妻：有人能夠把殺顏公的那人殺掉，我就做他的夫人。㈣有子焉謂之盱，夏父者，其所為有於顏者也：生了一個兒子叫做盱，另一個兒子夏父是同顏公所生的。㈤盱必先取足焉：盱必定先吃夠。㉖以來：拿過來。㉗人未足而盱有餘：人是指夏父自己而言。人沒吃夠而盱常常有剩。
㉘此誠爾國也夫：這真是你的國家。㉙習乎邾婁之故：深知道邾婁國的故事。㉚惡有言人之國賢若此者乎：沒有人能說一個國家有人再比這賢能的。㉛天下未有濫也：天下並沒有濫這國家。

【今譯】冬天，黑弓拿濫這地方逃到魯國來。春秋上為什麼不寫邾婁呢？因為把濫看成國家。為什麼把濫看成國家呢？賢者的子孫應該有地方。所謂賢者是指誰呢？是指著叔術而說的，為什麼說叔術賢能呢？因為他把國家讓出來。他怎麼讓國呢？當邾婁顏公的時候，邾婁女子做魯公的夫人，也不知道她是武公的夫人？還是懿公的夫人？那時魯孝公年幼，顏公與九個公子在宮中相淫亂，因這原故，就把賊迎進來，也不知道他是魯國的公子？還是邾婁國的公子？魯國臧氏的母親是養孝公的人。君幼時必須有人來養，或者是大夫的妾，或是士的妻全可以，也不知道臧氏的母親是屬於那一種？養公的人必須把她的兒子也養在宮中。臧氏的母親聽說有賊，把她的兒子換了孝公，就抱著孝公逃走了，賊來到公的寢室把臧氏的兒子殺了。那時有兩個臣叫做鮑廣父同梁買子聽見有賊，趕緊跑來。臧氏的母親說：「公沒有死，在這裏，我拿我的兒子換了他。」於是她就背著孝公到周都城告訴周天子，周天子就為他殺了顏公而立叔術，並且使魯孝公回到魯國。顏夫人是嫗盈的女兒，長得甚為美貌。她說：「有人能為我殺死殺顏公的人，我就做他的夫人。」叔術就替她殺了殺顏公的人，就娶她為夫人，並生了一個兒子叫做盱。夏父是她同顏公所生的兒子。盱較年輕，叔術同嫗盈全都喜歡他，吃飯時必定叫盱同夏父坐在旁邊，有珍奇的吃食，盱必定先吃飽。夏父說：「拿過來，我還沒吃飽，而盱有剩餘。」叔術感覺不對說：「這真是你應當有的國家。」站起來而將國家送給夏父。夏父接受了把它中分為二。叔術說：「不可以。」把它三分了，叔術說：「不可以。」四分了，叔術也說：「不可以。」五分了，然後叔術答應了。公扈子是邾婁的父兄，他深知道邾婁的故事，他說：「沒有人能說一個國家有人比叔術更賢的。」殺顏公時，天子死了，叔術將國家給了夏父。當這時候，邾婁常受周兵的擾亂，說：「為什麼使我們天子死呢？」通濫則春秋上為什麼沒寫邾婁？天下本來沒有濫。天下本來沒有濫為什麼說他以濫奔到魯國呢？因為叔術是賢大夫，斷絕就因為叔術不願斷絕，不斷絕則是輩輩做大夫，大夫的本義不能世襲，於是就推廣了通用它。

㈦十有二月辛亥朔，日有食之。

【今譯】十二月辛亥初一這天，魯國有日蝕。

昭公三十有二年（公元前五百一十年）

㈠春王正月，公在乾侯。

【今譯】春王正月，魯昭公住在乾侯。

㈡取闞㈠。闞者何？邾婁之邑也㈡。曷為不繫乎邾婁？諱亟也㈢。

【今註】㈠闞：魯地，在今山東省汶上縣西南三十五里。㈡邾婁之邑也：是邾婁的一個城邑。㈢諱亟也：避諱佔領得太快。

【今譯】佔領闞這地方。什麼叫做闞呢？是邾婁的一個城邑。為什麼不寫上邾婁呢？避諱佔領得太快。

㈢夏，吳伐越。

【今譯】夏，吳國討伐越國。

㈣秋七月。

【今譯】秋天七月。

㈤冬，仲孫何忌會晉韓不信，齊高張、宋仲幾、衛世叔申、鄭國參、曹人、莒人、邾婁人、薛人、杞人、小邾婁人城成周。

【今譯】冬天，仲孫何忌會同晉韓不信、齊高張、宋仲幾、衛世叔申、鄭國參、曹人、莒人、邾婁人、薛人、杞人、小邾婁人修築成周這個城。

㈥十有二月己未，公薨于乾侯。

【今譯】十二月己未這天，魯昭公在乾侯這地方薨逝了。

卷二十五　定公上

定公元年（公元前五百零九年）

㈠元年春王㈠。定何以無正月？正月者，正即位也㈡。定無正月者，即位後也㈢，即位何以後？昭公在外，得入不得入未可知也㈣。曷為未可知？在季氏也㈤。定哀多微辭，主人習其讀而問其傳，則未知己之有罪焉㈥。

【今註】㈠元年春王：定公元年春王不記正月。㈡正即位也：因為就是為的即位的關係。㈢即位後也：即位在正月以後。㈣昭公在外，得入不得入未可知也：昭公之喪在外，能不能回來尚不能知道。㈤在季氏也：政權在季氏。㈥定哀多微辭，主人習其讀而問其傳，則未知己之有罪焉：定公跟哀公的時候，春秋都是用微妙的言辭，主人是指著定哀，讀謂經，傳謂訓詁。他們讀經讀傳，也不知道自己有罪或是沒罪。

【今譯】元年春王，定公何以沒有正月？每回有正月時，全是表示正在即位。定公沒有正月，因為他即位在正月以後。為什麼即位在以後？因為昭公之喪在外，能不能回來尚不知道。為什麼還不知道呢？政權在季氏的原故。定公哀公時，春秋的言辭全很微妙，他們讀經讀傳，也不知道自己是有罪或是沒罪。

㈡三月，晉人執宋仲幾于京師。仲幾之罪何？不蓑城也㈠。其言于京師何？伯討也㈡。伯討則其稱人何？貶㈢。曷為貶？不與大夫專執也㈣。曷為不與？實與而文不與。文曷為不與？大夫之義，不得專執也㈤。

【今註】㈠不蓑城也：因為他沒有用草來修成周的城。㈡伯討也：這是用伯討的形式，用諸侯名義為天子討伐。㈢貶：貶低他的身分。㈣不與大夫專執也：不贊成大夫獨自逮捕旁國的人。㈤大夫之義不得專執也：大夫的義理不能夠獨自逮人。

【今譯】三月，晉國人在京師把宋國仲幾逮捕了。仲幾有什麼罪呢？他不用草來修成周的城。為什麼說在京師呢？表示伯討的意思。伯討為什麼稱人呢？這是貶低他的身分。為什麼貶低他的身分呢？不贊成大夫獨自逮捕旁國的大夫。為什麼不贊成呢？實在贊成而文字上不能說贊成。為什麼文字上不贊成呢？因為大夫的義理不能擅自逮人。

㈢夏六月癸亥，公之喪至自乾侯。

【今譯】 夏六月癸亥這天，昭公的喪事從乾侯回來。

㈣戊辰，公即位㊀。癸亥公之喪至自乾侯，則曷為以戊辰之日，然後即位？正棺於兩楹之間㊁，然後即位。子沈子㊂曰：「定君乎國，然後即位㊃。」即位不日，此何以日？錄乎內也㊄。

【今註】 ㊀公即位：定公即君位。㊁正棺於兩楹之間：把棺材擺在兩個柱子中間。㊂子沈子：公羊家的先師之一。㊃定君乎國，然後即位：先安頓昭公喪禮，然後才即位。㊄錄乎內也：表示在內部詳細記錄。

【今譯】 戊辰這天，定公即君位。癸亥這天，昭公的喪事從乾侯回來。為什麼在戊辰這天，才即位呢？把昭公的棺材擺在兩個柱子的中間，然後定公才即位。公羊先師子沈子說：「先安頓昭公喪禮，然後才即位。」普通即位不寫日子，這為什麼寫日子呢？表示在內部詳細記錄。

㈤秋七月癸巳，葬我君昭公。

【今譯】 秋七月癸巳這天，給我魯昭公舉行葬禮。

㈥九月，大雩。

【今譯】九月，魯國行求雨的典禮。

(七)立煬宮㊀。煬宮者何？煬公之宮也㊁。立者何？立者不宜立也，立煬宮非禮也㊂。

【今註】㊀立煬宮：立煬公的廟。按伯禽死了以後，他兒子烤公立，烤公死了以後，他弟弟煬公立，這是魯國第一個以小宗代大宗的君。季孫是小宗季友之後人，他也想照煬公的辦法，以小宗代替大宗的昭公，他必事先禱告過煬公的廟，而昭公竟死在乾侯，所以他就重立了煬公的廟，表示感謝。㊁煬公之宮也：是煬公的廟。㊂立煬宮非禮：立煬公的廟不合於禮的。

【今譯】立煬公的廟。什麼是煬宮呢？就是煬公的廟。什麼是立呢？所謂立就是不應當立，立煬公的廟是不合於禮的。

(八)冬十月，霣霜殺菽㊀。何以書？記異也㊁。此災菽也，曷為以異書？異大乎災也㊂。

【今註】㊀霣霜殺菽：下了霜毀了很多豆菽。㊁記異也：記載怪異的原故。㊂異大乎災也：因為怪異比災更大。霜獨殺菽而不殺他物。

【今譯】冬天十月，下了霜毀了很多豆菽。為什麼寫在春秋上？這是記載怪異。這是對豆菽發生災害。為什麼拿怪異來寫呢？因為怪異比災更大的原故。

定公二年（公元前五百零八年）

㈠春王正月。

【今譯】春天正月。

㈡夏五月壬辰，雉門及兩觀㊀災㊁。其言雉門及兩觀災何？兩觀微也㊂。然則曷為不言雉門災及兩觀，主災者兩觀也㊃。時災者兩觀，則曷為後言之？不以微及大也㊄。何以書？記災也㊅。

【今註】㊀雉門及兩觀：魯國僭用天子之禮，故設有雉門及兩觀。㊁災：發生火災。㊂兩觀微也：因為兩觀很微小。㊃主災者兩觀也：引起火災的是兩觀。㊄不以微及大也：不以微小連及大的。㊅記災也：這是記載災害。

【今譯】夏天五月壬辰這天，魯國的雉門及兩觀著了火。為什麼說雉門同兩觀著了火呢？因為兩觀是微小的。那麼為什麼不說雉門著火連及兩觀呢？因為主要著火是兩觀。主要著火是兩觀，為什麼又後說它呢？不想以微小的連及大的。為什麼寫在春秋上呢？這是為的記載災害的原故。

㈢秋，楚人伐吳。

【今譯】秋天，楚國人討伐吳國。

㈣冬十月，新作雉門及兩觀。其言新作之何？脩大也㈠。脩舊不書，此何以書？譏㈡何譏爾？不務乎公室也㈢。

【今註】㈠脩大也：脩復是很大的一件事。㈡譏：是譏諷。㈢不務乎公室也：平時不注意修護公室。

【今譯】冬天十月，新作雉門同兩觀。為什麼說新作呢？因為脩復是一件很大的事。脩舊不寫在春秋上，這為什麼寫呢？是譏諷。為什麼譏諷呢？因為平時不注意修護公室的原故。

定公三年（公元前五百零七年）

㈠春王正月，公如晉，至河乃復。

【今譯】春天正月，魯定公到晉國去，到了黃河邊上就回來了。

㈡三月辛卯，邾婁子穿卒㈠。

【今註】㈠邾婁子穿卒：邾莊公名字叫穿死了。

【今譯】三月辛卯這天，邾莊公名穿死了。

㈢夏四月。

【今譯】夏天四月。

㈣秋，葬邾婁莊公㊀。

【今註】㊀葬邾婁莊公：給邾婁莊公行葬禮。

【今譯】秋天，給邾婁莊公舉行葬禮。

㈤冬，仲孫何忌及邾婁子盟于枝㊀。

【今註】㊀枝：左傳同穀梁傳作拔。在今山東省滋陽縣境。

【今譯】冬天，魯大夫仲孫何忌同邾婁的君在枝這地方會盟。

定公四年（公元前五百零六年）

㈠春王二月癸巳，陳侯吳卒㊀。

【今註】㈠陳侯吳卒：陳惠公名叫吳死了。

【今譯】春王二月癸巳這天，陳惠公名字叫做吳，他死了。

㈡三月，公會劉子、晉侯、宋公、蔡侯、衛侯、陳子、鄭伯、許男、曹伯、莒子、邾婁子、頓子、胡子、滕子、薛伯、杞伯、小邾婁子、齊國夏于召陵㈠，侵楚。

【今註】㈠召陵：今河南省郾城縣東北四十五里，有召陵城。

【今譯】三月，魯定公同劉子、晉侯、宋公、蔡侯、衛侯、陳子、鄭伯、許男、曹伯、莒子、邾婁子、頓子、胡子、滕子、薛伯、杞伯、小邾婁子、齊國夏在召陵這地方相會，侵略楚國。

㈢夏四月庚辰，蔡公孫歸姓㈠帥師滅沈㈡，以沈子嘉㈢歸，殺之。

【今註】㈠公孫歸姓：蔡大夫。㈡沈：在今河南省固始縣。㈢嘉：是沈子的名字。

【今譯】夏四月庚辰這天，蔡國大夫公孫歸姓帥領軍隊滅了沈國，把沈子嘉逮回去，而殺了他。

㈣五月，公及諸侯盟于浩油㈠。杞伯戊卒于會㈡。

【今註】㈠浩油：左傳同穀梁傳作皋鼬。一統志說：「在今河南省臨潁縣南。」㈡杞伯戊卒于會：

左傳同穀梁傳作戍。杞悼公名戊死在會盟的時候。

【今譯】五月，魯定公同諸侯在浩油這地方會盟。杞伯戊死在會盟的時候。

(五)六月，葬陳惠公。

【今譯】六月，給陳惠公舉行葬禮。

(六)許遷于容城㈠。

【今註】㈠容城：地名補注：「在今河南省葉縣西。」

【今譯】許國遷到容城這地方。

(七)秋七月，公至自會。

【今譯】秋天七月，定公從會盟的地方回來。

(八)劉卷㈠卒。劉卷者何？天子之大夫也。外大夫不卒，此何以卒？我主之也㈡。

【今註】㈠劉卷：是周天子的大夫，即劉文公。㈡我主之也：因為是魯國主持會盟的關係。

【今譯】劉卷死了。劉卷是什麼人呢？他是周天子的大夫。外國的大夫的死不寫在春秋上，這為什麼寫呢？因為是魯國主持會盟的關係。

(九)葬杞悼公。

【今譯】給杞悼公舉行葬禮。

(十)楚人圍蔡。

【今譯】楚國包圍了蔡國都城。

(十一)晉士鞅、衛孔圄㈠帥師伐鮮虞㈡。

【今註】㈠衛孔圄：孔圄是衛大夫。㈡鮮虞：左傳作鮮虞。在今河北省新樂縣西南四十五里，即中山國。

【今譯】晉大夫士鞅、衛大夫孔圄帥領軍隊去討伐鮮虞。

(十二)葬劉文公。外大夫不書葬，此何以書葬？錄我主也㈠。

【今註】㈠錄我主也：紀錄魯國主持會盟的關係。

【今譯】給劉文公舉行葬禮。外國的大夫的葬禮不寫在春秋上，這為什麼寫呢？紀錄魯國主持會盟的關係。

㈢冬十有一月庚午，蔡侯以吳子及楚人戰于伯莒㈠，楚師敗績。吳何以稱子？夷狄也，而憂中國㈡。其憂中國奈何？伍子胥父誅乎楚，挾弓而去楚，以干闔廬㈢。闔廬曰：「士之甚，勇之甚，將為之興師而復讎于楚。」伍子胥復曰：「諸侯不為匹夫興師，且臣聞之，事君猶事父也。虧君之義㈣，復父之讎㈤，臣不為也。」於是止。蔡昭公朝乎楚，有美裘焉，囊瓦求之，昭公不與，為是拘昭公於南郢㈥數年，然後歸之。於其歸焉，用事乎河。曰：「天下諸侯，苟有能伐楚者，寡人請為之前列。」楚人聞之怒。為是興師，使囊瓦將而伐蔡。蔡請救于吳，伍子胥復曰：「蔡非有罪也，楚人為無道，君如有憂中國之心，則若時可矣㈦。」於是興師而救蔡。曰：「事君猶事父也，此其為可以復讎奈何？」曰：「父不受誅，子復讎可也㈧。父受誅，子復讎，推刃之道也㈨，復讎不除害，朋友相衛，而不相迿，古之道也㊉。」

【今註】㊀蔡侯以吳子及楚人戰于伯莒：伯莒左傳叫柏舉。在今湖北省麻城縣東北十五里。蔡侯用吳子跟楚人在柏舉這地方打仗。㊁夷狄也，而憂中國：他是夷狄，而以中國為憂。㊂伍子胥父誅乎楚，挾弓而去楚，以干闔廬：伍子胥的父親被楚平王所殺，伍子胥拿著弓離開楚國，去見闔廬。何休注說：「不待禮見曰干。」㊃虧君之義：失掉事君的義理。㊄復父之讎：為他父親報仇。㊅南郢：楚地，在今湖北省鍾祥縣南。㊆則若時可矣：就在這時候可以興師。㊇父不受誅，子復讎可也：父親罪不當誅而被殺，兒子可以報仇。㊈推刃之道也：這是用兵器一來一往，就沒有完。㊉復讎不除害，朋友相衛，而不相迿，古之道也：何休說：「子胥仕於吳，為大夫。君臣言朋友者，闔廬本以朋友之道為子胥復讎。」

【今譯】冬十一月庚午這天，蔡侯用吳子同楚人在伯莒這地方打仗，楚國軍隊大崩潰。吳為什麼稱子呢？他是夷狄，而以中國為憂。他怎麼樣以中國為憂呢？伍子胥的父親被楚平王所殺，他就帶著弓離開楚國，去見闔廬。闔廬說：「他是一個最好的士，他甚勇敢，想給他起兵伐楚國報仇。」伍子胥回答說：「諸侯不為一個人起兵，我聽說事奉君等於事奉父親一樣。失掉事君的義理，報了殺父的仇，臣不應該這樣做。」於是就止住興師。蔡昭公到楚國朝見，有一件很好的皮襖。楚國的令尹囊瓦想要，蔡昭公不給他，就把蔡昭公拘留在楚國南郢的地方，幾年的工夫，然後才准他回國。在他回國的時候，祭了黃河。說：「天下諸侯，有肯伐楚國的，我願意給他打頭陣。」楚人聽見說就怒了。於是起兵，使囊瓦帥領去伐蔡國。蔡國請救于吳，伍子胥告吳王說：「蔡不是有罪，楚人沒有道理，你有以中國為憂的心，就這時興師可以了。」於是吳國興起軍隊去救蔡國。問道：「事君等於事父一樣，這為什麼去報仇呢？」回答說：「父親罪不當誅而被殺，兒子報仇可以。父親被殺，兒子不當報仇也報仇，這是用兵器一來一往，就沒有完。報仇只對仇家本人，不得連及他人。朋友為報仇互相衞護，而不相爭先，這是古人的道理。」

(十四)楚囊瓦出奔鄭。

【今譯】楚國令尹囊瓦逃奔到鄭國去。

(十五)庚辰，吳入楚。吳何以不稱子？反夷狄也㈠。其反夷狄奈何？君舍于君室㈡，大夫舍于大夫室，蓋妻楚王之母也㈢。

【今註】㈠反夷狄也：回到夷夥的作風了。㈡君舍于君室：吳王到楚王的房子。㈢蓋妻楚王之母也：大概是以楚王的母親為妻子。

【今譯】庚辰這天，吳進入楚國都城。吳這次為什麼不稱子呢？因為他的舉動回到夷狄的作風了。他怎麼樣回到夷狄的作風呢？吳國君住到楚國君的房子，吳大夫住到楚大夫的房子，大概吳王以楚王的母親為妻子。

定公五年（公元前五百零五年）

㈠春王正月辛亥朔，日有食之。

【今譯】春王正月辛亥初一這天，魯國有日蝕。

㈡夏，歸粟于蔡㈠。孰歸之？諸侯歸之。曷為不言諸侯歸之？離至不可得而序㈡，故言我也。

【今註】㈠歸粟于蔡：送糧食給蔡國。㈡離至不可得而序：因為分著而來的不按著次序。

【今譯】夏天，送糧食給蔡國。誰送的？諸侯給他送的。為什麼不說諸侯給他送的呢？因為大家分著送不按次序，所以說魯國給他送的。

㈢於越入吳。於越者何？越者何？於越者，未能以其名通也㈠。越者，能以其名通也㈡。

【今註】㈠於越者，未能以其名通也：於越，是沒有拿他的名字來通知魯國。㈡越者，能以其名通也：越是已拿他的名字通知魯國。

【今譯】於越進入吳國。於越是什麼呢？越又是什麼呢？於越，是沒有拿他的名字來通知魯國。越是已拿他的名字來通知魯國。

㈣六月丙申，季孫隱如卒。

【今譯】六月丙申這天，魯大夫季孫隱如死了。

㈤秋七月壬子，叔孫不敢卒。

【今譯】秋天七月壬子這天，魯大夫叔孫不敢死了。

㈥冬，晉士鞅帥師圍鮮虞。

【今譯】冬天，晉大夫士鞅帥領軍隊包圍鮮虞。

卷二十六　定公下

定公六年（公元前五百零四年）

㈠春王正月癸亥，鄭游遬帥師滅許，以許男斯㊀歸。

【今註】㊀斯：是許國君的名字。

【今譯】春王正月癸亥這天，鄭大夫游遬帥領軍隊滅了許國，逮了許男斯回到鄭國。

㈡二月，公侵鄭。公至自侵鄭。

【今譯】二月，魯定公侵略鄭國。後定公又從侵略鄭國回來。

㈢夏，季孫斯、仲孫何忌如晉。

【今譯】夏天，魯大夫季孫斯同仲孫何忌到晉國去。

㈣秋，晉人執宋行人樂祁犁。

【今譯】秋天，晉人逮捕了宋國的行人官樂祁犂。

(五)冬，城中城㊀。

【今註】㊀中城：魯地，在今山東省范縣東南。

【今譯】冬天，修築中城這個城。

(六)季孫斯、仲孫忌帥師圍運㊀。此仲孫何忌也，曷為謂之仲孫忌？譏二名㊁，二名非禮也㊂。

【今註】㊀運：程發軔說：「東鄆原屬莒，後歸魯。在今山東省沂水縣東北四十里。」㊁譏二名：譏諷兩個名字。㊂二名非禮也：兩個名字是不合禮的。

【今譯】魯大夫季孫斯同仲孫忌帥領軍隊圍了運這地方。這是仲孫何忌，為什麼叫做仲孫忌呢？因為譏諷他兩個名字，兩個名字是不合於禮的。

定公七年（公元前五百零三年）

(一)春王正月。

【今譯】春王正月。

㈡夏四月。

【今譯】夏天四月。

㈢秋，齊侯、鄭伯盟于鹹㈠。

【今註】㈠鹹：衛地，在今河北省濮陽縣東南六十里。

【今譯】秋天，齊侯同鄭伯在鹹這地方會盟。

㈣齊人執衛行人北宮結以侵衛。

【今譯】齊人把衛國的行人北宮結逮著又去侵略衛國。

㈤齊侯、衛侯盟于沙澤㈠。

【今註】㈠沙澤：左傳作沙。衛地，在今河北省大名縣東。

【今譯】齊侯同衛侯在沙澤這地方會盟。

㈥大雩。

【今譯】魯國行求雨的典禮。

㈦齊國夏帥師伐我西鄙。

【今譯】齊國夏帥領軍隊討伐魯國西邊邊境。

㈧九月，大雩。

【今譯】九月，魯國行求雨的典禮。

㈨冬十月。

【今譯】冬天十月。

定公八年（公元前五百零二年）

㈠春王正月，公侵齊。公至自侵齊。

【今譯】春王正月，魯定公侵略齊國。魯定公從侵略齊國回來。

㈡二月，公侵齊。三月，公至自侵齊。

【今譯】二月，定公侵略齊國。三月，定公從侵略齊國回來。

㈢曹伯露卒㊀。

【今註】㊀曹伯露卒：曹靖公名叫露死了。

【今譯】曹靖公名露死了。

㈣夏，齊國夏帥師伐我西鄙。

【今譯】夏天，齊國夏帥領軍隊討伐魯國西邊邊境。

㈤公會晉師于瓦㊀。公至自瓦。

【今註】㊀瓦：彙纂說：「在河南滑縣東南，有瓦亭岡集，古瓦亭也。」

【今譯】定公會見晉國軍隊在瓦這地方。定公從瓦回來。

㈥秋七月戊辰，陳侯柳卒㊀。

【今註】㈠陳侯柳卒：陳懷公名叫柳死了。

【今譯】秋七月戊辰這天，陳懷公名叫柳死了。

(七)晉趙鞅帥師侵鄭，遂侵衛。

【今譯】晉國趙鞅帥領軍隊侵略鄭國，接著侵略衛國。

(八)葬曹靖公。

【今譯】給曹靖公舉行葬禮。

(九)九月，葬陳懷公。

【今譯】九月，給陳懷公舉行葬禮。

(十)季孫斯、仲孫何忌帥師侵衛。

【今譯】魯大夫季孫斯同仲孫何忌帥領軍隊侵略衛國。

(土)冬，衛侯、鄭伯盟于曲濮㈠。

【今註】㈠曲濮：彙纂說：「蓋濮水曲折之處，如河曲汾曲也。在今山東濮縣東南。」

【今譯】冬天，衛侯同鄭伯在曲濮這地方會盟。

㈩從祀先公㈠。從祀者何？順祀也㈡。文公逆祀，去者三人㈢。定公順祀，叛者五人㈣。

【今註】㈠從祀先公：順祀魯國的先公。㈡順祀也：魯閔公的牌位升到魯僖公的上面。㈢文公逆祀，去者三人：文公逆祀，諫諍不聽，走了三個人。㈣定公順祀，叛者五人：定公變成順祀，又反叛了五個人。

【今譯】順祀魯國的先公。從祀是什麼？就是順祀。文公時逆祀，諫諍他不聽，而人臣走了三個人。定公改成順祀，又反叛了五個人。

㈫盜竊寶玉、大弓㈠。盜者孰謂？謂陽虎也。陽虎者曷為者也？季氏之宰也㈡。季氏之宰則微者也，惡乎得國寶而竊之㈢？陽虎專季氏，季氏專魯國，陽虎拘季孫，孟氏與叔孫氏迭而食之㈣。睋而鋟其板㈤曰：「某月某日，將殺我于蒲圃㈥，力能救我則於是。」至乎日若時而出。臨南者，陽虎之出也，禦之。於其乘焉，季孫謂臨南曰：「以季氏之世世有子，子可以不免我死乎。」臨南曰：「有力不足，臣何敢不勉㊆。」陽越者，陽虎之從弟㊇也，為右。諸陽之從者，車數十乘，至於孟衢㊈，臨南投策而墜之㊉，陽越下取策，臨南駷馬⑪，而由乎孟氏，陽虎從而射之，矢著于莊門⑫。然而，甲起於琴如⑬。弒不成，卻反舍于郊，皆說然息。或曰：「弒千乘之主而不克，舍此可乎？」陽虎曰：「夫孺子得國而已，如丈夫何⑭？」睋而曰：「彼哉！彼哉⑮！趣駕⑯。」既駕，公斂處父帥師而至，懂然後得免，自是走之晉。寶者何？璋判白⑰，弓繡質⑱，龜青純⑲。

【今註】㊀寶玉，大弓：見左傳定公四年。原文說：夏后氏之璜及封父之繁弱。㊁季氏之宰也：他是季氏的家宰。㊂惡乎得國寶而竊之：他怎麼能夠得到國寶而把它偷走呢？㊃迭而食之：輪流送食物給他吃。㊄睋而鍥其板：睋音ㄜˊ，鍥音ㄑㄧㄢ，看見擺飯的木板上刻的字。㊅蒲圃：魯地，在今山東省曲阜縣東門外，即蒲澤。㊆不勉：不盡力去做。㊇從弟：堂弟。㊈孟衢：孟氏的街上。㊉投策而墜之：把馬鞭丟到地下。⑪駷馬：趕著馬急跑。⑫莊門：孟氏的門。⑬琴如：地名。⑭如丈夫何：能對我怎樣？㊄彼哉：他們這種人。㊅趣駕：趕緊駕車。㊆璋判白：白的玉石。㊇弓繡質：繡的大弓。㊈龜青純：占卜的龜是青顏色的。

【今譯】強盜偷走魯國的寶玉同大弓。強盜是指誰呢？指著陽虎說的。陽虎是做什麼的呢？他是季氏的家宰。季氏的家宰是很微小的，他怎麼樣能夠得到國寶而把它偷走？陽虎專季氏的政權，季氏專魯國的政權，陽虎把季孫逮起來，孟氏跟叔孫氏輪流送食物給季孫，看見擺飯的木板上刻的字說：「某月某日，將在蒲圃殺我，要能救我就在這時。」到了那天那個時候，逃了出來。臨南是陽虎的外甥，為季孫駕車。在乘車的時候，季孫對臨南說：「因為季氏輩輩有你，你可以不救我的死嗎？」臨南說：「我有力量而不夠，但是我不敢不盡力去做。」陽越，是陽虎的堂弟，做季孫車右。跟從陽虎的車有幾十輛追趕上來，到了孟氏的街上，臨南故意把馬鞭掉在地上，陽越下來取馬鞭，臨南打著馬趕緊跑，經過孟氏的門，陽虎由後面射他，箭中到孟氏的門。這時，叔孫氏的甲兵在琴如起兵救了季孫。弒季孫不成，回來住到郊外，都毫無疑慮的休息。有人說：「弒千乘的主人，而不能成功？住在這裏可以嗎？」陽虎說：「這個小孩子，祇是想得到魯國的政權，能對我怎樣？」當他看到遠處公斂處父的軍隊，又說：「他們這種人呀！他們這種人呀！趕緊駕車吧！」才駕了車，公斂處父帥領的軍隊來了，陽虎僅以身免，由魯國逃到晉國。什麼叫做寶呢？就是白的玉石，繡的大弓，青顏色占卜的龜。

定公九年（公元前五百零一年）

(一)春王正月。

【今譯】春天正月。

(二)夏四月戊申，鄭伯囆卒㊀。

【今註】㊀鄭伯囆卒：鄭獻公名囆死了。

【今譯】夏四月戊申這天，鄭獻公死了。

(三)得寶玉、大弓，何以書？國寶也。喪之書㊀，得之書㊁。

【今註】㊀喪之書：丟掉了寫在春秋上。㊁得之書：得到了也寫在春秋上。

【今譯】得到寶玉同大弓，為什麼寫在春秋上？這是國寶。丟掉了寫在春秋上，得到了也寫在春秋上。

(四)六月，葬鄭獻公。

【今譯】六月，給鄭獻公行葬禮。

(五)秋，齊侯、衛侯次于五氏㊀。

【今註】㊀五氏：晉地，在今河北省邯鄲縣。

【今譯】秋天，齊侯同衛侯停留在五氏這地方。

㈥秦伯卒㊀。

【今註】㊀秦伯卒：秦哀公死了。

【今譯】秦哀公死了。

㈦冬，葬秦哀公。

【今譯】冬天，給秦哀公舉行葬禮。

定公十年（公元前五百年）

㈠春王三月，及齊平㊀。

【今註】㊀及齊平：同齊國和平。

【今譯】春王三月，魯國同齊國和平。

㈡夏，公會齊侯于頰谷㊀。公至自頰谷。

【今註】㊀頰谷：左傳作夾谷。魯地，在今山東省博山縣南。

【今譯】夏天，定公在頰谷這地方同齊侯會盟。定公從頰谷回到都城。

㈢晉趙鞅帥師圍衛。

【今譯】晉大夫趙鞅帥領軍隊包圍衛國。

㈣齊人來歸運㊀、讙㊁、龜陰田㊂。齊人曷為來歸運、讙、龜陰田？孔子行乎季孫㊃，三月不違㊄，齊人為是來歸之。

【今註】㊀運：運即西鄆，今山東省鄆城縣。㊁讙：是魯邑，在今山東省泰安縣西南。㊂龜陰田：在汶水之陽，在泰安縣境。㊃孔子行乎季孫：季孫掌握政權，也很聽孔子的話。㊄三月不違：三個月他總不違背。

【今譯】齊人來送還運、讙同龜陰的田地。齊人為什麼來送還這些田地呢？因為季孫掌魯國政權，聽從孔子的話，三個月不違背，齊國人於是來送還這些田地。

(五)叔孫州仇、仲孫何忌帥師圍郈㊀。

【今註】㊀郈：續山東考古錄：「郈邑故城，在今山東東平縣東南四十里。昭公二十五年，臧會奔郈，定公十年，侯犯以郈叛，十二年叔孫墮郈，皆此地。」

【今譯】魯大夫叔孫州仇同仲孫何忌帥領軍隊包圍了郈這地方。

(六)秋，叔孫州仇，仲孫何忌帥師圍費㊀。

【今註】㊀費：在今山東省費縣西北二十里。

【今譯】秋天，叔孫州仇同仲孫何忌帥領軍隊包圍了費這地方。

(七)宋樂世心㊀出奔曹。

【今註】㊀樂世心：左傳作樂大心。

【今譯】宋大夫樂世心逃奔到曹國去。

(八)宋公子池㊀出奔陳。

【今註】㊀公子池：左傳作公子地。

【今譯】 宋大夫公子池逃奔到陳國去。

(九)冬，齊侯、衛侯、鄭游遬會于鞌㊀。

【今註】 ㊀鞌：左傳作安甫。即山東省歷城縣西。

【今譯】 冬天，齊侯同衛侯同鄭國游遬在鞌這地方會盟。

(十)叔孫州仇如齊。

【今譯】 叔孫州仇到齊國去。

(十一)齊公之弟辰㊀暨宋仲佗、石彄出奔陳。

【今註】 ㊀齊公之弟辰：左傳作宋景公的弟弟辰。

【今譯】 齊公的弟弟公子辰同宋大夫仲佗、石彄逃奔到陳國。

定公十有一年（公元前四百九十九年）

(一)春，宋公之弟辰及仲佗、石彄、公子池自陳入于蕭㊀以叛。

【今註】㊀蕭：杜注：「宋邑」。今江蘇省蕭縣北十里。

【今譯】春天，宋景公的弟弟公子辰同宋大夫仲佗、石彄、公子池從陳國進入蕭這地方，反叛宋國。

㈡夏四月。

【今譯】夏天四月。

㈢秋，宋樂世心自曹入于蕭。

【今譯】秋天，宋大夫樂世心從曹國進入蕭這地方。

㈣冬，及鄭平。

【今譯】冬天，魯國同鄭國和平。

㈤叔還㊀如鄭蒞盟。

【今註】㊀叔還：魯大夫。

【今譯】魯大夫叔還到鄭國參加盟會。

定公十有二年（公元前四百九十八年）

㈠春，薛伯定卒㊀。

【今註】㊀薛伯定卒：薛襄公名叫定死了。

【今譯】春天，薛襄公名叫定死了。

㈡夏，葬薛襄公。

【今譯】夏天，給薛襄公舉行葬禮。

㈢叔孫州仇帥師墮㊀郈。

【今註】㊀墮：毀掉。

【今譯】魯大夫叔孫州仇帥領軍隊毀掉郈這個城。

㈣衛公孟彄帥師伐曹。

【今譯】衛國大夫公孟彄帥領軍隊討伐曹國。

(五)季孫斯、仲孫何忌帥師墮費㊀。曷為帥師墮郈?帥師墮費?孔子行乎季孫,三月不違。曰:「家不藏甲,邑無百雉之城㊁。」於是帥師墮郈,帥師墮費。雉者何?五板而堵㊂,五堵而雉㊃,百雉而城㊄。

【今註】㊀費:音秘,在山東費縣西北二十里,故費城是也。㊁家不藏甲,邑無百雉之城:大夫家裏不能藏甲兵,一個邑不應該有百雉廣大的城池。㊂五板而堵:五塊八尺的板成為一個堵。㊃五堵而雉:五堵就成為一雉。㊄百雉而城:百雉就成為一個城。

【今譯】魯大夫季孫斯同仲孫何忌帥領軍隊毀掉費這個城。為什麼帥領軍隊毀掉郈?又帥領軍隊毀掉費呢?季孫掌握魯國政權很聽孔子的話,三個月不違背,孔子說:「一個人臣家裏不應該藏有甲兵,一個城邑不應該有百雉的廣大城池。」於是帥領軍隊就毀掉郈,又帥領軍隊毀掉費。什麼叫雉呢?五個板就成為堵,五堵就成為雉,百雉就成為一個城。

(六)秋,大雩㊀。

【今註】㊀大雩:舉行求雨的典禮。

【今譯】秋天,舉行求雨的典禮。

(七)冬十月癸亥，公會晉侯盟于黃㈠。

【今註】㈠黃：齊地，在今山東省鄒平縣東南。

【今譯】冬十月癸亥這天，魯定公同晉侯在黃這地方盟會。

(八)十有一月丙寅朔，日有食之。

【今譯】十一月丙寅初一這天，魯國有日蝕。

(九)公至自黃。

【今譯】魯定公從黃這地方回到都城。

(十)十有二月，公圍成㈠。公至自圍成。

【今註】㈠成：孟氏之邑，今山東寧陽縣東北九十里。

【今譯】十二月，定公圍了成這地方。定公從成這地方回到都城。

定公十有三年（公元前四百九十七年）

㈠春，齊侯、衛侯次于垂瑕㊀。

【今註】㊀垂瑕：左傳作垂葭，續山東考古錄：「菏澤縣在周時有葭密邑。」左傳地名補注：「以垂葭即葭密，在菏澤縣西北二十五里。」

【今譯】春天，齊侯同衛侯住在垂瑕這地方。

㈡夏，築蛇淵囿㊀。

【今註】㊀築蛇淵囿：建築蛇淵的花園。續山東考古錄：「在泰安縣西南六十里。」

【今譯】夏天，建築蛇淵的花園。

㈢大蒐于比蒲㊀。

【今註】㊀比蒲：魯地，疑即魯東門外之蒲圃。

【今譯】在比蒲這地方大打獵。

㈣衛公孟彄帥師伐曹。

【今譯】衛大夫公孟彄帥領軍隊討伐曹國。

(五)秋，晉趙鞅入于晉陽㈠以叛。

【今註】㈠晉陽：晉地，在今山西省太原縣縣治。

【今譯】秋天，晉大夫趙鞅進入晉陽而反叛。

(六)冬，晉荀寅及士吉射入于朝歌㈠以叛。

【今註】㈠朝歌：原本衛地後歸晉，在今河南省淇縣東北。

【今譯】冬天，晉大夫荀寅同士吉射進入朝歌而反叛。

(七)晉趙鞅歸于晉。此叛也，其言歸何？以地正國也㈠。其以地正國奈何？晉趙鞅取晉陽之甲以逐荀寅與士吉射。荀寅與士吉射者，曷為者也？君側之惡人也㈡。此逐君側之惡人，曷為以叛言之？無君命也㈢。

【今註】㈠以地正國也：拿地方來整理晉國。公羊傳疏：「趙鞅以此井田之兵，逐君側之惡人，故云以地正國。」㈡君側之惡人也：君旁邊的惡人。㈢無君命也：沒有得到君的命令。

【今譯】晉大夫趙鞅回到晉國。他這是反叛，為什麼說回到晉國呢？拿晉陽這地方來整理國家。他怎麼樣拿地方來整理國家呢？晉大夫趙鞅拿晉陽這地方的甲兵來驅逐荀寅同士吉射。荀寅與士吉射這兩個人，是什麼人呢？是君旁邊的惡人。這是驅逐君旁邊的惡人，為什麼說反叛呢？因為趙鞅沒有得到君的命令。

(八)薛弒其君比。

【今譯】 薛國弒他的君名叫比。

定公十有四年（公元前四百九十六年）

(一)春，衛公叔戍來奔。

【今譯】 春天，衛大夫公叔戍逃到魯國來。

(二)晉趙陽㊀出奔宋。

【今註】 ㊀晉趙陽：左傳作衛趙陽。

【今譯】 晉國趙陽逃奔到宋國去。

(三)三月辛巳，楚公子結、陳公子佗人㈠帥師滅頓㈡，以頓子牄㈢歸。

【今註】㈠陳公子佗人：左傳同穀梁傳作公孫佗人。㈡頓：一稱南頓，今河南項城縣北五十里。㈢牄：左傳同穀梁傳作牂。是頓子的名字。

【今譯】三月辛巳這天，楚國公子結同陳國公子佗人帥領軍隊滅了頓國，把頓子牄逮回楚國。

(四)夏，衛北宮結來奔。

【今譯】夏天，衛大夫北宮結逃奔到魯國來。

(五)五月，於越㈠敗吳于醉李㈡。

【今註】㈠於越：即越國，於發語聲，在今浙江紹興縣。㈡醉李：左傳作檇李，是越地，在今浙江省嘉興縣南四十五里。

【今譯】五月，越國在醉李這地方打敗吳國。

(六)吳子光卒㈠。

【今註】㈠吳子光卒：吳國的君闔廬死了。

【今譯】吳國的君名叫光死了。

(七)公會齊侯、衛侯于堅㊀。公至自會。

【今註】㊀堅：左傳作牽。一統志說：「在河南濬縣北十八里。」

【今譯】魯定公同齊侯、衛侯在堅這地方會盟。定公從會盟的地方回來。

(八)秋，齊侯、宋公會于洮㊀。

【今註】㊀洮：曹地，今山東濮縣。

【今譯】秋天，齊侯同宋公在洮這地方會盟。

(九)天王使石尚來歸脤。石尚者何？天子之士也㊀。脤者何？俎實也㊁。腥曰脤，孰曰燔㊂。

【今註】㊀天子之士也：天子的上士。㊁俎實也：盛到俎上的豬肉。㊂腥曰脤，孰曰燔：不熟的叫做脤，熟了以後叫做燔。

【今譯】周天王派石尚送脤到魯國來。石尚是什麼人呢？是天子的上士。脤是什麼呢？是盛在俎上的豬肉。不熟的叫做脤，熟的就叫做燔。

㈩衛世子蒯聵出奔宋。

【今譯】衛國的世子蒯聵逃奔到宋國。

㈩衛公孟彄出奔鄭。

【今譯】衛國的公孟彄逃到鄭國。

㈩宋公之弟辰自蕭來奔。

【今譯】宋公的弟弟公子辰從蕭逃到魯國來。

㈩大蒐于比蒲。

【今譯】在比蒲這地方大打獵。

㈩邾婁子來會公。

【今譯】邾婁子到魯國來同定公相會。

㈤城莒父㈠及霄㈡。

【今註】㈠莒父：山東通志：「今山東莒縣西南，有子夏祠，論語子夏為莒父宰是也。」㈡霄：魯地，彙纂說：「在今莒縣境。」

【今譯】修築莒父同霄這兩個城。

定公十有五年（公元前四百九十五年）

㈠春王正月，邾婁子來朝。

【今譯】春王正月，邾婁子到魯國來朝見。

㈡鼷鼠食郊牛㈠，牛死改卜牛。曷為不言其所食？漫也㈡。

【今註】㈠鼷鼠食郊牛：小的老鼠吃了祭天的牛。㈡漫也：偏食其身。正因魯人不敬，才有此災。

【今譯】小的老鼠咬食祭天的牛，牛死了改占卜另一條牛。為什麼不說吃了那一部分？因為是偏食其身。正因魯人不敬，才有此災。

㈢二月辛丑，楚子滅胡，以胡子豹㈠歸。

【今註】㈠豹：胡子的名字。

【今譯】二月辛丑這天，楚子滅了胡國，把胡子豹逮回楚國。

㈣夏五月辛亥郊㈠。曷為以夏五月郊？三卜之運也㈡。

【今註】㈠郊：祭天。㈡三卜之運也：三次占卜的運轉吉。

【今譯】夏五月辛亥這天，魯國祭天。為什麼在夏天五月祭天？因為三次占卜的運轉為吉的原故。

㈤壬申，公薨于高寢㈠。

【今註】㈠高寢：不是正殿。

【今譯】壬申這天，定公薨逝在高寢。

㈥鄭軒達㈠帥師伐宋。

【今註】㈠軒達：左傳作罕達，是鄭大夫。

【今譯】鄭大夫軒達帥領軍隊討伐宋國。

㈦齊侯、衛侯次于籧篨㈠。

【今註】㊀蘧篨：左傳作蘧挐。釋地謂：「在河北長垣縣北。」

【今譯】齊侯同衛侯在蘧篨這地方留駐。

(八)郳婁子來奔喪。其言來奔喪何？奔喪非禮也㊀。

【今註】㊀奔喪非禮也：奔喪不合於禮的。

【今譯】郳婁子來奔定公的喪。為什麼說來奔喪呢？因為奔喪是不合於禮的。

(九)秋七月壬申，姒氏卒。姒氏者何？哀公之母也。何以不稱夫人？哀未君也㊀。

【今註】㊀哀未君也：哀公還沒有立為君。

【今譯】秋七月壬申這天，姒氏死了。姒氏是什麼人呢？是哀公的母親。為什麼不稱夫人呢？因為哀公還沒有立為君。

(十)八月庚辰朔，日有食之。

【今譯】八月庚辰初一這天，魯國有日蝕。

(十一)九月，滕子來會葬。

【今譯】九月，滕子來參加定公的葬禮。

(十二)丁巳，葬我君定公。雨不克葬，戊午日下昃㈠，乃克葬。

【今註】㈠昃：音側。日過午。

【今譯】丁巳這天，給魯定公行葬禮，但是天下雨不能下葬。戊午這天，下午的時候，才下葬。

(十三)辛巳，葬定姒。定姒何以書葬？未踰年之君也㈠，有子則廟，廟則書葬㈡。

【今註】㈠未踰年之君也：立了沒有一年的君。㈡有子則廟，廟則書葬：有了兒子在位就給她立廟，立了廟就寫上行葬禮。

【今譯】辛巳這天，給定姒行葬禮。定姒為什麼寫上行葬禮？因為哀公立了還沒有一年，有了兒子就給她立廟，立了廟就寫上行葬禮。

(十四)冬，城漆㈠。

【今註】㈠漆：邾邑，今山東鄒縣北。

【今譯】冬天，修築漆城。

卷二十七　哀公上

哀公元年（公元前四百九十四年）

㈠春王正月，公即位。

【今譯】春王正月，哀公即君位。

㈡楚子、陳侯、隨侯、許男圍蔡。

【今譯】楚子同陳侯、隨侯及許男包圍了蔡國。

㈢鼷鼠食郊牛，改卜牛。

【今譯】小的老鼠咬食了祭天的牛，改占卜另一條牛。

㈣夏四月辛巳郊。

【今譯】夏四月辛巳這天祭天。

㈤秋，齊侯、衛侯伐晉。

【今譯】秋天，齊侯同衛侯討伐晉國。

㈥冬，仲孫何忌帥師伐邾婁。

【今譯】冬天，魯大夫仲孫何忌帥領軍隊討伐邾婁。

哀公二年（公元前四百九十三年）

㈠春王二月，季孫斯、叔孫州仇、仲孫何忌帥師伐邾婁，取漷東田及沂西田㈠。癸巳，叔孫州仇、仲孫何忌及邾婁子盟于句繹㈡。

【今註】㈠漷東田及沂西田：邾地，一統志：「漷水在今山東滕縣南十五里，即南沙河也。」漷東田，在漷水東南。沂西田在今山東費縣東南，小沂水西南。㈡句繹：後漢書謂之葛繹，方輿紀要：「葛繹在山東嶧縣東南十五里。」

【今譯】春王二月，魯大夫季孫斯同叔孫州仇、仲孫何忌帥領軍隊去討伐邾婁，佔領漷水以東及沂水以西的田地。癸巳這天，叔孫州仇、仲孫何忌和邾婁子在句繹這地方盟會。

(二)夏四月丙子，衛侯元卒㈠。

【今註】㈠衛侯元卒：衛靈公名叫元死了。

【今譯】夏四月丙子這天，衛靈公名叫元死了。

(三)滕子來朝。

【今譯】滕子來魯國朝見。

(四)晉趙鞅帥師納衛世子蒯聵于戚㈠。戚者何？衛之邑也。曷為不言入于衛？父有子，子不得有父也㈡。

【今註】㈠戚：衛地，在今河北濮陽縣北七里。㈡父有子，子不得有父也：何休注：「父得有子而廢之，子不得有父之所有。」意思說父親可以廢兒子，兒子不能不承認父親。

【今譯】晉國趙鞅帥領軍隊迎接衛世子蒯聵進入戚這地方。戚是什麼呢？是衛國的一個城邑。為什麼不說攻進衛國？因為父親可以廢兒子，兒子不能夠不承認父親。

(五)秋八月甲戌，晉趙鞅帥師及鄭軒達帥師戰于栗㈠，鄭師敗績。

【今註】㈠栗：左傳作鐵。一統志：「在今河北濮陽縣北五里，一稱鐵邱。」

【今譯】秋八月甲戌這天，晉國趙鞅帥領軍隊同鄭國軒達帥領軍隊在栗這地方打仗，鄭國的軍隊打敗仗。

㈥冬十月，葬衛靈公。

【今譯】冬天十月，給衛靈公舉行葬禮。

㈦十有一月，蔡遷于州來㈠。蔡殺其大夫公子駟。

【今註】㈠州來：今安徽省鳳臺縣治。

【今譯】十一月，蔡國遷到州來。蔡國殺他的大夫公子駟。

哀公三年（公元前四百九十二年）

㈠春，齊國夏、衛石曼姑帥師圍戚。齊國夏曷為與衛石曼姑帥師圍戚？伯討也㈠。此其為伯討奈何？曼姑受命乎靈公㈡而立輒㈢，以曼姑之義為固可以距之也㈣。輒者曷為者也？蒯聵之子也。然則曷為不立蒯聵而立輒？蒯聵為無道，靈公逐蒯聵而立輒。然則輒之義可以立乎？曰：「可。」其可奈何？不以父命辭王父命，以王父命辭父命，是父之行乎子也㈤。不以家事辭王事，以王事辭家事，是上之行乎下也㈥。

【今註】㈠伯討也：霸主的討伐。㈡靈公：是蒯聵的父親衛靈公。㈢輒：蒯聵的兒子衛初公。㈣以曼姑之義為固可以距之也：以曼姑的立場是可以拒蒯聵而立輒的。㈤不以父命辭王父命，以王父命辭父命，是父之行乎子也：不拿父命辭祖父的命令，而拿祖父的命令辭父命，是父親對兒子行命的。㈥不以家事辭王事，以王事辭家事，是上之行乎也：不以家裏的事辭了公家的事，而拿公家的事辭家裏的事，是上面命令通行到下面。

【今譯】春天，齊國夏同衛石曼姑帥領軍隊圍戚。齊國夏為什麼跟衛石曼姑帥領軍隊圍戚呢？這是霸主的討伐。這為什麼是霸主的討伐呢？曼姑受到衛靈公的命令立他的孫子輒，以曼姑的立場是可以拒蒯聵而立輒的。輒是什麼人呢？蒯聵的兒子。那麼為什麼不立蒯聵而立輒呢？因為蒯聵暴虐無道，靈公驅逐蒯聵而立了輒。那麼輒的義理可以立嗎？回答：「可以。」為什麼可以呢？不以父親的命令辭祖父的命令，以祖父的命令辭父命，是父親的命令行乎兒子的。不以家裏的事辭公家的事，以公家的事辭家裏的事，是上面命令通行到下面的。

㈡夏四月甲午，地震。

【今譯】夏四月甲午這天，魯國發生地震。

㈢五月辛卯，桓宮、僖宮災㈠。此皆毀廟也，其言災何？復立也㈡。曷為不言其復立？春秋見者不復見也㈢。何以不言及？敵也㈣。何以書？記災也㈤。

【今註】㈠桓宮、僖宮災：桓公的廟同僖公的廟發生火災。㈡復立也：重新立了廟。㈢春秋見者不復見也：春秋哀公的時候已經見了，就不再寫上。㈣敵也：何休注：「親過高祖，親疏適等。」㈤記災也：記載災害。

【今譯】五月辛卯這天，桓公的廟同僖公的廟發生火災。這都是應該毀的廟，為什麼說是發生火災呢？重新蓋起來。為什麼不說重新蓋起來？春秋哀公的時候已經見了，就不再寫上。為什麼不說及呢？因為輩分的遠近已超過高祖。為什麼寫在春秋上？這是記載災害。

㈣季孫斯、叔孫州仇帥師城開陽㈠。

【今註】㈠開陽：左傳作啟陽。魯地，在今山東省臨沂縣北十五里。

【今譯】魯大夫季孫斯同叔孫州仇帥領軍隊修築開陽城。

(五)宋樂髡帥師伐曹。

【今譯】宋樂髡帥領軍隊討伐曹國。

(六)秋七月丙子，季孫斯卒。

【今譯】秋七月丙子這天，魯大夫季孫斯死了。

(七)蔡人放其大夫公孫獵于吳。

【今譯】蔡國人驅逐他們的大夫公孫獵到吳國去。

(八)冬十月癸卯，秦伯卒㊀。

【今註】㊀秦伯卒：秦惠公死了。

【今譯】冬十月癸卯這天，秦惠公死了。

(九)叔孫州仇、仲孫何忌帥師圍邾婁。

【今譯】叔孫州仇同仲孫何忌帥領軍隊包圍邾婁。

哀公四年（公元前四百九十一年）

㈠春王三月庚戌，盜殺蔡侯申㊀。弒君賤者窮諸人㊁，此其稱盜以弒何？賤乎賤者也㊂。賤乎賤者孰謂？謂罪人也㊃。

【今註】㊀蔡侯申：蔡昭公。㊁弒君賤者窮諸人：大夫弒君稱大夫是一個下賤人。㊂賤乎賤者也：這是賤人中最賤的人。㊃謂罪人也：指著罪人而說。

【今譯】春王三月庚戌這天，強盜殺了蔡侯申。弒君是下賤的人，為什麼稱強盜呢？因為這是賤人中最賤的人。賤人中最賤的人是指誰呢？這是指著罪人而說的。

㈡蔡公孫辰出奔吳。

【今譯】蔡大夫公孫辰逃到吳國去。

㈢葬秦惠公。

【今譯】給秦惠公舉行葬禮。

(四)宋人執小邾婁子。

【今譯】宋國人逮捕了小邾婁子。

(五)夏，蔡殺其大夫公孫歸姓、公孫霍。

【今譯】夏天，蔡國殺他的大夫公孫歸姓同公孫霍。

(六)晉人執戎曼子赤歸于楚。赤者何？戎曼子之名也。其言歸于楚何？子北宮子㊀曰：「辟伯晉而京師楚也㊁。」

【今註】㊀子北宮子：公羊先師之一。㊁辟伯晉而京師楚也：避免以晉為霸主而以楚國為京師。

【今譯】晉國人逮捕了戎曼子赤送到楚國。誰叫赤呢？是戎曼子的名字。為什麼說送到楚國去呢？公羊先師子北宮子說：「避免以晉為霸主而以楚國為京師。」

(七)城西郛。

【今註】㊀西郛：魯國都城西邊的外郭。

【今譯】修築魯國都城西邊的外郭。

(八)六月辛丑，蒲社災。蒲社者何？亡國之社也㈠。社者封也㈡，其言災何？亡國之社蓋揜之，揜其上而柴其下㈢。蒲社災何以書？記災也。

【今註】㈠亡國之社也：何休注：「蒲社者，先世之亡國，在魯境。」㈡社者封也：社就是拿土封起來。㈢亡國之社蓋揜之，揜其上而柴其下：亡國的社是上面蓋起來而底下堆著木柴。

【今譯】六月辛丑這天，蒲社發生火災。什麼叫做蒲社呢？它是亡國的社。社是封土為社，為什麼說火災呢？亡國的社是上面蓋起來下面堆著木柴。蒲社發生火災為什麼寫在春秋上？為的記載災異。

(九)秋八月甲寅，滕子結卒㈠。

【今註】㈠滕子結卒：滕頃公名叫結死了。

【今譯】秋八月甲寅這天，滕頃公名叫結死了。

(十)冬十有二月，葬蔡昭公。

【今譯】冬天十二月，給蔡昭公行葬禮。

(十)葬滕頃公。

【今譯】給滕頃公舉行葬禮。

哀公五年（公元前四百九十年）

(一)春，城比㈠。

【今註】㈠比：左傳作毗。魯地，在魯之西境。

【今譯】春天，魯國修築比城。

(二)夏，齊侯伐宋。

【今譯】夏天，齊侯伐宋國。

(三)晉趙鞅帥師伐衛。

【今譯】晉大夫趙鞅帥領軍隊討伐衛國。

(四)秋九月癸酉，齊侯處臼卒㈠。

【今註】㊀齊侯處臼卒：齊景公名叫處臼死了。

【今譯】秋九月癸酉這天，齊景公死了。

(五)冬，叔還如齊。

【今譯】冬天，魯大夫叔還到齊國去。

(六)閏月葬齊景公。閏不書，此何以書？喪以閏數也㊀。喪曷為以閏數？喪數略也㊁。

【今註】㊀喪以閏數也：喪服大功以下可以把閏月數在裏面。㊁喪數略也：何休注：「略，猶殺也。」殺是減的意思。

【今譯】閏月給齊景公下葬。閏月不寫在春秋上，這為什麼寫呢？喪服大功以下可以把閏月數在裏面。為什麼拿閏月數在裏面呢？為了減少大功以下服喪的日期。

哀公六年（公元前四百八十九年）

(一)春，城邾婁葭㊀。

【今註】㊀葭：左傳作郚瑕。山東通志：「郚瑕城在山東濟寧縣東南二十里，與負瑕為近，郚氏居此，因名郚瑕。」

【今譯】春天，修築郚婁葭這地方。

㈡晉趙鞅帥師伐鮮虞。

【今譯】晉大夫趙鞅帥領軍隊討伐鮮虞。

㈢吳伐陳。

【今譯】吳國討伐陳國。

㈣夏，齊國夏及高張來奔。

【今譯】夏天，齊國夏同高張逃奔到魯國來。

㈤叔還會吳于柤㊀。

【今註】㊀柤：在今山東省嶧縣東南。

【今譯】魯大夫叔還同吳國在柤這地方會盟。

(六)秋七月庚寅，楚子軫卒㈠。

【今註】㈠楚子軫卒：楚子名軫死了。

【今譯】秋七月庚寅這天，楚子叫軫死了。

(七)齊陽生入于齊。

【今譯】齊景公的兒子陽生回到齊國都城。

(八)齊陳乞弒其君舍。弒而立者不以當國之辭言之，此其以當國之辭言之何？為諼也㈠。此其為諼奈何？景公謂陳乞曰：「吾欲立舍何如？」陳乞曰：「所樂乎為君者，欲立之則立之，不欲立則不立㈡。君如欲立之，則臣請立之。」陽生㈢謂陳乞曰：「吾聞子蓋將不欲立我也。」陳乞曰：「夫千乘之主，將廢正而立不正，必殺正者㈣。吾不立子者，所以生子者也。走矣！」與之玉節㈤而走之。景公死而舍立。陳乞使人迎陽生于諸其家㈥。除景公之喪，諸大夫皆在朝，陳乞曰：「常之母有魚菽之祭㈦，願諸大夫之化我也㈧。」諸大夫皆曰：「諾。」於是皆之陳乞之家坐。陳乞曰：「吾有所為甲，請以示焉㈨。」諸大夫皆曰：「諾。」於是使力士舉巨囊而至于中霤㈩，諸大夫見之皆色然而駭⑪，開之則闖然公子陽生也⑫。陳乞曰：「此君也已！」諸大夫不得已皆逡巡北面⑬，再拜稽首而君之爾。自是往弒舍。

【今註】㈠為諼也：為的是使詐。㈡所樂乎為君者，欲立之則立之，不欲立則不立：一個人所以樂於為君的，要立他就立他，不要立就不立，好在可以自專。㈢陽生：齊景公的兒子。㈣必殺正者：必定先殺掉正的。㈤玉節：玉做的符節。㈥諸其家：是齊的話，就是在他家裏。㈦常之母有魚菽之祭：常是陳乞的兒子。常的母親有重要的祭祀。㈧願諸大夫之化我也：願各大夫到我家來宴飲。㈨吾有所為甲，請以示焉：我有一套兵甲，請你們看一看。㈩舉巨囊而至于中霤：拿著一個大的口袋到了院子中間。⑪色然而駭：變了顏色害怕了。⑫開之則闖然公子陽生也：打開來就明明是公子陽生。⑬逡巡北面：被迫從北面叩頭。

【今譯】齊國陳乞把他君舍殺掉了。弒君而立的不用當政的言辭來說，這為什麼拿當政的言辭來說呢？是為的使詐。這為什麼使詐呢？景公對陳乞說：「我想立舍怎麼樣？」陳乞回答說：「一個人所以樂於為君的，想立他就立他，不想立就不立。你要想立舍，我臣就可以立他。」公子陽生對陳乞說：「我聽見說你大概不想立我。」陳乞說：「千乘的主人，將廢正而立不正，必定將正殺掉。我所以不立你，是想著要你活著。走吧！」給他玉節教他走了。景公死了而舍立了。陳乞派人迎接陽生住到他家裏。景公的喪事辦完，各大大夫們全在朝廷上，陳乞說：「我兒子陳常的母親有重要的祭祀，願你們諸位到我家裏宴飲。」諸大夫都說：「好。」於是都到陳乞的家坐。陳乞說：「我有一套兵器，請你們看看。」諸大夫都說：「好。」於是叫一個有力量的人拿了一個大口袋送到院子中間，諸大夫看見全都變了顏色害怕了，打開口袋明明就是公子陽生。陳乞說：「這就是我們的國君。」諸大夫沒辦法都被迫北面叩頭而稱他為君。於是就派人殺掉舍。

㈨冬，仲孫何忌帥師伐邾婁。

【今譯】冬天，魯大夫仲孫何忌帥領軍隊討伐邾婁。

㈩宋向巢帥師伐曹。

【今譯】宋國向巢帥領軍隊討伐曹國。

哀公七年（公元前四百八十八年）

㈠春，宋皇瑗帥師侵鄭。

【今譯】春天，宋國皇瑗帥領軍隊侵略鄭國。

㈡晉魏曼多帥師侵衛。

【今譯】晉國魏曼多帥領軍隊侵略衛國。

㈢夏，公會吳于鄫㊀。

【今註】㊀鄫：今山東省嶧縣東八十里。

【今譯】夏天，哀公同吳國在鄫這地方會盟。

㈣秋，公伐邾婁。八月己酉，入邾婁以邾婁子益來㊀。入不言伐，此其言伐何？內辭也㊁，若使他人然㊂。邾婁子益何以名？絕㊃。曷為絕之？獲也㊄。曷為不言其獲？內大惡諱也㊅。

【今註】㊀入邾婁以邾婁子益來：進入邾婁都城把邾婁子叫益逮回魯國。㊁內辭也：這是對內的言辭。㊂若使他人然：好像使旁人一樣。㊃絕：斷絕。㊄獲也：逮著。㊅內大惡諱也：國內的大惡事，所以避諱。

【今譯】秋天，魯哀公討伐邾婁國。八月己酉這天，哀公入邾婁都城，把叫益的邾婁子逮回魯國。每次攻進都城，不說討伐，這為什麼說討伐呢？這是對內的言辭，好像使旁人一樣。邾婁子益為什麼叫他名字呢？是斷絕關係。為什麼斷絕關係？就是把他逮著。為什麼不說逮著呢？國內的大惡事，所以避諱的原故。

㈤宋入圍曹。

【今譯】宋國人圍了曹國。

㈥冬，鄭駟弘帥師救曹。

【今譯】冬天，鄭國駟弘帥領軍隊救曹國。

哀公八年（公元前四百八十七年）

㈠春王正月，宋公入曹，以曹伯陽歸㈠。曹伯陽何以名？絕㈡。曷為絕之？滅也㈢。曷為不言其滅？諱同姓之滅也㈣。何諱乎同姓之滅？力能救之而不救也㈤。

【今註】㈠以曹伯陽歸：逮走曹國的君名叫陽的回到宋國。㈡絕：斷絕關係。㈢滅也：曹國被宋國所滅。㈣諱同姓之滅也：避諱同姓之國被滅。㈤力能救之而不救也：魯國力量能夠救他而不去救他。

【今譯】春王正月，宋公進入曹國，把曹伯陽逮回去。為什麼稱曹伯陽呢？是跟他斷絕關係。為什麼跟他斷絕關係呢？因為曹國被滅了。為什麼不說他被滅呢？避諱同姓被滅的原故。為什麼避諱同姓被滅呢？魯國有力量救他而不救他。

㈡吳伐我。

【今譯】吳國討伐魯國。

㈢夏，齊人取讙及僤㈠。外取邑不書，此何以書？所以賂齊也㈡。曷為賂齊？為以邾婁子益來也㈢。

【今註】㈠讙及僤：讙在山東省肥城縣西南。僤，左傳作闡，在今山東省寧陽縣東北三十五里。㈡所以賂齊也：為的賄賂齊國。㈢為以邾婁子益來也：因為魯國把邾婁子益逮回的原故。

【今譯】夏天，齊人把讙同僤兩個地方佔了。外國佔魯國的邑不寫在春秋上，這一件為什麼寫在春秋上？是為的賄賂齊國。為什麼賄賂齊國呢？因為魯國把邾婁子益逮起來的原故。

㈣歸邾婁子益于邾婁。

【今譯】魯國把邾婁子益送還邾婁。

㈤秋七月。

【今譯】秋天七月。

㈥冬十有二月癸亥，杞伯過卒。

【今註】㊀杞伯過卒：杞僖公名叫過，去逝了。

【今譯】冬十二月癸亥這天，杞僖公名叫過，去逝了。

㈦齊人歸讙及僤。

【今譯】齊國人送還讙及僤兩個地方。

哀公九年（公元前四百八十六年）

㈠春王二月，葬杞僖公。

【今譯】春王二月，給杞僖公行葬禮。

㈡宋皇瑗帥師取鄭師于雍丘㊀。其言取之何？易也㊁。其易奈何？詐之也㊂。

【今註】㊀雍丘：宋地，在今河南省杞縣縣治，原為杞都。㊁易也：容易。㊂詐之也：因為騙他。

【今譯】宋國皇瑗帥領軍隊在雍丘這地方打敗鄭國軍隊。為什麼說取呢？因為太容易了。為什麼容易呢？因為詐騙他。

㈢夏，楚人伐陳。

【今譯】夏天，楚人討伐陳國。

㈣秋，宋公伐鄭。

【今譯】秋天，宋公討伐鄭國。

㈤冬十月。

【今譯】冬天十月。

哀公十年（公元前四百八十五年）

㈠春王二月，邾婁子益來奔。

【今譯】春王二月，邾婁子益逃到魯國來。

㈡公會吳伐齊。

【今譯】哀公會同吳國討伐齊國。

㈢三月戊戌，齊侯陽生卒。

【今註】㈠齊侯陽生卒：齊悼公名叫陽生死了。

【今譯】三月戊戌這天，齊悼公名叫陽生死了。

㈣夏，宋人伐鄭。

【今譯】夏天，宋國人討伐鄭國。

(五)晉趙鞅帥師侵齊。

【今譯】晉國趙鞅帥領軍隊侵略齊國。

(六)五月，公至自伐齊。

【今譯】五月，哀公從討伐齊國回來。

(七)葬齊悼公。

【今譯】給齊悼公行葬禮。

(八)衞公孟彄自齊歸于衛。

【今譯】衛國公子孟彄從齊國回到衛國。

(九)薛伯貢卒。

【今註】㈠薛伯寅卒：薛惠公名叫寅死了。

【今譯】　薛惠公名叫寅死了。

㈩秋，葬薛惠公。

【今譯】　秋天，給薛惠公行葬禮。

㈩一冬，楚公子結帥師伐陳。吳救陳。

【今譯】　冬天，楚國公子結帥領軍隊討伐陳國。吳國救援陳國。

卷二十八　哀公下

哀公十有一年（公元前四百八十四年）

㈠春，齊國書帥師伐我。

【今譯】春天，齊國的卿國書帥領軍隊討伐魯國。

㈡夏，陳袁頗出奔鄭。

【今譯】夏天，陳國袁頗逃奔到鄭國。

㈢五月，公會吳伐齊。甲戌，齊國書帥師及吳戰于艾陵㊀，齊師敗績，獲齊國書。

【今註】㊀艾陵：山東通志：「艾陵在山東萊蕪縣東南。」

【今譯】五月，哀公會同吳國討伐齊國。甲戌這天，齊國卿國書帥領軍隊在艾陵這地方和吳國人打仗，齊國軍隊打敗，逮住了齊卿國書。

㈣秋七月辛酉，滕子虞母卒㈠。

【今註】㈠滕子虞母卒：滕隱公虞母死了。

【今譯】秋七月辛酉這天，滕隱公名叫虞母死了。

㈤冬十有一月，葬滕隱公。

【今譯】冬天十一月，給滕隱公行葬禮。

㈥衛世叔齊出奔宋。

【今譯】衛國大夫世叔齊逃到宋國去了。

哀公十有二年（公元前四百八十三年）

㈠春，用田賦㈠。何以書？譏㈡。何譏爾？譏始用田賦也。

【今註】㈠用田賦：按照田地來抽稅，使人民稅負加重。㈡譏：譏諷。

【今譯】春天，開始按照田地來抽稅。為什麼寫在春秋上？這是譏諷。為什麼譏諷呢？譏諷開始用田地來抽稅。

㈡夏五月甲辰，孟子卒。孟子者何？昭公之夫人也。其稱孟子何？諱娶同姓，蓋吳女也㈡。

【今註】㈠孟子卒：昭公的夫人孟子死了。㈡諱娶同姓，蓋吳女也：避諱娶同姓為夫人，是吳國女子的原故。

【今譯】夏五月甲辰這天，孟子死了。孟子是什麼人呢？是昭公的夫人。為什麼稱孟子呢？避諱娶同姓為夫人，是吳國女子的原故。

㈢公會吳于橐皋㈠。

【今註】㈠橐皋：吳地，在今安徽省巢縣西北六十里。

【今譯】哀公同吳國在橐皋這地方會盟。

㈣秋，公會衛侯、宋皇瑗于運。

【今註】㈠運：左傳作鄖，吳地，在今江蘇省如皋縣東。

【今譯】秋天，哀公同衛侯、宋大夫皇瑗在運這地方會盟。

㈤宋向巢帥師伐鄭。

【今譯】宋國大夫向巢帥領軍隊討伐鄭國。

㈥冬十有二月，螺㊀。何以書？記異也。何異爾？不時也㊁。

【今註】㊀螺：蝗蟲。㊁不時也：不按著時候。

【今譯】冬天十二月，魯國蝗蟲成災。為什麼寫在春秋上？這是記載災異。為什麼記載災異？因為不按著時候。

哀公十有三年（公元前四百八十二年）

㈠春，鄭軒達帥師取宋師于喦。其言取之何？易也㊁。其易奈何？詐反也㊂。

【今註】㊀喦：在今河南省陳留杞睢間，宋鄭間之隙地。㊁易也：容易。㊂詐反也：詭報。何休注：「反猶報也。」

【今譯】十三年春天，鄭國軒達帥領軍隊把宋國軍隊在喦這地方打敗了。為什麼說取？很容易的意思。怎麼樣的容易呢？用詭報的戰術。

㈡夏，許男戍卒。

【今註】許男戍卒：許男戍卒：許元公名字叫戍的死了。

【今譯】夏天，許元公名叫戍的死了。

㈢公會晉侯及吳子于黃池㈠。吳何以稱子？吳主會也㈡。吳主會則曷為先言晉侯？不與夷狄之主中國也㈢。其言及吳子何？會兩伯之辭也㈣。不與夷狄之主中國，則曷為以會兩伯之辭言之？重吳也㈤。曷為重吳？吳在是則天下諸侯莫敢不至也㈥。

【今註】㈠黃池：衛地，在今河南封邱西南七里。㈡吳主會也：吳國主持這個盟會。㈢不與夷狄之主中國也：不贊成夷狄主持中國的事情。㈣會兩伯之辭：會兩個霸主的言辭。㈤重吳也：重視吳國的原故。㈥吳在是則天下諸侯莫敢不至也：吳國在這裏天下諸侯不敢不來。

【今譯】哀公同晉侯同吳子在黃池會盟。吳為什麼稱子呢？因為吳人主持盟會的原故。吳既然主持盟會，為什麼先說晉侯？不贊成夷狄主持中國的原故。為什麼說吳子呢？這是會兩個霸主的言辭。不贊成夷狄主持中國，為什麼用會兩個霸主的言辭呢？重視吳國的原故。為什麼重視吳國呢？吳國在這裏天下諸侯不敢不來的原故。

㈣楚公子申帥師伐陳。

【今譯】楚國公子申帥領軍隊討伐陳國

㈤於越入吳。

【今譯】越人攻進吳國都城。

㈥秋，公至自會。

【今譯】秋天，魯哀公從會盟回來。

㈦晉魏多帥師侵衛。此晉魏曼多也，曷為謂之晉魏多？譏二名㈠，二名非禮也。

【今註】㈠譏二名：譏諷兩個名字。

【今譯】晉國魏多帥領軍隊侵略衛國。這是晉國的魏曼多，為什麼稱為晉國魏多呢？因為譏諷他兩個名字，兩個名字是不合於禮的。

㈧葬許元公。

【今譯】給許元公行葬禮。

㈨九月，螺。

【今譯】九月，魯國有蝗蟲為災。

㈩冬十有一月，有星孛于東方。孛者何？彗星也。其言于東方何？見于旦也㊀。何以書？記異也。

【今註】㊀見于旦也：在早早晨看見。㊁記載也：記載怪異的原故。

【今譯】冬天十一月，有彗星出現在東方。什麼叫做孛呢？就是彗星。為什麼說在東方呢？因為在早晨看見的。為什麼寫在春秋上呢？這是記載怪異的原故。

⑪盜殺陳夏彄夫。

【今譯】強盜殺了陳大夫夏彄夫。

(十二)十有二月，螺。

【今譯】十二月，魯國有蝗蟲成災。

哀公十有四年（公元前四百八十一年）

㈠春，西狩獲麟。何以書？記異也。何異爾？非中國之獸也㊁。然則孰狩之？薪采者也。薪采者則微者也，曷為以狩言之？大之也㊃。曷為大之？為獲麟大之也。曷為獲麟大之？麟者仁獸也㊄。有王者則至，無王者則不至㊅。有以告者曰：「有麕而角者㊆。」孔子曰：「孰為來哉㊇！孰為來哉！」反袂拭面涕沾袍㊈。顏淵死，子曰㊉：「噫！天喪予⑪。」子路死，子曰⑫：「噫！天祝予⑬。」西狩獲麟，孔子曰：「吾道窮矣⑭。」春秋何以始乎隱？祖之所逮聞也⑮，所見異辭，所聞異辭，所傳聞異辭。何以終乎哀十四年？曰：「備矣！⑯」君子曷為為春秋？撥亂世，反諸正，莫近諸春秋⑰。則未知其為是與，其諸君子樂道堯舜之道與⑱？末不亦樂乎堯舜之知君子也？制春秋之義以俟後聖㈨，以君子之為亦有樂乎此也。

【今註】㈠西狩獲麟：在都城西邊打獵得到一個麒麟。㈡非中國之獸也：不是中國的禽獸。㈢薪采者也：採木柴的人。㈣大之也：尊大他。㈤麟者仁獸也：麒麟是仁獸。㈥有王者則至，無王者則不至：有賢明的王就來，沒有賢明的王就不來。㈦有麕而角者：有麕戴個角。㈧孰為來哉：它為什麼來。意思說它為誰來。㈨反袂拭面涕沾袍：反過衣衫的裏子擦眼淚。㈩顏淵死，子曰：顏淵死了，孔子說。㈡天喪予：天斷絕了我。㈢子路死，子曰：子路死了，孔子說。顏淵子路都是孔子的學生，比孔子先死。㈢天祝予：何休說：「祝是斷。」天斷了我。㈣吾道窮矣：我的道路已經完了。㈤祖之所逮聞也：祖先的事所能聽見說的。㈥備矣：全了。㈦撥亂世，反諸正，莫近諸春秋：把亂世撥掉，回到正路上，沒有再比春秋好的。㈥則未知其為是與，其諸君子樂道堯舜之道與：不知道是不是為這個道理，還是君子喜歡稱道堯舜的道理。㈨制春秋之義以俟後聖：制定春秋的道理要等待後來的聖人取法。

【今譯】春天，在魯都城的西邊狩獵得到一個麒麟。為什麼寫在春秋上呢？為記載怪異的事。有什麼怪異呢？這不是中國的禽獸。那麼誰打獵得到它呢？是撿木柴的人所得的。撿木柴的人是很卑微的，為什麼以打獵來說呢？尊大他。為什麼尊大他呢？為他得麒麟而尊大他。為什麼因為獲得麒麟而尊大他呢？因為麒麟是仁獸，有明聖的王者就來，沒有明聖的王者就不來。有人告訴孔子說：「有個麠而戴著角。」孔子說：「為什麼來啊；為什麼來啊！」把衣服翻過來擦眼淚。顏淵死了，孔子說：「噫希！天害了我。」子路死了，孔子說：「噫希！天斷絕了我。」西狩得到了麒麟，孔子說：「我的道路完了。」春秋為什麼開始於隱公？因為這是祖先的事所能夠聽到的。所看見的不一樣，所聽見的不一樣，所傳下來聽見的也不一樣。為什麼末了到哀公十四年呢？回答說：「至此已經完全了。」君子為什麼作春秋呢？把亂世撥掉，回到正路上，沒有再比春秋近於這個道理了。就不知道是不是為的這種道理，還是君子樂於稱道堯舜呢？還是因為高興堯舜懂得君子的道理？制定春秋的義理，要等待後來的聖賢取法，因為孔子的作春秋，也因為喜歡春秋的道義可以永遠效法。

校訂後記

《春秋公羊傳今註今譯》一書，初版於民國六十二年印行，距今已二十年整。此書由李宗侗教授主其事，另有襄助者數人。大部分由李教授口述，襄助者筆記，難免有誤解誤記之處；又註者與譯者常非同一人，因之又有註文與譯文各說各話現象。二十年來，屢有學術界人士為本書提出訂正意見，其中以邵耀良先生提供訂正意見最多。

去年六月，本人應臺灣商務印書館之請，為本書作校訂。雖明知此一校訂工作出力不討好，但為了對這部古籍盡一點心力，仍勉為其難應允。校訂工作自去年七月迄今，歷時半年完成。為尊重原註譯者，校訂之前，曾擬就以下四點處理原則：

一、本書今註今譯文字，有其特殊語法。凡是文意尚屬可解，雖語句拗澀不順，亦不予更動。

二、全書體例不一，如每年標題下第一條經文，開首或有「某年」，或刪「某年」，體例不一，凡此均無礙於文意，不予更動。

三、今註部分，原註如有其依據，雖有另一家註釋較此為勝，亦不予更動。

四、本書標點，問題最多。其中以、，。符號錯雜使用情形最為普遍，無頁無之；該加未加或點錯位置者亦時有所見。上述情形中如明顯影響文意者均加訂正，其他不予更動。

半年來，雖為本書之校訂朝夕從事，但難免偶有疏忽之時；且所為者究係校訂工作，亦難免有不易使力之處。竟工之日，只能說：對這部古籍已盡了一點心力。

葉慶炳

識於臺北晚鳴軒　八十二年一月十二日

春秋公羊傳今註今譯／李宗侗註譯. --二版. --
臺北市：臺灣商務，2010. 05
面；　公分

ISBN 978-957-05-2465-9（精裝）

1. 公羊傳　2. 注釋

621.712　　99001059

春秋公羊傳今註今譯

主編◆中華文化復興運動推行委員會（國家文化總會）
國立編譯館中華叢書編審委員會
註譯◆李宗侗
校訂◆葉慶炳
發行人◆王學哲
總編輯◆方鵬程
執行編輯◆葉幗英 吳素慧
校對◆楊天心
美術設計◆吳郁婷

出版發行：臺灣商務印書館股份有限公司
臺北市重慶南路一段三十七號
電話：（02）2371-3712
讀者服務專線：0800056196
郵撥：0000165-1
網路書店：www.cptw.com.tw
E-mail：ecptw@cptw.com.tw
網址：www.cptw.com.tw

局版北市業字第 993 號
初版一刷：1973 年 5 月
二版一刷：2010 年 5 月
定價：新台幣 650 元

ISBN 978-957-05-2465-9（精裝）